그러므로 우리 모두는 구약성경에 나타난 기사와 이적을 통해서 하나님의 능력은 우리 인간들의 이성이나 합리를 초월하신다는 사실을 깨닫고 오직 하나님의 말씀을 그대로 믿고 따르며 행하는 신앙인들이 되어야겠습니다.

끝으로 오늘까지 묵묵히 함께 걸어온 선린교회 성도들과 동역자들 그리고 이 책을 펴내 주신 쿰란출판사 대표 이형규 장로님께 감사드립니다.

주후 2007년 8월 20일

선린교회 목양실에서 김 요 셉 목사

차 · 례

제 1 부 율법서(모세오경)

구약에 나타난 기적들

김요셉 지음

쿰란출판사

머·리·말

성경은 하나님의 말씀으로서 그 진리가 너무나 심오하고 방대합니다. 때문에 하나님의 피조물로서 연약하고 부족한 우리 인간들은 그 모든 진리를 다 이해하고 깨달을 수 없습니다. 때문에 주님께서는 하나님의 말씀을 그저 믿기만 하라고 하셨습니다. 만약에 하나님께서 부족한 우리들에게 하나님의 말씀을 100% 다 이해하고 깨달아 순종해야 구원받는다고 하셨다면 이 세상에서 구원받을 사람은 하나도 없을 것입니다. 그러므로 주님께서 우리들에게 하나님의 말씀을 그대로 믿기만 하라고 하신 것은 참으로 큰 은혜요, 축복인 것입니다.

구약성경의 기적은 하나님께서 당신의 뜻을 실현하시기 위해 우리 인간들이 할 수 없는 일들을 초자연적인 능력으로 나타내 보이신 것입니다. 그렇다고 해서 하나님께서 자신이 세우신 자연법칙을 무시하거나 무너뜨리신 것이 아닙니다. 오직 그 사건을 통해서 어리석고 우둔한 우리 인간들로 하여금 하나님께서 이 우주 삼라만상을 창조하시고 친히 주관하시는 전능자라는 사실을 깨닫고 믿게 하기 위함이셨습니다.

그러므로 우리 모두는 구약성경에 나타난 기사와 이적을 통해서 하나님의 능력은 우리 인간들의 이성이나 합리를 초월하신다는 사실을 깨닫고 오직 하나님의 말씀을 그대로 믿고 따르며 행하는 신앙인들이 되어야겠습니다.

끝으로 오늘까지 묵묵히 함께 걸어온 선린교회 성도들과 동역자들 그리고 이 책을 펴내 주신 쿰란출판사 대표 이형규 장로님께 감사드립니다.

주후 2007년 8월 20일

선린교회 목양실에서 김 요 셉 목사

차 · 례

제 1 부 율법서(모세오경)

Contents

차 · 례

Contents

차 · 례

제 3 부 예언서

제1부 율법서(모세오경)

소돔과 고모라의 멸망(창 19:1~11)
타지 않는 떨기나무(출 3:1~12)
지팡이가 뱀이 됨(출 4:1~4)
피 재앙(출 7:14~25)
개구리 재앙(출 8:1~15)
이 재앙(출 8:16~19)
파리 재앙(출 8:20~32)
악질 재앙(출 9:1~7)
독종 재앙(출 9:8~12)
우박 재앙(출 9:13~35)
메뚜기 재앙(출 10:1~20)
흑암 재앙(출 10:21~29)
초태생의 재앙(출 11:1~10)
홍해를 가르심(출 14:15~31)
쓴 물을 달게 하심(출 15:22~27)
만나와 메추라기를 내리심(출 16:1~21)
반석에서 물이 나게 하심(출 17:1~7)
나답과 아비후의 죽음(레 10:1~7)
여호와의 불이 진 끝을 사름(민 11:1~3)
반역자들을 죽이심(민 16:31~35)
싹이 난 아론의 지팡이(민 17:1~13)
반석에서 물이 나옴(민 20:1~13)
불뱀 재앙과 놋뱀의 치유(민 21:4~9)
나귀가 사람의 말을 하게 하심(민 22:21~35)

소돔과 고모라의 멸망

[창세기 19장 1~11절]

날이 저물 때에 그 두 천사가 소돔에 이르니 마침 롯이 소돔 성문에 앉았다가 그들을 보고 일어나 영접하고 땅에 엎드리어 절하여 가로되 내 주여 돌이켜 종의 집으로 들어와 발을 씻고 주무시고 일찍이 일어나 갈 길을 가소서 그들이 가로되 아니라 우리가 거리에서 경야하리라 롯이 간청하매 그제야 돌이켜서 그 집으로 들어오는지라 롯이 그들을 위하여 식탁을 베풀고 무교병을 구우니 그들이 먹으니라 그들의 눕기 전에 그 성 사람 곧 소돔 백성들이 무론 노소하고 사방에서 다 모여 그 집을 에워싸고 롯을 부르고 그에게 이르되 이 저녁에 네게 온 사람이 어디 있느냐 이끌어내라 우리가 그들을 상관하리라 롯이 문밖의 무리에게로 나가서 뒤로 문을 닫고 이르되 청하노니 내 형제들아 이런 악을 행치 말라 내게 남자를 가까이 아니한 두 딸이 있노라 청컨대 내가 그들을 너희에게로 이끌어내리니 너희 눈에 좋은 대로 그들에게 행하고 이 사람들은 내 집에 들어왔은즉 이 사람들에게는 아무 짓도 하지 말라 그들이 가로되 너는 물러나라 또 가로되 이 놈이 들어와서 우거하면서 우리의 법관이 되려 하는도다 이제 우리가 그들보다 너를 더 해하리라 하고 롯을 밀치며 가까이 나아와서 그 문을 깨치려 하는지라 그 사람들이 손을 내밀어 롯을 집으로 끌어들이고 문을 닫으며 문 밖의 무리로 무론대소하고 그 눈을 어둡게 하니 그들이 문을 찾느라고 곤비하였더라 이번에 발생한 지진은 동서남 아시아는 물론 멀리 아프리카의 소말리아까지 많은 인명과 재산을 삼켰습니다. 그런데 희한한 것은 산짐승들의 시체는 아직도 발견되지 않고 있다고 합니다. 왜냐하면 모두가 다 지진이 날 것을 미리 감지하고 이미 높은 산으로 피했기 때문이라고 합니다. 그런 면에서 볼 때에 죽음의 해일이 덮치는 줄 모르고 먹고 마시고 취하고 향락을 즐기며 놀이하던 인간들보다는 훨씬 더 낫습니다. 오늘 본문의 죄악의 도성인 소돔과 고모라 성의 인간들을 볼 때에 더욱 그러한 생각이 듭니다.

1. 소돔 성의 타락과 죄악

첫째, 천사들이 출현했습니다.

하나님께서는 "소돔과 고모라에 대한 부르짖음이 크고 그 죄악이 심히 중하니 내가 이제 내려가서 그 모든 행한 것이 과연 내게 들린 부르짖음과 같은지 그렇지 않은지 내가 보고 알려 하노라"(창 18:20~21)고 아브라함에게 말씀하신 후 두 사자들을 소돔에 보내셨습니다. 이것은 소돔과 고모라 성에 대한 온전한 심판을 위하여 천사들을 파송하신 것입니다. 다시 말하면, 소돔과 고모라의 죄악상을 정확히 파악해서 조금이라도 억울하게 정죄당하는 사람이 없게 하시기 위한 조치였습니다. 그래서 소돔과 고모라 성에 있는 의인들을 구원하시고 그 성을 멸하시기 위해서였습니다.

이것은 믿음의 사람인 아브라함의 간구를 들으신 것으로서,

잃어버린 한 마리의 양을 찾아 나서는 헌신적인 목자의 모습을 생각하게 합니다. 성문에 앉아 있던 롯은 하나님의 사자들이 나타나자 일어나 땅에 엎드리어 절하고 자기 집에 들러서 발을 씻고 주무시고 가라고 하면서 식사를 대접했습니다(창 19:1~3). 바로 나그네를 선대하는 아름다운 모습이었습니다.

둘째, 패역한 소돔 사람들이었습니다.

소돔 성은 바알 신과 이시타르 신을 섬김으로써 그들의 타락상은 극도에 달했습니다. 그들은 자신들의 신이 성행위를 통해서 제사를 받아들인다고 생각했습니다. 또한 그들은 성행위를 통해서 자녀가 생산되는 것처럼 자신들의 성적인 제사를 통해서 풍요가 이루어진다고 믿었습니다. 그래서 제사에 쓰이는 창녀들까지 두기도 했습니다. 한마디로 이 소돔 성은 성적 타락의 대명사였습니다. 때문에 하나님의 사자들이 롯의 집에 들어가 잠들기도 전에 소돔 성의 사람들이 노소를 불문하고 사방에서 모여와서 롯의 집을 에워싸고 롯에게 이르기를 "이 저녁에 네게 온 사람이 어디 있느냐 이끌어 내라 우리가 그들을 상관하리라"(창 19:5)고 했습니다. 참으로 상상할 수 없는 망측한 죄악의 도성입니다.

셋째, 천사들이 롯을 보호했습니다.

롯은 자기 집의 손님들을 보호하기 위해서 남색하겠다고 달려드는 자들에게 자기 나름대로의 생각으로 색다른 제안을 하면서 달랬지만 그들은 막무가내였습니다. 오히려 그들은 롯에게 "너는 물러나라, 이놈이 들어와서 우거하면서 우리의 법관이 되려 하는도다 이제 우리가 그들보다 너를 더 해하리라" 하고 롯을 밀

치며 가까이 나아와서 그 문을 깨치려 했습니다. 그러자 천사들이 손을 내밀어 롯을 집으로 끌어들이고 문을 닫으며 문 밖의 무리로 무론대소하고 그 눈을 어둡게 하니 그들이 문을 찾느라고 곤비하였습니다(창 19:9~11). 그렇습니다. 우리 하나님께서는 하나님을 믿고 의지하면서 성실하게 살아가는 사람은 언제나 지키고 보호하십니다.

사랑하는 여러분!

지금 이 세상에는 극도의 타락과 패역함이 극치를 이루고 있으며, 그들에 대한 원성과 탄식 소리가 가득 차 있습니다. 우리 모두는 이럴 때일수록 더욱 견고한 믿음을 가지고 예수 그리스도의 사람다운 신실한 삶을 살아야겠습니다.

2. 롯의 가정을 구원한 천사

첫째, 천사들이 심판을 예고했습니다.

천사들은 롯에게 "이 외에 네게 속한 자가 또 있느냐 네 사위나 자녀나 성중에 네게 속한 자들을 다 성 밖으로 이끌어 내라 그들에 대하여 부르짖음이 여호와 앞에 크므로 여호와께서 이곳을 멸하러 보내셨나니 우리가 멸하리라"(창 19:12~13)고 했습니다. 이러한 경고는 하나님께서 소돔 성을 멸하시기 전에 믿음의 사람인 롯의 가정을 구원하시기 위한 조치였습니다. 롯은 그제서야 자기가 집으로 영접하여 대접한 나그네들이 하나님께서 보내신 천사들인 것을 알았습니다.

그렇습니다. 오늘 이 시간에도 이 세상의 어두움과 불법, 타락과 난폭, 죄악에 대한 탄식 소리가 끊이지 않고 있습니다. 이러한 모든 징조는 바로 하나님의 심판을 자초하는 소리들입니다. 그러므로 우리 모두는 더욱 경성하여 주님의 뜻을 따라야겠습니다.

둘째, 하나님의 말씀을 농담으로 여겼습니다.

롯은 천사의 말을 듣고 나가서 그 딸들과 결혼할 사위들에게 말하여 이르기를 "여호와께서 이 성을 멸하실 터이니 너희는 일어나 이곳에서 떠나라"고 하였습니다. 그러나 그의 사위들은 롯의 말을 농담으로 여겼습니다(창 19:14). 그러나 하나님의 말씀은 일점 일획도 어김없이 반드시 실현됩니다. 때문에 하나님의 말씀은 생명의 말씀이요 진리입니다. 롯을 구원하시려는 하나님의 긍휼하심이 롯의 사위들에게까지 미쳤으나 세상 물질과 향락에 취한 그들은 하나님의 말씀을 우습게 여기고 무시해 버렸습니다. 세상에서 이보다 더 어리석은 일은 있을 수 없습니다.

그렇습니다. 이 세상을 창조하시고 운행하시며 우리 인생들의 생사화복을 주관하시는 전능하신 하나님의 말씀이지만 그 말씀을 믿지 않고 받아들이지 않으면 아무 소용이 없습니다. 때문에 하나님께서는 당신의 말씀을 무시한 그들을 소돔 성이 유황불로 불탈 때에 멸망하도록 내버려 두셨습니다.

셋째, 천사들이 롯의 가정을 구원했습니다.

천사들은 "동틀 때에 천사가 롯을 재촉하여 가로되 일어나 여기 있는 네 아내와 두 딸을 이끌라 이 성의 죄악 중에 함께 멸망할까 하노라"(창 19:15)고 했습니다. "그러나 롯이 지체하매 그 사람들이 롯의 손과 그 아내의 손과 두 딸의 손을 잡아 인도하여 성 밖에 두니 여호와께서 그에게 인자를 더하심이었더라"(창 19:16)고 했습니다. 그리고 천사들은 "도망하여 생명을 보존하라 돌아보거나 들에 머무르거나 하지 말고 산으로 도망하여 멸망함을 면하라"(창 19:17)고 했습니다. 이것은 그동안 자리잡고 안정되게 살고 있던 롯이 지체하자 하나님께서 강권적인 사랑으로 이끌어 내시고 소돔 성의 그 어떤 것에도 미련을 두지 않고 속히 떠나게 하신 것입니다.

사랑하는 여러분!

우리 모두 이 세상 종말에 대한 하나님의 심판과 경고의 말씀을 들을 수 있는 믿음의 귀를 가집시다. 하나님께서 우리에게 주신 성경 말씀을 철저하게 믿고 받아들이며 순종합시다. 우리를 구원하시기 위한 하나님의 강권하심에 순종하여 어서 빨리 이 세상의 죄악과 향락에서 벗어나 구원받는 성도들이 되시기 바랍니다.

3. 소돔과 고모라의 멸망

첫째, 유황불이 내려 모든 것을 소멸했습니다.

천사의 지시를 받은 롯은 자신들의 연약함을 천사에게 말하고 자신들이 산에까지 갈 수 없기 때문에 도망하기에 가까운 소알로 가게 해달라고 간청했습니다. 그러자 천사는 롯의 간청을 들어주어 롯의 가정이 소알에 무사히 들어간 다음에 소돔과 고모라에 유황불을 비같이 내려 그들의 성과 온 들 그리고 그 성에 사는 모든 백성들은 물론 땅에서 난 것들까지도 다 멸하셨습니다(창 19:18~25).

그렇습니다. 창조주 하나님을 두려워할 줄 모르는 인간들과 그들이 사는 죄악의 도시 그리고 그들이 먹고 살 수 있는 터전까지 완전하게 불태우셨습니다. 그러므로 우리 모두는 나 자신은 물론 이 세상의 모든 것들을 하나님의 영광을 위해 사용해야 합니다.

둘째, 롯의 처는 소금기둥이 되었습니다.

하나님의 강권적인 사랑과 천사들의 지시를 받고 소돔 성을 빠져나오던 롯의 처는 두고 온 소돔 땅의 재물들을 잊지 못하고 마음을 빼겨 '돌아보지 말라' 는 천사의 말을 어기고 뒤돌아보다가 그만 소금기둥이 되었습니다. 하나님께서 심판하시사 불태워 버리신 것을 동경하며 애착을 가지고 돌아보았기 때문에 하나님의 심판을 받아 소금기둥이 된 것입니다.

그렇습니다. 하나님의 말씀은 우리를 살리시고 인도하시며 보호하시고 복을 주시지만 그 말씀을 무시하고 불순종하면 심판을 받게 됩니다. 그러므로 우리의 생애에 있어서 그 어떤 것도 우리 하나님보다 우선될 수는 없습니다. 우리 모두 하나님이 원하시는 영원한 가치가 있는 것만 바라보고 삽시다.

셋째, 롯은 아브라함 때문에 구원받았습니다.

죄악으로 관영한 소돔과 고모라가 하나님의 심판을 받아 유황불로 멸망하였지만 아브라함의 간구하는 기도는 결코 헛되지 않았습니다. 하나님께서는 진노의 심판 중에서도 무한하신 인자함(창 19:16)과 아브라함의 간절한 중보기도(창 18:23~32)를 들으시고 아브라함을 생각하시사 롯을 구원해 주셨습니다(창 19:29).

그렇습니다. 의인의 간구는 역사하는 힘이 많습니다(약 5:16). 그러므로 우리 모두는 남편과 아내, 부모와 자식, 형제와 이웃들을 위해 열심히 기도해야 합니다(딤전 2:1~3). 하나님께서 우리가 드리는 중보기도를 최고로 기뻐하시고 응답하십니다.

사랑하는 여러분!

우리 모두 멸망할 수밖에 없는 이 세상에 안주하려고 하는 삶의 자세에서 벗어납시다. 마지막 날에 불탈 수밖에 없는 이 세상 것들에 마음을 빼앗기지 맙시다. 그리고 인류의 구원을 위해 끊임없이 기도하고 전도하는 멋진 성도들이 되시기를 바랍니다.

타지 않는 떨기나무

[출애굽기 3장 1~12절]

모세가 그 장인 미디안 제사장 이드로의 양무리를 치더니 그 무리를 광야 서편으로 인도하여 하나님의 산 호렙에 이르매 여호와의 사자가 떨기나무 불꽃 가운데서 그에게 나타나시니라 그가 보니 떨기나무에 불이 붙었으나 사라지지 아니하는지라 이에 가로되 내가 돌이켜 가서 이 큰 광경을 보리라 떨기나무가 어찌하여 타지 아니하는고 하는 동시에 여호와께서 그가 보려고 돌이켜 오는 것을 보신지라 하나님이 떨기나무 가운데서 그를 불러 가라사대 모세야 모세야 하시매 그가 가로되 내가 여기 있나이다 하나님이 가라사대 이리로 가까이 하지 말라 너의 선 곳은 거룩한 땅이니 네 발에서 신을 벗으라 또 이르시되 나는 네 조상의 하나님이니 아브라함의 하나님, 이삭의 하나님, 야곱의 하나님이니라 모세가 하나님 뵈옵기를 두려워하여 얼굴을 가리우매 여호와께서 가라사대 내가 애굽에 있는 내 백성의 고통을 정녕히 보고 그들이 그 간역자로 인하여 부르짖음을 듣고 그 우고를 알고 내가 내려와서 그들을 애굽인의 손에서 건져내고 그들을 그 땅에서 인도하여 아름답고 광대한 땅, 젖과 꿀이 흐르는 땅 곧 가나안 족속, 헷 족속, 아모리 족속, 브리스 족속, 히위 족속, 여부스 족속의 지방에 이르려 하노라 이제 이스라엘 자손의 부르짖음이 내게 달하고 애굽 사람이 그들을 괴롭게 하는 학대도 내가 보았으니 이제 내가 너를 바로에게 보내어 너로 내 백성 이스라엘 자손을 애굽에서 인도하여 내게 하리라 모세가 하나님께 고하되 내가 누구관대 바로에게 가며 이스라엘 자손을 애굽에서 인도하여 내리이까 하나님이 가라사대 내가 정녕 너와 함께 있으리라 네가 백성을 애굽에서 인도하여 낸 후에 너희가 이 산에서 하나님을 섬기리니 이것이 내가 너를 보낸 증거니라 하나님께서는 선민인 이스라엘 백성들이 애굽 왕 바로의 학정하에서 고통받으며 신음하는 소리를 들으시고, 그들을 구원하여 아름답고 광활한 땅이요 젖과 꿀이 흐르는 가나안으로 인도하기로 작정하셨습니다. 그리고 그 인도자로서 자기 동족을 때리는 애굽 사람을 죽인 연고로 바로의 칼을 피해 미디안 광야에서 40년간 장인 이드로의 양을 치고 있던 모세를 부르시되, 불이 붙었으나 타지 않는 떨기나무에서 부르셨습니다.

1. 고통받는 이스라엘

첫째, 적은 무리의 이주였습니다.

요셉은 이복형들에 의해 애굽의 상고에게 팔려서 바로의 신하 시위대장 보디발의 집에서 종살이를 하게 되었습니다. 그러나 여호와께서 늘 그와 함께하시므로 범사가 형통했습니다. 이것을 본 보디발은 그를 신임하여 가정의 총무로 삼고 자기 소유를 다 그의 손에 위임했습니다. 하나님께서는 요셉을 위해 보디발의 집에 복을 내리셨고, 모든 것이 형통하고 넘치는 소유의 복을 받게 되었습니다.

그런데 요셉의 모습이 너무나도 준수하여 보디발의 아내의 유혹을 받았습니다. 그러나 그는 보디발의 아내에게 붙잡힌 자기의 옷을 벗어 버리고 도망하는 기지를 발휘하여 유혹을 물리쳤습니다. 요셉은 이 일로 인하여 보디발 아내의 모함을 받아 감옥에 갇히는 고난을 당했습니다. 그렇지만 그는 감옥에서 바로의 꿈을 해석하여 주고 애굽의 총리가 되어 7년의 풍년과 7년의 흉년을 잘 관리하는 훌륭한 정치 지도자가 되었습니다. 그리고 자기의 아버지와 형제의 자녀들을 포함하여 모두 70명의 가족을 애굽으로 이주시켰습니다. 이들이 바로 애굽에서 이스라엘 민족으로 형성된 것입니다.

둘째, 번성하는 이스라엘이었습니다.

요셉으로 인하여 애굽에 이주하게 된 70명의 야곱의 혈족인 이스라엘은 430년이라는 세월이 흐르는 동안에 생육이 중다하고 번식하고 창성하고 심히 강대하여 온 땅에 가득하게 되었습니다(출 1:7). 그래서 그들은 장정만 60만 명이나 되었습니다. 그러는 동안에 세월이 흘러 요셉에 대해 전혀 알지 못하는 새 왕이 애굽을 다스리게 되었습니다. 그런데 그 왕은, "이 백성 이스라엘 자손이 우리보다 많고 강하도다……두렵건대 그들이 더 많게 되면 전쟁이 일어날 때에 우리 대적과 합하여 우리와 싸우고 이 땅에서 갈까 하노라" (출 1:9~10)고 했습니다.

셋째, 애굽은 이스라엘을 억압했습니다.

위기의식을 느낀 애굽 왕은 세 가지의 이스라엘 학대 정책을 썼습니다. 먼저 이스라엘 자손들의 역사를 엄하게 하여 심한 고역으로 그들의 생활을 괴롭게 했습니다(출 1:13~14). 이것은 이스라엘 사람들을 고달프게 함으로 피곤해서 부부관계를 잘 갖지 못하게 하여 출산율을 줄이기 위함이었습니다. 또한 히브리 산파들에게 히브리 여인이 낳는 남자아이는 무조건 다 죽이라고 했습니다. 그런데 히브리 산파들이 하나님을 두려워하여 남자아이를 다 살려 두자(출 1:17), 이제는 히브리 여인들이 남자아이를 낳으면 그들을 하수에 던지라고 했습니다(출 1:22). 그래서 모세도 하수에 던져지게 된 것입니다.

사랑하는 여러분!

하나님께서 사랑하시는 사람은 이 세상의 그 어떠한 조건과 상황에서도 염려할 필요가 없습니다. 왜냐하면 범사에 합력하여 모든 것들이 잘되기 때문입니다. 그러므로 우리 모두는 철저하게 하나님 중심으로 살아야겠습니다.

2. 모세를 부르신 하나님

첫째, 양을 치던 모세를 부르셨습니다.

모세의 운명은 참으로 험난했습니다. 그는 히브리 여인들이 낳는 아들은 모두 죽이라는 왕의 명령이 내려진 시기에 태어났습니다. 때문에 그는 신생아 시절 3개월 동안 몰래 키워지다가 할 수 없이 갈대상자에 담겨 나일 강에 던져져야 했습니다. 그러나 하나님의 은혜로 왕궁에서 공주의 아들로 잘 자랐습니다.

그런데 어느 날 애굽 사람이 자기 동족을 치는 것을 보고 의분을 이기지 못하여 애굽 사람을 죽임으로써 살인자라는 낙인이 찍히게 되었습니다. 모세는 애굽 왕의 칼을 피해 미디안 광야에서 40년간 양을 치는 목동의 일을 해야 했습니다. 하루아침에 지위와 명예, 권세와 부요를 다 잃어버리고 초라한 인간으로 전락해 버린 것입니다. 바로 그때에 하나님께서 그를 부르셨습니다.

그렇습니다. 하나님께서는 내가 지금 처해 있는 그 자리에서 부르십니다. 그러므로 지금 내가 처해 있는 그 자리에서 하나님의 부르심을 깨닫지 못하면 기회를 잃어버리게 됩니다.

둘째, 불이 붙어 있는 떨기나무 가운데서 부르셨습니다.

이 떨기나무에 해당하는 히브리어 '세네'는 가시덤불을 의미합니다. 본문에서는 이 떨기나무를 아름답고 우람한 나무들과 대비시킴으로써 애굽에서 노예가 되어 굴욕적인 생활을 하고 있는 이스라엘을 상징하였습니다. 그러므로 떨기나무에 불이 붙어 있는 것은 이스라엘 백성들이 애굽에서 겪고 있는 불 같은 시련을 의미하는 것이며, 떨기나무에 불이 붙었으나 그 나무가 타지 않는 것은 떨기나무 같은 이스라엘 백성들이 애굽에서 불 같은 시련을 당하고 있지만 그 시련을 겪을지라도 결코 망하게 하시지 않겠다는 하나님의 보장인 것입니다.

하나님께서는 왜 불 붙은 가시떨기나무에서 모세를 부르셨을까요? 그것은 불 붙은 가시떨기나무처럼 시련을 당하고 있는 이스라엘 민족을 구원하라는 뜻인 것입니다.

셋째, 네 발에서 신을 벗으라고 하셨습니다.

"하나님이 가라사대 이리로 가까이 하지 말라 너의 선 곳은 거룩한 땅이니 네 발에서 신을 벗으라"(출 3:5).

당시 고대 사회에서 노예들은 신분을 나타내기 위해서 맨발로 다니는 것이 하나의 관례였습니다(눅 15:22 참조). 그래서 히브리 백성들 중에서 종들은 신을 신지 못했습니다. 이것은 자신의 신분이 비천하다는 고백적인 의미를 내포하고 있습니다.

그러므로 하나님 앞에서 신을 벗는다는 것은 하나님의 종으로서의 철저한 복종이 요구됨을 뜻합니다. 다시 말하면, 80년간 더럽혀진 모든 죄악을 씻어내고 거듭나서 변화되라는 말씀입니다. 사람들이 깨끗한 곳에 들어갈 때에 갖가지 오물로 더럽혀진 신을 벗듯이, 우리들도 모든 죄를 깨끗이 씻어 버리고 거룩하신 하나님 앞에 서야겠습니다. 그렇습니다. 용서받은 자가 사명을 감당할 수 있습니다.

사랑하는 여러분!

우리 모두 지금 나 자신의 삶의 현장에서 부르시는 주님의 음성에 귀를 기울입시다. 아무리 혹독한 불 같은 시련이 나를 엄습할지라도 두려워하지 맙시다. 그 시련 때문에 결코 희생되지 않을 것입니다. 그러므로 이 세상 것으로 더러워진 죄악의 신발을 벗어 버리고 거룩하신 주의 일에 쓰임 받는 일꾼들이 되시기 바랍니다.

3. 모세에게 사명을 부여하심

첫째, 내 백성의 고통을 본다고 하셨습니다.

하나님께서는 "내가 애굽에 있는 내 백성의 고통을 정녕히 보고 그들이 그 간역자로 인하여 부르짖음을 듣고 그 우고를 알고" (출 3:7)라고 하셨습니다. 이것은 모세가 애굽을 떠나온 후에 이스라엘 백성들이 애굽 사람들로 인하여 얼마나 혹독한 고통을 당하고 있는가를 모세에게 말씀하신 것입니다. 당시 이스라엘 사람들은 정치적으로는 강제 수용소에 있었고, 사회적으로는 가장 비천한 노예였으며, 경제적으로는 생계를 꾸리기조차 힘들었습니다. 때문에 이제 더 이상 지체할 수가 없다는 말씀입니다.

그렇습니다. 전능하신 하나님께서는 우리들의 처지와 상황, 입장을 더 자세히 아십니다. 그러므로 우리 성도들은 그 어떤 경우에도 낙심하거나 좌절하거나 두려워할 필요가 없습니다.

둘째, 이스라엘을 구원하라고 하셨습니다.

하나님께서는 모세에게 “이제 내가 너를 바로에게 보내어 너로 내 백성 이스라엘 자손을 애굽에서 인도하여 내게 하리라”(출 3:10)고 말씀하셨습니다. 이 말씀이 주어질 당시 모세의 모습은 초라하기 짝이 없었습니다. 지금은 40년 전 애굽에서 지녔던 지위도, 명예도, 권세도, 부요도 없습니다. 모두 다 잃어버렸습니다. 뿐만 아니라 젊음도, 청춘도 없습니다. 지금은 황량한 들판의 초라한 양치기에 불과합니다. 거기다가 나이까지 팔십의 고령이 되었습니다. 그런데도 하나님께서는 모세에게 이스라엘을 애굽에서 구원해내라고 하셨습니다. 그렇습니다. 하나님께서는 언제나 완전히 깨어지고 부서진 자, 겸손한 자를 사용하십니다.

셋째, 함께하신다고 하였습니다.

하나님으로부터 이스라엘을 구원하라는 명령을 받은 모세는, “내가 누구관대 바로에게 가며 이스라엘 자손을 애굽에서 인도하여 내리이까”(출 3:11) 하고 거절했습니다. 이에 그동안 모세를 연단시켜서 지도자로 사용하기 위해 침묵하셨던 하나님께서는 “내가 정녕 너와 함께 있으리라 네가 백성을 애굽에서 인도하여 낸 후에 너희가 이 산에서 하나님을 섬기리니 이것이 내가 너를 보낸 증거니라”(출 3:12)고 하셨습니다. 이 말씀은 바로 내가 이스라엘 민족의 출애굽 역사를 이룰 것이니 너는 내가 시키는 대로만 순종하라고 하시는 하나님의 말씀인 것입니다. 그렇습니다. 하나님께서 우리에게 어떠한 일을 맡기실 때에는 우리로 하여금 그 일을 능히 할 수 있도록 모든 것을 책임져 주십니다.

사랑하는 여러분!

우리 자신들의 입장과 처지는 물론, 때마다 일마다 모든 것을 정확히 보고 계시는 하나님 앞에서 그 어떤 것도 두려워하지 맙시다. 나 자신이 아무리 부족하고 연약해도 하나님이 쓰겠다고 하시면 아멘 하고 순종하는 삶을 사시기 바랍니다.

지팡이가 뱀이 됨

[출애굽기 4장 1~4절]

모세가 대답하여 가로되 그러나 그들이 나를 믿지 아니하며 내 말을 듣지 아니하고 이르기를 여호와께서 네게 나타나지 아니하셨다 하리이다 여호와께서 그에게 이르시되 네 손에 있는 것이 무엇이냐 그가 가로되 지팡이니이다 여호와께서 가라사대 그것을 땅에 던지라 곧 땅에 던지니 그것이 뱀이 된지라 모세가 뱀 앞에서 피하매 여호와께서 모세에게 이르시되 네 손을 내밀어 그 꼬리를 잡으라 그가 손을 내밀어 잡으니 그 손에서 지팡이가 된지라

하나님께서는 모세를 히브리 민족이 가장 힘들고 어려울 때에 이 세상에 태어나게 하심으로 자기 민족에 대한 애착심을 갖게 하셨고, 애굽 왕궁에서 40년간 실력을 쌓게 하셨습니다. 그리고 그를 미디안으로 피신시키신 다음에는 40년간 지도자 교육을 시키셨습니다. 이제 하나님께서는 그를 정치적인 지도자로 세워 이스라엘 민족을 출애굽시키기 위한 사명을 맡기셨습니다. 그러나 그는 이런저런 이유를 대면서 사양과 변명을 거듭했습니다. 이에 하나님께서 그에게 첫 번째로 기적을 보이신 것이 바로 모

세의 지팡이가 뱀이 되게 하신 것입니다.

1. 사명을 받은 모세

첫째, 사양하고 변명했습니다.

하나님께서 모세에게 애굽에서 억압받고 있는 이스라엘 민족을 구원하라고 명령하셨습니다(출 3:10). 그러나 모세는 "내가 누구관대 바로에게 가며 이스라엘 자손을 애굽에서 인도하여 내리이까" (출 3:11)라고 하며 사양하고 변명했습니다. 이에 하나님께서는 "내가 정녕 너와 함께 있으리라" (출 3:12)고 하시며 그가 일을 할 수 있도록 책임져 줄 것을 약속하셨습니다. 그러나 모세는 여러 가지로 의문을 제시하고 난감해했습니다. 그때에 우리 하나님께서는 바로에게 가서 어떻게 대답해야 할 것까지도 구체적으로 가르쳐 주셨습니다. 그럼에도 모세는 바로의 궁에 가서 말할 때에 그들이 자기 말을 믿어 주지 않으면 어떻게 하냐고 사양했습니다(출 4:1).

둘째, "네 손에 있는 것이 무엇이냐" 고 물으셨습니다.

모세는 광야에서 40년간이나 양을 치던 목자였기 때문에 목자들의 유일한 기구인 지팡이를 항상 가지고 다녔습니다. 그런데 하나님께서는 지팡이를 가지고 있는 그에게 "네 손에 있는 것이 무엇이냐" (출 4:2)고 물으신 것입니다. 그는 당시 세계 최고의 강국이요 교육과 문화의 중심지인 애굽 왕궁에서 40년간 교육을 받은 사람이었습니다. 뿐만 아니라 이제는 나이가 80세나 되어 인생사에서 만고풍상을 다 겪은 노인입니다.

그런데 하나님께서는 그에게 어린아이에게나 물어야 할 것 같은 질문을 하셨습니다. 그것은 바로, 비록 네 자신이 아무것도 가진 것 없는 초라한 목자이지만 낙심하지 말고 확신과 자신감을 가지고 이스라엘을 구원하라는 말씀인 것입니다. 지금 네가 가지고 있는 그 지팡이만 가지고도 모든 것을 능히 할 수 있다는 말씀이었습니다.

셋째, "지팡이니이다"라고 대답했습니다.

목자들의 필수품인 지팡이를 들고 있던 모세는 자기 손에 있는 것이 지팡이라고 자신 있게 대답했습니다(출 4:2). 이 대답은 하나님께서 요구하신 대답이었습니다. 다시 말하면 아무것도 걱정하거나 두려워하지 말고 빨리 가서 순종하라는 말씀이었습니다. 그렇습니다. 이 지팡이는 양을 인도하고 보호하는 데 필요한 기구입니다. 따라서 이 지팡이는 상징적으로 하나님의 인도와 보호를 뜻합니다(시 23:4). 이것은 바로 하나님께서 그가 가지고 있는 지팡이를 활용해서 큰 이적을 행하시겠다는 것입니다.

하나님께서는 언제나 일꾼들을 부르실 때에 항상 그들이 가진 것을 사용하셨습니다. 어린 소년 다윗을 블레셋과의 전쟁에서 사용하실 때에도 사울 왕이 다윗에게 준 갑옷과 칼을 사용하지 않고 평상시에 그가 늘 가지고 놀던 물맷돌을 사용하셨습니다. 왜냐하면 갑옷과 칼은 다윗의 것이 아니라 남이 준 것이기 때문이었습니다. 베드로를 부르실 때에도 그의 유일한 생계 수단이었던 배를 강단으로 사용하여 군중에게 말씀을 증거하셨습니다. 빈 들에서도 바로 그 자리에 있는 한 사람의 한 끼 도시락인 오병이어로 장정만 5천 명을 먹이고도 열두 광주리나 남게 하셨습니다. 때문에 모세를 부르실 때도 그가 가지고 있는 지팡이를 사용하신 것입니다.

사랑하는 여러분!

우리 모두는 하나님께서 주신 사명에 대해 그 어떤 이유로도 변명하거나 사양하지 맙시다. 그리고 "네게 있는 것이 무엇이냐?" 고 물으실 때에 내게 있는 그대로를 솔직하게 내놓읍시다. 그리하여 전능하신 하나님께서 그것을 가지고 큰 일을 행하실 수 있도록 합시다.

2. 기적을 보이신 하나님

첫째, "지팡이를 땅에 던지라" 고 하셨습니다.

하나님께서는 모세에게 그가 가지고 있는 지팡이를 땅에 던지라고 하셨습니다(출 4:3). 모세는 자신의 생각을 버리고 하나님이 명하신 말씀대로 순종했습니다. 그랬더니 던져진 지팡이가 뱀이 되었습니다. 이것은 바로 전능하신 하나님께서 모세와 함께하신다는 것을 확신시켜 주시는 것입니다. 또한 아무리 보잘것없는 것도 하나님이 함께하시면 아주 선하고 귀하게 사용되지만 이 세상에 던져지면 악하고 더럽게 사용된다는 것입니다. 그리고 모세의 사역에 대한 변화를 보여 주신 것으로서, 그동안은 네가 가진 그 지팡이로 미디안 광야에서 양을 치는 목자로 살았으나 이제는 이스라엘 민족을 애굽에서 구해내는 민족의 지도자로 삼으시겠다는 것입니다.

둘째, 모세가 뱀 앞에서 피했습니다.

이 지팡이는 그동안 모세가 양을 치는 데에 귀하게 사용했던 지팡이입니다. 그런데 모세는 자신의 지팡이가 뱀이 된 것을 보고 피했습니다. 왜냐하면 사악한 뱀의 속성을 너무나도 잘 알기 때문이었습니다.

그렇습니다. 내가 가지고 있는 것이 비록 하찮은 것이라 할지라도 하나님께 드려져서 가치 있게 사용되면 귀한 도구가 되어 큰 능력을 행할 수 있지만, 그것들을 우습게 여기고 방치한다든지 부정하게 사용하면 오히려 독이 있는 뱀처럼 남에게 해를 끼치게 됩니다. 그러므로 우리 모두는 단 한 번뿐인 인생을 살면서 결코 남에게 해를 끼치는 삶을 살아서는 안 되겠습니다.

셋째, "손을 내밀어 꼬리를 잡으라" 고 하셨습니다.

일반적으로 뱀을 잡을 때에는 반드시 목 부분을 잡아야 물리지 않습니다. 그런데 하나님께서는 모세에게 뱀의 꼬리를 잡으라고 하셨습니다. 이것은 바로 모세의 믿음과 순종 여부를 확인하시기 위해서였습니다. 모세는 광야에서 40년간을 양을 치며 살았기 때문에 그 누구보다도 많은 뱀을 보았고, 뱀의 특성을 잘 알고 있었습니다. 그러나 그는 하나님께서 "네 손을 내밀어 그 꼬리를 잡으라"(출 4:4)고 명하시자 주저함 없이 명하신 대로 순종하여 꼬리를 잡았습니다. 바로 모세가 자기 지식과 경험, 상식을 초월하여 순종을 한 것입니다. 그러자 뱀이 곧바로 지팡이가 되었습니다. 그렇습니다. 한마디로, 하나님께서 명하시는 대로 순종하면 실패가 없습니다.

사랑하는 여러분!

우리 모두 내 모습 그대로를 하나님께 드립시다. 그리고 그 어떤 이유로도 남에게 혐오감을 주거나 부정적으로 살지 맙시다. 오직 우리 하나님께서 명하신 대로만 사시기 바랍니다.

3. 우리에게도 사명을 주셨습니다

첫째, 이 세상의 죄인들을 구원하는 사명입니다.

하나님께서 이 세상에서 가장 추하고 더러우며 보잘것없는 우리를 개명하여 불러서 선택하시고 구원해 주신 것은, 구원받은 우리들에게 죄와 허물로 인하여 멸망해 가는 이 세상의 죄인들을 구원하는 사명을 주시기 위함이었습니다. 이 일을 위해 하나님께서는 그동안 당신의 몸 된 교회를 세워 주시고 우리들의 건강을 지켜 주시며 가정을 이루게 해주시고 직장과 사업을 허락해 주셨습니다. 한마디로, 우리가 이 세상에 존재하는 것은 바로 이 일을 위해서입니다. 그러므로 우리 모두는 기쁘고 즐거운 마음으로 이 일을 감당해야 합니다.

둘째, 우리들의 상태를 봅시다.

우리는 그동안 하나님이 주신 사명에 대해 너무나도 소홀해 왔습니다. 아무것도 모른다고 사양하고 핑계했습니다. 가진 것이 없다고 핑계했습니다. 피곤하다고 핑계하고, 바쁘다고 핑계했습니다. 먹고살기 힘들다고 사양하고 핑계했습니다. 노후생활을 준비한다는 이유로 사양하고 핑계했습니다. 자기 육신을 위한 일이나 세상 일, 취미생활에는 열중하면서도 하나님의 일에는 어떤 이유를 붙여서라도 게을리했습니다. 이것은 하나님의 일에 대해 중요하게 생각하지 않았기 때문에 일의 우선순위가 바뀐 것입니다.

그러나 우리 주님께서는 우리에게, "너희는 먼저 그의 나라와 그의 의를 구하라 그리하면 이 모든 것을 너희에게 더하시리라 그러므로 내일 일을 위하여 염려하지 말라 내일 일은 내일 염려할 것이요 한 날 괴로움은 그날에 족하니라"(마 6:33~34)고 하셨습니다. 그러므로 우리는 맡은 바 사명을 위해 다른 것을 포기해야지, 인간적이고 세속적인 일 때문에 하나님의 일이 유보되거나 포기되어져서는 절대로 안 됩니다.

셋째, 우리들의 모습 그대로를 내놓읍시다.

하나님께서는 당신의 사역을 위해 우리를 부르실 때에 절대로 그 어떤 거창한 것들이나 우리에게 없는 것들을 찾거나 요구하지 않으십니다. 더 나아가 그동안 하나님께서 주신 것을 어디에다 허비했느냐고 추궁하지도 않으십니다. 비록 나에게 지금 있는 것이 초라하고 보잘것없으며 하찮은 것이라 할지라도 그것만을 요구하십니다. 그렇습니다. 우리 하나님께서는 세상의 천한 것들과 멸시받는 것들을 택하셔서 세상 사람들이 상상할 수 없는 대역사를 이루시기 때문입니다(고전 1:28).

사랑하는 여러분!

우리 모두 죄와 허물로 인하여 멸망해 가는 불쌍한 영혼을 어서 빨리 구원합시다. 그 일이 바로 우리 생애에 있어서 가장 귀중한 사명입니다. 내 모습 그대로를 주님께 드려서 최선을 다하여 충성하시기 바랍니다. 놀라운 역사가 일어날 것입니다.

피 재앙

[출애굽기 7장 14~25절]

여호와께서 모세에게 이르시되 바로의 마음이 완강하여 백성 보내기를 거절하는도다 아침에 너는 바로에게로 가라 그가 물로 나오리니 너는 하숫가에 서서 그를 맞으며 그 뱀 되었던 지팡이를 손에 잡고 그에게 이르기를 히브리 사람의 하나님 여호와께서 나를 왕에게 보내어 이르시되 내 백성을 보내라 그들이 광야에서 나를 섬길 것이니라 하였으나 이제까지 네가 듣지 아니하도다 여호와가 이같이 이르노니 네가 이로 인하여 나를 여호와인 줄 알리라 하셨느니라 볼지어다 내가 내 손의 지팡이로 하수를 치면 그것이 피로 변하고 하수의 고기가 죽고 그 물에서는 악취가 나리니 애굽 사람들이 그 물 마시기를 싫어하리라 하라 여호와께서 또 모세에게 이르시되 아론에게 명하기를 네 지팡이를 잡고 네 팔을 애굽의 물들과 하수들과 운하와 못과 모든 호수 위에 펴라 하라 그것들이 피가 되리니 애굽 온 땅에와 나무 그릇에와 돌 그릇에 모두 피가 있으리라 모세와 아론이 여호와의 명하신 대로 행하여 바로와 그 신하의 목전에서 지팡이를 들어 하수를 치니 그 물이 다 피로 변하고 하수의 고기가 죽고 그 물에서는 악취가 나니 애굽 사람들이 하수 물을 마시지 못하며 애굽 온 땅에는 피가 있으나 애굽 술객들도 자기 술법으로 그와 같이 행하므로 바로의 마음이 강팍하여 그들을 듣지 아니하니 여호와의 말씀과 같더라 바로가 돌이켜 궁으로 들어가고 그 일에도 관념하지 아니하였고 애굽 사람들은 하수 물을 마실 수 없으므로 하숫가를 두루 파서 마실 물을 구하였더라 여호와께서 하수를 치신 후 칠 일이 지나니라 하나님께서는 모세에게 지팡이가 뱀이 되는 이적과 품 안에 넣은 그의 손에 문둥병이 발하는 이적을 보여 주셨지만, 모세는 자신은 본래 말에 능치 못하고 혀가 둔하다고 또다시 핑계를 대었습니다. 그러자 하나님께서 말 잘하는 네 형 아론이 있으니 그를 통해서 말하라고 하시며 맡은 바 사명에 충성하도록 모세를 강권하셨습니다. 그러므로 우리 모두는 하나님께서 명하신 사명에 반드시 순종해야 합니다. 여호와께서 주신 사명은 누구도 거절할 수 없습니다.

1. 사명의 현장으로 나아가는 두 사람

첫째, 모세는 결국 하나님의 말씀에 순종했습니다.

모세는 하나님의 부르심을 받고 이스라엘 민족을 애굽에서 구원하는 사명을 받았을 때에 이 핑계 저 핑계를 대면서 계속 거절했습니다. 그러나 하나님께서는 계속해서 그에게 바로 왕에게 어떻게 할 것인가에 대해서까지 구체적으로 가르쳐 주셨습니다. 그런데도 모세는 자기는 말을 잘 못하기 때문에 갈 수 없으니 보낼 만한 자를 보내라고 했습니다(출 4:10~13). 그러자 하나님은 "모세를 향하여 노를 발하시고 가라사대 레위 사람 네 형 아론이 있지 아니하뇨 그의 말 잘함을 내가 아노라 그가 너를 만나러 나오나니 그가 너를 볼 때에 마음에 기뻐할 것이라 너는 그에게 말하고 그 입에 말을 주라 내가 네 입과 그의 입에 함께 있어서 너의 행할 일을 가르치리라 그가 너를 대신하여 백성에게 말할 것이니 그는 네 입을 대신할 것이요 너는 그에게 하나님

같이 되리라”(출 4:14~16)고 하셨습니다.

그렇습니다. 하나님께서는 우리에게 사명을 맡기실 때에는 언제나 그 일을 할 수 있도록 동역자도 보내 주시고 지혜도 주시고 능력도 주십니다. 그러므로 우리는 하나님께서 명하시는 모든 일에는 언제나, 무조건 순종해야 합니다. 또한 하나님께서는 우리를 통해서 당신이 하고자 하시는 일들은 반드시 실행하십니다. 그러므로 혼나기 전에 처음부터 즉시 순종하는 것이 좋습니다.

둘째, 바로는 이적을 요구했습니다.

바로가 모세와 아론에게 이적을 요구한 것은, 만약에 모세와 아론이 신이 보낸 사신이라고 한다면 기적적인 증거로 그들의 신분과 능력을 증명해 보여야 한다고 생각한 것입니다. 하지만 그 이면에는 애굽의 종 된 이스라엘의 보잘것없는 시시한 신이 감히 그 어떠한 이적을 행할 수 있겠는가라는 무시와 비웃음이 담겨 있었습니다. 참으로 하나님의 능력을 모르는 어리석은 인간의 생각이요, 부질없는 요구인 것입니다.

셋째, 아론의 지팡이가 술객들의 지팡이를 먹어 버렸습니다.

하나님께서는 바로의 강퍅한 마음을 미리 아시고 모세와 아론에게 말씀하시기를 “바로가 너희에게 이르기를 너희는 이적을 보이라 하거든 너는 아론에게 명하기를 너의 지팡이를 가져 바로 앞에 던지라 하라 그것이 뱀이 되리라”(출 7:9)고 하셨습니다. 그래서 모세와 아론은 바로에게 가서 여호와의 명하신 대로 행하였습니다. 아론이 바로와 그 신하 앞에 지팡이를 던졌더니 뱀이 되었습니다. 그러자 바로의 술객들도 그 술법으로 똑같이 지팡이를 던져 뱀이 되게 했습니다. 그러나 아론의 지팡이가 그들의 지팡이를 삼켜 버렸습니다(출 7:10~12). 그것은 바로 애굽왕 바로의 권세가 하나님의 권세에 대항할 수 없음을 분명하게 보여 준 것입니다.

사랑하는 여러분!

우리 모두 주님의 명령에 즉시로 순종합시다. 주님께서는 동역자도 주시고, 지혜도 주시며, 능력도 주시고, 그 일을 어떻게 할 것인가도 구체적으로 가르쳐 주시며, 이 세상의 그 어떤 권세보다도 더 크신 능력으로 우리와 함께하시사 때마다 일마다 반드시 승리케 하실 것입니다.

2. 아침에 너는 바로에게 가라

첫째, 바로는 백성들 보내기를 거절했습니다.

모세와 아론이 행한 이적을 통해서 하나님의 실존과 권능이 사실로 입증되었음에도 불구하고 바로는 전혀 이를 인정하거나 받아들이려고 하지 않았습니다. 왜냐하면 우선은 자기 자신이 현재 가지고 있는 명예와 권세, 부귀영화가 중요했고, 만약에 모세와 아론의 요구대로 자신이 굴복한다면, 당시 세계 최고의 강국으로서 전 애굽 백성들에게 신적인 존재로 군림하고 있는 자신과 대제국이라고 일컬어지고 있는 애굽의 명예를 훼손시킨다고 생각했기 때문입니다. 이런 자존심이 걸린 문제였기 때문에 더욱 강퍅해져서 이스라엘 백성들 보내기를 거절한 것입니다. 그렇습니다. 어디서나 이 자손심과 교만이 문제입니다.

둘째, 하나님께서는 아침에 바로에게 가라고 하셨습니다.

바로는 언제나 아침 일찍 일어나 나일 강가로 나갔습니다(출 8:20). 나일 강은 애굽의 젖줄이요 삶의 근원지로서 정치, 경제, 종교의 중심지였습니다. 때문에 애굽 사람들에게 있어서 나일 강은 오시리스라는 신이 준 신성한 강으로서 숭배의 대상이었습니다. 그래서 바로는 언제나 아침 일찍이 나아가 나일 강을 위한 제사에 참석한 것입니다. 이와 같은 사실은 최근에 발견된 고대 애굽의 파피루스에 나일 강을 숭배하는 종교의식에 사용되었던 찬미가의 가사가 기록되어 있는 것이 발견된 것으로도 알 수 있습니다. 그렇습니다. 하나님께서는 이렇게 우리들이 사명을 잘 감당할 수 있도록 시간과 장소도 구체적으로 가르쳐 주십니다. 그러므로 언제나 자신 있게 사명을 감당해야 합니다.

셋째, 지팡이를 손에 잡고 가라고 하셨습니다.

하나님께서는 모세에게 바로를 만나러 갈 때에 지팡이를 잡고 가서, "히브리 사람의 하나님 여호와께서 나를 왕에게 보내어 이르시되 내 백성을 보내라 그들이 광야에서 나를 섬길 것이니라 하였으나 이제까지 네가 듣지 아니하도다"(출 7:16)라고 말하라고 하셨습니다. 그 지팡이는 아론이 바로 앞에 던져서 뱀이 되었다가 애굽의 술객들이 뱀이 되게 한 지팡이를 먹어 버린 지팡이입니다.

그러므로 여기에는 큰 의미가 담겨 있습니다. 먼저는, 모세로 하여금 하나님의 권능을 믿고 자신 있게 나아가게 하시기 위함이었습니다. 또한 바로에게는 앞서 보였던 하나님의 권능을 다시 깨닫게 함으로 그에 대한 심판을 경고하시기 위해서였습니다. 그렇습니다. 하나님께서는 언제나 이렇게 당신의 일을 하는 사명자들과 함께하시고, 어떤 대상을 심판하실 때에는 항상 미리 경고하신 다음에 실행하십니다.

사랑하는 여러분!

우리 모두 쓸데없는 교만과 자존심을 버립시다. 그리고 언제 어디서나, 어떠한 상황에서도 구체적으로 함께하시고 역사해 주시는 전능하신 하나님을 믿고 자신 있게 사명의 현장으로 나아갑시다. 큰 역사가 일어날 것입니다.

3. 네가 나를 여호와인 줄 알리라

첫째, 히브리 사람의 하나님이십니다.

하나님께서는 뱀의 이적 앞에서도 굴복하지 않고 더욱 강퍅해진 바로에게 재앙을 내려 자신의 실존을 증거하기로 하셨습니다. 애굽의 바로는 선민인 이스라엘 백성들을 노예로 삼아 강제노역을 시키고 학대했을 뿐만 아니라 여호와 하나님을 향한 그들의 신앙까지도 박탈하려고 했습니다. 때문에 하나님께서는 바로가 압제하는 이스라엘 민족과 함께하시고 그들을 구원하심으로 바로로 하여금 여호와 하나님의 능력을 알게 하시겠다는 것입니다. 그렇습니다. 하나님께서는 지진으로 인한 동서남 아시아의 쓰나미 피해를 통해서도 하나님의 심판 앞에서 우리 인간은 속수무책일 수밖에 없는 나약한 존재라는 사실을 깨닫게 하셨습니다.

둘째, 물이 피로 변했습니다.

물은 하나님께서 창조하시고 친히 다스리시는 물질로서 생명의 근원입니다. 왜냐하면 생명 자체가 이 물로 인해 시작이 되고, 이 물이 있어야 존재하고 살아갈 수 있기 때문입니다. 그러므로 물이 없는 곳에서의 생명이란 상상할 수조차 없습니다. 그래서 하나님께서는 생물이 사는 지구를 약 70%의 물로 덮어 주셨습니다. 뿐만 아니라 우리의 육체도 약 70%가 수분이며, 인류의 평균연령을 기준하여 평생 동안 약 7천 갤런의 물을 마신다고 합니다.

그런데 하나님께서는 아론으로 하여금 지팡이로 애굽인들의 생명의 젖줄인 나일 강을 치게 하심으로 피로 변하게 하셨습니다. 그러므로 이 피의 재앙은 이 세상의 그 어떤 재앙보다도 가장 무서운 재앙인 것입니다. 그렇습니다. 우리 인류의 생사화복은 모두가 전능하신 우리 하나님께 달려 있습니다.

셋째, 피의 재앙은 애굽 전역에 임했습니다.

이 피의 재앙은 나일 강에만 임한 것이 아니라 애굽의 모든 하수와 운하, 호수는 물론 애굽 전역의 모든 그릇에 담겨 있던 물까지도 다 피로 변하게 한 것이었습니다. 때문에 하수와 강의 물고기들이 다 죽어 악취가 진동했습니다. 그들이 그토록 신성시했던 나일 강이 완전히 죽어 버린 것입니다. 그러자 바로는 이 피의 재앙을 애굽의 술객들을 통해 해결해 보려고 했습니다. 그러나 그들은 오히려 피를 더할 뿐이지 물의 문제를 해결하지 못했습니다. 그러자 바로의 마음은 더욱 강퍅해졌습니다. 그러므로 사단이 하는 일은 사람의 고통을 덜어 주는 것이 아니라 오히려 가중시키고 망하게 하는 것일 뿐입니다.

여기에서 우리가 깨달아야 할 것은, 인간의 완악함이 인간과 가정, 교회와 사회, 인류를 더욱 힘들게 하고 환경을 절망적으로 어둡게 만들어 간다는 것입니다. 그렇습니다. 후세인의 완악함이 오늘의 이라크를 고통의 현장으로 몰아넣었습니다. 히틀러의 완악함이 무고한 유대인들을 학살했습니다.

사랑하는 여러분!

우리 모두 전능하신 하나님께서 우리와 함께하시고 인도하심을 이 세상 사람들에게 확실하게 보여 줍시다. 그리하여 완악한 이 세상 사람들을 어서 빨리 주께로 돌아오게 하는 멋진 구원의 이정표들이 되시기 바랍니다.

개구리 재앙

[출애굽기 8장 1~15절]

여호와께서 모세에게 이르시되 너는 바로에게 가서 그에게 이르기를 여호와의 말씀에 내 백성을 보내라 그들이 나를 섬길 것이니라 네가 만일 보내기를 거절하면 내가 개구리로 너의 온 지경을 칠지라 개구리가 하수에서 무수히 생기고 올라와서 네 궁에와 네 침실에와 네 침상 위에와 네 신하의 집에와 네 백성에게와 네 화덕에와 네 떡반죽 그릇에 들어갈지며 개구리가 네게와 네 백성에게와 네 모든 신하에게 오르리라 하셨다 하라 여호와께서 모세에게 이르시되 아론에게 명하기를 네 지팡이를 잡고 네 팔을 강들과 운하들과 못 위에 펴서 개구리로 애굽 땅에 올라오게 하라 할지니라 아론이 팔을 애굽 물들 위에 펴매 개구리가 올라와서 애굽 땅에 덮이니 술객들도 자기 술법대로 이와 같이 행하여 개구리로 애굽 땅에 올라오게 하였더라 바로가 모세와 아론을 불러 이르되 여호와께 구하여 개구리를 나와 내 백성에게서 떠나게 하라 내가 이 백성을 보내리니 그들이 여호와께 희생을 드릴 것이니라 모세가 바로에게 이르되 내가 왕과 왕의 신하와 왕의 백성을 위하여 어느 때에 구하여 이 개구리를 왕과 왕궁에서 끊어서 하수에만 있게 하오리이까 내게 보이소서 그가 가로되 내일이니라 모세가 가로되 왕의 말씀대로 하여 왕으로 우리 하나님 여호와와 같은 이가 없는 줄을 알게 하리니 개구리가 왕과 왕궁과 왕의 신하와 왕의 백성을 떠나서 하수에만 있으리이다 하고 모세와 아론이 바로를 떠나 나가서 바로에게 내리신 개구리에 대하여 모세가 여호와께 간구하매 여호와께서 모세의 말대로 하시니 개구리가 집에서, 마당에서, 밭에서 나와서 죽은지라 사람들이 모아 무더기로 쌓으니 땅에서 악취가 나더라 그러나 바로가 숨을 통할 수 있음을 볼 때에 그 마음을 완강케 하여 그들을 듣지 아니하였으니 여호와의 말씀과 같더라 이 세상에 사는 사람들 중에서 고집이 세고 성품이 완악하며 늘 부정적인 사람을 좋아하는 사람은 하나도 없습니다. 왜냐하면 이러한 사람들은 생각이 짧은 사람들로서, 진리나 공익보다는 늘 자기 생각대로 이기적인 삶을 살기 때문입니다. 이러한 자들은 신앙생활에서도 순종의 삶을 살지 못하고 언제나 말썽만 일으킵니다. 그러므로 이러한 사람은 언제나 불만이 많고 불평이 많아 다른 사람과 늘 부딪치게 되고 그것 때문에 편할 날이 없는 비참한 삶을 삽니다. 그런데 본문을 보면 바로가 바로 그러한 사람이었습니다.

1. 개구리에 대하여

첫째, 개구리는 풍요를 상징하는 애굽인들의 신이었습니다.

개구리의 종류를 보면 개구리, 무당개구리, 기생개구리, 두꺼비, 청개구리, 맹꽁이 등이 있습니다. 이 개구리는 19세기까지는 파충류로 분류했지만 지금은 동물로 분류하고 있습니다.

애굽에서는 매년 나일 강이 범람하는데 그때마다 아프리카 밀림의 썩은 낙엽들을 쓸어다 주어 나일 강 주변의 농토를 기름지게 했습니다. 나일 강의 홍수가 끝나는 12월 중순이 되면 홍수가 가져다준 나일 강변의 퇴적토 위에서 개구리들이 울어대는 소리가 요란했습니다. 때문에 이 개구리를 한 해의 풍년을 기약해 주는 사신으로 생각하여 신으로 숭배하게 되었습니다. 애굽에서는 지금도 이 개구리 머리를 가진 신상의 비석들이 발굴되고 있습니다. 그러나 성경에서 개구리는 더러운 영(계 16:13)으로 비유

되었으며, 부정한 동물(레 11:10)이요, 재앙을 가져다주는 동물(출 8:5~11; 시 105:30)로 묘사되었습니다.

둘째, 하나님은 개구리로 애굽의 온 지경을 치셨습니다.

여호와께서는 이스라엘을 애굽에서 내어 보내기를 거절한 바로에게 모세의 지팡이를 통하여 애굽 전역에 있는 모든 물들을 피가 되게 하는 재앙을 내리셨습니다. 그리하여 애굽 전역에 마실 물이 없게 하셨고, 하수의 물고기들이 다 썩어 악취가 애굽 전역에 가득하게 하셨습니다. 그러나 바로 왕은 애굽의 술객들도 그와 똑같이 행하는 것을 보고는 별것 아닌 것으로 생각하고 그 일에 전혀 관념치 않았습니다.

이 일이 있은 지 7일 후에 다시 여호와께서는 모세의 지팡이를 애굽의 물들 위에 펴게 하심으로 애굽인들이 풍요의 신으로 믿고 숭배하던 개구리들이 바로 왕의 왕궁과 침실, 신하들의 집은 물론 백성들의 화덕과 떡반죽 그릇 등 온 애굽을 완전히 뒤덮게 하셨습니다.

셋째, 애굽인들은 자기들의 신에 의해 고통을 당했습니다.

애굽인들은 이 헤케트(개구리신)라는 신이 모든 것들의 생산이 잘되게 하여 자기들에게 풍요를 가져다준다고 생각해 왔습니다. 그런데 이것이 웬일입니까? 자기들이 그토록 정성스럽게 믿고 섬겼던 개구리들이 발 디딜 틈 없이 온 집안에 가득하여 울어대는 소리에 미칠 지경이었습니다. 거기다가 또 악취까지 진동했습니다. 이제 자기들에게 풍요를 가져다주는 신이 아니라 성경이 말씀하신 대로 더럽고 부정한 동물이 되어 그들로 하여금 살 수 없게 하고 고통을 주는 저주의 괴물들이 된 것입니다.

그렇습니다. 하나님이 미워하시는 우상숭배는 이렇게 모두가 다 저주를 가져다줍니다. 마찬가지로 그동안 우리 인간들도 하나님처럼 믿었던 것들에게 배신을 당하고 고통을 당하는 일들이 너무나도 많습니다.

사랑하는 여러분!

우상숭배란 이렇게 어리석은 행위입니다. 왜냐하면 우상숭배의 배후에는 사단이 역사하기 때문에 언제나 사람들로 하여금 죄짓고 저주받아 병들게 하고, 가난하게 하며, 망하게 합니다. 그러므로 절대로 우상을 숭배하는 어리석은 자들이 되지 맙시다.

2. 변덕스러운 바로의 행동

첫째, 바로는 개구리를 떠나게 해달라고 요청했습니다.

온 집안에 가득한 개구리들을 통해 죽을 지경에 처한 바로는 모세와 아론을 불러, "여호와께 구하여 개구리를 나와 내 백성에게서 떠나게 하라 내가 이 백성을 보내리니 그들이 여호와께 희생을 드릴 것이니라"(출 8:8)고 했습니다. 지금까지 '나는 여호와를 알지 못한다' 며 그렇게 완악했던 바로가 이제 여호와의 능력을 인정하여 자기의 고집을 꺾고 굽히게 된 것입니다.

이에 모세와 아론이 여호와께 구하여 개구리들을 하수에만 있게 하고 집과 마당에서 나와 다 죽게 했습니다. 사람들이 죽은 개구리들을 모아 무더기로 쌓으니 땅에 악취가 가득했습니다(출 8:9~14). 그들이 믿고 섬기던 신이 오히려 그들을 괴롭히다가 비참하게 죽은 것입니다.

둘째, 여기에서 죄인들의 특성을 볼 수 있습니다.

개구리가 하수에만 있고 다른 곳에서는 모두 떠나게 해달라는 바로의 요청을 들은 모세는 바로에게 "내가 왕과 왕의 신하와 왕의 백성을 위하여 어느 때에 구하여 이 개구리를 왕과 왕궁에서 끊어서 하수에만 있게 하오리이까 내게 보이소서"(출 8:9)라고 물었고 바로는 "내일이니라"(출 8:10)고 했습니다. 이 개구리 재앙은 바로의 완악함과 불순종의 죄 때문에 내려진 것입니다. 그런데 그 지긋지긋한 개구리 재앙을 지금 당장 없애 달라는 것이 아니라 내일 없애 달라고 했습니다. 이러한 바로의 행동은 바로 죄인들의 특성을 잘 보여 주고 있습니다.

그렇습니다. 술과 담배를 끊으라고 하면 언제든지 다음달이나 명년부터라고 말합니다. 담배도 피다가 남은 것만 피겠다고 합니다. 그 사람과 관계를 끊으라고 하면 마지막으로 한 번만 더 만나고 끊겠다고 합니다. 지금 순종하고 충성하라고 하면 다음부터 열심히 하겠다고 말합니다. 그저 이유와 핑계가 많습니다. 다시 말하면 익숙했던 죄악의 자리에서 떠나지 못하고 항상 내일로 미룹니다. 그러한 사람은 그 어떤 것도 지금 당장 실천하는 것이 없습니다. 때문에 그의 삶에는 변화도, 발전도, 축복도 있을 수 없습니다.

셋째, 바로는 다시 완강해졌습니다.

하나님께서 모세의 간구를 들으시고 개구리 재앙을 거두시자 바로는 이제 한숨을 돌리게 되었습니다. 그러자 그는 곧바로 다시 완강해져서 이스라엘의 출애굽을 허락지 않았습니다. 어리석은 바로는 그렇게 해도 괜찮을 줄로 착각한 것입니다. 이러한 어리석은 모습은 바로 오늘을 살아가는 우리 인간들의 모습입니다. 오늘날에도 많은 사람들이 위기가 닥칠 때에는 간절히 하나님을 찾고 많은 약속을 하지만 막상 그 위기를 모면하게 되면 내가 언제 그랬느냐는 식으로 신앙과 약속을 팽개쳐 버리는 간사한 행동을 반복하고 있습니다. 그러나 분명한 것은 전지전능하신 하나님께서는 우리의 생각을 감찰하시고, 머리털까지 세신 바 되시며, 우리의 앉고 일어섬을 다 아신다는 사실입니다.

사랑하는 여러분!

우리 모두 그 어떤 일에서도 잘못된 고집을 부린다든지 완악하게 살지 맙시다. 하나님의 말씀에 비추어서 잘못된 것이라고 하면 지금 바로 과감하게 끊어 버립시다. 그리고 그 어떤 이유에서도 믿음과 약속을 저버리고 변덕을 부리는 패역한 자가 되지 말아야겠습니다.

3. 하나님의 말씀에 대한 순종

첫째, 순종의 가치를 봅시다.

하나님께서는 우리 인간들의 연약함과 부족함을 채워 주시고, 능력 있는 삶으로 맡은 바 사명을 잘 감당할 수 있도록 하시기 위해 언제나 삶의 방향과 방법을 제시해 주시고 그에 대해 순종할 것을 요구하십니다. 그러므로 예수 그리스도를 구주로 믿고 구원받은 우리 성도들은 이유 여하를 막론하고 말씀을 받은 즉시 곧바로 순종해야 합니다. 순종하되 내 생각이나 뜻이 조금이라도 개입됨이 없이 하나님께서 원하시는 그대로 순종해야 합니다. 우리들의 언행심사와 삶 전체를 다 바쳐서 온전히 순종해야 합니다. 성경은 순종이 하나님을 향한 신앙을 표현하는 최고의 자세이기 때문에 순종이 제사보다 낫다고 말씀하고 있습니다(삼상 15:22).

둘째, 순종에는 이유가 없습니다.

인류 역사에서 최초로 범죄한 아담과 하와는 사단의 유혹을 받아 자신들의 욕심에 이끌리어 하나님의 명령에 불순종하고 선악을 알게 하는 나무의 열매를 따 먹음으로 인류에게 죄와 저주, 멸망이 이르게 했습니다(창 3:1~4:15). 또한 모세도 자기 생각으로 불순종하다가 하나님의 노하심을 받았습니다(출 4:14). 바로도 자기의 완악한 고집으로 불순종하다가 이 개구리 재앙을 당했습니다. 사울 왕도 사무엘이 기한 전에 오지 않았다는 이유로 제사장의 고유 권한인 제사를 자신이 직접 드린 것과(삼상 13:8~15), 하나님 앞에 제사드린다는 이유로 아말렉의 모든 것을 다 진멸하라는 하나님의 명령을 어기고 불순종하여 좋은 짐승들을 남겨 둔 것 때문에 왕위를 빼앗기게 되었습니다(삼상 15:1~23). 제사장이 아닌 웃사도 자기 생각으로 법궤를 만짐으로 즉사했습니다(삼하 6:6~7). 요나도 자기 생각으로 불순종하다가 스올의 밥이 되어 죽을 뻔했습니다(욘 1:1~17). 그렇습니다. 순종에는 그 어떤 이유가 있을 수 없습니다. 무조건 순종해야 합니다.

셋째, 순종하는 자의 결국을 봅시다.

하나님께서는 순종하는 자에게 믿음의 복을 주시고(창 12:1~4), 그를 당신의 소유로 삼으시며(출 19:5), 우리가 이 세상을 살아가는 데에 필요한 모든 좋은 것들을 복으로 주십니다. 우선 순종하면 건강의 복을 받습니다(왕하 5:9~14). 물질의 복을 받습니다(눅 5:1~11). 형통하게 됩니다(수 1:8). 번영을 누리고 우리의 자손들까지 잘되는 복을 받습니다(신 5:29; 왕상 3:14).

사랑하는 여러분!

우리의 신앙생활에서 최고의 가치는 순종이라는 사실을 깊이 인식하고 이유 여하를 막론하고 무조건 순종하는 삶을 삽시다. 그리하여 하나님께서 인정하시는 믿음의 사람이요 하나님의 소유가 되어 영육간에 넘치는 복을 받으시기 바랍니다.

이 재앙

[출애굽기 8장 16~19절]

여호와께서 모세에게 이르시되 아론에게 명하기를 네 지팡이를 들어 땅의 티끌을 치라 하라 그것이 애굽 온 땅에서 이가 되리라 그들이 그대로 행할새 아론이 지팡이를 잡고 손을 들어 땅의 티끌을 치매 애굽 온 땅의 티끌이 다 이가 되어 사람과 생축에게 오르니 술객들이 자기 술법으로 이같이 행하여 이를 내려 하였으나 못하였고 이는 사람과 생축에게 있은지라 술객이 바로에게 고하되 이는 하나님의 권능이니이다 하나 바로의 마음이 강퍅케 되어 그들을 듣지 아니하였으니 여호와의 말씀과 같더라

하나님께서는 애굽의 하수를 근원으로 피와 개구리 재앙을 나타내셨으나 이번에는 애굽인들이 어머니 신으로 섬기는 땅을 근원으로 하여 땅의 티끌을 통해 이적을 나타내셨습니다. 하나님께서 내리신 이 세 번째 재앙을 보면 어떤 거대한 것이 아닌 아주 작은 것으로 재앙을 내리셨음에도 불구하고 그 재앙이 가져다준 고통과 피해는 감히 상상할 수 없을 정도로 큰 것이었음을 알 수 있습니다.

1. 티끌이 이가 됨

첫째, 이에 대해 생각해 봅시다.

본문에서 '이'라는 말의 히브리어 '켄'에는 몇 가지 의미가 있습니다. 먼저, 우리가 생각하는 이입니다. 이는 흡혈기생충으로서 아주 급속도로 번식하여 사람과 가축을 공격하여 피해를 줍니다. 이에 물리면 가렵고 긁으면 진물이 나며 습진 등의 피부염이 생기기 쉽습니다. 이는 불결하고 인구가 많은 곳에서 잘 번식합니다. 또한 진드기입니다. 이 진드기는 거미에 가까운 기생충으로서 전적으로 피를 빨아먹고 살며, 건조한 지역에서 잘 번식하고 사람이나 동물들을 무차별적으로 공격합니다. 이 진드기 역시 무서운 열병을 가져다 줍니다. 그리고 각다귀입니다. 이 각다귀는 모기과로서 진짜 모기보다 크기가 아주 작은 날파리처럼 생겼습니다. 이 각다귀도 흡혈을 하며 사람이나 모든 동물들을 공격하고 갖가지 질병을 전염시킵니다. 그러므로 이 이의 재앙은 애굽인들에게 있어서 견디기 힘들 정도의 아주 무서운 재앙이었습니다.

그렇습니다. 누구든지 하나님 앞에 순종하지 않고 불순종의 삶을 살면 세상의 그 어떤 것을 통해서라도 반드시 그에 대한 심판으로 괴로움과 고통을 당하게 됩니다.

둘째, 예고 없는 재앙이었습니다.

하나님께서는 그동안 피의 재앙이나 개구리 재앙에 대해서는 미리 예고하시고 기적을 행하셨습니다. 그러나 이번의 이 재앙에 있어서는 예고 없이 많은 티끌이 이가 되게 하여 애굽의 사람들과 가축들을 무차별 공격하여 괴롭히게 하셨습니다. 더운 나라인 애굽에서 세상 전체가 이로 뒤덮여서 온몸을 물어뜯기게 된 것은 정말로 눈 뜨고는 볼 수 없는 참혹한 재앙이었습니다.

그렇습니다. 언제나 재앙은 우리 인간들의 불순종에 대한 하나님의 심판에서 비롯됩니다. 그러므로 우리 모두는 항상 정신을 차리고 깨어서 철저하게 순종하는 삶을 살아야겠습니다.

셋째, 티끌은 셉이라는 애굽의 신이었습니다.

애굽의 범신론은 티끌을 '셉' 이라고 하여 신 혹은 신들의 아버지로 숭배했습니다. 그런데 그들이 신으로 믿는 티끌이 위생상태가 불결한 사람들에게 많이 발생하는 이가 되어 괴롭혔습니다. 특별히 애굽 사람들은 어떤 나라의 사람들보다도 자신들이 깨끗한 사람들이라고 자부해 왔습니다. 때문에 그들의 종교생활에 있어서 청결을 아주 귀하게 여겼습니다.

그런데 이 얼마나 수치스럽고 괴로운 일입니까? 참으로 자신들이 제일 깨끗하다고 생각했던 자들이 이들의 공격을 받아 고통을 당하고 있으니 그들의 자존심은 말이 아니었습니다. 당시에는 몸에 해충이 있으면 성전에도 들어가지 못했습니다. 때문에 제사장들은 자신들의 청결을 유지하기 위해 언제나 수염을 깎고 몸과 의복을 깨끗이 하기 위해 무척이나 노력했습니다. 그렇습니다. 하나님께서 우리의 영육과 출입을 지켜 주지 않으시면 그 누구도 완전할 수 없습니다.

사랑하는 여러분!

우리 모두 겸손히 하나님의 말씀에 순종하며 삽시다. 그리고 언제나 깨어서 내가 마땅히 감당해야 할 사명들을 깨닫고 성실하게 살아가는 참된 신앙인들이 되어야겠습니다.

2. 술객들이 행하려 함

첫째, 술객들이 실패했습니다.

여호와께서 모세에게 말씀하시기를, "아론에게 명하기를 네 지팡이를 들어 땅의 티끌을 치라 하라 그것이 애굽 온 땅에서 이가 되리라"(출 8:16)고 하셨습니다. 이에 아론이 모세의 말대로 하자 애굽 온 땅의 티끌이 다 이가 되어 애굽의 사람들과 생축에게 기어올랐습니다. 그러자 애굽의 술객들도 그와 같이 시도해 보았습니다. 그러나 그들은 이전과 달리 이 이의 이적을 전혀 행하지 못했습니다.

술객들의 시도는 전능하신 하나님의 능력을 모방하려 하는 안타까운 인간들의 어리석은 행위였습니다. 그렇습니다. 오늘의 과학이 제아무리 발달했다고 해도 하나님의 역사를 따를 수는 없습니다. 때문에 인간의 기술로 복제된 동물은 자손의 계대를 제대로 이루어 가지 못하고 있습니다. 그러므로 우리 모두는 자신의 부족함을 인정하고 늘 겸손한 삶을 살아야 합니다.

둘째, 술객들은 비로소 재앙이 하나님의 능력임을 고백했습니다.

티끌로 이를 만드는 데 실패한 애굽의 술객들은 비로소 애굽 전역에 내린 이의 재앙에 대해 "이는 하나님의 권능이니이다"(출 8:19)라고 바로 왕에게 고했습니다. 그동안 하나님의 존재조차도 부정하던 그들이 전능하신 하나님의 존재와 권능을 비로소 인정한 것입니다. 그렇다고 해서 그들이 여호와 하나님을 자신들의 하나님으로 믿고 신앙을 고백한 것은 아닙니다. 다만 범신론적인 입장에서 자신들이 섬기는 신들보다 더 우월하고 더 큰 능력이 있는 하나님이라고 하는 신이 있음을 인정하게 된 것입니다. 그래서 자신들의 능력이 한계에 부딪히자 할 수 없이 손을 든 것입니다. 그렇습니다. 전능하신 하나님만이 우리의 생사화복을 주관하시는 절대자이십니다.

셋째, 그러나 바로는 여전히 강퍅하였습니다.

애굽의 술객들이 바로에게 자신들의 능력에 대한 한계를 인정하고 지금까지 애굽 전역에 내린 재앙이 히브리 민족이 믿는 하나님에 의해 내려진 것이라고 보고했음에도 불구하고 바로는 여전히 강퍅했습니다. 그동안 아론의 지팡이가 술객들의 지팡이를 먹어 버렸고, 애굽 전역의 물이 다 피가 되었으며, 개구리들로 온 나라가 뒤덮여 괴로움을 당한 것을 잊은 것일까요? 이번에도 미처 예기치 못했던 재앙으로 인해 참으로 견디기 힘든 고통을 당하고 있음에도 불구하고 그는 아직도 자신을 굽혀 하나님을 인정하기를 거부했습니다. 참으로 사람 되기를 포기한 악한 인간의 모습을 보게 됩니다. 그러므로 우리도 강퍅한 심령을 녹여 달라고 늘 기도해야겠습니다. 또한 사람을 변화시키는 것은 채찍이나 징계가 아니라 칭찬과 위로, 격려와 축복이라는 사실을 깨닫게 됩니다.

사랑하는 여러분!

우리 모두 그 어떤 이유로도 교만하지 맙시다. 우리의 생사화복을 친히 주장하시는 전능하신 하나님만 믿고 그분만 신뢰하면서 강퍅한 심령을 늘 쳐서 복종시키는 복된 삶을 사시기 바랍니다.

3. 이 재앙이 주는 교훈

첫째, 재앙의 원인입니다.

먼저 바로와 애굽의 온 백성들이 피와 개구리, 이의 재앙으로 인하여 고통을 당하여 죽을 뻔한 것은 모두가 한 인간인 바로의 완악한 성품 때문이었습니다. 하나님께서 모세와 아론을 통해 친히 기사와 이적을 보이시며 이스라엘 백성들을 출애굽시킬 것을 두 번씩이나 강력하게 명령하셨음에도 불구하고 그는 계속 하나님의 명령을 거역하고 불순종했습니다. 그는 개구리 재앙으로 인해 더 이상 살아갈 수 없을 정도로 고통을 당하자 애굽 전역의 개구리만 없애 주면 이스라엘 백성들을 애굽에서 내보내겠다고 약속해 놓고, 모세가 여호와께 기도하여 애굽 전역의 개구리들을 다 없이하고 하수에만 있게 하자 약속을 어기고 이스라엘 백성들을 내보내지 않았습니다. 때문에 하나님께서는 예고도 없이 이의 재앙으로 바로를 치신 것입니다. 그렇습니다. 완악한 마음을 가지고 하나님의 명령을 계속 거역하고 불순종하면 이렇게 예고 없는 재앙을 당할 수밖에 없습니다.

둘째, 연약한 인간입니다.

티끌은 그 자체 하나하나가 지극히 작은 것입니다. 그런데 이 작은 티끌이 작은 이로 변해서 애굽 전역의 사람들과 생축들을 괴롭혔습니다. 당시 세계 최강국이던 애굽이 이 작은 이들에 의해 신음하고 있는 것입니다. 우리는 이 사건을 통해서 이 세상에서 참으로 부족하고 연약하며 어리석은 것은 우리 인간들임을 깨닫게 됩니다. 바로와 애굽 전역이 왜 이렇게 고통을 당합니까?

그것은 바로 애굽의 바로 하나가 변화받지 못했기 때문입니다. 그러므로 우리 모두는 옛사람을 벗어 버리고 새사람으로 변화를 받아야 합니다. 우리들의 신앙생활에서 가장 작은 것까지도 세심한 주의를 기울임으로써 보다 더 가치 있고 능력 있는 삶을 살아야겠습니다.

셋째, 하나님만이 생명의 근원이십니다.

하나님께서는 바로 왕과 애굽인들이 그토록 믿고 신뢰하며 소중히 여기던 나일 강과 애굽 전역의 물을 피로 만드셨고, 개구리 떼로 애굽 전역을 뒤덮게 하셨으며, 티끌을 이로 만들어 사람과 생축을 괴롭히게 하셨습니다. 나일 강이나 개구리, 티끌 등은 모두 그들이 신으로 섬기던 것들입니다. 한마디로 애굽 사람들은 자기들을 행복하게 해준다고 믿었던 신들에게 속은 것입니다. 그렇습니다. 하나님만이 우리에게 복을 주시고 은혜를 베푸시며 평강을 주시는 분입니다(민 6:24~26). 그러므로 우리가 믿고 섬기며 신뢰할 분은 오직 하나님 한 분밖에 없습니다.

사랑하는 여러분!

우리 모두 완악하고 거역하며 불순종하는 삶의 자세는 모양이라도 버립시다. 언제나 나 자신이 심히 연약한 존재라는 사실을 깨닫고 생명과 사망, 복과 저주의 주관자가 되시는 하나님을 믿고 영생을 누리는 복된 자들이 되시기 바랍니다.

파리 재앙

[출애굽기 8장 20~32절]

여호와께서 모세에게 이르시되 아침에 일찍이 일어나 바로 앞에 서라 그가 물로 나오리니 그에게 이르기를 여호와의 말씀에 내 백성을 보내라 그들이 나를 섬길 것이니라 네가 만일 내 백성을 보내지 아니하면 내가 너와 네 신하와 네 백성과 네 집들에 파리 떼를 보내리니 애굽 사람의 집집에 파리 떼가 가득할 것이며 그들의 거하는 땅에도 그러하리라 그 날에 내가 내 백성의 거하는 고센 땅을 구별하여 그곳에는 파리 떼가 없게 하리니 이로 말미암아 나는 세상 중의 여호와인 줄을 네가 알게 될 것이라 내가 내 백성과 네 백성 사이에 구별을 두리니 내일 이 표징이 있으리라 하셨다 하라 하시고 여호와께서 그와 같이 하시니 무수한 파리 떼가 바로의 궁에와 그 신하의 집에와 애굽 전국에 이르니 파리 떼로 인하여 땅이 해를 받더라 바로가 모세와 아론을 불러 이르되 너희는 가서 이 땅에서 너희 하나님께 희생을 드리라 모세가 가로되 그리함은 불가하니이다 우리가 우리 하나님 여호와께 희생을 드리는 것은 애굽 사람의 미워하는 바 이온즉 우리가 만일 애굽 사람의 목전에서 희생을 드리면 그들이 그것을 미워하여 우리를 돌로 치지 아니하리이까 우리가 사흘 길쯤 광야로 들어가서 우리 하나님 여호와께 희생을 드리되 우리에게 명하시는 대로 하려 하나이다 바로가 가로되 내가 너희를 보내리니 너희가 너희 하나님 여호와께 광야에서 희생을 드릴 것이나 너무 멀리는 가지 말라 그런즉 너희는 나를 위하여 기도하라 모세가 가로되 내가 왕을 떠나 가서 여호와께 기도하리니 내일이면 파리 떼가 바로와 바로의 신하와 바로의 백성을 떠나려니와 바로는 이 백성을 보내어 여호와께 희생을 드리는 일에 다시 거짓을 행치 마소서 하고 모세가 바로를 떠나 나와서 여호와께 기도하니 여호와께서 모세의 말대로 하사 파리를 바로와 그 신하와 그 백성에게서 몰수히 떠나게 하시니라 그러나 바로가 이 때에도 마음을 완강케 하여 백성을 보내지 아니하였더라 애굽 사람들은 태양신을 창조의 신으로 믿고 섬겨 왔습니다. 그들은 이 태양신의 머리를 파리 모양으로 만들었습니다. 이 파리는 보통 파리보다 크고 쏘는 힘이 강했습니다. 특히 애굽은 파리나 모기 등 날파리 같은 것들이 떼를 지어서 날아다니는 경우가 많았습니다. 열대 사막 지역인 애굽에서 이 파리 떼의 집중공격을 받는다는 것은 생각만 해도 끔찍했습니다. 때문에 그들은 이 파리(세붑)귀신을 통해서 날파리들의 공격을 피하고자 했습니다. 여기에서 파리귀신(바알세붑)이란 이름이 생겼습니다. 이 바알세붑을 신약에서는 바알세불이라고 합니다.

1. 다시 주어진 하나님의 명령

첫째, 아침에 일찍이 일어나 바로 앞에 서라고 하셨습니다.

피 재앙에서 이미 말씀드린 바와 같이 애굽은 나일 강을 신으로 믿었기 때문에 바로는 날마다 새벽 일찍이 일어나 나일 강가에 나가서 제사를 드렸습니다. 때문에 하나님께서는 모세에게 아침 일찍이 일어나 나일 강의 물가에 가서 바로 앞에 서라고 하셨습니다. "그가 물로 나오리니 그에게 이르기를 여호와의 말씀에 내 백성을 보내라 그들이 나를 섬길 것이니라"(출 8:20)고 전하라 하신 것입니다.

아침은 하나님을 만나고(출 34:4~5) 그분의 인자하심과 성실하심을 볼 수 있는 시간입니다(시 92:2; 애 3:23). 때문에 아브라함은 아침에 일찍 일어나 모리아 산으로 가서 이삭을 드렸습니다(창 22:3). 야곱은 아침에 일찍이 일어나 벧엘의 단을 쌓았습니다(창 28:18~22). 여호수아는 가나안을 정복하기 위해 아침 일찍이 요단 강으로 갔습니다(수 3:1~17). 뿐만 아니라 그는 아침 일찍이 나아가 여리고 성과 아이 성을 무너뜨렸습니다(수 6:12~21, 8:10). 예수님께서도 새벽 미명에 기도하셨습니다(막 1:35).

하나님께서는 "나를 사랑하는 자들이 나의 사랑을 입으며 나를 간절히(새벽에) 찾는 자가 나를 만날 것이니라 부귀가 내게 있고 장구한 재물과 의도 그러하니라 내 열매는 금이나 정금보다 나으며 내 소득은 천은보다 나으니라 나는 의로운 길로 행하며 공평한 길 가운데로 다니나니 이는 나를 사랑하는 자로 재물을 얻어서 그 곳간에 채우게 하려 함이니라" (잠 8:17~21)고 하셨습니다.

둘째, 애굽 전역이 파리 떼로 인하여 해를 받았습니다.

하나님께서는 강퍅한 바로가 피와 개구리, 이의 재앙에도 불구하고 이스라엘을 계속해서 압제하고 출애굽시키지 않음에 따라 이번에는 파리 떼로 하여금 애굽 전역에 가득하게 하셨습니다. 당시 애굽 사람들은 늘 이 날파리 곤충에게 시달림을 당해 왔기 때문에 바알세붑의 신을 믿어 이러한 재앙을 면해 보려고 했습니다. 그러나 오히려 그 파리들로 인해 애굽 전역이 아비규환의 현장으로 변한 것입니다.

셋째, 고센 땅에는 파리가 없었습니다.

이 고센 땅은 요셉이 애굽의 총리였을 때에 자기 아버지와 형제들의 식구 70명을 이주시켜 정착시킨 이스라엘의 정착촌이었습니다. 그런데 같은 애굽이었지만 이곳에는 파리 떼가 전혀 없었습니다. 참으로 이스라엘 민족은 하나님의 선민이요 구별된 민족으로서, 전능하신 하나님께서 책임지고 보호하신다는 사실을 분명하게 증명해 보이신 것입니다.

사랑하는 여러분!

우리 모두 새벽에 하나님을 찾는 부지런한 성도들이 됩시다. 하나님께서 때마다 일마다 승리케 하실 것입니다. 그리하여 하나님께서 우리들을 책임지고 보호해 주신다는 것을 이 세상 사람들에게 분명하게 나타내 보이시기 바랍니다.

2. 바로 왕의 조건부 허락

첫째, 이 땅에서 너희 하나님께 희생을 드리라고 했습니다.

미처 예상치 못했던 파리 떼가 애굽 전역을 완전히 뒤덮어 무차별적으로 사람들과 생축들을 공격하자 기가 꺾인 바로는 모세와 아론을 불러 자신의 통치권이 미치는 애굽 땅에서 하나님께 희생을 드리라고 조건부로 허락했습니다(출 8:25). 그러나 그것은 우선 급하기 때문에 위기의 순간을 넘기고, 다시 노예로 묶어두기 위한 얄팍한 유혹의 타협안이었습니다. 마찬가지로 언제나 불평불만하며 불순종하는 자들도 늘 이와 같이 조건부 타협을 주장합니다. 그러나 이것은 사단의 발상입니다. 신앙생활에는 그 어떠한 조건이나 타협도 있을 수 없습니다. 오직 말씀하신 대로 믿고 따르는 온전한 순종만 있을 뿐입니다.

둘째, 모세는 바로의 조건부 허락을 즉시 거절했습니다.

애굽 땅에서 하나님께 제사를 드리면 허락하겠다는 바로의 조건부 허락을 모세는 단호하게 거절했습니다(출 8:26). 왜냐하면 이스라엘은 자신들이 종살이하는 땅이 아닌 완전히 자유가 보장된 광야에서 하나님을 섬기고 제사드려야 했기 때문입니다. 또한 당시 애굽 사람들은 짐승들을 신성시하여 신으로 섬기고 있었으므로 이스라엘 백성들이 짐승들을 잡아 하나님께 제사를 드린다고 하면 이스라엘 사람들을 죽이려고 할 것이기 때문이었습니다. 그래서 모세는 바로에게, "우리가 사흘 길쯤 광야로 들어가서 우리 하나님 여호와께 희생을 드리되 우리에게 명하시는 대로 하려 하나이다"(출 8:27)라고 했습니다.

셋째, 그러자 바로는 너무 멀리는 가지 말라고 했습니다.

모세가 애굽 땅에서 제사드리라는 바로의 조건부 허락을 구체적인 이유를 들어서 거절하고 사흘 길쯤 광야로 나가서 하나님께 제사드리겠다고 요청하자 그러면 광야에 나가서 하나님께 제사를 드리되 "너무 멀리는 가지 말라"(출 8:28)고 말하고 자기를 위해 기도해 달라고까지 했습니다. 그러나 이것은 일시적으로나마 이스라엘 사람들을 애굽 땅 밖으로 내어 보내면 막대한 노동력의 상실이 예상되기 때문에 만약에 이스라엘이 도망을 치려 한다면 즉시 애굽군이 뒤쫓아가 붙잡을 수 있는 거리에 두기를 원한 것이었습니다. 이에 모세는 바로에게 다시 거짓을 행치 말 것을 부탁하고(출 8:29) 하나님께 기도함으로 애굽 전역의 파리 떼를 떠나게 했습니다(출 8:30~31). 그러나 바로는 여전히 이스라엘을 출애굽시키지 않았습니다.

사랑하는 여러분!

우리 모두 신앙생활에서 나 자신의 부패된 생각을 가지고 어떠한 조건을 달거나 타협하려는 악을 행치 맙시다. 그리고 자신과 이웃에게 해를 끼치는 악의를 버리고 순수한 신앙생활을 하시기 바랍니다.

3. 파리 재앙을 통한 교훈

첫째, 하나님은 당신의 백성들을 구별하십니다.

하나님께서는 당신의 선민인 이스라엘 민족이 그토록 부족하고 연약했음에도 다른 이방인들과 똑같이 취급하신 적이 한 번도 없습니다. 이 파리 재앙을 내리실 때에도 하나님께서는 이스라엘 사람들과 애굽 사람들을 구별하셨습니다. 때문에 애굽 전역이 그 무서운 파리 떼로 뒤덮였으나 이스라엘 민족이 사는 고센 땅에는 파리 떼가 전혀 나타나지 않았습니다(출 8:22).

하나님께서는 당신의 자녀들을 완전하게 구별하시고 구원하시기 위해 예수 그리스도를 이 세상에 보내셔서 십자가를 지게 하셨습니다. 때문에 예수 그리스도를 구주로 믿느냐 안 믿느냐에 따라서 하나님의 자녀와 마귀의 자식, 생명과 사망, 천국과 지옥, 복과 저주의 사람으로 구별됩니다.

둘째, 마귀는 계속해서 성도들을 붙잡아 두려고 합니다.

바로는 이스라엘 사람들에게 "이 땅에서 너희 하나님께 제사를 드리라"고 했습니다. 그 땅이 어디입니까? 애굽이라고 하는 사단이 지배하는 이 세상입니다. 그곳은 바로 하나님을 믿지 않고 우상을 섬기며 죄를 짓고 저주받아 병들고 가난하여 망하게 되는 사단의 종 된 자리입니다. 하나님과 원수가 된 세속의 자리입니다. 하나님을 믿지 않고 살아가는 죄인이 사는 자리입니다.

믿음을 저버리고 타락의 삶을 살고 있는 향락의 자리입니다. 사단은 이 자리를 떠나지 못하도록 온갖 수단과 방법을 다 사용하여 붙잡고 있습니다. 그리고 "너무 멀리는 가지 말라" 고 합니다. 이것은 세상과 적당히 관계를 가지고 타협하면서 살라고 유혹하는 것입니다. 그러나 하나님께서는 이 세상을 떠나 죄의 짐을 벗어 버리고 철저하게 구별된 삶을 살라고 요구하고 계십니다.

셋째, 끝까지 책임지시는 하나님의 사랑입니다.

하나님께서는 이 세상 천지만물을 지으시고 그 모든 것들을 우리 인간들에게 다 맡기시며 "다스리고 정복하여 땅에 충만하라" 는 복을 주셨습니다(창 1:28). 그럼에도 불구하고 인간은 사단의 유혹을 받아 하나님을 배신하고 범죄함으로 저주를 받아 영원히 멸망할 수밖에 없는 불쌍한 존재가 되었습니다. 그러나 사랑의 하나님께서는 배신자인 우리 인간들을 살리시기 위해 독생자를 이 세상에 보내셨습니다. 이러한 아버지의 뜻에 순종하여 이 세상에 오신 예수님께서는 우리의 죄를 용서하시고 구원하시기 위해 십자가에서 대속의 피를 흘리고 죽으셨습니다.

지금 이 시간에도 성령님께서는 부족하고 연약한 우리를 위해 말할 수 없는 탄식으로 기도하며 동행하십니다. 이 모두가 다 우리를 끝까지 책임지시는 하나님의 사랑인 것입니다. 그러므로 우리 모두는 하나님의 크신 사랑에 감사하며 철저한 순종의 삶을 살아야겠습니다.

사랑하는 여러분!

우리 모두 세속의 옛 생활을 깨끗하게 벗어 버리고 철저하게 구별된 삶을 삽시다. 그리고 끝까지 우리를 책임지시는 하나님의 사랑에 감사하고 하나님이 원하시는 뜻대로 늘 순종하며 충성하는 복 있는 성도들이 되시기 바랍니다.

악질 재앙

[출애굽기 9장 1~7절]

여호와께서 모세에게 이르시되 바로에게 들어가서 그에게 이르라 히브리 사람의 하나님 여호와께서 말씀하시기를 내 백성을 보내라 그들이 나를 섬길 것이니라 네가 만일 그들 보내기를 거절하고 억지로 잡아 두면 여호와의 손이 들에 있는 네 생축 곧 말과 나귀와 약대와 우양에게 더하리니 심한 악질이 있을 것이며 여호와가 이스라엘의 생축과 애굽의 생축을 구별하리니 이스라엘 자손에 속한 것은 하나도 죽지 아니하리라 하셨다 하라 하시고 여호와께서 기한을 정하여 가라사대 여호와가 내일 이 땅에서 이 일을 행하리라 하시더니 이튿날에 여호와께서 이 일을 행하시니 애굽의 모든 생축은 죽었으나 이스라엘 자손의 생축은 하나도 죽지 아니한지라 바로가 보내어 본즉 이스라엘의 생축은 하나도 죽지 아니하였더라 그러나 바로의 마음이 완강하여 백성을 보내지 아니하니라

하나님께서는 강퍅한 바로의 마음을 깨뜨리시고 이스라엘 백성들을 구원하시기 위해 그동안 네 가지의 재앙을 내리시되 바로와 백성들의 신변을 위협하는 선에서 재앙을 내리셨습니다. 그러나 이 다섯 번째 재앙은 악질로 애굽의 가축들을 죽이는 재앙입니다. 이 가축들에게 내린 전염병은 애굽에서는 자주 일어

나는 일이었습니다. 그런데 이번에는 전례 없이 강한 악질로 인해 애굽 전역의 들에 있는 가축들이 다 죽었습니다. 애굽인들에게 있어서는 생각하기조차 싫은 끔찍한 재앙이었습니다.

1. 거듭된 여호와의 명령

첫째, 내 백성을 보내라고 하셨습니다.

강퍅한 바로는 네 번씩이나 재앙으로 인해 고통을 당했음에도 불구하고 여전히 이스라엘 백성들을 해방시키지 않았습니다. 때문에 하나님께서는 이번에도 모세를 통하여 바로에게 "히브리 사람의 하나님 여호와께서 말씀하시기를 내 백성을 보내라 그들이 나를 섬길 것이니라"고 거듭 명령하셨습니다(출 7:16, 8:1, 20, 9:1). 이것은 바로 이스라엘 민족에 대한 하나님의 구원 계획은 변함이 없이 반드시 시행하신다는 것입니다. 그렇습니다. 하나님의 일은 그 어떤 인간의 기분이나 감정, 세상적인 상황 때문에 포기되거나 취소된 적이 한 번도 없습니다. 그러므로 하나님의 말씀은 이유 여하를 막론하고 무조건 순종해야 합니다. 그럼에도 불구하고 강퍅한 바로 왕은 하나님의 명령을 계속 거부하고 있는 것입니다.

둘째, 악질의 경고를 주셨습니다.

이스라엘 백성들을 해방시키라는 명령을 바로에게 거듭 전달하신 하나님께서는 이번에도 만약에 바로가 여호와의 명령을 거절하고 이스라엘 사람들을 억지로 붙잡아 둔다고 하면 "여호와의 손이 들에 있는 네 생축 곧 말과 나귀와 약대와 우양에게 더

하리니 심한 악질이 있을 것"(출 9:3)이라고 경고하셨습니다.

하나님께서는 우리 인간들에게 당신의 뜻과 말씀을 주실 때에는 반드시 그에 따른 복과 저주를 약속해 주십니다. 다시 말하면 순종하는 자에게는 '착하고 충성된 종'이라고 하는 칭찬과 함께 그에 따른 지위와 명예, 권세와 부요까지도 주십니다(마 25:14~23; 눅 19:11~19). 다시 말하면 순종하는 자에게는 영육의 지경을 보다 크게 넓히시는 복을 주십니다. 그러나 불순종하는 자에게는 '악하고 게으른 종'이라고 하는 책망과 함께 있는 것까지도 다 빼앗아 순종하는 자에게 주시며 바깥 어두운 데로 내어 쫓아 슬피 울게 하십니다(마 25:24~30). 더 나아가 원수 취급하고 죽이십니다(눅 19:20~27).

셋째, 기한을 정해 주셨습니다.

하나님께서는 이스라엘을 해방시키라는 명령을 바로에게 내리신 후 만약에 이를 듣지 않으면 악질의 재앙을 내리겠다고 경고하시고 "내일 이 땅에서 이 일을 행하리라"(출 9:5)고 기간을 정해 주셨습니다. 이것은 자비가 풍성하신 하나님의 깊은 배려입니다. 즉 바로로 하여금 그의 완악한 마음을 돌이켜 죄를 회개하고 구원 얻도록 하시기 위해 시간을 주신 것입니다. 때문에 소돔과 고모라의 멸망 시에도 천사를 통해 롯에게 그 기한을 알려 줌으로 구원받도록 하셨습니다. 그러나 롯의 사위들은 롯이 들려준 소돔과 고모라의 멸망 소식을 농담으로 여기고 받아들이지 않음으로 모두 다 불에 타 죽고 말았습니다(창 19:12~29).

사랑하는 여러분!

우리 모두 하나님의 말씀을 받은 즉시로 순종합시다. 이 세상의 모든 범사에는 기한이 있습니다. 그러므로 그 어떤 이유로도 하나님의 일을 내일로 미루지 말고 지금 이 시간에 순종하고 충성합시다. 그리하여 착하고 충성된 종이라는 칭찬과 함께 영육간에 풍성한 복을 받으시기 바랍니다. 하나님께서 인내하고 계시는 지금 이 시간에 최선을 다해 충성하는 성도들이 되시기 바랍니다.

2. 보살피시는 하나님

첫째, 악질에 대해 생각해 봅시다.

'악질' (고치기 힘든 고약한 병)이란 말의 히브리 원어 '데베르' 는 일반적인 역병(악성 유행병)으로서, 염병이라고 번역되기도 합니다. 그런데 여기 본문에서는 동물에게만 발생하는 무서운 전염병으로 쓰이고 있습니다. 하나님께서는 언제든지 사람들이 순종치 않을 때에는 이러한 전염병에 걸릴 것이라고 경고하셨습니다(민 14:12; 신 28:21). 그러나 불순종의 잘못을 회개하고 돌이켜 순종하면 그 모든 질병의 재앙을 거두어 주십니다. 때문에 솔로몬은 이스라엘 백성들이 회개하고 죄에서 떠나거든 이 질병을 제거해 달라고 하나님께 기도했습니다(왕상 8:35~39). 그러므로 누구든지 그 어떠한 재앙이나 질병, 일들을 통해 고생할 때에는 하나님 앞에 나아와 철저하게 회개하고 눈물로 기도해야 합니다. 바로 거기에서 남다른 하나님의 은혜를 입게 되어 범사에 합력하여 유익을 주시는 하나님을 깨닫게 됩니다.

둘째, 애굽의 가축에 악질이 임했습니다.

바로가 하나님의 거듭된 명령과 경고에도 불구하고 하나님이 정하신 기한 내에 이스라엘 백성들을 해방시키지 않자 하나님께서는 경고하신 대로 악질의 재앙을 내리셔서 애굽의 들에 있는 모든 가축들을 다 죽게 하셨습니다. 이 가축의 재앙은 농경생활을 하는 애굽 사람들에게 있어서는 정치, 경제, 군사적으로 엄청난 타격이요, 크나큰 손실이었습니다. 더욱이 애굽인들은 가축을 신성시하여 우상으로 숭배하고 있었습니다. 그런데 자기들이 섬기는 신들이 무서운 악질에 걸려 죽은 것입니다. 때문에 그들의 신들에 대한 실망으로 인한 정신적인 아픔과 고통 또한 감당하기 어려웠습니다.

셋째, 그러나 이스라엘의 가축은 보호받았습니다.

하나님께서는 의인이 이유 없이 환난당하는 것을 원치 않으셨기 때문에 이스라엘 백성들의 가축들에게는 전염병이 임하지 않도록 지키고 보호해 주셨습니다. 때문에 이스라엘 백성들의 가축은 털끝 하나도 상하지 않았습니다. 이것은 바로 이스라엘이 선택된 백성들로서 하나님께서 반드시 지키신다는 것을 분명하게 보여 주신 것입니다. 그렇습니다. 우리 하나님은 언제든지 당신의 자녀들을 지키고 보호하십니다. 때문에 이스라엘 백성들이 사는 고센 땅을 지키셨고 그들의 가축도 보호해 주셨으며, 그들을 애굽 땅에서 건져내시기 위해 끊임없이 역사하고 계신 것입니다. 그러므로 우리 성도들은 이 세상의 그 어떤 천재지변이나 우환, 질고도 겁나지 않습니다.

사랑하는 여러분!

낮의 해와 밤의 달도 해치지 못하도록 우리의 출입을 밤낮으로 지켜 주시는 하나님, 부족한 당신의 자녀이지만 끝까지 지키고 보호하시며 구원하시는 사랑의 하나님께 최선을 다하여 충성하는 멋진 삶을 사시기 바랍니다.

3. 한 사람의 책임

첫째, 아담 한 사람으로 인하여 인류에게 죽음이 왔습니다.

아담은 하나님께서 동산 안에 있는 모든 나무들의 실과는 마음대로 다 먹되 동산 중앙에 있는 선악을 알게 하는 나무의 열매는 따 먹지 말라고 하셨음에도 불구하고 사단의 유혹을 받아 따 먹음으로 인하여 우리 인류에게 죄와 저주, 멸망을 가져오게 했습니다. 뿐만 아니라 그로 인하여 우리가 사는 이 땅도 저주를 받아 엉겅퀴와 가시를 내어 우리 인간들이 살기 힘든 세상으로 변했습니다. 때문에 이 세상의 모든 사람들이 죄인으로 태어나서 이렇게 땀 흘리며 수고하는 인생을 살다가 멸망하는 비참한 존재로 전락해 버린 것입니다. 그렇습니다. 죄의 대가는 그 죄를 범한 자에게만 국한되는 것이 아닙니다. 한 사람의 타락 때문에 가정이 상처를 받고, 교회가 힘들어 하며, 나라가 고통을 당하게 됩니다.

둘째, 바로 한 사람 때문에 애굽 전체가 다 고통을 당하고 있습니다.

성품이 완악하고 패역한 군주인 바로 때문에 백성들과 가축들은 물론 온 나라가 다 고통을 당하고 희생되었습니다. 때문에 나라 전체의 정치, 경제, 사회, 문화, 군사력까지도 심각한 위기에 처하게 되었습니다. 그럼에도 불구하고 바로 왕은 그 모든 고통과 불행이 자기 한 사람 때문에 왔다는 것조차 깨닫지 못했습니다. 그는 오직 하나님의 명령에 굴복함으로써 손상될 자신의 권위와 체면만 생각하고 패역한 군주로서의 삶을 고집하고 있는 것입니다. 바로 오늘날 병든 신앙인의 모습입니다.

셋째, 예수님 때문에 인류가 구원을 받았습니다.

우리 인류의 조상인 아담은 이 세상의 흙에서 와서(창 2:7) 하나님의 말씀에 불순종함으로(창 3:17~19) 인류에게 죄와 저주, 죽음을 가져오게 했지만(롬 5:21, 6:23), 둘째 아담인 예수님은 아담과는 달리 하늘에서 오셨고(요 3:31, 8:23), 하나님의 말씀에 적극적으로 순종함으로(요 5:21, 11:25) 죽으셨기 때문에 우리에게 생명을 주셨습니다(요 5:24, 6:63). 죄와 저주로 인하여 이 세상에서 불행하게 살다가 죽을 수밖에 없는 이 세상 인류에게 평안과 복, 영생을 주신 것입니다. 그러므로 나 한 사람의 생각과 언어, 행동과 삶은 우리의 가정과 교회, 사회와 국가에 엄청난 영향을 끼친다는 것을 명심해야 합니다. 지금 나는 어떠한 영향을 끼치고 있습니까?

사랑하는 여러분!

우리 모두 나 때문에 가정과 교회, 이 사회에 부정적이고 악한 영향을 끼치는 일이 있어서는 안 되겠습니다. 바로와 같은 나 때문에 다른 사람들의 마음을 아프게 하고 물질적으로 손해를 끼치는 일이 없도록 합시다. 그리하여 우리 모두 예수님처럼 가정과 교회, 사회를 살리는 복된 성도들이 됩시다.

독종 재앙

[출애굽기 9장 8~12절]

여호와께서 모세와 아론에게 이르시되 너희는 풀무의 재 두 움큼을 가지고 모세가 바로의 목전에서 하늘을 향하여 날리라 그 재가 애굽 온 땅의 티끌이 되어 애굽 온 땅의 사람과 짐승에게 붙어서 독종이 발하리라 그들이 풀무의 재를 가지고 바로 앞에 서서 모세가 하늘을 향하여 날리니 사람과 짐승에게 붙어 독종이 발하고 술객도 독종으로 인하여 모세 앞에 서지 못하니 독종이 술객들로부터 애굽 모든 사람에게 발하였음이라 그러나 여호와께서 바로의 마음을 강퍅케 하셨으므로 그들을 듣지 아니하였으니 여호와께서 모세에게 말씀하심과 같더라

하나님께서는 애굽에서 고통받는 당신의 자녀들을 해방시키기 위해 그동안 피, 개구리, 이, 파리, 악질 등의 재앙을 내리셨습니다. 그러나 바로는 여전히 강퍅하여 이스라엘 백성들을 보내지 않았습니다. 때문에 하나님께서는 이제 풀무의 재를 날려 그 재가 닿는 곳마다 사람이나 가축을 막론하고 모두가 다 독종이 발하게 하셨습니다. 앞선 전염병 재앙에서는 가축만을 괴롭혔는데 이제는 사람들에게까지 독종이 발하게 된 것입니다. 이 독종

재앙 또한 사전에 예고되지 않았습니다.

1. 풀무의 재

첫째, 풀무의 재에 대해 생각해 봅시다.

성경에서의 풀무(화덕)는 벽돌이나 돌로 만들었는데 소규모의 가내공업용에서부터 대규모의 상업적 제련소에 이르기까지 그 규모와 방식에 있어서 아주 다양했습니다. 이 풀무의 주된 용도를 보면 원광을 녹여서 분류하고 주조할 때와 토기나 벽돌을 구울 때에 사용했습니다. 때문에 애굽에 있는 이스라엘 백성들은 풀무에서 벽돌을 구워내는 노역을 했습니다. 어떤 성경학자들은 이 풀무의 재가 이스라엘 사람들이 벽돌을 굽던 풀무에서 꺼낸 것이라고도 하고, 또 어떤 사람들은 애굽인들이 재앙을 막아 주는 치료의 신으로 숭배하던 티폰(Typhon) 신을 위해 제물을 태운 재일 것이라고도 합니다. 여하튼 이 풀무의 재는 애굽인들의 추악한 죄악성을 의미하며, 하나님께서는 이스라엘이 당한 고통을 인하여 풀무의 재를 이용하여 재앙을 내리심으로 애굽인들로 하여금 풀무의 고통을 맛보게 하신 것입니다.

둘째, 그 재를 하늘을 향해 날리라고 하셨습니다.

하나님께서는 모세와 아론에게 "너희는 풀무의 재 두 움큼을 가지고 모세가 바로의 목전에서 하늘을 향하여 날리라"(출 9:8)고 하셨습니다. 이것은 모세가 이스라엘 사람들을 압박했던 바로 왕 앞에서 하늘을 향하여 풀무의 재를 날림으로 이스라엘 백성들의 아픔과 고통의 증거인 재를 하나님께 드리는 것을 의미합니다. 이로써 그들이 재앙을 막아 준다고 믿었던 치료의 신 티폰에게 바쳤던 제물의 재가 그들을 치료하고 재앙을 막아 주는 것이 아니라, 도리어 무서운 독종의 재앙을 가져와 병을 주고 고통을 주게 만든 것입니다. 뿐만 아니라 이 독종 재앙은 하나님으로부터 비롯되었다는 것을 분명하게 보여 주는 사건입니다.

셋째, 두 움큼의 재가 애굽 전역에 퍼졌습니다.

하나님의 명령에 따라 두 움큼의 재를 하늘에 날렸을 때에 티끌이 되어 애굽 전역을 덮었습니다. 그렇습니다. 사람들이 감당하기 힘든 커다란 고난과 아픔, 재난도 아주 미미한 것으로 인하여 발생하는 경우가 많습니다. 때문에 아주 사소한 오해로 말미암아 한 개인과 가정, 교회와 사회를 고통스럽게 하는 일들이 자주 일어나고 있습니다. 그러므로 우리 모두는 우리의 언행심사와 작은 일 하나하나까지도 아주 조심해야 합니다. 그리하여 나 때문에 다른 사람들이 고통을 당하고 눈물을 흘리는 일이 없도록 해야 합니다.

또한 이러한 일은 바로 하나님의 초자연적인 역사로만 가능합니다. 우리 하나님께서는 아주 작고 보잘것없는 하찮은 것을 가지고도 놀라운 기사와 이적을 일으키는 전능하신 분입니다. 그러므로 우리는 하나님께서 명하시는 모든 일에는 이유 여하를 막론하고 아주 작은 것까지도 순종해야 합니다.

사랑하는 여러분!

우리 모두 단 한 번뿐인 인생길에 날마다 아름다운 삶의 자취를 남기며 삽시다. 그 어떤 경우에도 남이 나로 인해서 눈물을 흘리는 일이 없도록 합시다. 우리가 아무리 곤고한 일을 당했다

할지라도 낙심하지 말고 내 모든 형편과 사정을 잘 아시는 하나님께 아뢰시기를 바랍니다. 하나님께서 반드시 놀라운 기사와 이적으로 도우실 것입니다.

2. 애굽의 독종

첫째, 독종에 대해 생각해 봅시다.

이 독종은 피부에 물집이 생기는 전염병으로서 치사율이 아주 높은 무서운 질병이었습니다. 이 독종이란 말의 원어는 '불에 타다', '뜨거워진다', '끓는다'는 의미를 가지고 있습니다. 이와 같이 이 독종은 불이 타는 것 같은 고열과 함께 피부가 붉게 부풀어 오르고 극심한 가려움과 화농이 잡혀 고통을 당하는 무서운 피부병입니다. 당시 애굽인들에게 있어서 가장 무서운 공포의 대상이 되는 병이었습니다. 바로 여기에서 욥의 피부병을 연상할 수 있습니다. 이렇게 무서운 독종으로 인한 고통은 바로 왕의 완악함 때문이었습니다. 그러므로 우리들도 나 자신의 완악함 때문에 다른 사람이 고통을 당하지 않도록 합시다.

둘째, 생명의 위협을 주었습니다.

지금까지 내려진 재앙 중에서 처음으로 사람의 생명까지 위협하는 무서운 재앙이었습니다. 하나님께서 모세를 통해 바로에게 내리신 재앙들을 살펴보면 처음에는 바로의 마음을 불안하게 하셨습니다. 그러나 바로의 강퍅함이 계속되자 가축의 재앙을 통해 재산의 손실을 당하게 하셨습니다. 그래도 그가 계속해서 불순종하자 이제는 바로 와 백성들에게 독종을 발하게 하여 생명과는 상관없이 신체적 고통을 당하게 하셨습니다. 왜냐하면 사랑의 하나님께서는 모든 사람들이 멸망하지 않고 구원받기를 원하시기 때문입니다.

마찬가지로 아담의 타락은 그의 마음을 불안하게 했으며, 또한 그가 사는 이 땅이 저주를 받아 가시와 엉겅퀴를 내게 되었고, 그가 이 세상에서 자신의 삶을 영위하기 위해서는 반드시 이마에 수고의 땀을 흘려야 했습니다. 뿐만 아니라 그의 후손은 시기하고 질투하여 다투었고, 이 세상에는 원치 않는 질병과 고통, 죽음이 오게 되었습니다.

셋째, 술객들도 고통을 당했습니다.

애굽의 지혜와 능력을 대표한다고 자타가 공인하던 술객들은 자기들 나름대로는 놀라운 기사와 이적을 행한다고 자부해 왔던 자들입니다. 그런데 이번 독종의 재앙에서는 그들까지도 독종에 걸려 꼼짝 못하고 고통을 당하고 말았습니다. 이것은 바로 그 어떤 인간의 지혜와 능력도 초자연적인 하나님의 능력 앞에서는 아무것도 아니라는 사실을 보여 주신 것입니다. 이 술객들은 자기들이 행하는 마법을 통해 사람들을 속이고, 진리를 왜곡시켜서 하나님의 뜻을 대적하는 일에 선동자 역할을 했던 악한 자들이었습니다(레 20:27; 신 18:9~12; 계 21:8). 그렇습니다. 불평과 원망으로 사람들을 선동하여 믿음에서 이탈하게 하는 자들뿐만 아니라 그들과 함께한 자들 까지도 반드시 심판을 받습니다.

사랑하는 여러분!

우리 모두 이 세상 천지만물을 창조하신 전능하신 하나님 앞에 나아와 겸손히 무릎을 꿇읍시다. 조그마한 양심의 가책에도 민감하여 지은 죄를 회개하고 주님의 뜻에 무조건 순종합시다. 그리하여 이 세상을 사는 동안에 그 어떠한 징계의 채찍과도 전혀 관계없는 평안한 삶을 누리시기 바랍니다.

3. 강퍅한 바로

첫째, 이스라엘을 보내지 않았습니다.

바로는 지금까지 애굽에서 일어나고 있는 모든 재앙들이 이스라엘의 하나님 여호와의 권능에 의해 시행되고 있다는 사실을 분명히 알고 있으면서도, 여전히 요지부동하는 강퍅한 마음으로 이스라엘을 내보내지 않았습니다. 지금까지의 재앙 때문에 이스라엘 백성들을 내보낸다고 하면 자기의 무능력을 자인하는 것임과 동시에 이제까지 마음대로 부려 온 종들에게 무릎을 꿇는 것이 되기 때문에 하나님의 뜻을 계속 거부하고 있는 것입니다.

둘째, 바로는 자유의지를 악용했습니다.

절대 자유자이신 하나님께서는 우리 인간들을 당신의 형상으로 창조하셨습니다. 다시 말하면 하나님께서는 우리 인간들을 무엇을 선택할 수 있는 자유의지를 가진, 지정의를 가진 인격체로 창조해 주셨습니다. 그러므로 이 세상의 모든 인간들은 하나님의 말씀에 순종할 수도 있고 불순종할 수도 있고, 선하게 살 수도 있고 악하게 살 수도 있으며, 의를 선택할 수도 있고 불의를 선택할 수도 있습니다. 그러나 분명한 것은 우리 인간은 창조주 하나님에 의해 지음 받은 피조물입니다. 그러므로 우리의 자유는 하나님이 허락하시는 범위 안에서의 자유입니다. 이 범위를 벗어나거나 악용할 때에 그것은 방종이 되어 죄를 짓게 되고 하나님을 거역하고 불순종하게 되는 것입니다. 그에 대한 책임은 반드시 자신이 져야 합니다. 때문에 바로는 하나님의 뜻과 명령에 불순종하고 거역함으로 독종의 재앙을 받게 된 것입니다.

셋째, 우리 자신의 모습을 봅시다.

지금 애굽인들은 모두가 다 온몸이 종기로 덮여서 엉망이었습니다. 머리끝부터 발끝까지 성한 곳이 하나도 없었습니다. 우리 모두는 하나님의 형상으로 지음 받은 자들입니다. 그런데 지금 우리는 하나님께서 정하신 그 범위를 벗어나 부패한 육신을 따라 자행자지했기 때문에 애굽의 술객들과 백성들처럼 몸과 마음, 생활의 상태가 엉망진창이 되어 몸살을 앓고 있습니다. 지금 우리의 모습은 애굽의 바로나 술객, 백성들과 별다를 바가 없습니다. 그럼에도 불구하고 그들과 같이 전혀 돌이키지 않습니다.

사랑하는 여러분!

우리 모두 지금 이 시간에 하나님의 뜻에 무조건 순종합시다. 그 어떤 이유로도 만물보다도 더 심히 부패한 내 뜻대로 살지 맙시다. 하나님께서 주신 자유의지의 범위를 일탈하거나 악용하지 맙시다. 그리고 오늘 우리의 잘못된 모든 부분들을 철저하게 회개함으로 항상 복된 삶을 사는 성도들이 되시기 바랍니다.

우박 재앙

[출애굽기 9장 13~35절]

여호와께서 모세에게 이르시되 아침에 일찍이 일어나 바로 앞에 서서 그에게 이르기를 히브리 사람의 하나님 여호와의 말씀에 내 백성을 보내라 그들이 나를 섬길 것이니라 내가 이번에는 모든 재앙을 네 마음과 네 신하와 네 백성에게 내려 너로 온 천하에 나와 같은 자가 없음을 알게 하리라 내가 손을 펴서 온역으로 너와 네 백성을 쳤더면 네가 세상에서 끊어졌을 것이나 내가 너를 세웠음은 나의 능력을 네게 보이고 내 이름이 온 천하에 전파되게 하려 하였음이니라 네가 여전히 내 백성 앞에 자고하고 그들을 보내지 아니하느냐 내일 이맘때면 내가 중한 우박을 내리리니 애굽 개국 이래로 그같은 것이 있지 않던 것이리라 이제 보내어 네 생축과 네 들에 있는 것을 다 모으라 사람이나 짐승이나 무릇 들에 있어서 집에 돌아오지 않은 자에게는 우박이 그 위에 내리리니 그것들이 죽으리라 하셨다 하라 하시니라 바로의 신하 중에 여호와의 말씀을 두려워하는 자들은 그 종들과 생축을 집으로 피하여 들였으나 여호와의 말씀을 마음에 두지 아니하는 자는 그 종들과 생축을 들에 그대로 두었더라 여호와께서 모세에게 이르시되 너는 하늘을 향하여 손을 들어 애굽 전국에 우박이 애굽 땅의 사람과 짐승과 밭의 모든 채소에 내리게 하라 모세가 하늘을 향하여 지팡이를 들매 여호와께서 뇌성과 우박을 보내시고 불을 내려 땅에 달리게 하시니라 여호와께서 우박을 애굽 땅에 내리시매 우박의 내림과 불덩이가 우박에 섞여 내림이 심히 맹렬하니 애굽 전국에 그 개국 이래로 그같은 것이 없던 것이라 우박이 애굽 온 땅에서 사람과 짐승을 무론하고 무릇 밭에 있는 것을 쳤으며 우박이 또 밭의 모든 채소를 치고 들의 모든 나무를 꺾었으되 이스라엘 자손의 거한 고센 땅에는 우박이 없었더라 바로가 사람을 보내어 모세와 아론을 불러 그들에게 이르되 이번은 내가 범죄하였노라 여호와는 의로우시고 나와 나의 백성은 악하도다 여호와께 구하여 이 뇌성과 우박을 그만 그치게 하라 내가 너희를 보내리니 너희가 다시는 머물지 아니하리라 모세가 그에게 이르되 내가 성에서 나가자 곧 내 손을 여호와를 향하여 펴리니 그리하면 뇌성이 그치고 우박이 다시 있지 않을지라 세상이 여호와께 속한 줄을 왕이 알리이다 그러나 왕과 왕의 신하들이 여호와 하나님을 아직도 두려워 아니할 줄을 내가 아나이다 때에 보리는 이삭이 나왔고 삼은 꽃이 피었으므로 삼과 보리가 상하였으나 그러나 밀과 나맥은 자라지 아니한 고로 상하지 아니하였더라 모세가 바로를 떠나 성에서 나가서 여호와를 향하여 손을 펴매 뇌성과 우박이 그치고 비가 땅에 내리지 아니하니라 바로가 비와 우박과 뇌성의 그친 것을 볼 때에 다시 범죄하여 마음을 완강케 하니 그와 그 신하가 일반이라 바로의 마음이 강퍅하여 이스라엘 자손을 보내지 아니하였으니 여호와께서 모세에게 말씀하심과 같더라

하나님께서 이스라엘 백성들을 애굽에서 구원하시기 위해 바로에게 내리신 재앙이 열 가지인데, 그 중에서도 이 일곱째 재앙은 몇 가지 특징들이 있습니다. 무엇보다도 이 우박으로 인해 엄청난 인명과 가축의 피해가 일어났음이 아주 상세하게 기록되었다는 것입니다. 때문에 그렇게 강퍅하던 바로도 "여호와는 의로우시고 나와 나의 백성은 악하도다"라고 고백하게 되었습니다.

1. 바로 왕을 세우신 목적

첫째, 하나님의 능력을 나타내시기 위함이었습니다.

하나님께서 이 세상에서 가장 극악무도하고 잔악하기로 이름난 폭군의 후손인 바로를 세우신 것은 바로 왕의 불의한 정치와

우상숭배가 극에 달했고, 이스라엘 백성들이 혹독한 고역을 치르고 있었으며, 바로가 이 세상에서 가장 영향력 있는 왕으로 소문나 있을 때였습니다. 때문에 하나님께서는 그러한 바로를 통해 이 세상과 하나님의 일을 기억하고 훼방하며 불순종하는 모든 자들에게 자신이 그 누구도 거역할 수 없는 전능자이심을 나타내 보이신 것입니다. 그러므로 하나님께서는 그렇게도 못된 바로였지만 죽이지는 않으시고 그가 악하면 악할수록 더욱 강한 재앙으로 기사와 이적을 나타내셨습니다.

둘째, 하나님의 이름을 세상에 전파하시기 위함이었습니다.

하나님께서는 당대에 최고로 악하기로 소문난 바로에 대한 심판을 통해서 이 세상의 모든 사람들로 하여금 하나님을 경외하며 당신의 의로우심을 깨닫도록 하기 위해 바로를 하나의 도구와 모델로 사용하신 것입니다. 다시 말하면, 하나님만이 이 세상의 주관자가 되시며 유일한 구원자가 되심을 알게 하시기 위해 악한 바로를 세우셨습니다. 때문에 성경은 "악인도 악한 날에 적당하게 하셨느니라" (잠 16:4)고 말씀하였습니다. 그러므로 우리는 "우리가 살아도 주를 위하여 살고 죽어도 주를 위하여 죽나니 그러므로 사나 죽으나 우리가 주의 것이로라" (롬 14:8)는 말씀을 기억하고 무엇이든지 다 하나님의 영광을 위해 행해야겠습니다.

셋째, 하나님의 백성들을 깨우치시기 위함이었습니다.

우선 전능하신 하나님께서 언제나 우리와 함께하시고 도우신다는 사실을 깨우치신 것입니다. 그러므로 성도들은 그 어떤 고난과 역경의 처지에 있다고 할지라도 전혀 염려하거나 두려워할 필요가 없습니다. 왜냐하면 전능하신 하나님이 우리들을 책임져 주시기 때문입니다. 또한 이 세상의 천지만물을 창조하신 하나님, 우리 인간들의 생사화복을 홀로 주관하시는 절대자이신 하나님을 이 세상 모든 사람들에게 열심히 전파하여 그들로 하여금 살아 계신 하나님을 믿고 그분의 뜻에 순종하도록 해야 합니다. 그리고 하나님의 백성 된 성도들의 궁극적인 승리를 믿고 언제나 자신감이 넘치는 능력 있는 삶을 살아야 합니다.

사랑하는 여러분!

우리 모두 세상 만사를 홀로 주관하시는 전능하신 하나님을 믿고 그분만 의지합시다. 그분의 존귀하신 이름을 이 세상 모든 사람들에게 널리 전파합시다. 그리고 하나님의 백성으로서의 자부심을 가지고 맡은 바 사명에 최선을 다하는 복된 성도들이 되시기 바랍니다.

2. 우박 재앙에 대한 경고

첫째, 여전히 자고한 바로였습니다.

바로는 그동안 여섯 번씩이나 계속된 재앙으로 혹독한 시련을 경험했으면서도 여전히 하나님 앞에 무릎을 꿇지 않고 계속해서 고집을 부리면서 이스라엘 백성들을 내보내지 않았습니다. 때문에 그의 완악한 고집으로 인하여 자신은 물론 애굽 전체가 황폐화되어 가고 있었습니다. 그렇습니다. 우리 인간이 파멸로 가는 길은 수없이 많이 있습니다. 그러나 그 중에서도 가장 크게 문제가 되는 것은 하나님의 경고의 메시지를 받고도 회개하지 않는 인간들의 완악한 죄의 길입니다. 그러므로 바로는 지금 완전한 패망의 길을 선택하고 있는 것입니다. 때문에 하나님은 그에게 무서운 우박 심판에 대한 경고를 내리셨습니다.

둘째, 우박 재앙은 바로의 마음에 내리는 재앙이었습니다.

하나님께서는 우박 재앙을 바로의 마음에 내리겠다고 말씀하셨습니다(출 9:14). 이것은 이 우박 재앙이 강퍅한 바로의 마음을 깨뜨리기 위한 것임을 나타냅니다. 하나님께서는 그동안에도 여섯 차례나 갖가지 재앙으로 바로를 압박하셨습니다. 그러나 바로의 마음은 갈수록 더욱 완악해졌습니다. 때문에 하나님께서는 "내가 이번에는……"이라시며 지금까지 내렸던 재앙과는 다른 아주 극렬한 재앙을 내릴 것이라는 준엄한 의지를 말씀하셨습니다. 한마디로 아주 무서운 맛을 보여 주시겠다는 것이었습니다.

셋째, 재앙이 임할 시기와 그에 대한 대비책도 알려 주셨습니다.

하나님께서는 이번 우박 재앙에 대해 그 재앙이 임할 시기와 그에 대한 대비책까지도 구체적으로 말씀해 주셨습니다(출 9:18~19). 그것은 어떻게 하든지 바로로 하여금 강퍅한 마음을 깨뜨리고 회개하도록 시간적인 여유를 주시기 위함이었습니다. 또한 비록 애굽 사람이라고 할지라도 하나님의 말씀에 순종하여 돌이키는 자들을 구별하여 구원하시기 위함이었습니다. 때문에 본래 이방인들이었던 우리까지도 구원받아 하나님의 자녀가 된 것입니다. 그러므로 우리 모두 그 어떤 이유로도 교만하지 말고 하나님의 말씀에 철저하게 순종하는 믿음의 삶을 살아야겠습니다.

사랑하는 여러분!

우리 모두 육신적이고 세속적인 우리의 언행심사를 철저하게 부정하고 깨뜨립시다. 그리고 오직 하나님의 말씀대로 삽시다.

그리하여 우리에게 그 어떠한 재앙도 임하는 일이 없는, 참으로 은혜로운 삶을 이루어야겠습니다.

3. 우박 재앙을 내리시는 하나님

첫째, 여호와의 말씀에 대한 두 반응을 봅시다.

하나님께서는 우박 재앙을 예고하시고 그에 대한 대비책을 구체적으로 알려 주셨습니다. 바로 "네 생축과 네 들에 있는 것을 다 모으라 사람이나 짐승이나 무릇 들에 있어서 집에 돌아오지 않은 자에게는 우박이 그 위에 내리리니 그것들이 죽으리라"(출 9:19)고 하셨습니다. 이에 바로의 신하들 중에서 여호와의 말씀을 두려워하여 그 종들과 가축들을 집으로 피하여 들인 자들도 있었으나, "여호와의 말씀을 마음에 두지 아니하는 자는 그 종들과 생축을 들에 그대로 두었더라"(출 9:21)고 했습니다. 그렇습니다. 언제나 하나님의 말씀에는 순종하는 자와 불순종하는 자가 있습니다. 그러나 분명한 것은 순종하는 자는 영생복락을 누리게 되고, 불순종하는 자는 멸망에 처하게 된다는 것입니다.

둘째, 여호와께서 우박 재앙을 내리셨습니다.

하나님께서는 모세에게 "너는 하늘을 향하여 손을 들어 애굽 전국에 우박이 애굽 땅의 사람과 짐승과 밭의 모든 채소에 내리게 하라"(출 9:22)고 하셨고, 모세는 이 말씀대로 순종했습니다(출 9:23). 그러자 하나님께서 애굽 전역에 뇌성과 함께 우박이 쏟아지도록 하셨는데, 불덩이까지 같이 쏟아졌습니다. 이러한 무서운 재앙은 애굽의 개국 이래로 처음 있는 일이었습니다(출

9:23~24).

천지를 진동하는 뇌성은 애굽인들에게 두려움과 공포심을 일으켜 떨게 했으며, 우박과 함께 쏟아지는 불덩이는 사람이나 가축은 물론 밭에 있는 것들을 다 쳤고, 채소와 들의 모든 나무들도 다 꺾어 놓았습니다(출 9:25). 한마디로 애굽 전국이 다 황폐화되어 버렸습니다. 그러나 이스라엘 사람들이 사는 고센 땅에는 우박 재앙이 전혀 내리지 않았습니다(출 9:26). 이 우박 재앙에서도 하나님께서는 당신의 백성들을 지키신 것입니다.

셋째, 바로가 자신의 잘못을 고백했습니다.

애굽에 내려진 우박 재앙은 애굽인들을 두려움과 공포로 몰아넣었을 뿐만 아니라 재산상의 막대한 손실을 주어 생계조차 막막하게 만들었습니다. 뿐만 아니라 그들이 섬겨 온 우상들이 하나님이 내리신 재앙으로부터 자신들을 지켜 주지 못했기 때문에 그에 대한 실망 또한 대단히 컸습니다.

바로는 이제 비로소 살아 계신 하나님의 전능하심에 대해 깨닫기 시작했습니다. 그렇게도 완악했던 바로는 모세와 아론을 불러 "내가 범죄하였노라 여호와는 의로우시고 나와 나의 백성은 악하도다"(출 9:27)라고 고백했습니다. 그렇다고 해서 그가 완전히 하나님의 사람이 된 것은 아닙니다. 무서운 재앙에 대한 두려움 때문에 위기에서 벗어나기 위해 일시적으로 잠깐 변심한 것뿐이었습니다. 때문에 그동안 지은 죄를 회개하고 이제 마음을 돌이켜 오직 하나님만을 섬기고 그분의 뜻만 따라 살겠다는 결단이 따르지 않은 것입니다. 그러나 다급해진 그는 모세와 아론에게, "여호와께 구하여 이 뇌성과 우박을 그만 그치게 하라 내가 너희를 보내리니 너희가 다시는 머물지 아니하리라" (출 9:28)라고 했습니다.

모세가 바로를 떠나 여호와를 향하여 손을 펴서 뇌성과 우박을 그치게 했습니다. 그러자 바로는 다시 완강해져서 이스라엘을 보내지 않았습니다. 바로의 악한 본성이 되살아난 것이었습니다. 바로는 지금 파멸의 길을 걷고 있는 것입니다. 이것이 오늘날 우리의 모습이 아닌가 싶습니다. 우리 모두 그 어떤 경우에도 내 속에 있던 못된 악이 되살아나지 않게 합시다.

사랑하는 여러분!

우리 모두 여호와의 말씀에 민감하게 반응하여 즉각적으로 순종하는 성도가 됩시다. 우리의 잘못을 철저하게 회개하고 하나님의 뜻대로 살기로 결단합시다. 그리하여 언제나 변함없이 신실한 삶을 사는 성도들이 되시기 바랍니다.

메뚜기 재앙

[출애굽기 10장 1~20절]

여호와께서 모세에게 이르시되 바로에게로 들어가라 내가 그의 마음과 그 신하들의 마음을 완강케 함은 나의 표징을 그들 중에 보이기 위함이며 너로 내가 애굽에서 행한 일들 곧 내가 그 가운데서 행한 표징을 네 아들과 네 자손의 귀에 전하게 하려 함이라 너희가 나를 여호와인 줄 알리라 모세와 아론이 바로에게 들어가서 그에게 이르되 히브리 사람의 하나님 여호와께서 말씀하시기를 네가 어느 때까지 내 앞에 겸비치 아니하겠느냐 내 백성을 보내라 그들이 나를 섬길 것이라 네가 만일 내 백성 보내기를 거절하면 내일 내가 메뚜기로 네 경내에 들어가게 하리니 메뚜기가 지면을 덮어서 사람이 땅을 볼 수 없을 것이라 메뚜기가 네게 남은 그것 곧 우박을 면하고 남은 것을 먹으며 들에 너희를 위하여 자라는 모든 나무를 먹을 것이며 또 네 집들과 네 모든 신하의 집들과 모든 애굽 사람의 집들에 가득하리니 이는 네 아비와 네 조상이 세상에 있어 옴으로 오늘까지 보지 못하였던 것이리라 하셨다 하고 돌이켜 바로에게서 나오니 바로의 신하들이 그에게 고하되 어느 때까지 이 사람이 우리의 함정이 되리이까 그 사람들을 보내어 그 하나님 여호와를 섬기게 하소서 왕은 아직도 애굽이 망한 줄을 알지 못하시나이까 하고 모세와 아론을 바로에게로 다시 데려오니 바로가 그들에게 이르되 가서 너희 하나님 여호와를 섬기라 갈 자는 누구 누구뇨 모세가 가로되 우리가 여호와 앞에 절기를 지킬 것인즉 우리가 남녀 노소와 우양을 데리고 가겠나이다 바로가 그들에게 이르되 내가 너희와 너희 어린 것들을 보내면 여호와를 너희와 함께하게 함과 일반이니라 삼갈지어다 너희 경영이 악하니라 그는 불가하니 너희 남정만 가서 여호와를 섬기라 이것이 너희의 구하는 바니라 이에 그들이 바로 앞에서 쫓겨나니라 여호와께서 모세에게 이르시되 네 손을 애굽 땅 위에 들어 메뚜기로 애굽 땅에 올라와서 우박에 상하지 아니한 밭의 모든 채소를 먹게 하라 모세가 애굽 땅 위에 그 지팡이를 들매 여호와께서 동풍을 일으켜 온 낮과 온 밤에 불게 하시니 아침에 미쳐 동풍이 메뚜기를 불어 들인지라 메뚜기가 애굽 온 땅에 이르러 그 사방에 내리매 그 해가 심하니 이런 메뚜기는 전에도 없었고 후에도 없을러라 메뚜기가 온 지면에 덮여 날으매 땅이 어둡게 되었고 메뚜기가 우박에 상하지 아니한 밭의 채소와 나무 열매를 다 먹었으므로 애굽 전경에 나무나 밭의 채소나 푸른 것은 남지 아니하였더라 바로가 모세와 아론을 급히 불러서 이르되 내가 너희 하나님 여호와와 너희에게 득죄하였으니 청컨대 나의 죄를 이번만 용서하고 너희 하나님 여호와께 구하여 이 죽음만을 내게서 떠나게 하라 그가 바로에게서 나가서 여호와께 구하매 여호와께서 돌이켜 강렬한 서풍이 불게 하사 메뚜기를 홍해에 몰아 넣으시니 애굽 온 지경에 메뚜기가 하나도 남지 아니하니라 그러나 여호와께서 바로의 마음을 강퍅케 하셨으므로 이스라엘 자손을 보내지 아니하였더라

이 메뚜기는 메뚜기과 벌레의 총칭인데, 그 종류가 아주 많아서 팔레스타인 지역에만도 약 40여 종류나 됩니다. 이 메뚜기는 아프리카 동북부 나일 강 계곡에서 늦겨울에 발생하여 아라비아, 요단, 이스라엘을 거쳐 이라크, 멀리는 인도와 중국까지 수많은 무리를 지어 바람을 따라 옮겨 다니며 식물을 다 갉아먹기 때문에 메뚜기 떼가 지나간 곳의 농작물들은 다 망쳐 버립니다. 그래서 메뚜기는 침략군의 상징으로 쓰이기도 합니다. 메뚜기 재앙을 직접 당한 바로는 이 재앙을 죽음이라고까지 표현했습니다. 그러므로 이 메뚜기 재앙이 얼마나 무서운 재앙인지를 짐작하게 합니다.

1. 바로 왕의 완강함

첫째, 여호와께서 완강케 하셨습니다.

하나님께서는 당신의 초자연적인 이적들을 바로와 그의 신하들은 물론 이 세상 사람들에게 알리시기 위해 바로의 마음을 완강하게 하셨습니다(출 10:1). 이 말씀은 본래 바로의 마음이 선했는데 하나님께서 바로의 마음을 부추겨서 완강한 마음을 갖도록 하신 것이 아니라 그가 자유의지로 완강한 마음을 갖는 것에 대해 전혀 관여하지 않으셨다는 것입니다. 다시 말하면, 하나님께서 단번에 바로를 치사 굴복시키실 수도 있지만 보다 더 큰 뜻을 이루시기 위해 바로의 강퍅함을 일정 기간 동안 그대로 놓으셨다는 것입니다. 한마디로 하나님께서 바로의 강퍅함을 당신의 능력을 나타내는 도구로 사용하신 것입니다.

그렇습니다. 하나님께서는 우리 인간들이 선과 악, 의와 불의, 삶과 죽음의 길을 자유로이 선택할 수 있도록 자유의지를 주셨습니다. 그러나 문제는 자신이 선택한 결과는 반드시 자신이 받고, 그에 대한 책임도 자신이 지게 되어 있습니다.

둘째, 이스라엘에게 교훈을 주시기 위함이었습니다.

여호와께서는 모세를 통해 애굽 땅에 나타내셨던 이적들을 이스라엘 백성들에게 자세히 설명하고 이해시켜서 여호와의 뜻은 반드시 성취된다는 것을 가르치기 원하셨습니다. 또한 이스라엘을 해방시키기 위해 행하신 하나님의 기사와 이적을 후대에까지 전달하여 이스라엘로 하여금 자신들을 구원하신 하나님의 사랑과 능력을 늘 기억하고 감사와 찬송을 부르도록 하시기 위함이었습니다. 왜냐하면 앞으로 태어날 출애굽을 경험하지 못한 이스라엘 후손들에게 있어서 출애굽의 역사는 험악한 이 세상에서 이스라엘 민족을 지키고 그들의 신앙을 유지시키는, 대단히 중요한 근거가 되기 때문입니다. 그래서 요즈음 나라들마다 자기 민족과 국가의 장래를 위해서 역사 교과서를 왜곡하고 있는 것입니다.

셋째, 여호와의 영광을 나타내시기 위함이었습니다.

바로의 마음이 강퍅하여 이스라엘의 해방을 거부할 때마다 하나님께서는 가차없이 애굽 전역에 무서운 재앙을 내리심으로써 여호와를 알지 못하던 애굽 사람들로 하여금 하나님의 존재와 능력을 깨닫게 하셨습니다. 다시 말하면 하나님을 대적하는 강퍅한 바로의 마음을 오히려 많은 애굽 사람들로 하여금 하나님의 크신 능력을 다양하게 경험하게 함으로써 하나님의 영광을 나타내는 매개체로 삼으신 것입니다.

사랑하는 여러분!

우리 모두 머리끝부터 발끝까지 전적으로 부패하고 타락된 육신의 도구나 만물보다도 심히 부패한 마음대로 살지 맙시다. 우리 모두 하나님의 일에 선한 도구로만 사용되어서 오직 하나님의 영광만을 드러내는 아름다운 삶을 살아가는 성도들이 되어야겠습니다.

2. 메뚜기 재앙의 경고

첫째, 바로의 강퍅함을 책망하셨습니다.

하나님께서는 모세와 아론을 통해서 바로에게 "네가 어느 때까지 내 앞에 겸비치 아니하겠느냐 내 백성을 보내라 그들이 나를 섬길 것이라 네가 만일 내 백성 보내기를 거절하면 내일 내가 메뚜기로 네 경내에 들어가게 하리니 메뚜기가 지면을 덮어서 사람이 땅을 볼 수 없을 것이라"(출 10:3~5)고 말씀하셨습니다. 이 메뚜기 재앙은 바로가 지금까지 겪었던 그 어떤 재앙들보다도 훨씬 더 혹독한 재앙이었습니다. 이 메뚜기 떼의 출현은 고대 근동지방에서 가장 무서운 재앙 중 하나였습니다. 왜냐하면 이 메뚜기 떼는 예기치 않던 먹구름이 갑자기 뒤덮이는 것처럼 바람의 변화를 따라 집단 이동하는데, 이 메뚜기 떼가 지나간 곳의 농작물은 완전히 초토화되었습니다. 때문에 메뚜기 떼의 재앙 경고는 그 어떤 재앙보다도 더 무서운 재앙의 경고였습니다.

둘째, 신하들이 바로에게 간구했습니다.

메뚜기 떼의 경고를 받은 바로의 신하들은 겁에 질려서 이 재앙의 무서운 경고를 받고도 아직 정신을 차리지 못하고 있는 바로에게, "어느 때까지 이 사람이 우리의 함정이 되리이까 그 사람들을 보내어 그 하나님 여호와를 섬기게 하소서 왕은 아직도 애굽이 망한 줄을 알지 못하시나이까"(출 10:7)라고 고함으로 애굽이 세계를 지배하는 초강대국이 아니라 이제 비참하게 망해가고 있는 나라임을 깨닫게 했습니다. 바로의 강퍅함으로 인하여 그동안 애굽 전역에 내렸던 재앙 때문에 애굽 땅은 완전히 황폐화되었으며, 애굽인들의 삶도 상상할 수 없을 정도로 피폐화되었습니다. 그런데 또 설상가상으로 메뚜기 재앙까지 임한다고 하면 애굽인들의 생존 자체가 위태롭게 될 지경이었습니다.

셋째, 바로는 남자만 가서 여호와를 섬기라고 했습니다.

모세와 아론이 바로 앞에 섰을 때에 바로는 "가서 너희 하나님 여호와를 섬기라 갈 자는 누구누구뇨"(출 10:8)라고 물었습니다. 이에 모세가 "우리가 여호와 앞에 절기를 지킬 것인즉 우리가 남녀노소와 우양을 데리고 가겠나이다"(출 10:9)라고 했습니다. 이에 바로는 "내가 너희와 너희 어린것들을 보내면 여호와를 너희와 함께하게 함과 일반이니라 삼갈지어다 너희 경영이 악하니라 그는 불가하니 너희 남정만 가서 여호와를 섬기라 이것이 너희의 구하는 바니라"(출 10:10~11)고 말하고 모세와 아론을 쫓아냈습니다.

이것은 바로 무서운 메뚜기 재앙 앞에서 할 수 없이 이스라엘의 출애굽을 허용하지만 완전히 독립할 수 있도록 허락한 것이 아니라 일시적으로 하나님께 드리는 제사만 허락한다는 것입니다. 다시 말하면 이스라엘의 여인들과 자녀들을 붙잡아 둠으로써 이스라엘 남자들이 광야에 나가 하나님께 제사드린 다음 다시 애굽으로 돌아오도록 만들려고 한 것입니다. 바로는 결국 이번에도 이스라엘 민족을 해방시키라는 하나님의 명령에 불순종한 것입니다.

사랑하는 여러분!

우리 모두 우리의 강퍅한 마음을 깨뜨리고 하나님의 말씀에 온전히 순종합시다. 말씀과 성령, 사건과 사물을 통해 깨닫게 하시는 주님의 음성을 들읍시다. 그리고 온 가족이 구별된 하나님의 제단에 나아와 다함께 예배드리는 복된 가정을 이루시기 바랍니다.

3. 메뚜기 재앙의 시행

첫째, 메뚜기 재앙이 집행되었습니다.

하나님께서는 무서운 재앙의 경고에도 불구하고 아직도 깨닫지 못하고 있는 바로에게 메뚜기 재앙을 내리기로 결정하시고 모세에게 말씀하시기를, "네 손을 애굽 땅 위에 들어 메뚜기로 애굽 땅에 올라와서 우박에 상하지 아니한 밭의 모든 채소를 먹게 하라"(출 10:12)고 하셨습니다. 이에 모세가 애굽 땅 위에 지팡이를 들자 여호와께서 동풍을 일으켜 밤낮으로 불게 하셨고, 아침이 되자 메뚜기가 구름 떼와 같이 엄습하도록 하셨습니다(출 10:13). 그리고 이 메뚜기 떼는 애굽 온 땅의 사방에 내려서 전무후무한 손해를 끼쳤습니다. 애굽 전역에 있는 밭의 채소는 물론, 나무나 열매 등 푸른 것은 하나도 남기지 않았습니다(출 10:14~15).

둘째, 그제야 바로가 출애굽의 허락을 약속했습니다.

메뚜기가 구름 떼처럼 나타나 전 국토를 황폐화시켜 버리자 다급해진 바로는 모세와 아론을 불러들여, "내가 너희 하나님 여호와와 너희에게 득죄하였으니 청컨대 나의 죄를 이번만 용서하고 너희 하나님 여호와께 구하여 이 죽음만을 내게서 떠나게 하라"(출 10:16~17)고 했습니다. 다시 말하면 바로가 메뚜기로 인해 상상할 수 없는 무서운 재앙에 처하게 되자 자신의 죄를 고백하고 용서를 빌며 구원을 요청한 것입니다. 이 메뚜기 떼의 재앙은 바로에게 있어서 죽음과 같은 무서운 공포를 안겨 주었습니다. 때문에 바로는 어쩔 수 없이 항복하게 된 것입니다. 이에 모세가 곧바로 하나님께 간구하자 여호와께서 강렬한 서풍을 불게 하시어 메뚜기 떼를 홍해에 다 몰아넣으시고 애굽 땅에는 하나도 없게 하셨습니다(출 10:18~19).

셋째, 바로의 마음은 다시 강퍅해졌습니다.

이 죽음만을 내게서 떠나게 해달라고 하면서 자기 죄를 고백하고 용서를 빌며 구원해 달라고 하소연하던 바로는 모세의 기도로 모든 메뚜기 떼가 홍해에 수장되자 평온을 되찾았지만 또다시 강퍅해졌습니다. 재앙이 임하면 엎드려 기도하다가도 조금만 평안하면 또다시 제멋대로 살아가는 오늘의 우리들과 똑같았습니다. 그렇습니다. 제아무리 강퍅한 사람이라고 할지라도 하나님의 권능 앞에서 큰소리 칠 수 있는 사람은 하나도 없습니다.

사랑하는 여러분!

강퍅한 내 심령 때문에 나와 내 가족, 교회와 이웃이 고난을 당하는 일이 일어나서는 결코 안 됩니다. 언제 어디서나, 어떤 상황에서든지 진실한 믿음으로 변함없이 충성하는 사명자들이 되시기 바랍니다.

흑암 재앙

[출애굽기 10장 21~29절]

여호와께서 모세에게 이르시되 하늘을 향하여 네 손을 들어 서 애굽 땅 위에 흑암이 있게 하라 곧 더듬을 만한 흑암이리라 모세가 하늘을 향하여 손을 들매 캄캄한 흑암이 삼 일 동안 애굽 온 땅에 있어서 그 동안은 사람 사람이 서로 볼 수 없으며 자기 처소에서 일어나는 자가 없으되 이스라엘 자손의 거하는 곳에는 광명이 있었더라 바로가 모세를 불러서 이르되 너희는 가서 여호와를 섬기되 너희 양과 소는 머물러 두고 너희 어린것은 너희와 함께 갈지니라 모세가 가로되 왕이라도 우리 하나님 여호와께 드릴 희생과 번제물을 우리에게 주어야 하겠고 우리의 생축도 우리와 함께 가고 한 마리도 남길 수 없으니 이는 우리가 그 중에서 취하여 우리 하나님 여호와를 섬길 것임이며 또 우리가 거기 이르기까지는 어떤 것으로 여호와를 섬길는지 알지 못함이니이다 하나 여호와께서 바로의 마음을 강퍅케 하셨으므로 그들을 보내기를 즐겨 아니하고 모세에게 이르되 너는 나를 떠나가고 스스로 삼가 다시 내 얼굴을 보지 말라 내 얼굴을 보는 날에는 죽으리라 모세가 가로되 왕의 말씀이 옳으니이다 내가 다시는 왕의 얼굴을 보지 아니하리이다

완악한 바로는 무서운 하나님의 재앙이 내려질 때마다 자신의 죄를 뉘우치고 이스라엘 백성들을 해방시킬 듯하다가도, 모세의 기도로 그 재앙만 지나가고 나면 언제 그랬느냐는 식으로 다시

강팍해지곤 했습니다. 그는 지금까지 여덟 차례나 갖가지 재앙을 당해 왔지만 아직도 정신을 차리지 못했습니다. 때문에 이제 자신은 물론 백성과 온 나라가 다시 일어날 기력조차 회복할 수 없을 정도로 절망적인 상태에 놓이게 되었습니다. 그러나 그는 아직도 깨닫지 못하고 계속해서 악을 행함으로 아홉 번째 재앙인 흑암 재앙을 맞게 된 것입니다.

1. 애굽 전역에 내린 흑암

첫째, 예고없이 내리셨습니다.

하나님께서는 여덟 번씩이나 재앙을 당하면서도 회개할 줄 모르는 완악한 바로에게 아무런 예고도 없이 아홉 번째의 흑암 재앙을 내리셨습니다. 그러나 당시 하나님의 대언자인 모세에게는 "하늘을 향하여 네 손을 들어서 애굽 땅 위에 흑암이 있게 하라 곧 더듬을 만한 흑암이리라"(출 10:21)고 구체적으로 말씀해 주셨습니다. 그것은 모세로 하여금 하나님이 주신 권위를 가지고 바로 앞에 당당하게 서서 하나님의 사역을 감당케 하기 위함이었습니다. 때문에 모세는 언제 어디서나, 어떠한 상황에서든지 두려워하지 않고 하나님께서 맡기신 일을 잘 감당했습니다.

둘째, 3일 동안의 흑암이었습니다.

모세가 하나님께서 명하신 대로 하늘을 향하여 손을 들자 애굽 전역에 앞을 분간할 수 없는 캄캄한 흑암이 임하여 3일 동안 계속되었습니다. 애굽에는 해마다 초여름이 되면 캄신이라고 불리는 거센 남동풍의 영향으로 사막에서 날려온 먼지와 모래들로 인해 며칠 동안 어두운 날이 계속되었는데, 그러한 현상과는 전혀 다른 흑암이었습니다. 사물과 주위는 물론 지척을 분간할 수 없는 아주 극심한 흑암이었습니다. 이러한 어두움이 사흘 동안이나 계속되었습니다. 애굽 사람들은 그들이 섬기고 있는 모든 신들 가운데에서도 특별히 태양신이 가장 우두머리 신이라고 믿고 있었습니다. 그래서 자신들의 통치자인 바로를 태양신의 아들로 여겨 왔습니다. 그런데 흑암 재앙이 그 태양신을 가려 버린 것입니다. 참으로 창조주 하나님의 위대하신 능력이 태양을 다스리고 계심을 분명하게 나타내신 것입니다.

셋째, 고센 땅에는 광명이 있었습니다.

애굽 전역이 지척을 분간할 수 없는 흑암으로 완전히 뒤덮였음에도 불구하고 이스라엘 사람들이 거하는 고센 땅에는 광명이 있었습니다. 하나님께서는 당신의 선민인 이스라엘 사람들을 이번 흑암의 재앙에서 제외시키시고 구별하여 지키고 보호해 주신 것입니다. 이것은 바로 이 흑암 재앙이 하나님으로부터 비롯되었다는 것을 분명하게 보여 주신 것이요, 하나님을 믿고 의지하는 자들은 언제 어디서나 항상 지키고 보호하지만, 하나님을 믿지 않고 거역하며 불순종하는 자들은 심판하고 정죄하며 채찍을 가하신다는 사실을 분명하게 보여 주신 것이기도 합니다. 그렇습니다. 우리 하나님께서는 공의와 사랑의 하나님이시기 때문에 하나님을 믿고 의지하며 충성하는 자들에게는 칭찬과 함께 복을 주시고 상을 주시지만, 하나님을 믿지 않고 불순종하는 자들에게는 책망과 함께 저주와 채찍으로 다스리십니다.

사랑하는 여러분!

이 천하 만물을 다 창조하시고 우리 인간들의 생사화복을 주관하시는 전능하신 하나님만 섬깁시다. 우리의 몸과 마음, 시간과 물질은 물론, 삶 전체를 다 바쳐서 충성합시다. 그리하여 우리 하나님의 사랑과 은혜로 늘 밝은 나날을 이루시기 바랍니다.

2. 바로와 모세의 논쟁

첫째, 바로는 가축은 남겨 놓고 가라고 했습니다.

바로는 사흘씩이나 계속되는 칠흑 같은 암흑 속에서 더 이상 버틸 수 없게 되자 모세를 다시 불러들인 다음, "너희는 가서 여호와를 섬기되 너희 양과 소는 머물러 두고 너희 어린것은 너희와 함께 갈지니라"(출 10:24)고 말했습니다. 바로는 그동안 "내가 결코 너희 여자들과 자녀들을 함께 보내지 않겠다. 너희가 악한 음모를 꾸미고 있는 것이 틀림없다. 절대로 안 된다. 너희 남자만 가서 여호와를 섬겨라. 이것이 너희가 요구한 것이다"(출 10:10~11, 현대인의 성경)라고 말하고 모세와 아론을 쫓아냈습니다. 그런데 그렇게 강퍅하던 바로가 이번 흑암 재앙으로 인하여 더 이상 버틸 수 없음을 깨닫고 한발 물러선 것입니다. 때문에 가축만 남겨 놓고 다 가서 여호와를 섬기라고 한 것입니다.

그러나 이것은 바로에게 아직도 이스라엘을 해방시키고자 하는 마음이 없음을 분명하게 나타낸 것입니다. 왜냐하면 가축은 광야생활에서 없어서는 안 될 재물이요 양식이기 때문입니다. 따라서 이스라엘이 가축들을 떼어 놓고 간다면 며칠이 못 되어 다시 애굽으로 돌아올 수밖에 없습니다. 바로는 이번에도 얄팍한 수작을 부리고 있는 것입니다.

둘째, 모세의 요청을 봅시다.

모세는 "왕이라도 우리 하나님 여호와께 드릴 희생과 번제물을 우리에게 주어야 하겠고 우리의 생축도 우리와 함께 가고 한 마리도 남길 수 없으니 이는 우리가 그 중에서 취하여 우리 하나님 여호와를 섬길 것임이며 또 우리가 거기 이르기까지는 어떤 것으로 여호와를 섬길는지 알지 못함이니이다"(출 10:25~26)라고 분명하게 요청했습니다. 왜냐하면 우선 제물이 있어야 하나님께 제사를 드릴 수 있기 때문입니다. 또한 하나님께 제사드릴 때에는 우리 임의대로 제물을 선택하는 것이 아니라 하나님께서 정하시고 명하시는 제물로 드려야 하므로 자신들과 가축들도 다 함께 가야 한다는 당위성을 구체적으로 설명한 것입니다.

셋째, 모세는 하나님의 말씀만 좇았습니다.

모세는 하나님께서 말씀하신 것 외에는 절대로 자기 임의대로 바로와 타협하려고 하지 않았습니다. 그는 이스라엘 백성들이 출애굽할 때에는 이스라엘에게 속한 모든 것들이 하나도 빠짐없이 다 함께 가야 한다는 하나님의 뜻을 분명하게 밝히고 바로의 제안을 단호하게 거절했습니다. 이것은 바로 모세가 시간이나 장소, 상황과 환경에 따라 변하거나 타협하는 사람이 아니라 하나님의 뜻과 말씀대로만 행하는 충성된 하나님의 종이라는 사실을 분명하게 보여 준 것입니다.

사랑하는 여러분!

우리 모두 이 세상과 사단의 유혹을 단호하게 끊고 완전히 물리칩시다. 그 어떤 이유로도 그들과 대화한다든지 그들의 요구를 용납하지 맙시다. 그리고 하나님의 자녀답게 오직 하나님의 뜻과 말씀대로만 살아갑시다. 그리하여 때마다 일마다 승리하는 복된 성도들이 되시기 바랍니다.

3. 서로에 대한 최후의 경고

첫째, 다시 강팍해진 바로였습니다.

바로는 가축은 놔두고 가라는 자신의 제안을 단호히 거절하고, 이스라엘에게 속한 모든 것은 다 함께 가야 한다고 모세가 강력하게 요청하자 또다시 강팍해져서 "너는 나를 떠나가고 스스로 삼가 다시 내 얼굴을 보지 말라 내 얼굴을 보는 날에는 죽으리라"(출 10:28)고 했습니다. 이와 같은 바로의 행위는 이제 더 이상 모세를 통한 재앙의 경고를 듣지 않겠으며, 이스라엘 백성들을 절대로 해방시킬 수 없다는 결단이요 선언인 것입니다. 그러나 이것은 배은망덕하고 어리석은 선택이었습니다. 왜냐하면 바로는 재앙이 임할 때마다 모세를 불러들였고, 그때마다 모세는 그를 위해 하나님께 기도하여 재앙을 물리쳤기 때문입니다. 그런데 배신한 것입니다. 그렇습니다. 사람이 강팍해지면 이렇게 자신이 받은 은혜를 잊어버립니다.

둘째, 모세도 바로와 결별을 선언했습니다.

이제 자기 앞에 한 번만 더 나타나면 죽여 버리겠다는 바로의 협박을 받은 모세는 조금도 두려워하지 않고 "왕의 말씀이 옳으니이다 내가 다시는 왕의 얼굴을 보지 아니하리이다"(출 10:29)라고 바로와의 결별을 선언했습니다. 그동안 모세는 하나님의 뜻과 명령을 바로에게 성실하게 전달하고 하나님의 말씀대로 순종할 것을 계속 권고했습니다. 그러나 강퍅한 바로는 하나님의 말씀을 계속 거부하고 불순종했고, 그 때문에 재앙을 당했습니다. 그러나 그가 도움을 요청할 때마다 모세는 바로 하나님께 기도하여 재앙들을 다 물리쳐 주었습니다. 한마디로 모세는 하나님과 바로 사이에서 성실하게 자신의 직무를 잘 감당해 온 사람입니다. 그러나 이제 더 이상 바로와의 면담은 무의미하다는 것을 깨닫고 바로를 향해 결별을 선언한 것입니다.

셋째, 서로가 최후의 경고를 했습니다.

"다시 내 얼굴을 보지 말라"(출 10:28)는 바로의 최후의 경고에, 모세도 "내가 다시는 왕의 얼굴을 보지 아니하리이다"(출 10:29)라고 응수했습니다. 이것은 모세가 이스라엘 백성들의 출애굽을 포기했다는 말이 아니라, 이제 바로에게는 다시 돌이킬 수 없는 마지막 장자 죽음의 재앙이 이어지며, 바로가 최후로 경고한 대로 모세가 바로 앞에 더 이상 설 필요도 없고 보지 않아도 될 상황에 처하게 될 것이라는 의미입니다. 그렇습니다. 이제 열 번째 재앙을 끝으로 이스라엘은 바로의 학정에서 벗어나 자유하기 때문에 더 이상 바로 앞에 설 필요가 없어졌습니다.

사랑하는 여러분!

우리의 심령을 더 이상 강퍅하게 하지 맙시다. 또한 도저히 변화될 가망이 없어 포기될 수밖에 없는 불쌍한 존재도 되지 맙시다. 이제라도 잘못된 길에서 돌아서서 하나님의 사랑 안에서 영육이 잘 되는 밝은 삶을 사시기 바랍니다.

초태생의 재앙

[출애굽기 11장 1~10절]

여호와께서 모세에게 이르시기를 내가 이제 한 가지 재앙을 바로와 애굽에 내린 후에야 그가 너희를 여기서 보낼지라 그가 너희를 보낼 때에는 여기서 정녕 다 쫓아내리니 백성에게 말하여 남녀로 각기 이웃들에게 은, 금패물을 구하게 하라 하시더니 여호와께서 그 백성으로 애굽 사람의 은혜를 받게 하셨고 또 그 사람 모세는 애굽국에서 바로의 신하와 백성에게 심히 크게 뵈었더라 모세가 바로에게 이르되 여호와께서 이같이 말씀하시기를 밤중에 내가 애굽 가운데로 들어가리니 애굽 가운데 처음 난 것은 위에 앉은 바로의 장자로부터 맷돌 뒤에 있는 여종의 장자까지와 모든 생축의 처음 난 것이 죽을지라 애굽 전국에 전무후무한 큰 곡성이 있으리라 그러나 이스라엘 자손에게는 사람에게나 짐승에게나 개도 그 혀를 움직이지 않으리니 여호와가 애굽 사람과 이스라엘 사이에 구별하는 줄을 너희가 알리라 하셨나니 왕의 이 모든 신하가 내게 내려와서 내게 절하며 이르기를 너와 너를 좇는 온 백성은 나가라 한 후에야 내가 나가리라 하고 심히 노하여 바로에게서 나오니라 여호와께서 모세에게 이르시기를 바로가 너희를 듣지 아니할지라 그러므로 내가 애굽 땅에서 나의 기사를 더하리라 하셨고 모세와 아론이 이 모든 기사를 바로 앞에서 행하였으나 여호와께서 바로의 마음을 강팍케 하셨으므로 그가 이스라엘 자손을 그 나라에서 보내지 아니하였더라 하나님께서 지금까지 바로 왕과 애굽에 내리신 재앙들은 모두가 다 자연계의 파리나 개구리, 이를 통하여 그들의 삶을 괴롭게 하고 식물이나 가축들을 쳐서 죽게 하였을 뿐 사람의 생명을 직접적으로 죽이는 것은 아니었습니다. 그러나 이번 초태생의 재앙에서는 애굽 사람들의 처음 난 것은 위에 앉은 바로의 장자로부터 맷돌 뒤에 있는 여종의 장자는 물론, 애굽에 있는 모든 가축의 처음 난 것까지 완전히 다 죽이겠다고 하셨습니다. 그러므로 이 초태생의 재앙은 참으로 무서운 재앙이었습니다. 사람의 생명은 천하를 주고도 바꿀 수 없는 귀한 것이기 때문입니다.

1. 마지막 재앙

첫째, 열 번째 마지막 재앙을 예고하셨습니다.

하나님께서는 그의 종 모세를 통해서 바로에게 그동안 아홉 차례나 재앙을 내렸지만 그래도 굴복하지 않고 하나님의 명령을 계속 거부하기 때문에 이제 마지막으로 열 번째의 초태생의 재앙을 내리겠다고 예고하신 것입니다. 이것은 재앙 후에도 사람들이 하나님께서는 당신이 약속하신 모든 것들은 어떤 일이 있어도 반드시 이룬다고 하는 사실을 깨닫게 하시려는 것이었습니다. 또한 마지막 재앙인 이 초태생의 재앙이 내려진 후에는 바로가 이스라엘 백성들을 억지로 붙잡아 두려고 하지 않고 황급히 출애굽시킬 것이기 때문이었습니다. 이 모두가 하나님께서 이스라엘을 사랑하시기 때문에 계획한 것이었습니다.

둘째, 애굽의 은과 금을 구하라고 하셨습니다.

하나님께서 모세를 통하여 이스라엘 백성들에게 "각기 이웃들에게 은, 금패물을 구하게 하라"(출 11:2)고 하신 것은 애굽 사람들이 이스라엘 사람들을 수십 년간 강제 노역을 시켰으면서도 한 번도 임금을 제대로 지불하지 않았기 때문이었습니다. 뿐만 아니라 애굽 사람들은 그간 이스라엘 사람들의 소유한 귀중품들을 모두 다 강탈해 갔었습니다. 애굽 사람들은 이스라엘 사람들에게 너무나도 못된 짓들을 많이 저질렀고 많은 빚을 진 자들이었습니다. 이러한 사실을 잘 아시는 하나님께서는 이스라엘 백성들이 애굽 사람들로 인해 잃었던 것들에 대해 반드시 보상받기를 원하셨습니다. 그리하여 하나님께서는 이스라엘 백성들이 애굽 사람들로부터 은혜를 입도록 역사하신 것입니다. 또한 여호와의 권능이 모세를 통해 시행되고 모세가 말한 대로 다 이루어지는 것을 본 애굽 사람들이, 여호와 하나님께서 말씀하신 대로 이스라엘 사람들에게 호의적으로 대했습니다(출 11:3).

셋째, 출애굽의 결정적인 계기였습니다.

하나님께서는 마지막 재앙인 초태생의 재앙이 임하고 나면 바로가 먼저 이스라엘 백성들의 출애굽을 재촉할 것이라고 예고하셨습니다. 하나님께서 지금까지 애굽에 내리셨던 아홉 가지 재앙들은 모두가 다 하나님의 전지전능하신 능력을 나타내는 표징이 되었지만, 강퍅한 바로에게서 이스라엘 백성들을 해방시키는 결정적인 계기가 되지는 못했습니다. 그러나 이번에 열 번째로 내리신 마지막 재앙을 통해서는 그렇게도 강퍅한 바로였지만 곧바로 굴복할 수밖에 없었습니다.

사랑하는 여러분!

우리 모두 말씀과 성령, 사건과 환경을 통해서 우리에게 들려주시는 하나님의 메시지를 잘 들을 줄 아는 성도들이 됩시다. 또한 공의의 하나님께서는 언제나 수고의 대가를 반드시 보상해 주신다는 사실을 믿읍시다. 그리하여 주어진 현실 속에서 조금도 불평하지 말고 범사에 감사하면서 하나님의 뜻에 무조건 순종하는 아름다운 삶을 사시기 바랍니다.

2. 초태생의 죽음

첫째, 하나님께서 애굽으로 들어가신다고 하였습니다.

하나님께서는 모세를 통해 "밤중에 내가 애굽 가운데로 들어가리니"(출 11:4)라고 말씀하셨습니다. 하나님께서는 그동안의 아홉 번째 재앙까지는 모두 다 모세와 아론을 통해서 내리셨습니다. 그런데 이번에 마지막으로 내리시는 초태생의 재앙에서는 하나님께서 애굽 가운데로 들어가셔서 직접 내리겠다고 하셨습니다. 이것은 이번에 내리시는 마지막 재앙이 이전에 내리셨던 그 어떤 재앙보다도 크고 무서울 것이라는 사실을 단호하게 말씀하신 것입니다. 여기에서 우리가 한 가지 기억해야 할 것은, 이 세상의 종말이 오는 마지막 심판도 우리 하나님께서 직접 시행하신다는 사실입니다.

둘째, 애굽의 모든 초태생을 죽이는 재앙이었습니다.

하나님께서는 모세를 통해서 바로에게 말씀하시기를, "애굽 가운데 처음 난 것은 위에 앉은 바로의 장자로부터 맷돌 뒤에 있는 여종의 장자까지와 모든 생축의 처음 난 것이 죽을지라 애굽 전국에 전무후무한 큰 곡성이 있으리라"(출 11:5~6)고 하셨습니다. 고대 근동 지역의 나라들과 애굽인들은 장자에 대해 항상 자랑스럽게 여기고 특별한 권한과 혜택을 부여했습니다. 그들은 가계를 잇는 계승자요, 가문의 대표자였습니다. 때문에 가계의 모든 것들이 장자에게 세습되었고, 다른 형제들보다도 더 많은 재산과 권위가 부여되었습니다(창 27:18~40). 그러므로 장자의 죽음은 가계의 멸절을 뜻합니다.

뿐만 아니라 애굽인들은 원숭이나 개, 침팬지, 족제비 등을 애완동물로 길렀습니다. 그리고 그들 중에 어떤 동물들은 신성시하여 거룩한 짐승으로 여겼습니다. 그러므로 애굽 온 땅의 초태생이 다 죽게 된다는 것은 상상할 수 없는 비극이었습니다. 때문에 이 마지막 재앙인 초태생의 죽음을 통해 애굽 전역에 전무후무한 곡성이 일어날 것이라고 말씀하셨습니다.

셋째, 구별된 재앙이었습니다.

사람이나 가축 할 것 없이 애굽의 모든 초태생들이 다 죽어 없어짐으로 애굽 전국이 전무후무한 통곡의 바다가 된다고 할지라도, "이스라엘 자손에게는 사람에게나 짐승에게나 개도 그 혀를 움직이지 않으리니 여호와가 애굽 사람과 이스라엘 사이에 구별하는 줄을 너희가 알리라"(출 11:7)며 이스라엘 민족을 구별하여 이 초태생의 죽음에서 제외시키겠다고 하셨습니다. 여기에서 개가 짖지 않는다는 것은 이스라엘 사람들에게는 아무 일도 없을 것임을 강조하신 말씀입니다. 왜냐하면 어떤 집이나 동네에서 무슨 일이 일어나면 개가 제일 먼저 짖기 때문입니다. 하나님께서는 그동안 개구리와 파리, 우박과 흑암 재앙에서도 이스라엘 백성들이 거하는 고센 땅에는 특별히 은혜를 베푸사 개구리와 파리, 우박과 흑암 재앙이 임하지 못하도록 보호해 주셨습니다. 그런데 이번에 마지막으로 내리시는 초태생의 재앙에서도 이스라엘 백성들을 구별하고 지켜 주겠다고 하셨습니다.

사랑하는 여러분!

우리 모두 하나님의 뜻과 말씀에 민감하게 반응하고 철저하게 순종하는 삶을 삽시다. 또한 나 자신의 잘못 때문에 다른 사람들에게 그 어떠한 피해도 끼치지 않도록 합시다. 그리하여 구별된 신앙으로 하나님께 사랑받는 성도들이 되시기 바랍니다.

3. 마지막 재앙의 교훈

첫째, 모세의 당당함입니다.

모세는 하나님께서 명하신 대로 마지막으로 내리시는 초태생의 재앙을 바로에게 예고하고, "왕의 이 모든 신하가 내게 내려와서 내게 절하며 이르기를 너와 너를 좇는 온 백성은 나가라 한 후에야 내가 나가리라"(출 11:8) 하고 심히 노하여 바로에게서 나왔습니다. 지금까지 모세는 하나님의 명령을 받아 바로에게 전달하고 그 말씀대로 순종할 것을 권고해 왔습니다. 그런데 이 마지막 초태생의 재앙에서는 강퍅한 바로 왕의 진정한 굴복이 없이는 피할 수 없는 재앙이기 때문에 바로의 신하들에게 자기에게 와서 절할 것을 강력하게 요구했습니다. 이것은 모세가 바로와 그 신하들에게서 자신이 높임 받기를 원한 것이 아니라 그들 모두가 다 전능하신 하나님의 능력을 인정하고 그 앞에 굴복할 것을 요구한 것입니다. 그렇습니다. 예수 그리스도의 복음을 전하는 우리 모두에게도 이와 같은 당당함이 있어야겠습니다.

둘째, 하나님의 보호입니다.

초라한 목자 출신의 80 노인인 모세였지만, 세계를 다스리는 당대 최강국 애굽에서 신의 아들로까지 추앙받던 바로에게 자신 있게 나아가 하나님의 말씀을 전달하고 그 말씀대로 순종할 것을 강력하게 요구했습니다. 그러는 가운데 아홉 번째의 흑암 재앙에서는 다시 한 번만 자기 앞에 나타나면 죽여 버리겠다는 바로의 협박도 받았습니다. 그러나 하나님께서는 그렇게도 강팍한 바로였으나 그 어떤 모양으로도 모세를 해치지 못하도록 안전하게 보호해 주셨습니다. 뿐만 아니라 선민인 이스라엘 백성들을 그 모든 재앙에서 철저하게 지키고 보호해 주셨습니다. 그렇습니다. 하나님께서는 우리가 아무리 부족하다고 할지라도 당신의 자녀들이기 때문에 당신을 위해서라도 우리들을 끝까지 지키고 보호해 주십니다.

셋째, 성도들의 궁극적인 승리입니다.

이스라엘 백성들이 그토록 열악한 환경에 처해 있었음에도 불구하고 하나님의 선민이기 때문에 특별히 보호하시고 인도하실 뿐만 아니라 궁극적으로 승리케 하신다는 사실입니다. 그러기에 모세와 이스라엘 백성들은 그렇게도 강팍한 바로와 그 신하들을 굴복시키게 된 것입니다.

사랑하는 여러분!

우리 모두 모세처럼 언제나 당당하게 복음을 전하는 성도들이 됩시다. 심히 부족하고 연약한 우리지만 전능하신 하나님께서 항상 지켜 주시고 인도해 주실 것을 믿고 자신 있게 삽시다. 그리하여 하나님의 은혜로 항상 승리하는 삶을 이루시기 바랍니다.

홍해를 가르심

[출애굽기 14장 15~31절]

여호와께서 모세에게 이르시되 너는 어찌하여 내게 부르짖느뇨 이스라엘 자손을 명하여 앞으로 나가게 하고 지팡이를 들고 손을 바다 위로 내밀어 그것으로 갈라지게 하라 이스라엘 자손이 바다 가운데 육지로 행하리라 내가 애굽 사람들의 마음을 강퍅케 할 것인즉 그들이 그 뒤를 따라 들어갈 것이라 내가 바로와 그 모든 군대와 그 병거와 마병을 인하여 영광을 얻으리니 내가 바로와 그 병거와 마병으로 인하여 영광을 얻을 때에야 애굽 사람들이 나를 여호와인 줄 알리라 하시더니 이스라엘 진 앞에 행하던 하나님의 사자가 옮겨 그 뒤로 행하매 구름 기둥도 앞에서 그 뒤로 옮겨 애굽 진과 이스라엘 진 사이에 이르러 서니 저 편은 구름과 흑암이 있고 이 편은 밤이 광명하므로 밤새도록 저 편이 이 편에 가까이 못하였더라 모세가 바다 위로 손을 내어민대 여호와께서 큰 동풍으로 밤새도록 바닷물을 물러가게 하시니 물이 갈라져 바다가 마른 땅이 된지라 이스라엘 자손이 바다 가운데 육지로 행하고 물은 그들의 좌우에 벽이 되니 애굽 사람들과 바로의 말들, 병거들과 그 마병들이 다 그 뒤를 좇아 바다 가운데로 들어오는지라 새벽에 여호와께서 불 구름 기둥 가운데서 애굽 군대를 보시고 그 군대를 어지럽게 하시며 그 병거 바퀴를 벗겨서 달리기에 극난하게 하시니 애굽 사람들이 가로되 이스라엘 앞에서 우리가 도망하자 여호와가 그들을 위하여 싸워 애굽 사람들을 치는도다 여호와께서 모세에게 이르시되 네 손을 바다 위로 내어밀어 물이 애굽 사람들과 그 병거들과 마병들 위에 다시 흐르게 하라 하시니 모세가 곧 손을 바다 위로 내어밀매 새벽에 미쳐 바다의 그 세력이 회복된지라 애굽 사람들이 물을 거스려 도망하나 여호와께서 애굽 사람들을 바다 가운데 엎으시니 물이 다시 흘러 병거들과 기병들을 덮되 그들의 뒤를 좇아 바다에 들어간 바로의 군대를 다 덮고 하나도 남기지 아니하였더라 그러나 이스라엘 자손은 바다 가운데 육지로 행하였고 물이 좌우에 벽이 되었었더라 그 날에 여호와께서 이같이 이스라엘을 애굽 사람의 손에서 구원하시매 이스라엘이 바닷가의 애굽 사람의 시체를 보았더라 이스라엘이 여호와께서 애굽 사람들에게 베푸신 큰 일을 보았으므로 백성이 여호와를 경외하며 여호와와 그 종 모세를 믿었더라

여호와께서 마지막으로 바로에게 초태생의 재앙을 예고하셨으나 바로는 듣지 않고 이스라엘 백성들을 내보내지 않았습니다. 그러자 양의 피로 이스라엘 사람들의 집 문 좌우 설주와 인방에 바르게 하신 다음 밤중에 애굽 사람이나 짐승을 무론하고 초태생들을 모조리 다 죽이셨습니다. 다급해진 바로 왕은 이스라엘로 하여금 다 떠나도록 했습니다. 그러나 또다시 강퍅해진 바로는 군대를 이끌고 추격했고, 이스라엘 사람들은 홍해와 바로의 군대 사이에서 큰 절망의 벽에 부딪히게 되었습니다. 그런데 하나님께서 이스라엘을 가로막고 있던 홍해를 가르셨습니다.

1. 애굽군의 추격

첫째, 홍해변의 광야 길을 선택하셨습니다.

애굽을 떠나라는 바로의 허락이 떨어지자 이스라엘은 곧바로 출애굽하여 숙곳에 이르렀습니다. 거기에서 지중해 해변의 도로를 이용하면 늦어도 약 7일이면 목적지인 가나안 땅에 도착할 수 있었습니다. 그러나 하나님께서는 가까운 지중해 해변의 길

을 택하지 않으시고, 훨씬 더 먼 홍해변의 광야 길로 돌아가도록 하셨습니다. 그것은 당시에 막강한 군사력을 가지고 늘 전쟁을 일삼던 블레셋과의 전쟁을 피하기 위해서였습니다. 만약에 이스라엘 백성들이 블레셋과 전쟁을 하게 되면 겁을 먹고 다시금 애굽으로 돌아갈 것이라는 사실을 잘 아셨기 때문입니다. 그렇습니다. 인간의 합리적인 생각이 모두 다 하나님의 뜻에 합당한 것은 아닙니다. 그러므로 우리 모두는 인간적인 생각을 떠나서 무조건 하나님의 뜻과 말씀에 온전히 순종해야 합니다.

둘째, 또다시 착각에 사로잡힌 바로였습니다.

바로는 이스라엘 사람들이 다 떠났다는 소식을 듣고는 자신이 허락했음에도 불구하고 곧바로 후회했습니다. 그것은 60만의 노예가 없어짐으로 인해서 오는 경제적인 손실이 너무나도 크다고 생각했기 때문이었습니다. 그동안 열 가지 재앙을 통해서 볼 때에 한 번도 자기 생각대로 된 것이 없었습니다. 오히려 자기 욕심과 고집, 교만 때문에 수없이 많은 고통을 당해 왔고 재산을 잃었으며 사람이나 가축 할 것 없이 초태생까지도 이미 다 잃어버렸습니다. 때문에 나라 꼴이 말이 아니었습니다. 그럼에도 불구하고 아직도 정신을 차리지 못하고 있는 것입니다. 하나님의 말씀을 듣지 않고 늘 자신의 지식과 경험, 고집대로만 살다가 실패하면서도 계속 그렇게 살고 있는 어리석은 오늘의 우리와 똑같습니다.

셋째, 바로가 이스라엘 백성들을 추격했습니다.

바로는 지름길인 지중해의 해변 길로 가지 않고 홍해에 막혀 있는 홍해변의 광야 길을 택하여 가고 있는 이스라엘 백성들이

"광야에 갇힌 바 되었다"(출 14:3)고 판단하여 군대를 이끌고 추격한 것입니다. 바로의 생각은 지정학적으로 볼 때에 확실한 것이었습니다. 왜냐하면 이스라엘 백성들이 지금 가고 있는 곳은 광야이며, 한쪽은 홍해가 가로막고 있었기 때문입니다. 그렇습니다. 이 세상의 인간들은 모두가 다 인간적인 자기 자신의 생각대로만 살기 때문에 쓰라린 실패를 당하게 됩니다. 그러므로 우리 모두는 믿음의 안목을 가지고 참된 삶을 살아야 합니다.

사랑하는 여러분!

우리 모두 불완전한 우리의 지식이나 경험, 생각대로 살지 말고 하나님의 말씀대로만 살아갑시다. 또한 인간적인 생각이나 계산으로 범죄하지 말고 믿음으로 살아갑시다. 그리고 그 어떤 경우에도 내 욕심 때문에 남을 괴롭히는 삶을 살지 맙시다. 그래야 그리스도인다운 삶을 살 수 있습니다.

2. 이스라엘의 좌절

첫째, 이스라엘 백성들은 두려워했습니다.

출애굽한 이스라엘 백성들은 지도자인 모세를 앞세우고 가나안을 향해 아주 담대하게 전진했습니다. 때문에 성경은 이스라엘 백성들의 행렬을 군대에 비유했습니다(출 12:41, 13:18; 시 105:37). 그것은 그동안 열 가지 재앙을 통해서 하나님께서 이스라엘을 지키고 계심을 경험했기 때문이었습니다.

그런데 그것은 얼마 못 가서 바로의 군대가 추격해 오는 것을 뒤돌아보고 큰 두려움으로 바뀌었습니다. 그동안 자기들을 열

가지 재앙에서 보호해 주시고 강팍한 바로의 압제에서 출애굽시키신 여호와 하나님에 대한 믿음과 신뢰는 온데간데 없었습니다. 오직 두려움과 공포만 저들을 사로잡고 있었습니다. 그들은 이전의 불신앙 상태로 다시 돌아간 것입니다. 그렇습니다. 신앙생활에 있어서 뒤돌아보는 행위는 모든 실패의 원인이 됩니다(창 19:26; 눅 9:62). 그러므로 우리 모두는 하나님께 소망을 두고 전진만 계속해야 합니다.

둘째, 이스라엘 백성들이 모세를 원망했습니다.

추격해 오는 바로의 군대를 뒤돌아본 이스라엘 백성들은 "애굽에 매장지가 없으므로 당신이 우리를 이끌어 내어 이 광야에서 죽게 하느뇨"(출 14:11)라고 원망했습니다. 이것은 언제 어디서나 우리를 생명의 길로 인도하시고 보호하시는 하나님에 대한 부정이요, 불신앙에서 기인된 것입니다. 하나님께서는 이스라엘 백성들이 바로의 학정 아래서 신음하는 것을 보시고 모세를 통해서 출애굽시키셨습니다. 그런데 자기들에게 위기가 닥친 것으로 생각되자 지도자인 모세를 원망했습니다. 이것은 모든 일들을 믿음으로 생각하지 않기 때문입니다.

셋째, 모세는 여호와의 구원을 보라고 외쳤습니다.

모세는 추격해 오는 바로의 군대를 보고 두려워서 자기를 원망하는 백성들을 향해 "두려워 말고 가만히 서서 여호와께서 오늘날 너희를 위하여 행하시는 구원을 보라 너희가 오늘 본 애굽 사람을 또 다시는 영원히 보지 못하리라 여호와께서 너희를 위하여 싸우시리니 너희는 가만히 있을지니라"(출 14:13~14)고 했습니다. 이것은 전능하신 하나님께서 반드시 구원해 주시고 인도해 주시사 승리케 할 것이니 아무것도 염려하지 말고 견고한 믿음으로 흔들림이 없이 인내하며 기다리라는 것입니다. 전능하신 하나님에 대한 확고부동한 믿음과 신뢰를 요구한 것입니다.

사랑하는 여러분!

우리는 예수 그리스도의 십자가의 은혜로 구원받은 자들이요, 하나님의 자녀이며, 천국의 백성들입니다. 그러므로 그 어떤 경우에도 땅의 것에 매이지 말고 하늘에 소망을 두고 삽시다. 절대로 하나님이나 어느 누구, 환경을 탓하거나 원망하지 말고 전능하신 여호와 하나님만 바라보고 자신 있게 살아갑시다. 하나님께서 반드시 승리케 하실 것입니다.

3. 홍해 도하 작전

첫째, 하나님은 모세에게 홍해 도하를 명령하셨습니다.

모세는 추격해 오는 애굽 군대를 보고 두려워하고 좌절하여 자신을 원망하는 이스라엘을 위해 하나님께 기도했습니다. 이때에 하나님께서는 "너는 왜 부르짖느냐? 너는 이스라엘 자손에게 명하여, 앞으로 나아가게 하여라"(출 14:15, 새번역)라고 하셨습니다. 이 말씀은 모세로 하여금 기도만 하고 있지 말고 전능하신 하나님을 믿고 믿음의 행동을 실천하라는 말씀입니다. 참된 신앙의 원리는 먼저 하나님께 간구하고, 간구했으면 찾아 나서고, 찾았으면 두드리는 적극적인 행위입니다. 그러므로 하나님께서 모세에게 '홍해를 향하여 나아가라' 고 하신 것은 이스라엘을 구원하시기 위함이었습니다.

그렇습니다. 문제와 고난, 슬픔의 현장에 그대로 앉아 있으면 안 됩니다. 믿음의 사람은 지금 내가 당하고 있는 환경과 슬픔, 문제보다도 더 크신 하나님의 사랑과 능력을 믿고 자신 있게 전진해 가는 사람입니다. 때문에 이스라엘 백성들이 홍해에까지 전진하게 된 것입니다.

둘째, 홍해가 갈라져 마른 땅의 길이 되었습니다.

하나님께서는 홍해 도하를 명령하시면서 "지팡이를 들고 손을 바다 위로 내밀어 그것으로 갈라지게 하라 이스라엘 자손이 바다 가운데 육지로 행하리라"(출 14:16)고 하셨습니다. 이에 모세는 즉시 순종하여 지팡이를 들고 손을 바다 위로 내밀었습니다. 그러자 여호와께서 큰 동풍으로 밤새도록 바닷물을 물러가게 하심으로 물이 갈라져 바다가 마른 땅같이 되었습니다(출 14:21). 그래서 이스라엘 백성들은 바닷길을 믿음으로 육지같이 건넜습니다.

셋째, 하나님께서는 홍해를 다시 흐르게 하셨습니다.

출애굽한 이스라엘 백성들을 추격하던 바로의 군대는 갈라진 홍해를 육지같이 건너는 이스라엘 백성들을 추격하여 갈라진 홍해 길에 들어섰습니다. 그러자 새벽에 여호와께서 불과 구름 기둥 가운데서 애굽 군대를 보고 그 군대를 어지럽히시고 병거의 바퀴들을 벗겨서 달릴 수 없게 만드셨습니다(출 14:24~25). 그제서야 애굽 사람들은 "이스라엘 앞에서 우리가 도망하자 여호와가 그들을 위하여 싸워 애굽 사람들을 치는도다"(출 14:25)라고 깨닫고 도망치려고 했습니다. 그러나 그때에 여호와께서는 모세에게 "네 손을 바다 위로 내어 밀어 물이 애굽 사람들과 그 병거들과 마병들 위에 다시 흐르게 하라" (출 14:26)고 하셨습니다. 모세가 그대로 순종하자 물이 합쳐져서 애굽 군대는 모두 다 홍해에 수장되어 몰사했습니다.

사랑하는 여러분!

우리 모두 내 생각을 버리고 전능하신 하나님을 믿고 전진합시다. 아무리 힘들고 어려운 문제라 할지라도 홍해를 가르고 이스라엘을 구원하신 하나님께서 그 문제를 해결하시고 우리를 구원하실 것입니다. 우리의 원수들은 하나님께서 깨끗하게 해결해 주실 것입니다. 그러므로 그 어떤 것도 개의치 말고 오직 믿음의 푯대만 바라보고 계속 전진하시기 바랍니다.

쓴 물을 달게 하심

[출애굽기 15장 22~27절]

모세가 홍해에서 이스라엘을 인도하매 그들이 나와서 수르 광야로 들어가서 거기서 사흘 길을 행하였으나 물을 얻지 못하고 마라에 이르렀더니 그곳 물이 써서 마시지 못하겠으므로 그 이름을 마라라 하였더라 백성이 모세를 대하여 원망하여 가로되 우리가 무엇을 마실까 하매 모세가 여호와께 부르짖었더니 여호와께서 그에게 한 나무를 지시하시니 그가 물에 던지매 물이 달아졌더라 거기서 여호와께서 그들을 위하여 법도와 율례를 정하시고 그들을 시험하실새 가라사대 너희가 너희 하나님 나 여호와의 말을 청종하고 나의 보기에 의를 행하며 내 계명에 귀를 기울이며 내 모든 규례를 지키면 내가 애굽 사람에게 내린 모든 질병의 하나도 너희에게 내리지 아니하리니 나는 너희를 치료하는 여호와임이니라 그들이 엘림에 이르니 거기 물샘 열둘과 종려 칠십 주가 있는지라 거기서 그들이 그 물 곁에 장막을 치니라

바로의 학정 아래에서 430년 동안 노예생활 하던 이스라엘은 모세의 인도를 받아 출애굽하여 홍해의 시련을 통과하고, 애굽 동편 국경 지역인 수르 광야에 이르렀습니다. 3일 길을 더 여행하였으나 물을 얻지 못하고 마라에 도착했을 때에 비로소 물을 발견했습니다. 그러나 물이 써서 마실 수가 없었습니다. 때문에 이

스라엘 백성들은 또다시 모세를 원망했습니다. 그때에 모세는 하나님께 기도했고 하나님께서는 모세에게 한 나무를 지시해 주셨으며, 그 나뭇가지를 물에 던짐으로 쓴 물이 단물로 변했습니다.

1. 광야의 인생

첫째, 수르 광야에 이르렀습니다.

출애굽한 후 광야의 막다른 곳인 홍해에 봉착하여 두려워하고 절망하였으나 홍해를 가르신 전능하신 하나님의 은혜로 무사히 통과하였습니다. 또한 추격하던 원수들이 홍해 바다에 모두 다 수장되는 승리의 기쁨을 맛보았습니다. 그렇게 홍해를 통과한 이스라엘은 수르 광야에 이르러 시내 산에 다다르게 되는 남쪽 지역으로 3일 동안 걸어서 이동했습니다. 이곳은 무덥고 건조한 사막 지역이었습니다. 때문에 그들의 몸은 피곤하고 지쳤으며 갈증도 심했습니다. 또한 가죽주머니에 담아 온 물까지도 다 고갈되었습니다. 하지만 물을 발견할 수 없었습니다. 그렇습니다. 우리가 이 세상을 살아가는 것 자체가 바로 이스라엘 백성들이 수르 광야를 여행하는 것과 똑같습니다. 때문에 모두가 사랑과 행복, 지위와 권세, 명예와 부에 기갈되어 있습니다.

둘째, 마라에 도착했습니다.

수르 광야에서 사흘 동안 여행하면서 천신만고 끝에 도달한 곳이 마라(쓰다, 괴롭다의 뜻)였습니다. 거기에서 그렇게 원하며 찾던 물을 발견하게 되었습니다. 사막에서 오아시스를 만난 것이었습니다. 그래서 그들은 거기에다 진을 쳤습니다(민 33:8). 그런데 이것이 웬일입니까? 물이 써서 마실 수 없었습니다. 사실 이 마라의 물은 중동 지역에서 제일 나쁜 물로서, 써서 사람이 마실 수 없기 때문에 붙여진 이름이었습니다.

그렇습니다. 이 세상은 바로 수르 광야와 같고 그곳에 사는 우리 인생들은 이스라엘 백성들이 약속의 땅 가나안을 향하여 가다가 마라의 쓴 물을 만난 것과 같습니다. 때문에 더 나은 자신의 삶을 위해 현재의 고난과 역경을 참으면서 열심히 살아갑니다. 그런데 문제는 그러한 과정 중에 문제에 부딪히고 실패를 당하기도 하며 질병에 걸리거나 죽음을 당하는 경우도 있다는 것입니다. 뿐만 아니라 자기 자신이 그토록 바라고 원하던 곳에 막상 도달해 봐도 생각했던 것과 같이 만족할 수 없습니다.

셋째, 백성들이 모세를 원망했습니다.

이스라엘 백성들은 하나님의 은혜로 430년 동안이나 지겹게 노예생활을 했던 애굽에서 나와 자유하게 되었습니다. 때문에 그들은 용기가 충천해 있는 군사들처럼 용맹스럽게 출애굽을 했습니다. 그러나 얼마 못 가서 홍해에 봉착하게 되자 "애굽에 매장지가 없으므로 당신이 우리를 이끌어 내어 이 광야에서 죽게 하느뇨"(출 14:11)라고 불평했습니다. 그러나 전능하신 하나님께서 홍해를 갈라 이스라엘 백성들로 하여금 육지같이 안전하게 건너게 하셨고, 추격하던 애굽 군대는 홍해 바다에 모두 다 수장시키셨습니다. 때문에 그들은 홍해 도하의 기쁨과 감격에 충만해 있었습니다. 그러나 3일 동안의 여행으로 인한 육체적인 피로와 갈증으로 인해 "우리가 무엇을 마실까"(출 15:24) 하고 모세를 원망했습니다. 이들은 변덕스럽고 배은망덕한 우리 인간들의 속성을 아주 잘 드러내고 있습니다.

사랑하는 여러분!

수르 광야와 같은 이 세상살이에 지쳐 있지는 않습니까? 참된 안식을 주시는 주님과 함께하고, 미라와 같은 이 세상의 것에 너무 착념하지 마십시오. 실망만 더할 뿐입니다. 오직 우리에게 구원을 주시는 주님과 함께 늘 기뻐하는 감격의 삶을 누리시기 바랍니다.

2. 치료하시는 하나님

첫째, 모세는 기도했습니다.

하나님의 은혜와 모세의 수고로 출애굽한 이스라엘 백성들이 두 번씩이나 모세를 원망하고 불평했지만, 하나님의 종으로서 이스라엘 민족의 지도자인 모세는 속상해하거나 조금도 흔들림 없이 전능하신 하나님께 간절히 기도했습니다(출 15:25). 애굽에서의 열 가지 재앙에서도 기도했습니다. 진퇴양난의 홍해 앞에서도 기도했습니다. 이번에도 여전히 하나님께 기도했습니다. 그렇습니다. 하나님께서는 "환난 날에 나를 부르라 내가 너를 건지리니 네가 나를 영화롭게 하리로다"(시 50:15)라고 하셨습니다. 우리 하나님께서는 우리들의 모든 죄와 저주, 문제와 질병은 물론 죽음으로부터도 자유케 하시고 치료하시며 영생을 주시는 분이십니다.

둘째, 쓴 물을 달게 하셨습니다.

이스라엘 백성들이 불평하며 원망하는 소리를 들은 모세가 하나님께 기도하자 하나님께서는 한 나무를 지시해 주셨습니다. 모세는 하나님께서 지시하신 나뭇가지를 꺾어서 마라의 쓴 물에 던졌습니다. 그랬더니 그렇게도 쓰던 물이 단물이 되었습니다 (출 15:25). 그것은 그 나무 자체의 어떤 성분 때문이 아니라 전능하신 하나님께 대한 의지와 순종의 결과였습니다. 이것은 십자가 그 자체에 생명이 있는 것이 아니라 예수 그리스도께서 십자가를 지신 대속의 사건에 생명이 있는 것과 같습니다. 그렇습니다. 우리 인생들의 생사화복을 주관하시는 하나님께서는 마라의 쓴 물과 같은 병든 인간들을 치료하시어 당신의 귀한 사역에 일꾼으로 사용하십니다.

셋째, 법도와 율례를 정하셨습니다.

마라의 쓴 물을 단물이 되게 하시어 이스라엘 백성들의 갈증을 풀어 주신 하나님께서는 그들에게 하나님의 법도와 율례를 정해 주셨습니다. 그리고 "내 모든 규례를 지키면 내가 애굽 사람에게 내린 모든 질병의 하나도 너희에게 내리지 아니하리니 나는 너희를 치료하는 여호와임이니라"(출 15:26)고 하셨습니다. 이 법도와 율례는 아직 성문화된 것이 아니라 각 상황 속에서 하나님이 명하시는 말씀들로서, 이스라엘 백성들이 반드시 준수해야 할 사항들이었습니다. 왜냐하면 기사와 이적은 하나님의 법과 율례 가운데로 이끌기 위한 하나의 수단과 방편에 불과했기 때문입니다. 그러므로 우리 성도들은 무분별하게 신비한 기사와 이적만을 추구하지 말고, 하나님의 법도와 율례를 성실하게 준행하는 신앙생활을 추구해야 합니다. 그래야 수르 광야의 마라와 같은 이 세상에서 승리할 수 있습니다.

사랑하는 여러분!

우리 모두 모세처럼 언제 어디서나 범사에 전능하신 하나님께 항상 기도하는 자들이 됩시다. 그리하여 영육간에 치료받고 강건하여 하나님의 말씀을 잘 준행합시다. 때마다, 일마다 승리하는 복된 성도들이 되시기 바랍니다.

3. 엘림에 장막을 침

첫째, 엘림에 도착했습니다.

엘림(큰 나무란 뜻)은 마라에서 출발한 이스라엘 백성들이 또 다시 장막의 진을 친 곳입니다(출 15:27). 엘림은 뜨겁고 무더운 사막에 있는 오아시스로서 열두 개의 물샘과 70주의 무성한 종려나무가 있었습니다. 열두 샘은 이스라엘의 열두 지파에게 한 우물씩 분배할 수 있었으며, 70주의 무성한 종려나무에는 70장로들의 장막이 하나씩 들어갈 수 있었습니다. 다시 말하면 이 엘림의 오아시스는 이스라엘 민족 전체를 위해 하나님께서 예비하신 곳이었습니다. 때문에 이스라엘이 그곳에 장막을 쳤습니다.

둘째, 마라와 엘림의 인생입니다.

이 세상을 살아가는 인간은 희비가 엇갈리는 다채로운 삶을 살아갑니다. 때문에 우리 인생길에는 슬픔과 기쁨이 공존해 있습니다. 이스라엘 백성들에게는 애굽의 노예로서의 슬픔과 출애굽의 기쁨이 있었습니다. 출애굽한 그들을 가로막는 홍해 바다의 진퇴양난의 절망과 홍해 도하의 기쁨이 있었습니다. 수르 광야에서의 피곤함과 갈증도 있었지만 엘림의 오아시스도 있었습니다. 마찬가지로 우리에게도 태어날 때의 고통과 태어난 이후의 기쁨이 있습니다. 살아가면서 당하는 배신과 원망, 실패와 사고, 질병과 불행도 있지만, 사랑과 칭찬도 있고, 성공하고 형통할 때도 있고, 건강하고 행복할 때도 있습니다. 이 모두는 우리 인간들의 죄와 무지한 고집을 바로잡기 위한 하나님의 섭리요 작전입니다. 그러므로 우리 모두는 힘들다고 낙심하지 말고, 형통할 때도 삼가 근신해야 합니다.

셋째, 엘림의 복된 삶을 이루어야 합니다.

하나님께서는 이스라엘의 광야 여정을 그냥 방치하지 않으시고 구름기둥과 불 기둥으로 인도하시고, 엘림의 오아시스도 마련해 놓으셨습니다. 그러므로 우리는 마라와 같은 내 심령을 엘림의 심령이 되게 해야 하며, 만약에 마라와 같은 가정이라고 한다면 엘림의 가정과 같이 만들어야 합니다. 또한 마라와 같은 내 사업이 엘림의 풍성한 사업이 되게 해야 합니다. 그러기 위해서 우리는 먼저 하나님의 법도와 말씀에 철저하게 순종해야 합니다. 또한 범사에 늘 감사하면서 맡은 바 사명에 최선을 다해 충성해야 합니다.

사랑하는 여러분!

지성이면 감천입니다. 우리 모두 최선을 다해 믿음의 삶을 삽시다. 비록 마라와 엘림의 교차가 심하다 할지라도 하나님의 말씀을 견고하게 붙잡고 변함없이 충성합시다. 엘림의 복된 삶이 우리 삶의 현장에 그대로 이루어질 것입니다.

만나와 메추라기를 내리심

[출애굽기 16장 1~21절]

이스라엘 자손의 온 회중이 엘림에서 떠나 엘림과 시내산 사이 신 광야에 이르니 애굽에서 나온 후 제이월 십오일이라 이스라엘 온 회중이 그 광야에서 모세와 아론을 원망하여 그들에게 이르되 우리가 애굽 땅에서 고기 가마 곁에 앉았던 때와 떡을 배불리 먹던 때에 여호와의 손에 죽었더면 좋았을 것을 너희가 이 광야로 우리를 인도하여 내어 이 온 회중으로 주려 죽게 하는도다 때에 여호와께서 모세에게 이르시되 보라 내가 너희를 위하여 하늘에서 양식을 비같이 내리리니 백성이 나가서 일용할 것을 날마다 거둘 것이라 이같이 하여 그들이 나의 율법을 준행하나 아니하나 내가 시험하리라 제육일에는 그들이 그 거둔 것을 예비할지니 날마다 거두던 것의 갑절이 되리라 모세와 아론이 온 이스라엘 자손에게 이르되 저녁이 되면 너희가 여호와께서 너희를 애굽 땅에서 인도하여 내셨음을 알 것이요 아침에는 너희가 여호와의 영광을 보리니 이는 여호와께서 너희가 자기를 향하여 원망함을 들으셨음이라 우리가 누구관대 너희가 우리를 대하여 원망하느냐 모세가 또 가로되 여호와께서 저녁에는 너희에게 고기를 주어 먹이시고 아침에는 떡으로 배불리시리니 이는 여호와께서 자기를 향하여 너희의 원망하는 그 말을 들으셨음이니라 우리가 누구냐 너희의 원망은 우리를 향하여 함이 아니요 여호와를 향하여 함이로다 모세가 또 아론에게 이르되 이스라엘 자손의 온 회중에게 명하기를 여호와께 가까이 나아오라 여호와께서 너희의 원망함을 들으셨느니라 하라 아론이 이스라엘 자손의 온 회중에게 말하매 그들이 광야를 바라보니 여호와의 영광이 구름 속에 나타나더라 여호와께서 모세에게 일러 가라사대 내가 이스라엘 자손의 원망함을 들었노라 그들에게 고하여 이르기를 너희가 해 질 때에는 고기를 먹고 아침에는 떡으로 배부르리니 나는 여호와 너희의 하나님인 줄 알리라 하라 하시니라 저녁에는 메추라기가 와서 진에 덮이고 아침에는 이슬이 진 사면에 있더니 그 이슬이 마른 후에 광야 지면에 작고 둥글며 서리 같이 세미한 것이 있는지라 이스라엘 자손이 보고 그것이 무엇인지 알지 못하여 서로 이르되 이것이 무엇이냐 하니 모세가 그들에게 이르되 이는 여호와께서 너희에게 주어 먹게 하신 양식이라 여호와께서 이같이 명하시기를 너희 각 사람의 식량대로 이것을 거둘지니 곧 너희 인수대로 매명에 한 오멜씩 취하되 각 사람이 그 장막에 있는 자들을 위하여 취할지니라 하셨느니라 이스라엘 자손이 그같이 하였더니 그 거둔 것이 많기도 하고 적기도 하나 오멜로 되어 본즉 많이 거둔 자도 남음이 없고 적게 거둔 자도 부족함이 없이 각기 식량대로 거두었더라 모세가 그들에게 이르기를 아무든지 아침까지 그것을 남겨 두지 말라 하였으나 그들이 모세의 말을 청종치 아니하고 더러는 아침까지 두었더니 벌레가 생기고 냄새가 난지라 모세가 그들에게 노하니라 무리가 아침마다 각기 식량대로 거두었고 해가 뜨겁게 쪼이면 그것이 스러졌더라

출애굽한 이스라엘은 모처럼 엘림의 열두 샘물과 우거진 70주의 종려나무로 인해 편안히 쉴 수 있었습니다. 그러나 그곳은 하나님께서 약속하신 가나안 땅이 아니기 때문에 떠나야만 했습니다. 그렇습니다. 우리가 지금 살고 있는 이 세상이 아무리 아름답고 편안하며 즐겁다 할지라도 우리가 영원히 살 곳은 아닙니다. 그러므로 우리는 이 세상에 마음을 빼겨서는 안 됩니다. 죄와 저주, 슬픔과 고통이 없고 가난과 질병이 없는 오직 천국만을 사모하며 살아야 합니다.

1. 이스라엘 백성들의 불평

첫째, 모세와 아론을 원망했습니다.

이스라엘 백성들은 하나님께서 특별히 허락하신 엘림에서 충분한 휴식을 취했습니다. 그리고 또다시 하나님께서 약속하신 가나안 땅을 향해 출발해야 했습니다. 그들은 엘림을 떠나 엘림과 시내 산의 사이에 있는 신 광야에 도착했습니다.

이제 이스라엘이 애굽을 떠난 지 꼭 한 달이 지났습니다. 때문에 애굽에서 가지고 나온 양식도 다 떨어졌습니다. 그들은 한두 명도 아닌, 여자와 아이들을 제외한 장정만 60만이나 되는 대군이었습니다. 아무것도 없는 광야에서 그 많은 사람들이 먹을 수 있는 양식을 구한다는 것은 인간적인 생각으로 판단할 때 도저히 불가능한 일이었습니다. 때문에 그들은 곧바로 불평했고, 자신들의 지도자인 모세와 아론을 원망했습니다. 이들의 불평과 원망은 출애굽 이후에만도 벌써 세 번째였습니다(출 14:11, 15:24, 16:2). 참으로 믿을 수 없는 배은망덕한 자들이었습니다.

둘째, 애굽 생활을 그리워했습니다.

이스라엘 백성들은 모세와 아론에게, "우리가 애굽 땅에서 고기 가마 곁에 앉았던 때와 떡을 배불리 먹던 때에 여호와의 손에 죽었더면 좋았을 것을 너희가 이 광야로 우리를 인도하여 내어 이 온 회중으로 주려 죽게 하는도다"(출 16:3)라고 하며 애굽에서의 생활을 그리워하며 원망했습니다. 사실 이스라엘 사람들은 애굽의 노예들이었지만 애굽의 관습에 따라 먹는 것은 잘 먹었습니다(민 11:5). 그러나 그들이 먹었던 애굽에서의 음식은 혹독한 중노동이라는 값비싼 희생의 대가를 치른 것으로서, 애굽인들의 일을 할 수 있도록 목숨을 유지시키고 힘을 기르게 하기 위해 주어진 것이었습니다. 그럼에도 불구하고 이스라엘 중에 섞여 있는 무리들이 탐욕을 품자 이스라엘 백성들은 잠깐 동안의 어려움을 참지 못하고 비참했던 노예생활을 미화시켜 그리워한 것입니다(민 11:4).

셋째, 하나님의 말씀을 불신했습니다.

이스라엘 백성들이 애굽 생활을 그리워하면서 모세와 아론을 향하여 불평한 것은 여호와 하나님의 말씀을 불신한 것입니다. 가나안 땅은 이미 아브라함과 이삭, 야곱과 이스라엘 백성들에게 약속된 땅입니다(창 12:1~3, 26:2~3, 28:13; 출 3:8). 뿐만 아니라 하나님께서는 이스라엘 백성들이 출애굽하여 시내 산에서 하나님을 섬길 것이라고 말씀하셨습니다(출 3:12). 그런데 그들이 아직 시내 산에 도착도 안 했는데 어떻게 그들을 광야에서 죽이시겠습니까? 하나님께서는 약속을 지키는 신실한 분이십니다. 그런데 이스라엘 백성들이 하나님의 말씀을 불신하고 있는 것입니다. 이것이 바로 때와 장소, 상황에 따라서 변하는 불신앙인들의 모습입니다.

사랑하는 여러분!

그 어떤 이유로도 하나님이나 다른 사람, 환경에 대하여 불평하고 원망하는 죄를 짓지 맙시다. 또한 이스라엘 백성들처럼 이 세상에서의 죄악된 생활을 그리워하며 그리로 다시 되돌아가는 어리석음이나 하나님의 말씀을 불신하는 악을 행치 마시기 바랍니다.

2. 양식을 주시는 하나님

첫째, 양식 공급을 약속하셨습니다.

하나님께서는 이스라엘 백성들이 모세와 아론을 원망하는 소리를 들으시고 모세에게 "보라 내가 너희를 위하여 하늘에서 양식을 비같이 내리리니 백성이 나가서 일용할 것을 날마다 거둘 것이라 이같이 하여 그들이 나의 율법을 준행하나 아니하나 내가 시험하리라"(출 16:4)고 하셨습니다. 이것은 하나님께서 이스라엘 백성들에게 양식을 내려 주시는데, 그들이 하나님께서 지시하시는 대로 하나님의 율법을 준행하면서 양식을 거두는지 그렇지 않은지를 지켜보신다는 것입니다. 다시 말하면, 하나님께서 이스라엘 백성들에게 양식을 내리시는 데에 있어서 하나님께서 말씀하신 법도를 반드시 지켜야 한다는 말씀인 것입니다.

둘째, 저녁에는 메추라기를 주셨습니다.

하나님께서는 저녁이 되면 고기를 먹여 주겠다고 말씀하셨습니다(출 16:8). 저녁이 되자 메추라기 떼가 구름 떼처럼 몰려들어 이스라엘 백성들의 진에 떨어졌습니다. 하나님께서 메추라기 떼를 몰아 이스라엘의 진에 떨어지게 하신 것입니다(민 11:31). 그러자 이스라엘 백성들이 이 메추라기를 잡아서 먹었습니다. 이 메추라기는 아프리카 내륙에 사는 철새인데 3~4월에는 아라비아 광야와 지중해를 지나 유럽으로 이동하고, 9~10월경이면 다시 되돌아갑니다. 그런데 이 메추라기는 날개가 약하고 큰 무리를 이루어 저공하기 때문에 아이들이 막대기로도 쉽게 잡을 수 있으며, 특히 바다를 건너온 메추라기 떼는 지쳐서 가랑잎처럼 힘없이 떨어진다고 합니다. 이럴 때는 사람들이 손으로 쉽게 잡을 수 있고, 많을 때는 이스라엘 백성들이 다 먹고도 남을 정도로 많이 몰려온다고 합니다. 때문에 그들은 고기를 실컷 먹을 수 있었습니다.

셋째, 아침에는 만나를 주셨습니다.

저녁에 이스라엘 백성들에게 고기를 실컷 먹게 하신 하나님께서는 아침이 되자 이스라엘 백성들의 진 사면에 "작고 둥글며 서리같이 세미한"(출 16:14) 만나를 내려 주셨습니다. 이 만나는 깟씨같이 희고 맛은 꿀 섞은 과자와 같았습니다(출 16:31; 민 11:7). 그런데 이스라엘 백성들은 이 만나에 대해서 깨닫지 못했습니다. 때문에 오늘의 이스라엘도 아직 예수 그리스도에 대해 모르고 있습니다. '만나'라는 말은 그것을 처음 발견한 사람들이 "이것이 무엇이냐"(출 16:15)고 말한 데서 비롯되었는데, 그 말이 바로 원어로 '만후'입니다. 이 '만후'를 70인역에서 '만나'로 번역한 데서 이름이 유래되었습니다. 이 만나는 하나님께서 거저 주신 선물이었습니다. 마찬가지로 예수 그리스도도 하나님께서 우리를 위해 이 땅에 보내신 만나로서 우리의 양식이 되십니다.

사랑하는 여러분!

하나님께서는 우리의 영육의 양식을 모두 다 책임져 주시는 분입니다. 그러므로 그 어떤 상황에서도 걱정하지 맙시다. 우리가 예수 그리스도를 구주로 믿는 한 영생하는 양식이 되시는 주님께서 우리를 영원히 목마르지 않고 주리지 않으며 영생하는 복된 삶을 살 수 있도록 책임져 주실 것입니다.

3. 불순종하는 이스라엘

첫째, 각 사람의 분량대로 취하라고 하셨습니다.

여호와께서 이스라엘 백성들에게 만나를 거둘 때에 "너희 각 사람의 식량대로 이것을 거둘지니 곧 너희 인수대로 매명에 한 오멜씩 취하되 각 사람이 그 장막에 있는 자들을 위하여 취할지니라"(출 16:16)고 명령하셨습니다. 이에 이스라엘 백성들은 그대로 순종하였습니다. 그랬더니 그들이 거둔 것이 많기도 하고 적기도 했습니다(출 16:17). 그러나 성경은 '오멜(원래 토기로 만든 그릇으로 마른 곡식의 양을 측정하는 단위이다. 현재의 도량형으로 환산하면 약 2.3리터가 된다)' 로 되어 본즉 "많이 거둔 자도 남음이 없고 적게 거둔 자도 부족함이 없이 각기 식량대로 거두었더라"(출 16:18)고 하였습니다. 다시 말하면 하나님께서는 각자에게 부족하거나 남지 않도록 일용할 양식을 아주 적절하게 공급하셨습니다.

둘째, 아침까지 남겨 두지 말라고 하셨습니다.

하나님께서는 모세를 통하여 "아무든지 아침까지 그것을 남겨 두지 말라"(출 16:19)고 하셨습니다. 그것은 바로 내일을 믿음으로 소망하며 그날그날에 만족하고 감사하라는 것입니다. 그러나 '먹을 만큼만' 취하라는 처음의 명령에는 순종했던 그들이, 두 번째 명령은 어기고 아침까지 남긴 자들이 있었습니다. 이에 모세가 분노했습니다(출 16:20). 아마도 식량의 부족으로 고생했던 과거의 경험 때문에 식량을 비축해야 한다는 인간적인 생각으로 하나님의 명령에 불순종했을 것입니다. 그런데 그들이 비축한 만나에 벌레가 생기고 썩어서 냄새가 났습니다. 그렇습니다. 인간적인 생각은 이렇게 부패를 가져옵니다.

셋째, 안식일에는 양식이 내리지 않았습니다.

하나님께서는 “제육일에는 그들이 그 거둔 것을 예비할지니 날마다 거두던 것의 갑절이 되리라”(출 16:5)고 하셨습니다. 제육일에는 갑절의 양식을 거두고(출 16:22), 안식일을 위해 준비하라고 하신 것입니다(출 16:23). 왜냐하면 안식일은 하나님께 예배드리는 날이요(출 16:25), 안식일에는 거둘 만나가 없기 때문이었습니다(출 16:26). 그래서 안식일을 위해 제육일에는 갑절이나 거두었으나 하나도 썩지 않았습니다. 그것은 바로 순종의 결과였습니다. 우리 모두는 주님의 날을 거룩하게 지켜야 합니다(출 20:8, 34:21; 사 56:2, 58:13~14). 하나님께서 원하시는 선을 행해야 합니다. 그때에 하나님께서 반드시 우리의 영육을 풍성하게 해주십니다.

사랑하는 여러분!

우리 모두 과도한 욕심을 부리지 말고 일용할 양식에 감사합시다. 인간적인 욕심 때문에 하나님의 뜻에 불순종하는 일이 없도록 합시다. 그리고 주의 날을 구별되게 지킴으로 우리 모두의 영육과 범사가 형통하는 삶을 살아야겠습니다.

반석에서 물이 나게 하심

[출애굽기 17장 1~7절]

이스라엘 자손의 온 회중이 여호와의 명령대로 신 광야에서 떠나 그 노정대로 행하여 르비딤에 장막을 쳤으나 백성이 마실 물이 없는지라 백성이 모세와 다투어 가로되 우리에게 물을 주어 마시게 하라 모세가 그들에게 이르되 너희가 어찌하여 나와 다투느냐 너희가 어찌하여 여호와를 시험하느냐 거기서 백성이 물에 갈하매 그들이 모세를 대하여 원망하여 가로되 당신이 어찌하여 우리를 애굽에서 인도하여 내어서 우리와 우리 자녀와 우리 생축으로 목말라 죽게 하느냐 모세가 여호와께 부르짖어 가로되 내가 이 백성에게 어떻게 하리이까 그들이 얼마 아니면 내게 돌질하겠나이다 여호와께서 모세에게 이르시되 백성 앞을 지나가서 이스라엘 장로들을 데리고 하수를 치던 네 지팡이를 손에 잡고 가라 내가 거기서 호렙산 반석 위에 너를 대하여 서리니 너는 반석을 치라 그것에서 물이 나리니 백성이 마시리라 모세가 이스라엘 장로들의 목전에서 그대로 행하니라 그가 그곳 이름을 맛사라 또는 므리바라 불렀으니 이는 이스라엘 자손이 다투었음이요 또는 그들이 여호와를 시험하여 이르기를 여호와께서 우리 중에 계신가 아닌가 하였음이더라

하나님께서는 이스라엘 백성들을 끔찍이 사랑하셔서 430년 동안 애굽에서 종 노릇 하던 그들을 위해 놀라운 기사와 이적으로 강퍅한 바로를 굴복시키고 출애굽시키셨습니다. 그리고 이미

이스라엘에게 약속하셨던 젖과 꿀이 흐르는 가나안 땅으로 인도하고 계셨습니다. 그런데 조그마한 어려움만 당해도 이스라엘 백성들은 하나님의 사랑을 불신하고 모세를 원망하며 불평했습니다. 그러나 한 사람 모세는 전능하신 하나님을 믿고 믿음으로 기도하여 문제를 해결하고 하나님의 뜻을 이루어 갔습니다. 우리 모두는 본문 말씀을 통하여 나 자신이 어떤 부류의 사람이며 어떻게 신앙생활 하고 있는지를 깨닫고 반성하는 계기로 삼아야겠습니다.

1. 이스라엘의 불신앙

첫째, 이스라엘은 여정을 계속했습니다.

출애굽한 이스라엘 백성들의 궁극적인 목적지는 가나안 복지였습니다. 때문에 힘들고도 어려운 광야였지만 그들의 여정은 계속되었습니다. 오늘날 우리도 마찬가지입니다. 성도들의 궁극적인 목적지는 바로 천국입니다. 그러므로 우리가 세상을 살아가는 것이 비록 힘들고 어렵지만 저 천국을 소망하면서 오늘의 인생 여정을 계속해야 합니다. 그 어떤 이유로도 인생 여정을 포기할 수 없습니다. 그럼에도 불구하고 이스라엘 백성들은 출애굽을 후회했고 하나님과 모세를 원망했습니다. 다시 말하면, 기회만 되면 가나안 복지를 향한 여정을 포기하려고 했습니다. 이것은 그들이 얼마나 불신앙적이었는가를 잘 보여 주는 것입니다.

둘째, 물이 없었습니다.

이스라엘 백성들은 여호와의 명령대로 신 광야를 떠나 르비딤

(쉬는 곳이란 뜻)에 장막을 쳤습니다. 이곳은 시내 산이 가까운 곳으로서 넓고 비옥하며 계곡에 작은 시내가 흘러 초목이 무성한 곳이었습니다. 그러나 간혹 물이 마를 때도 있었습니다. 그런데 마침 이스라엘 백성들이 도착했을 때에 물이 없었습니다. 그래서 마실 물을 찾지 못하고 갈증을 느낀 이스라엘 백성들의 원망이 더 컸던 것입니다.

물은 이 세상의 모든 생물들에게 있어서 생명과 같습니다. 모든 생물은 물이 있어야 탄생되고 유지될 수 있기 때문입니다. 그러므로 물이 없는 곳에서의 생명이란 상상할 수조차 없습니다. 그래서 하나님께서는 이 지구를 약 70%의 물로 덮어 주셨습니다. 우리 인간들의 육체도 약 70%가 물이며, 인간의 평균수명 동안 평생에 약 7천 갤런의 물을 마십니다. 그러므로 인간적인 안목으로 생각해 볼 때에 물이 없다는 것은 아주 심각한 문제입니다. 그러나 전능하신 하나님 안에서 믿음으로 생각하면 아무것도 문제가 되지 않습니다.

셋째, 이스라엘은 하나님을 불신했습니다.

하나님은 영이시기 때문에 육체의 눈으로는 볼 수 없습니다. 그러므로 인간들은 영이신 하나님의 역사를 의심하기 쉽습니다. 때문에 이스라엘 백성들이 "여호와를 시험하여 이르기를 여호와께서 우리 중에 계신가 아닌가"(출 17:7)라고 의심한 것입니다. 그러나 문제는 신앙생활을 하면서 이러한 불신앙의 의혹에 빠지면 전혀 신앙생활을 할 수 없다는 것입니다. 왜냐하면 그런 사람은 우선 예배를 잘 드리지 않고 하나님의 말씀을 받아들이지 않습니다. 기도하지도 않습니다. 세상으로 나가 죄를 짓고 세상 연락에 빠지게 됩니다. 그러므로 자연히 심령이 온전하지 못하여 항상 불평하고 불신앙적인 삶을 살게 됩니다.

사랑하는 여러분!

우리 모두 이 세상살이가 아무리 힘들고 어려워도 전능하신 하나님을 의지하고 자신 있게 살아갑시다. 모든 것을 믿음의 눈으로 바로 보고, 그 어떤 경우에도 불신앙적인 언행심사를 철저하게 배격합시다. 그리하여 언제나 승리하는 복된 삶을 삽시다.

2. 모세의 신앙

첫째, 이스라엘은 모세를 원망했습니다.

신 광야를 떠나 르비딤에 도착하여 장막을 친 이스라엘 백성들은 마실 물이 없자 모세에게 "우리에게 물을 주어 마시게 하라"(출 17:2)고 했습니다. 여자와 어린이들을 제외하고 남자 장정들만 60만이나 되는 엄청난 백성들을 인도하고 있는 지도자 모세와 다투면서 원망했습니다. 그들은 지금 하나님께서 약속하신 젖과 꿀이 흐르는 가나안 땅을 향해 필연적인 여정을 걷고 있습니다. 그러므로 이유 여하를 막론하고 지도자인 모세를 중심으로 모두가 대동단결하여 전진해야 했습니다. 그럼에도 불구하고 모세를 원망한 것은 그들의 배은망덕한 불신앙의 모습이 그대로 나타난 것입니다. 그러나 모세는 결코 흔들리지 않았습니다.

둘째, 모세는 하나님의 대언자로 행동했습니다.

모세는 이스라엘 백성들이 원망하면서 다투려고 할 때에 "너희가 어찌하여 나와 다투느냐 너희가 어찌하여 여호와를 시험하느냐"(출 17:2)라고 말했습니다. 이스라엘 백성들이 모세를 원망하고 다투려고 한 것은 하나님께 대하여 원망하고 다투는 것이었습니다. 때문에 모세는 자기를 원망하고 다투려고 한 이스라엘 백성들에게 "너희가 어찌하여 여호와를 시험하느냐"며 자신이 하나님의 대리자임을 분명하게 밝혔습니다. 그렇습니다. 우리도 우리 자신이 천국의 백성이요 하나님의 자녀이며 주님의 몸 된 교회의 일꾼인 것을 자신 있게 이 세상에 나타낼 수 있는 일꾼들이 되어야겠습니다.

셋째, 모세는 하나님께 기도했습니다.

믿음의 사람인 모세는 이스라엘 백성들이 원망하면서 다투려고 하자 자신이 하나님의 대리자임을 분명하게 밝히고 하나님께 "내가 이 백성에게 어떻게 하리이까 그들이 얼마 아니면 내게 돌질하겠나이다"(출 17:4)라고 기도했습니다. 모세는 원망하면서 다투려고 하는 그들을 미워하거나 원망하지 않고 다투지도 않았습니다. 그렇다고 인간적으로 그들을 달래거나 의논하거나 타협하지도 않았습니다. 오직 자신이 처한 모든 상황들을 구체적으로 하나님께 아뢰고 해결해 주실 것을 간절히 기도했습니다. 이것이 바로 참된 신앙인의 모습입니다.

사랑하는 여러분!

우리 모두는 그 어떠한 이유로도 다른 사람을 원망하거나 다투려고 하는 악을 행치 맙시다. 언제 어디서나, 모든 일에서 항상 하나님의 자녀다운 언행심사를 나타냅시다. 그리고 모든 일에서 인간적인 생각과 방법을 배격하고 믿음으로 기도하여 승리하는 삶을 사시기 바랍니다.

3. 도우시는 하나님

첫째, 지팡이를 손에 잡고 가라고 하셨습니다.

이스라엘 백성들이 그들의 지도자인 자신을 원망하고 다투려고 달려드는 긴박한 상황에서도 흔들리지 않고 자신이 처한 어려운 상황을 하나님께 아뢰고 기도한 모세에게 하나님께서는, "……백성 앞을 지나가서 이스라엘 장로들을 데리고 하수를 치던 네 지팡이를 손에 잡고 가라"(출 17:5)고 하셨습니다. 이것은 이스라엘 백성들 앞에서 하나님께서 당신의 종인 모세를 통해서 역사한다는 사실을 분명하게 보여 주시기 위해서였습니다. 그렇습니다. 하나님께서는 이미 양을 치던 모세의 지팡이(출 4:2)로 나일 강을 쳐서 피가 되게 하셨고(출 7:20), 홍해를 가르게 하셨습니다(출 14:16). 그러므로 지팡이를 손에 잡고 가라고 하신 것은 전능하신 하나님께서 함께하시겠다는 약속입니다.

둘째, 반석을 치라고 하셨습니다.

모세에게 "네 지팡이를 손에 잡고 가라"(출 17:5)고 하신 하나님께서는 "내가 거기서 호렙 산 반석 위에 너를 대하여 서리니 너는 반석을 치라 그것에서 물이 나리니 백성이 마시리라"(출 17:6)고 하셨습니다. 어떻게 보면 이 명령은 아주 단순한 것 같습니다. 그러나 아주 큰 믿음과 철저한 순종을 요구하는 명령입니다. 왜냐하면 일반적인 상식은 물이 없으면 다른 데 가서 물을 떠오든지 그러지 못할 상황이면 샘을 파야 합니다. 그런데 그러한 일반적인 상식과는 달리 지팡이로 바위를 치라고 하셨습니다. 그러나 모세는 하나님의 명령대로 순종했습니다. 그랬더니 반석에서 물이 나와 백성들을 먹일 수 있었습니다. 그렇습니다. 영원한 반석이 되신 예수 그리스도만이 생수의 근원이 되십니다(시 95:1; 고전 10:4; 요 7:37).

셋째, 그곳 이름을 맛사와 므리바라고 했습니다.

지형이나 사람, 어떤 동물이나 식물들에게까지도 그들의 특성이나 모습, 사건에 따라 이름이나 별명이 붙여집니다. 모세는 이 사건 이후에 르비딤을 맛사 또는 므리바라고 했습니다. 여기에서 '맛사'는 '시험하다'는 뜻으로서, 이는 이스라엘 백성들이 이곳에서 하나님을 대적하여 시험했기 때문이며, '므리바'는 '비난하다'는 뜻으로서 이스라엘 백성들이 모세를 원망한 데서 비롯되었습니다. 그렇습니다. 사람도 마찬가지입니다. 한 시대에 크게 쓰임 받는 사람들에게는 '거물', '거목', '영웅'이라는 호칭이 붙습니다. 그러나 도박꾼도 있고 술꾼도 있습니다. 사기꾼도 있고 도둑놈도 있습니다. 구두쇠도 있고 말쟁이도 있습니다. 강남제비도 있고 꽃뱀도 있습니다. 일꾼도 있고 사고뭉치도 있습니다. 그렇다면 지금 여러분에게는 어떤 별명이 적당하다고 생각하십니까?

사랑하는 여러분!

하나님께서는 지금 나 자신이 가지고 있는 것을 원하시고 그것들을 사용하십니다. 그러므로 나 자신을 그대로 드립시다. 그리고 그 어떤 말씀이든지 하나님께서 주신 말씀은 그대로 무조건 순종합시다. 그리하여 하나님께서 칭찬하시고 기뻐하시는 아름다운 이름들이 붙여지는 멋진 성도들이 되시기 바랍니다.

나답과 아비후의 죽음

[레위기 10장 1~7절]

아론의 아들 나답과 아비후가 각기 향로를 가져다가 여호와의 명하시지 않은 다른 불을 담아 여호와 앞에 분향하였더니 불이 여호와 앞에서 나와 그들을 삼키매 그들이 여호와 앞에서 죽은지라 모세가 아론에게 이르되 이는 여호와의 말씀이라 이르시기를 나는 나를 가까이 하는 자 중에 내가 거룩하다 함을 얻겠고 온 백성 앞에 내가 영광을 얻으리라 하셨느니라 아론이 잠잠하니 모세가 아론의 아자비 웃시엘의 아들 미사엘과 엘사반을 불러 그들에게 이르되 나아와 너희 형제들을 성소 앞에서 진 밖으로 메어 가라 하매 그들이 나아와 모세의 명대로 그들을 옷 입은 채 진 밖으로 메어 내니 모세가 아론과 그 아들 엘르아살과 이다말에게 이르되 너희는 머리를 풀거나 옷을 찢지 말아서 너희 죽음을 면하고 여호와의 진노가 온 회중에게 미침을 면케 하라 오직 너희 형제 이스라엘 온 족속이 여호와의 치신 불로 인하여 슬퍼할 것이니라 여호와의 관유가 너희에게 있은즉 너희는 회막 문에 나가지 말아서 죽음을 면할지니라 그들이 모세의 명대로 하니라

예배는 우리 인간이 하나님께 드릴 수 있는 최고의 가치입니다. 그러므로 예배는 하나님께서 요구하시는 식양대로 정한 장소와 정한 시간에 몸과 마음, 시간과 물질을 정성스럽게 준비하

여 신령과 진정으로 드려야 합니다. 본문은 하나님 앞에 어떠한 자세로 나와서 어떻게 예배하며, 어떻게 충성해야 하는지를 구체적으로 말씀해 주고 있습니다.

1. 나답과 아비후의 신상명세

첫째로, 이들은 대제사장 아론의 아들들이었습니다.

아론은 네 명의 아들을 낳았습니다(출 6:23). 그 중에서 나답과 아비후는 각각 장남과 차남이었습니다. 그들은 당시 최고의 지도자인 모세의 조카였고, 대제사장의 아들들이었습니다. 뿐만 아니라 그들은 제사장이 되는 특별한 복을 받은 자들로서, 그들의 후손들만이 대대로 대제사장과 제사장이 될 수 있었습니다. 그들은 당시 최고위층 자녀들로 존경받는 위치에 있는 자들이었습니다. 때문에 하나님께서는 아론을 대제사장으로 임명하셨고, 그의 네 아들들을 제사장으로 세우시어 그들을 하나님과 이스라엘 백성 사이의 중보자가 되게 하셨습니다. 하나님께서는 모세로 하여금 이스라엘의 정치 분야를 담당케 하시고, 아론과 그 아들들로 이어지는 레위 자손들로 하여금 종교 분야를 책임지게 하신 것입니다. 마찬가지로 하나님께서는 부족한 우리지만 만세 전부터 지명하여 불러서 선택해 주시고, 충성되이 여기시사 복음을 전하는 사명을 맡겨 주셨습니다. 그러므로 우리는 복음 전파의 사명에 최선을 다해 충성해야 합니다.

둘째, 이들은 분향하다가 죽은 자들입니다.

아론과 그 아들들의 7일간의 제사장 위임식이 끝나고 처음으로 제사를 드리던 날이었습니다. 나답과 아비후가 하나님께 분향하기 위하여 향로에다 불을 담아 옮겨서 분향했는데, 제사에 대한 응답으로써 제물을 태우는 불이 여호와 앞에서 나와 나답과 아비후를 삼킴으로 그들이 여호와 앞에서 즉사했습니다(레 10:1~2). '나답' 은 '하나님은 관대하시다' 는 뜻이고 '아비후' 는 '그는 아버지시다' 는 의미를 가지고 있습니다. 그러나 그들은 그들 이름의 좋은 의미와는 달리 하나님의 사랑도 받지 못했으며, 거룩한 제사장의 직분도 감당하지 못하고 직분을 받자마자 바로 죽게 된 것입니다. 그러므로 우리 모두는 언제 어디서나, 모든 일에서 삼가 근신하는 삶을 살아야겠습니다.

셋째, 불효자식으로 죽었습니다.

인간이 이 세상에 태어날 때는 순서대로 태어납니다. 그러나 죽는 것은 그렇지가 못합니다. 그것은 오래 사는 사람도 있고 빨리 죽는 사람도 있기 때문입니다. 나답과 아비후도 하나님의 진노로 말미암아 그 아비 아론보다 먼저 죽었고 자식도 없이 죽었습니다(민 3:4; 대상 24:2). 예나 지금이나 자식이 부모보다 먼저 죽는 것이 부모에게는 가장 큰 아픔이요 불효입니다. 때문에 장수하시는 부모님 앞서 젊은 자식이 죽으면 부모님에게 알리지도 않습니다. 거기다가 또 자식 하나 없이 죽었으니 부모님에게 너무나도 큰 불효를 행한 것입니다. 우리의 인생 여정에는 이러한 일이 있어서는 결코 안 될 것입니다.

사랑하는 여러분!

우리 모두 하나님의 사람답게 삽시다. 이름값도 하고 직분도 잘 감당합시다. 그 어떤 경우에도 하나님의 진노하심을 받는 일이 없도록 합시다. 그리하여 하나님께 영광 돌리고, 부모님도 기쁘시게 하며, 자신도 잘되는 복된 후손들이 되시기 바랍니다.

2. 나답과 아비후의 범죄

첫째, 다른 불로 분향했습니다.

원래 향단에 불을 피울 때는 반드시 번제단의 불을 향로에 옮겨 담아다가 분향해야 합니다. 그런데 나답과 아비후는 하나님께서 요구하신 규정대로 번제단에서 불을 가져오지 않고 자기들 멋대로 인위적인 다른 불을 가져다가 분향했습니다. 이것은 바로 하나님을 무시하는 행위요 거룩한 제사장의 직무에 대한 유기이며, 그 어떤 이유로도 용납될 수 없는 무서운 범죄행위입니다. 그렇습니다. 예배는 인간적인 생각대로 자기 기분이나 감정에 따라 드리는 것이 아닙니다. 나 자신을 죽이고 하나님이 원하시는 대로 드려야 합니다. 그런데 자기들이 제사장이라고 하여 자기들 마음대로 분향했기 때문에 하나님의 진노를 받아 즉사한 것입니다. 그들뿐 아니라 사울도 제사하고 망했고(삼상 13:8~14), 웃시야도 분향하다가 문둥병자가 되어 왕궁에서 쫓겨났습니다(대하 26:16~20). 그러므로 예배에는 인간적이거나 세상적인 그 어떤 것이 개입되어서는 결코 안 됩니다.

둘째, 법도대로 분향하지 않았습니다.

제사장 직무의 전례를 보면 제사장이 성소에서 분향할 때에는 반열의 차례대로 제비를 뽑아서 선택된 제사장이 성소에 들어가 분향하게 되어 있었습니다(눅 1:8~9). 다시 말하면 한 사람만이 성소에 들어가 분향하게 되어 있었습니다. 그런데 나답과 아비후는 그러한 절차도 거치지 않고 두 사람이 함께 각기 향로를 가지고 들어가서 분향했습니다. 이것은 하나님의 법도를 완전히 무시한 행위입니다. 또한 아침저녁으로 분향하게 되어 있었습니다(출 30:7~9). 그런데 그들은 그것도 무시한 것 같습니다. 그리고 대제사장인 아론만 출입할 수 있는 지성소에 들어가려고 했을 가능성이 있습니다. 때문에 하나님께서는 나답과 아비후가 죽은 다음에 모세에게 말씀하시기를 "네 형 아론에게 이르라 성소의 장안 법궤 위 속죄소 앞에 무시로 들어오지 말아서 사망을 면하라 내가 구름 가운데서 속죄소 위에 나타남이니라"(레 16:2)고 하셨습니다. 그러므로 우리 모두는 하나님의 일을 내 기분이나 감정, 철학으로 할 것이 아니라 반드시 하나님께서 요구하신 말씀대로 해야 합니다(창 26:5; 신 30:8; 삼상 15:22).

셋째, 구별된 자세로 분향하지 못했습니다.

나답과 아비후가 술을 마시고 취한 상태로 분향했을 가능성이 많습니다. 왜냐하면 나답과 아비후가 죽은 후에 하나님께서 아론에게 말씀하시기를, "너나 네 자손들이 회막에 들어갈 때에는 포도주나 독주를 마시지 말아서 너희 사망을 면하라 이는 너희 대대로 영영한 규례라"(레 10:9)고 하셨습니다. 이 말씀을 보면 아마도 나답과 아비후는 제사장이 되었다는 특권의식을 가지고 교만한 생각으로 술을 마시고 취한 상태에서 아무 데서나 불을 취해 분향하지 않았나 생각됩니다.

사랑하는 여러분!

우리 모두는 성령으로 충만한 예배자들이 됩시다. 나 자신의 인간적인 생각이나 방법을 다 버리고 오직 말씀대로만 순수하게 예배드립시다. 우리의 몸과 마음, 시간과 물질을 잘 구별하여 거룩한 예배가 되게 합시다. 그리하여 하나님을 영화롭게 하는 예배자들이 되시기 바랍니다.

3. 사건 처리를 통한 교훈

첫째, 모세는 자기 일을 계속했습니다.

모세는 조카들이 둘이나 한꺼번에 죽는 끔찍한 일을 당했으면서도 하나님의 사람으로서 조금도 흐트러짐이 없이 어려운 상황을 잘 대처했습니다. 그는 미사엘과 엘사반을 불러 죽은 자들의 시체를 잘 처리하고, 아론과 그의 두 아들들을 불러서 제사장직을 수행하는 데 있어서 필요한 정신자세와 임무에 대해서도 잘 일깨워 주었습니다. 이는 그가 어려운 상황을 잘 대처해 나가는 탁월한 지도자인 것을 보여 줍니다. 그렇습니다. 하나님의 사람은 이 세상의 그 어떠한 소용돌이 속에서도 흔들림 없이 믿음을 지키고 맡은 바 사명을 충성되이 잘 감당합니다. 다시 말하면 전능하신 하나님을 믿고 천국에 대한 소망이 견고한 사람은 정함이 없는 이 세상의 그 어떤 것 때문에 믿음이 흔들리거나 마땅히 감당해야 할 사명을 포기하지 않습니다.

둘째, 아론은 여호와 앞에서 잠잠했습니다.

우리 인간들은 어떤 어려움에 직면하거나 고난을 당하게 되면 당황할 뿐 아니라 그 일에 대해서는 물론, 어느 누구나 무엇을 원망하고 탓하는 경향이 있습니다. 그러나 아론은 냉정하게 아들들의 죄악을 인정하고 그들의 죽음을 묵묵히 받아들였습니다. 그것은 아론이 하나님의 주권과 공의를 바로 인정했기 때문입니다. 그렇습니다. 아론이 자신의 인간적인 기분이나 감정, 생각을 쳐서 복종시키고 범사에 하나님의 역사하심을 인정한 것은 그가 참된 신앙인이라는 사실을 잘 나타내는 것입니다. 때문에 그는 두 아들을 졸지에 잃어버리는 인간적인 슬픔을 당했지만 어느 누구도, 그 무엇도 원망하지 않았습니다. 믿음의 사람은 어떤 시련에 부딪혔을 때에도 자기 자신의 기분이나 감정에 치우치지 않고 조용히 하나님의 뜻을 찾습니다.

셋째, 슬픔의 표현을 금지시켰습니다.

모세는 아론과 그의 살아 있는 두 아들인 엘르아살과 이다말을 불러 놓고 "너희는 머리를 풀거나 옷을 찢지 말아서 너희 죽음을 면하고 여호와의 진노가 온 회중에게 미침을 면케 하라 오직 너희 형제 이스라엘 온 족속이 여호와의 치신 불로 인하여 슬퍼할 것이니라"(레 10:6)고 했습니다. 고대 근동지역에서는 극도의 슬픔을 나타낼 때 머리를 풀어헤치거나 옷의 가슴 부분을 갈기갈기 찢는 풍습이 있었습니다. 그러나 여호와를 섬기기 위해 특별히 성별된 자들은 세상 사람들과 똑같이 그래서는 안 된다는 것이었습니다. 지도자답고 성도다운 자세를 가지라는 것입니다.

사랑하는 여러분!

우리 모두 그 어떠한 소용돌이에도 흔들림 없이 믿음을 지키며 맡은 바 사명을 잘 감당합시다. 그리고 범사에 하나님의 뜻을 찾으며 묵묵히 인생길을 걸어갑시다. 그리하여 언제나 성도로서의 자신을 잘 관리하는 듬직한 일꾼들이 되시기 바랍니다.

여호와의 불이 진 끝을 사름

[민수기 11장 1~3절]
백성이 여호와의 들으시기에 악한 말로 원망하매 여호와께서 들으시고 진노하사 여호와의 불로 그들 중에 붙어서 진 끝을 사르게 하시매 백성이 모세에게 부르짖으므로 모세가 여호와께 기도하니 불이 꺼졌더라 그곳 이름을 다베라라 칭하였으니 이는 여호와의 불이 그들 중에 붙은 연고였더라

이스라엘 백성들은 시내산에서 11개월 동안 별다른 불편함 없이 지내다가 시내산을 출발하여 가데스 바네아를 향한 사흘 길의 도상에 있었습니다. 그런데 이제부터 본격적으로 시작되는 광야 여행과 가나안 정복은 그저 불안하고 아득히 멀게만 느껴졌고, 새롭게 접하는 주변의 척박한 환경은 그들을 더욱 불안하고 초조하게 했습니다. 때문에 그들은 악한 말로 하나님을 원망했습니다. 하나님께서는 그들의 악한 원망을 듣고 불을 내리사 그들의 진 끝을 사르셨습니다. 이것은 이스라엘의 광야 여정 중에서 최초로 하나님의 진노를 받은 사건입니다.

1. 악한 말의 원망

첫째, 이스라엘 백성들은 불평했습니다.

이스라엘 백성들은 시내산을 떠난 지 3일도 못 되어서 하나님께 악한 말로 원망했습니다. 여기에서 악한 말을 한다고 하는 것은, 이스라엘 백성들을 출애굽시켜서 젖과 꿀이 흐르는 가나안 땅으로 인도하시려는 하나님의 뜻과 섭리를 불신하고 거역한다는 말입니다. 물론 가나안 땅으로 가는 이스라엘 백성들의 광야 여정에는 어려움도 있었습니다. 그러나 그 어떠한 불평이나 원망도 용납될 수 없습니다. 왜냐하면 모든 불평은 죄의 결과이며(창 3:12~13), 하나님의 은혜에 대해 감사할 줄 모르는 불신앙에서 비롯된 것이기 때문입니다.

성경은 "생명을 사랑하고 좋은 날 보기를 원하는 자는 혀를 금하여 악한 말을 그치며 그 입술로 궤휼을 말하지 말고"(벧전 3:10)라고 하였습니다. 이 세상을 살아가는 사람이라면 누구나 크고 작은 문제들을 가지고 있습니다. 그러나 감사하면서 살아가는 사람도 있고 그렇지 못한 사람도 있습니다. 그러므로 원망과 불평은 그 사람의 인격에 달려 있습니다.

둘째, 하나님께서 들으셨습니다.

전지전능하신 하나님께서는 불꽃 같은 눈으로 우리 인간들의 모든 언행심사를 다 감찰하고 계십니다(시 139:3~4; 잠 15:3). 그러므로 하나님을 속일 수 있는 사람은 하나도 없습니다. 요즈음 과학이 상상할 수 없을 정도로 발달했습니다. 여러분의 차가 시속 몇 킬로미터로 어디를 달리고 있으며, 키가 꽂혀 있는지 없는

지, 또한 그 차량의 상태까지도 다 알 수 있습니다. 그러나 그보다 더 정확한 분은 하나님이십니다. 하나님은 우리의 중심은 물론 머리털까지도 다 세신 바 되십니다. 그러므로 우리는 언제나 신전의식을 가지고 감사가 넘치는 삶을 살아야 합니다. 이 원망과 불평은 자신과 가정, 교회와 사회를 망치는 불신앙의 악입니다(고전 10:10).

셋째, 하나님께서는 진노의 불을 내리셨습니다.

이스라엘 백성들의 원망과 불평을 들으신 여호와께서는 진노의 불을 이스라엘 진영의 끝에 내리셔서 사르게 하셨습니다. 출애굽한 이스라엘이 시내산에 도착할 때까지는 아무리 원망하고 불평했어도 하나님이 그들을 직접 징계하지는 않으셨습니다. 그러나 시내산에서 율법을 받은 이후에는 이스라엘이 하나님의 뜻과 말씀을 분명히 알았음에도 불구하고 원망했기 때문에 진노의 불을 내리신 것입니다. 이 불은 예배에 실패한 나답과 아비후를 삼켰던 불이었습니다. 그러나 이 불은 이스라엘을 다 불태워서 멸망시키려는 것이 아니라 이스라엘 백성들의 원망과 불평이 잘못되었음을 환기시켜서 올바른 길로 인도하시려는 지극한 사랑에서 비롯된 것이었습니다. 또한 전지전능하신 여호와의 위엄을 나타내 보이심으로 이스라엘 백성들로 하여금 경외심을 갖게 하고, 다시는 그러한 원망과 불평을 하지 못하도록 하시기 위해서였습니다.

사랑하는 여러분!

원망과 불평은 하나님께 대한 불신앙의 죄악인 동시에 남을 괴롭히고 병들게 하며, 자신까지도 하나님의 진노를 받아 망하게 하는 것입니다. 그러므로 우리 모두는 그 어떠한 이유에서도 원망과 불평이 없는 올바른 신앙생활을 해야겠습니다.

2. 모세의 기도

첫째, 백성들이 모세에게 부르짖었습니다.

여호와의 진노의 불이 자신들의 진 끝에 내려 타오르자 다급해진 이스라엘 백성들은 모세에게 부르짖었습니다. 여기에서 '부르짖다' 의 '차아크' 란 말은 '비명을 지르다, 울부짖다' 는 뜻입니다. 자신들의 진 끝의 장막에 불이 붙어 맹렬하게 타오르자 백성들 모두가 기겁하여 다 같이 부르짖은 것입니다. 그들은 애굽을 동경했던 자들입니다. 지도자 모세를 원망하고 치려고까지 했던 사람들입니다. 먹을 것이 없고 마실 물이 없다고 불평했던 사람들입니다. 그들 모두가 불평에 익숙한 사람들이었습니다. 그러나 다급해지자 모두가 한결같이 모세에게 부르짖었습니다. 그렇습니다. 우리 인간들은 모두가 이렇게 어리석습니다. 건강하고 편안하며 모든 일들이 잘될 때에는 하나님을 찾지도 않고 지도자의 필요를 느끼지도 않으며 제멋대로 살다가도 자력으로 해결할 수 없는 일을 당하고 나면 그때서야 하나님을 찾고 기도를 요청합니다.

둘째, 모세가 기도했습니다.

백성들의 부르짖음을 들은 모세는 하나님께 백성들의 원망과 불평의 죄를 용서하시고 진노의 불을 거두어 달라고 탄원하며 기도했습니다. 모세는 하나님과 이스라엘 백성들에게 있어서 중

재자의 노릇을 아주 성실하게 감당했습니다. 그러므로 모세는 하나님과 우리 사이의 중보자이신 예수 그리스도의 모형입니다. 그러나 하나님과 우리 사이의 진정한 중보자는 오직 예수님 한 분뿐입니다.

우리도 마찬가지로 우상숭배가 만연한 이 민족, 점술이 성행하는 이 시대, 갖가지 사회악이 판을 치는 오늘의 사회를 위해 기도해야 합니다. 더욱이 북으로부터 핵전쟁의 위험에 노출되어 있는 이 나라를 위해 눈물로 회개하며 기도해야 합니다. 땅이 좁은 이 나라에서 전쟁이 나면 상상할 수도 없는 비극이 발생하게 됩니다. 지금 이 나라 백성들은 모두가 현재적 쾌락에 도취되어 있습니다. 그러므로 우리 모두는 사도 바울이 자기 민족을 위해 기도했던 심정으로 기도해야 합니다. 그것만이 민족을 구원하고 나라를 살리는 길입니다.

셋째, 하나님께서 응답하셨습니다.

하나님께서는 이스라엘 백성들을 위한 모세의 기도를 들으시고 그토록 맹렬하게 타오르던 불길을 거두어 주셨습니다. 그렇습니다. 우리 하나님께서는 회개하는 자들의 기도를 들으시고 반드시 응답하십니다. 그러므로 우리 모두는 우리의 기도를 들어주시는 좋으신 하나님께 범사를 맡기고 항상 기도해야겠습니다.

사랑하는 여러분!

우리 모두 가정과 교회는 물론 이 민족과 나라를 위해 기도합시다. 우리나라는 지정학적으로 동서양의 관문입니다. 다시 말하면 동서양의 충돌지역에 위치해 있습니다. 그러므로 우리는 나라를 위한 경계심을 촌각도 늦출 수 없습니다. 우리 모두 끊임없이 기도합시다.

3. 다베라의 이름

첫째, '불사름' 의 의미를 가지고 있습니다.

이스라엘 백성들이 원망하고 불평하여 여호와의 진노의 불이 내린 곳의 이름을 '다베라' 라고 했습니다. 이 '다베라' 의 원어 '타브에라' 는 '불사르다, 소멸하다, 잔인하다' 는 뜻을 가지고 있습니다. 그러므로 이 이름은 이스라엘 백성들이 원망하고 불평하다가 여호와 하나님의 진노의 불을 자초했음을 이스라엘 백성들은 물론 그들의 자손 대대로 알게 하기 위해서 붙여졌습니다. 다시 말하면 이스라엘 백성들로 하여금 앞으로는 그 어떠한 일이 있어도 절대로 원망하거나 불평하지 말라는 영원한 경고의 메시지로 삼기 위함이었습니다. 그러므로 우리도 그 어떤 일이 있어도 원망하거나 불평하는 죄는 짓지 말아야겠습니다. 성경은 "분을 그치고 노를 버리라 불평하여 말라 행악에 치우칠 뿐이라"(시 37:8), "저희 중에 어떤 이들이 원망하다가 멸망시키는 자에게 멸망하였나니 너희는 저희와 같이 원망하지 말라"(고전 10:10)고 분명히 말씀하였습니다. 한마디로 원망과 불평은 자신과 가정은 물론 교회와 사회를 망치는 악한 행위입니다.

둘째, 영적인 교훈을 봅시다.

다베라는 이스라엘 백성들의 광야 여정에서 붙여진 이름이지만 오늘을 살아가는 우리에게 주는 교훈이 아주 큽니다. 이 다베라가 주는 교훈은 어떤 사람이나 사건, 시간이나 상황, 지역을 막론하고 언제 어디서나 항상 생각하고 교훈을 얻어야 합니다. 왜냐하면 우리의 언행심사와 삶은 한순간에 그냥 잊혀지는 것이 아니라 전능하신 하나님께 적나라하게 드러나고 기록되며, 다른 사람들의 기억 속에 그대로 남겨져서 역사와 후손의 평가가 반드시 따르게 되어 있기 때문입니다. 그러므로 우리는 항상 삼가 근신하여 굳건한 믿음으로 변함없이 찬송과 감사, 기쁨이 넘치는 은혜로운 삶을 살아야 합니다.

셋째, 좋은 이름을 남기는 인생이 됩시다.

성경을 보면 '착하고 충성된 종'이라는 칭찬을 받은 사람도 있고, '차라리 태어나지 않았으면 좋을 뻔했다'는 저주를 받은 사람도 있습니다(마 26:24). 우리 모두 '믿음이 큰 사람', '훌륭한 일꾼', '교회와 사회에서 꼭 필요한 사람' 등 좋은 수식어들이 붙는 사람이 됩시다. 우리가 머물고 지나간 자리, 우리가 한 일들, 우리와 관계된 모든 것들을 통해 아름다운 추억이 있고, 귀한 교훈이 있으며, 가치 있는 이름들이 붙여지는 아름다운 삶을 사시기 바랍니다.

사랑하는 여러분!

우리 모두 그 어떤 이유에서도 나쁜 이미지를 남기지 맙시다. 언제 어디서나, 어떠한 상황에서든지 아름다운 교훈을 남기는 복된 자들이 되시기 바랍니다.

반역자들을 죽이심

[민수기 16장 31~35절]

이 모든 말을 마치는 동시에 그들의 밑의 땅이 갈라지니라
땅이 그 입을 열어 그들과 그 가족과 고라에게 속한 모든 사
람과 그 물건을 삼키매 그들과 그 모든 소속이 산 채로 음부
에 빠지며 땅이 그 위에 합하니 그들이 총회 중에서 망하니
라 그 주위에 있는 온 이스라엘이 그들의 부르짖음을 듣고
도망하며 가로되 땅이 우리도 삼킬까 두렵다 하였고 여호와
께로서 불이 나와서 분향하는 이백오십 인을 소멸하였더라

우리 인간에게는 그 무엇보다도 만남이 가장 중요합니다. 좋은 부모와 좋은 배우자를 만나야 하고, 좋은 스승과 제자를 만나야 하며, 좋은 친구와 좋은 이웃을 만나야 합니다. 그래야 보다 더 나은 삶의 가치를 형성하면서 보람을 느끼는 아름다운 삶을 살 수 있습니다. 그러므로 내가 어떠한 의식구조를 가지고 어떠한 부류에 속하여 어떠한 삶을 살아가느냐는 무리의 법칙이 대단히 중요합니다.

오늘 본문은 고라라고 하는 못된 인간에 의해 훌륭한 지도자가 이유 없이 고통을 당한 사건을 기록하고 있습니다. 불의한 인

간에게 포섭된 많은 사람들이 모세를 대적하다가 하나님의 심판에 의해 모두 땅의 밥이 되고, 불에 타 죽는 비극의 장면을 보여주고 있습니다.

1. 지도자에 대한 고라당의 반역

첫째, 고라당의 신분을 봅시다.

고라당의 반역자들은 모두가 이스라엘 백성들 가운데서도 구별된 레위인들로서 하나님의 성막에서 섬기는 일을 하는 자들이었습니다. 성소에서 하는 모든 일들은 그들만이 할 수 있었습니다. 뿐만 아니라 회중을 섬기는 일을 했습니다. 그들 중에서도 250명의 고라당 반역자들은 모두가 다 자기 집안의 장자들이며 족장들이었습니다. 때문에 아론이 제사장으로 위임되기 전에는 그들이 직접 제사를 주관하였습니다. 한마디로 상당한 지위를 가진 우두머리로서 열성적으로 하나님께 충성했던 자들입니다. 그런데 이렇게 험악한 반역자들로 변질된 것입니다. 그렇습니다. 인간은 계속적으로 변하는 존재입니다. 그러나 어떻게 변하느냐가 중요합니다. 초대 교회의 니골라는 처음에는 말씀과 성령으로 충만한 자였지만 나중에 변질되어 니골라당이라는 이단을 만들었습니다. 그러나 그리스도인들을 핍박하고 죽였던 사울은 다메섹 도상에서 예수님을 영접한 후에는 이방인들에게 복음을 전하여 구원시키는 위대한 사도 바울이 되었습니다. 그러므로 나 자신은 지금 어떻게 변하고 있는지 생각해 봐야겠습니다.

둘째, 고라당이 반역한 이유를 봅시다.

반역의 주동자인 고라와 다단, 아비람, 온은 당을 짓고는 명성이 있고 존경받는 자들 250명을 포섭하여 반역을 일으켰습니다(민 16:1~2). 그들은 교만해져서 이스라엘 백성들에 대한 지도권을 갖고 싶었기 때문에 자기들보다 위대한 모세와 아론이 있는 것이 늘 불편했습니다. 그래서 그는 하나님께서 세우신 지도자들인 모세와 아론을 섬기지 않고 늘 불편한 마음을 가지고 있다가 적극적으로 반란을 일으켜 모세와 아론을 반역한 것입니다. 다시 말하면, 하나님에 의해 주어진 이스라엘 민족에 대한 모세의 정치적인 지휘권과 아론의 종교적인 지휘권을 탐냈던 것입니다.

셋째, 반역자들의 비방을 봅시다.

고라당의 반역자들은 모세와 아론을 거슬러 "너희가 분수에 지나도다 회중이 다 각각 거룩하고 여호와께서도 그들 중에 계시거늘 너희가 어찌하여 여호와의 총회 위에 스스로 높이느냐"(민 16:3)라고 말했습니다. 다시 말하면 모세와 아론이 지나치게 월권 행위, 즉 독재를 하고 있다는 것입니다. 그러나 이것은 하나님의 권위에 대한 정면 도전으로, 하나님을 무시하고 하나님의 계획과 질서를 완전히 파괴하는 무서운 반역의 죄를 저지른 것입니다(민 6:9~11). 그렇습니다. 원망과 불평으로 지도자를 원망하는 사람들의 언행심사는 언제나 은혜롭지 못합니다.

사랑하는 여러분!

우리 모두 그 어떤 일이 있어도 되지 못하고 된 줄로 착각하고 교만해지는 악을 행치 맙시다. 또한 이유 여하를 막론하고 평생 동안 불평하고 원망하며 반역하는 악한 죄를 결코 범치 맙시다.

그리하여 언제나 이 세상 끝 날까지 아름다운 삶을 사시기 바랍니다.

2. 고라당에 대한 모세의 태도

첫째, 하나님 앞에 엎드려 기도했습니다.

모세와 아론은 예기치 못한 고라당의 조직적인 반역을 당하고 나서도 감정대로 대응하거나 맞서서 싸우지 않고 전능하신 하나님께 엎드려 기도했습니다(민 16:4). 그것은 자신이 당시에 수행하고 있는 직무의 정당함을 확신하고 있으면서도 겸손히 자제하며 하나님의 지시를 기다린 것입니다. 다시 말하면 자신들이 당한 억울함이나 그 문제 자체에 급급하지 않고 전능하신 하나님께 모든 것을 완전히 맡긴 것입니다. 참으로 하나님이 기뻐하실 만한 아름다운 믿음의 자세입니다. 그러므로 우리도 그 어떠한 고난을 당한다고 해도 낙심하지 말고 전능하신 하나님께 맡기고 기도해야 합니다. 바로 거기에서 완전한 승리를 이룰 수 있습니다.

둘째, 하나님께 분향하도록 했습니다.

하나님 앞에 기도하던 모세는 다시 일어나 반역한 고라당 앞에 서서 “아침에 여호와께서 자기에게 속한 자가 누구인지, 거룩한 자가 누구인지 보이시고 그 자를 자기에게 가까이 나아오게 하시되 곧 그가 택하신 자를 자기에게 가까이 나아오게 하시리니……고라와 너의 모든 무리는 향로를 취하고 내일 여호와 앞에서 그 향로에 불을 담고 그 위에 향을 두라 그때에 여호와의 택하신 자는 거룩하게 되리라"(민 16:5~7)고 했습니다. 왜냐하면 향을 피우는 것은 제사장의 고유한 직책이요 권한이기 때문에 하나님으로부터 제사장의 권위를 부여받지 않았거나 불경건한 자는 죽임을 당하게 되어 있었기 때문입니다(레 10:1~3). 이것은 누가 하나님으로부터 지도력을 부여받은 사람인지 가려 보자는 것이었습니다. 그렇습니다. 진짜와 가짜는 하나님께서 분명하게 나누십니다.

셋째, 반역한 고라당을 책망했습니다.

모세는 반역한 고라당에게 "레위 자손들아 너희가 너무 분수에 지나치느니라"(민 16:7)고 했습니다. 이것은 그들의 반역이 왜곡된 자기 중심의 사고방식과 잘못된 세속적인 욕망 때문이라는 것입니다. 또한 하나님께서 이스라엘 백성들 중에서 너희로 구별하시고 성막에서 봉사하게 하신 일이 얼마나 귀한 일인데 그것을 하찮게 여기고 제사장 직분을 구하느냐고 책망했습니다(민 16:8~11). 모세가 악당 중에 주동자였던 다단과 아비람을 부르러 보내자 그들은 모세가 자기들을 죽이려 하고 눈을 빼려고 한다고 모함하며 올라오지 않았습니다(민 16:12~14). 그것은 하나님께서 세우신 지도자에 대한 불만이요 불순종이었습니다. 이에 모세는 그들의 무례함이 자신에 대한 것이 아니라 하나님에 대한 것이라고 생각하고 대노했습니다(민 16:15).

사랑하는 여러분!

우리 모두 범사에 하나님 앞에 엎드려 기도합시다. 그 어떤 경우에도 인간적으로 생각하거나 대항하지 맙시다. 전능하신 하나님께 모든 것을 다 맡깁시다. 그리고 성경적으로 권면하고 선하신 하나님의 지시를 조용히 기다립시다. 하나님께서 때마다 일마다 반드시 승리케 하실 것입니다.

3. 반역자들에 대한 하나님의 진노

첫째, 대적의 순간에 여호와의 영광이 나타났습니다.

고라는 자신이 선동한 250명의 반역자들이 회막문에 모였을 때에 많은 사람들이 자기를 따르자 의기양양하여 모세와 아론의 부당성을 주장하면서 강력하게 대적하려고 했습니다(민 16:19). 다수의 뜻을 빌미로 하여 모세와 아론을 강력하게 대적한 것입니다. 그러나 하나님의 뜻의 원리는 다수가 주장하는 것에 있지 않다는 것을 알아야 합니다. 성경에서의 다수는 대부분이 하나님의 뜻과 반대되는 악으로 기록되어 있습니다. 그렇다고 해서 소수가 하나님의 뜻이라는 것도 아닙니다. 신앙은 다수에 의해 만들어지는 것이 아닙니다. 오직 각 개인을 사랑으로 만들어 가시는 하나님에 의해 만들어집니다.

고라가 모세와 아론을 대적하자 여호와의 영광이 나타나 모세와 아론에게 말씀하시기를, "너희는 이 회중에게서 떠나라 내가 순식간에 그들을 멸하려 하노라"(민 16:21)고 하셨습니다. 이것은 고라와 그의 동조자들을 심판하시겠다는 것이었습니다.

둘째, 모세와 아론은 현혹된 자들의 용서를 빌었습니다.

고라와 그의 동조자들을 다 멸하시겠다는 하나님의 선언을 들은 모세는 어리석은 백성들이 잘못된 한 인간에게 꼬임을 받아 넘어간 것을 용서해 달라고 간절히 기도했습니다(민 16:22). 이에 여호와께서는 모세에게 말씀하시기를, "회중에게 명하여 이르기를 너희는 고라와 다단과 아비람의 장막 사면에서 떠나라 하라"(민 16:24)고 하셨습니다. 그러자 모세가 회중에게, "이 악인들의 장막에서 떠나고 그들의 물건은 아무것도 만지지 말라 그들의 모든 죄 중에서 너희도 멸망할까 두려워하노라"(민 16:26)고 말했습니다.

셋째, 반역자들은 모두 다 죽었습니다.

모세가 회중에게 "악인들의 장막에서 떠나라"고 명하는 말이 끝나자마자 곧바로 땅이 갈라져 고라와 그에게 속한 모든 사람과 물건들은 다 땅의 밥이 되었습니다. 이제 고라의 일당들은 총회 중에서 완전히 망한 것입니다(민 16:31~35). 그러자 주위에 있던 이스라엘 사람들이 다 도망하며 말하기를 땅이 우리도 삼킬까 두렵다고 했습니다(민 16:34). 그리고 여호와의 불이 나와서 고라의 반역에 가담했던 250명을 모두 다 소멸시켰습니다(민 16:35).

사랑하는 여러분!

우리 모두 하나님의 말씀대로만 삽시다. 지도자의 가르침에 철저하게 순종합시다. 그 어떤 이유로도 남을 원망하고 불평하며 대적하는 반역자들이 되지 맙시다. 그리하여 우리의 평생 동안 하나님의 사랑과 은혜가 넘치는 복된 삶을 사시기 바랍니다.

싹이 난 아론의 지팡이

[민수기 17장 1~13절]

여호와께서 모세에게 일러 가라사대 너는 이스라엘 자손에게 고하여 그들 중에서 각 종족을 따라 지팡이 하나씩 취하되 곧 그들의 종족대로 그 모든 족장에게서 지팡이 열둘을 취하고 그 사람들의 이름을 각각 그 지팡이에 쓰되 레위의 지팡이에는 아론의 이름을 쓰라 이는 그들의 종족의 각 두령이 지팡이 하나씩 있어야 할 것임이니라 그 지팡이를 회막 안에서 내가 너희와 만나는 곳인 증거궤 앞에 두라 내가 택한 자의 지팡이에는 싹이 나리니 이것으로 이스라엘 자손이 너희를 대하여 원망하는 말을 내 앞에서 그치게 하리라 모세가 이스라엘 자손에게 고하매 그 족장들이 각기 종족대로 지팡이 하나씩 그에게 주었으니 그 지팡이 합이 열둘이라 그 중에 아론의 지팡이가 있었더라 모세가 그 지팡이들을 증거의 장막 안 여호와 앞에 두었더라 이튿날 모세가 증거의 장막에 들어가 본즉 레위 집을 위하여 낸 아론의 지팡이에 움이 돋고 순이 나고 꽃이 피어서 살구 열매가 열렸더라 모세가 그 지팡이 전부를 여호와 앞에서 이스라엘 모든 자손에게로 취하여 내매 그들이 보고 각각 자기 지팡이를 취하였더라 여호와께서 또 모세에게 이르시되 아론의 지팡이는 증거궤 앞으로 도로 가져다가 거기 간직하여 패역한 자에 대한 표징이 되게 하여 그들로 내게 대한 원망을 그치고 죽지 않게 할지니라 모세가 곧 그 같이 하되 여호와께서 자기에게 명하신 대로 하였더라 이스라엘 자손이 모세에게 말하여 가로되 보소서 우리는 죽게 되었나이다 망하게 되었나이다 다 망하게 되었나이다 가까이 나아가는 자 곧 여호와의 성막에 가까이 나아가는 자마다 다 죽사오니 우리가 다 망하여야 하리이까 하나님께서는 당신이 세우신 모세와 아론을 반역한 고라당을 심판하셨습니다. 주요 멤버들의 가족들을 땅이 갈라져 삼키게 하시고, 그 일에 동조했던 250명은 하늘에서 불이 내려와 태워 버렸습니다. 그리고 이러한 참상을 보고 '너희가 이스라엘 백성들을 비참하게 죽였다' 며 모세와 아론을 향해 불평했던 14,700명을 염병으로 다 죽이셨습니다. 그리고나서 싹 난 지팡이의 기적을 통해서 이스라엘 민족에게 모세와 아론이 하나님께서 세우신 지도자라는 사실을 확인시켜 주심으로 다시는 그들에 대하여 불평하거나 원망하며 반역하지 못하도록 하신 것입니다.

1. 족장들의 지팡이

첫째, 족장들의 지팡이에 이름을 쓰게 하셨습니다.

이스라엘 민족은 지팡이를 목자나 여행자들의 도보용이나 호신용으로 사용하기도 했지만, 각 지파의 족장들에게 주어져서 지파를 다스리는 지휘봉으로도 사용되었습니다. 때문에 이 지팡이는 권위의 상징이기도 했습니다(창 49:10; 출 17:5). 그런데 하나님께서는 당신의 종 모세에게 명하여 열두 지파의 족장들로 하여금 각각 지팡이를 하나씩 가져오게 하고, 그 지팡이에 그 족장들의 이름을 쓰게 하라고 하셨습니다. 그리고 특별히 레위 지파의 지팡이에는 아론의 이름을 쓰게 하셨습니다. 이것은 모세와 아론에 대한 고라당의 반역이 하나님의 심판으로 인하여 실패했음에도 불구하고 아직도 정신 차리지 못하고 있는 이스라엘 백성들의 패역한 마음을 깨우치시기 위한 것이었습니다.

둘째, 지팡이를 증거궤 앞에 두라고 하셨습니다.

하나님께서는 모세에게 이름이 쓰여진 각 족장들의 지팡이를 모아서 "내가 너희와 만나는 곳인 증거궤 앞에 두라"(민 17:4)고 하셨습니다. 이 증거궤는 모세의 십계명이 기록된 두 개의 돌판을 간직한 궤를 말하며, 하나님의 궤, 법궤, 언약궤 등으로 표현하기도 하는데 지성소 안에 보관되어 있었습니다. 이 지성소는 하나님의 임재의 처소로서, 대제사장만이 1년에 한 차례 희생의 피를 가지고 들어갈 수 있었습니다. 그런데 하나님께서 모세에게 족장들의 이름이 쓰여진 지팡이를 이 증거궤 앞에 두게 하신 것은, 하나님께서 친히 임재하셔서 그 지팡이들 중에서 아론의 지팡이를 택하심으로 그가 하나님이 세우신 분명한 대제사장인 것을 이스라엘 백성들에게 확실하게 보여 주시기 위함이었습니다.

셋째, 택한 자의 지팡이에서 싹이 나게 하겠다고 하셨습니다.

하나님께서는 모세에게 "내가 택한 자의 지팡이에는 싹이 나리니 이것으로 이스라엘 자손이 너희를 대하여 원망하는 말을 내 앞에서 그치게 하리라"(민 17:5)고 하셨습니다. 이것은 하나님께서는 당신께서 선택하시고 세우신 사명자들의 권위를 세워 주시고 인정해 주시며, 그들을 괴롭히는 자들에 대한 죄악은 반드시 심판하신다는 것을 분명하게 말씀하신 것입니다. 이것은 이스라엘 자손들로 하여금 다시는 모세와 아론에 대하여 원망하는 말을 하지 못하도록 하시겠다는 것이었습니다.

사랑하는 여러분!

우리 모두 부족하고 연약한 우리를 선택하시고 구원하셔서 주님의 일꾼 삼아 주신 것을 진심으로 감사드립시다. 그리고 우리를 끝까지 지켜 주시고 보호해 주시며 책임져 주시는 하나님께 최선을 다해 충성하는 사명자들이 되어야겠습니다.

2. 싹이 난 지팡이

첫째, 아론의 지팡이에 살구가 열렸습니다.

모세는 각 족장들의 지팡이를 증거궤 앞에 가져다 놓은 다음 이튿날 다시 가 보았습니다. 그랬더니 아론의 지팡이에 싹이 나고 꽃이 피어 살구가 열려 있었습니다. 생명이 없던 지팡이가 되살아난 것입니다. 이것은 전능하신 하나님께서 아론의 지팡이를 성별하시고 기사와 이적으로 다시 살아나게 하신 것입니다. 그리고 모든 족장들 중에서도 아론만이 백성들의 죄를 대속하기 위해 하나님께서 세우신 대제사장임을 분명하게 보여 주신 것입니다. 그러므로 우리는 때마다 일마다 항상 동행해 주시고 승리케 하시는 전능하신 하나님을 믿으며, 싹이 나고 꽃이 피며 살구가 열린 살아 있는 지팡이처럼 생동하는 믿음을 가지고 최선을 다하여 사명을 감당하는 충성된 성도들이 되어야겠습니다.

둘째, 싹 난 지팡이로 표징을 삼으셨습니다.

하나님께서는 다른 족장들의 지팡이를 각자가 취하여 가져가게 하고, 아론의 싹 난 지팡이는 증거궤 앞으로 도로 가져다가 증거궤 안에 간직하도록 하셨습니다. 그것은 이 싹 난 지팡이에 대한 증거를 통해서 이스라엘 백성들로 하여금 다시는 하나님의 종인 모세나 아론은 물론 하나님에 대하여 불평하지 못하도록 하시기 위함이었습니다. 마찬가지로 하나님께서는 예수 그리스도를 이 세상에 보내셔서 대속의 십자가를 지게 하심으로 우리의 영원한 대제사장이 되게 하셨습니다. 그러므로 우리 모두는 우리의 죄를 대속하시기 위해 십자가를 지신 예수 그리스도를 구주로 믿고 그분의 말씀만 따라가야겠습니다.

셋째, 백성들의 원망이 그쳤습니다.

모세와 아론을 반역한 고라당의 일가족이 땅의 밥이 되고 그들에게 포섭된 250명의 족장들이 여호와의 진노의 불에 의해 소멸되었습니다. 그럼에도 그러한 비참한 광경을 본 백성들이 또 다시 모세와 아론에게 여호와의 백성을 죽였다고 원망하고 대적할 때에 하나님께서 염병을 내려서 14,700명을 죽이셨습니다(민 16:41~50). 이 모두는 이유 여하를 막론하고 하나님께서 세우신 모세와 아론에 대한 불평과 원망을 조금도 용납하시지 않겠다는 하나님의 뜻이었습니다. 그렇습니다. 우리 인간들은 이렇게도 어리석습니다. 고라당과 그들에게 포섭된 250명이 비참하게 죽은 것은 모세와 아론에 대하여 불평하고 반역했기 때문에 하나님의 진노가 임한 것이었습니다. 그런데 그들은 또 모세와 아론이 이스라엘 백성들을 비참하게 죽였다고 불평하고 반역했습니다. 그러다가 아론의 싹 난 지팡이의 기적을 보고 나서야 비로소 모세와 아론은 물론 하나님에 대한 모든 원망을 그쳤습니다.

사랑하는 여러분!

우리 모두 우리 죄를 대속해 주기 위해 이 세상에 오셔서 십자가를 지고 장사 지낸 바 되셨다가 다시 부활하신 예수님을 믿고 그분의 말씀만 따라갑시다. 그리하여 그 어떤 일이 있어도 우리의 평생 동안에 불평과 원망, 반역이 없는 복된 삶을 삽시다.

3. 어리석은 백성들

첫째, 부정적인 자들이었습니다.

모세와 아론에 대한 반역으로 인해 고라당과 250명의 족장들이 처참한 죽음을 당했고, 또 그에 대해 불평하다가 14,700명이나 되는 백성들이 죽었으며, 메마른 지팡이에 싹이 나고 꽃이 피어 열매를 맺는 것을 본 이스라엘 백성들은 모세에게 "보소서 우리는 죽게 되었나이다 망하게 되었나이다 다 망하게 되었나이다"(민 17:12)라고 절망하며 울부짖었습니다. 그렇습니다. 부정적인 사고를 가진 자들은 이렇게 모든 것을 비관적으로 생각하기 때문에 항상 심기가 불편하고, 늘 불평하는 말을 하며, 부자연스럽게 행동하고 원망하는 삶을 삽니다. 때문에 그들의 삶에서는 하나님의 은혜와 감사를 발견할 수 없고, 다른 사람들과의 관계도 원만하지 못합니다. 그러므로 우리의 생각을 어떻게 관리하느냐는 대단히 중요합니다.

둘째, 성막에 가까이 가는 자마다 다 죽는다고 원망했습니다.

아론의 싹 난 지팡이가 있는 성막에는 하나님에 의해 기름 부음 받은 제사장 외에는 그 누구도 가까이할 수 없었습니다. 만약에 제사장이 아닌 일반 백성들이 접근하면 모두 다 죽을 수밖에 없었습니다(민 3:10). 때문에 그들은 하나님과의 교제가 상실되어 자신들이 성막에 접근할 수 없다고 생각하고 심한 절망감에 빠져 원망한 것입니다. 그러나 그것은 하나님에 대한 잘못된 시각 때문이었습니다. 하나님께서 성막을 지으신 것은 제사장의 중보 사역을 통해 백성들과 교제하시기 위해서였습니다. 다시 말하면 누구든지 하나님의 뜻과 섭리에 순종하면 하나님께서 사랑하시고 보호해 주시며 크게 사용해 주신다는 것을 확실하게 보증해 주신 것입니다. 그럼에도 불구하고 잘못된 신앙관을 가지고 있었기 때문에 모든 것을 불평하고 원망한 것입니다.

셋째, 하나님의 선하신 뜻을 깨닫지 못했습니다.

하나님께서 아론의 지팡이로 하여금 싹이 나게 하신 것은 하나님께서 모세와 아론을 지도자로 세우셨으니 이스라엘 백성들로 하여금 그들의 권위에 도전하거나 원망하고 반역하지 말라고 하신 것이었습니다. 또한 하나님께서 세우신 지도자인 모세와 아론을 원망하고 반역하는 것은 바로 하나님을 원망하고 반역하는 것이라는 사실을 깨우치신 것이었습니다. 더 나아가 이스라엘 백성들이 다시는 그러한 실수와 죄로 인하여 하나님의 진노를 받아 죽는 일이 없도록 미리 예방하시기 위한 것이었습니다(민 17:5~10). 그런데 이러한 하나님의 선하신 뜻을 깨닫지 못하고 부정적인 사고를 가지고 절망하고 있는 것입니다.

사랑하는 여러분!

우리 모두 그 어떤 이유로도 부정적인 사상을 가지고 스스로 절망하고 좌절하는 안타까운 삶을 살지 맙시다. 더욱이 자타를 막론하고 원망하는 악을 행치 맙시다. 그리고 변함없는 사랑으로 날마다 우리를 깨우쳐 주시는 하나님께 감사하는 멋진 삶을 사시기 바랍니다.

반석에서 물이 나옴

[민수기 20장 1~13절]

정월에 이스라엘 자손 곧 온 회중이 신 광야에 이르러서 백성이 가데스에 거하더니 미리암이 거기서 죽으매 거기 장사하니라 회중이 물이 없으므로 모여서 모세와 아론을 공박하니라 백성이 모세와 다투어 말하여 가로되 우리 형제들이 여호와 앞에서 죽을 때에 우리도 죽었더면 좋을 뻔하였도다 너희가 어찌하여 여호와의 총회를 이 광야로 인도하여 올려서 우리와 우리 짐승으로 다 여기서 죽게 하느냐 너희가 어찌하여 우리를 애굽에서 나오게 하여 이 악한 곳으로 인도하였느냐 이곳에는 파종할 곳이 없고 무화과도 없고 포도도 없고 석류도 없고 마실 물도 없도다 모세와 아론이 총회 앞을 떠나 회막 문에 이르러 엎드리매 여호와의 영광이 그들에게 나타나며 여호와께서 모세에게 일러 가라사대 지팡이를 가지고 네 형 아론과 함께 회중을 모으고 그들의 목전에서 너희는 반석에게 명하여 물을 내라 하라 네가 그 반석으로 물을 내게 하여 회중과 그들의 짐승에게 마시울지니라 모세가 그 명대로 여호와의 앞에서 지팡이를 취하니라 모세와 아론이 총회를 그 반석 앞에 모으고 모세가 그들에게 이르되 패역한 너희여 들으라 우리가 너희를 위하여 이 반석에서 물을 내랴 하고 그 손을 들어 그 지팡이로 반석을 두번 치매 물이 많이 솟아나오므로 회중과 그들의 짐승이 마시니라 여호와께서 모세와 아론에게 이르시되 너희가 나를 믿지 아니하고 이스라엘 자손의 목전에 나의 거룩함을 나타내지 아니한 고로 너희는 이 총회를 내가 그들에게 준 땅으로 인도하여 들이지 못하리라 하시니라 이스라엘 자손이 여호와와 다투었으므로 이를 므리바 물이라 하니라 여호와께서 그들 중에서 그 거룩함을 나타내셨더라 열 정탐꾼들의 불신앙적인 보고로 인해 눈앞에 보이는 가나안 복지에 들어가지 못하고 죽음과 절망이 도사린 광야로 다시금 발길을 옮겨야 했던 이스라엘은 오랜 방랑생활 끝에 다시 원 출발지였던 가데스 바네아로 돌아왔습니다. 이제 오늘의 본문 말씀은 출애굽 40년째로서 가나안 입국 직전에 일어난 일들입니다. 내용인즉 식수를 구하지 못했던 백성들의 끈질긴 불평, 모세와 함께 이스라엘 민족을 출애굽시켰던 미리암의 죽음, 아론과 모세에 대한 징벌이 예고되었습니다.

1. 신 광야에 도착한 백성들

첫째, 신 광야의 가데스는 어떤 곳입니까?

출애굽하여 광야를 방황하던 이스라엘 백성들은 40년째가 되던 해에 광야의 마지막 생활을 마치기 위해 신 광야에 이르게 되었습니다. 이 신 광야는 '크고 두려운 광야'(신 1:19, 8:15)라는 별칭을 가진 곳으로서 대부분이 불모의 땅이었으며, 가나안과 남방 경계를 이루고 있었습니다(민 34:3~4; 수 15:1). 이 신 광야의 한 귀퉁이에 가데스(가데스 바네아)가 있었습니다. 이곳은 사막의 오아시스 지역으로 본래 좋은 물들이 있었습니다. 때문에 출애굽한 이스라엘 백성들이 주로 이곳을 활동무대로 생활했던 것입니다. 그래서 다시 이곳을 찾았는데 때마침 가뭄이 들어 물이 말라 버린 것이었습니다.

둘째, 백성들이 가데스에 거했습니다.

이 가데스는 하나님께서 이스라엘 백성들에게 약속하신 가나안 땅에 들어가는 통로였습니다. 가데스는 출애굽 직후 가나안을 40일 동안 정탐한 후에 여호수아와 갈렙을 제외한 열 정탐꾼의 부정적인 보고의 영향을 받은 백성들이 모세와 아론에 대해 불평하고 원망하며 대적했던 곳입니다. 때문에 가나안 땅을 정탐한 40일의 하루를 1년으로 계산하여 40년 동안이나 광야에서 방황하게 되었습니다(민 13:1~14:35). 그런데 이제 다시 가나안의 진입로인 가데스에 이르게 된 것입니다. 그러므로 이 가데스는 이스라엘 민족에게 있어서는 과거를 뉘우칠 수 있는 회한의 땅이요, 이제 그동안의 모든 고난과 역경을 뒤로하고 몇 발자국의 경계선만 넘으면 열조들에게 약속해 주신 젖과 꿀이 흐르는 가나안 복지에 들어가게 되는 소망의 땅이기도 했습니다.

셋째, 미리암이 죽어 장사되었습니다.

하나님께서는 모세를 통해 이스라엘 백성들을 출애굽시키셨습니다. 모세를 도와서 함께 사역한 사람이 바로 미리암과 아론이었습니다. 미리암은 모세와 아론의 누이로서, 모세가 갈대상자에 담겨 나일 강에 떠내려갈 때 뒤좇아갔고, 모세가 바로의 공주에 의해 건져지자 모세의 어머니를 공주에게 유모로 알선해 주었습니다(출 2:4~8). 또한 아론과 함께 모세가 구스 여인을 취한 것을 비난하고 원망하다가 하나님께 징계를 받아 문둥병에 걸렸으나 모세의 기도를 들으신 하나님께서 일주일 만에 치료해 주셨습니다. 이 미리암이 이곳 가데스에서 죽어 장사되었습니다.

사랑하는 여러분!

인생을 살아갈 때 모두가 다 내가 믿고 바라는 대로 되는 것이 아닙니다. 다시는 안 보고, 안 만나며, 안 갈 것 같아도 그렇게 되는 것이 아닙니다. 때문에 회한의 날도 있고 소망의 날도 있습니다. 또한 인생의 행적에는 반드시 심판이 있습니다. 그러므로 언제든지 불평하거나 원망하지 말고 밝고 아름다운 감사와 순종의 삶을 살아야겠습니다.

2. 백성들의 계속된 불평

첫째, 모세와 아론을 공박했습니다.

이스라엘 백성들은 신 광야의 가데스에서 물을 얻지 못하자, 그동안 갖가지 기사와 이적으로 인도하신 하나님의 은혜를 잊어버리고 또다시 모세와 아론을 비난하고 공박했습니다(민 20:2~5). 고라당의 일당과 그들에게 동조한 250명의 족장들, 그들을 모세와 아론이 죽였다고 불평했던 14,700명의 사람들이 죽임당한 것을 보고도 아직까지 깨닫지 못하고 모세와 아론을 공박하고 있는 것입니다. 이것은 우리 인간들이 얼마나 어리석고 악한가를 보여 주는 것입니다. 실로 그들에게 필요한 것은 물보다도 하나님에 대한 믿음과 지도자에 대한 신뢰, 하나님이 인도하시는 새 땅에 대한 확실한 소망이었습니다.

둘째, 모세와 아론이 회막 앞에 엎드렸습니다.

모세와 아론은 백성들이 "너희가 어찌하여 우리를 애굽에서 나오게 하여 이 악한 곳으로 인도하였느냐 이곳에는 파종할 곳이 없고 무화과도 없고 포도도 없고 석류도 없고 마실 물도 없도다" (민 20:5)라고 대적하며 공박하자 어리석은 그들과 대항하여 싸우지 않고 총회 앞을 떠나 회막문에 나와서 하나님께 엎드려 기도했습니다. 이것은 가장 성숙한 신앙인의 자세요, 문제 해결의 탁월한 방법이며, 모범적인 지도자의 모습입니다.

셋째, 하나님께서는 반석을 명하여 물을 내라고 하셨습니다.

하나님께서는 원망하며 대적하는 백성들을 떠나 당신 앞에 엎드린 모세와 아론의 기도를 들으시고 모세에게 말씀하시기를, "지팡이를 가지고 네 형 아론과 함께 회중을 모으고 그들의 목전에서 너희는 반석에게 명하여 물을 내라 하라 네가 그 반석으로 물을 내게 하여 회중과 그들의 짐승에게 마시울지니라" (민 20:8)고 하셨습니다. 하나님께서는 불평하는 이스라엘 백성들의 목전에서 이적을 공개적으로 실행함으로써 모세를 통해 영광 받기를 원하셨습니다. 그러므로 우리도 우리의 언행 심사와 삶을 통해 하나님께 영광을 드려야겠습니다. 여기서 말하는 지팡이는 아론의 싹 난 지팡이(민 17:8)가 아니라 출애굽 당시 모세가 바로 앞에서 이적을 행하던 지팡이(출 7:15, 9:23)입니다.

사랑하는 여러분!

우리 모두 이 세상의 그 무엇보다도 우선적으로 믿음의 가치를 추구하는 삶을 삽시다. 그리고 모든 일에 항상 기도하고 철저하게 순종하는 성숙한 삶을 살면서 주님께 영광을 돌리는 복된 성도들이 되시기 바랍니다.

3. 모세의 실수와 범죄

첫째, 백성들에게 분노하고 반석을 쳤습니다.

이스라엘 백성들을 반석 앞에 모은 모세는 그들을 향해 "패역한 너희여 들으라 우리가 너희를 위하여 이 반석에서 물을 내랴" (민 20:10)라고 하며 자신의 감정을 다스리지 못하고 백성들에게 혈기를 내며 극도로 분노하여 반석을 쳤습니다. 이전에는 백성들이 불평하고 원망할 때에 무조건 하나님 앞에 엎드려 기도하고 하나님께서 역사하실 것을 믿고 인내하며 순종했던 모세가 여기에서는 하나님의 종으로 선택받기 이전인 애굽에서의 성질이 되살아난 것입니다. 또한 "우리가……이 반석에서 물을 내랴"라고 한 말에서 자신이 마치 하나님을 대신하여 물을 내는 것과 같은 오만함을 드러냈습니다. 그리고 그는 "반석에게 명령하여 물을 내라 하라"고 하신 하나님의 말씀대로 순종하지 않고 지팡이로 반석을 두 번 쳤습니다(민 20:11). 이것은 모세의 하나님에 대한 불신앙이요 불순종인 것입니다. 거듭 반복되는 백성들의 불신과 불평, 원망과 반역으로 인하여 그토록 믿음이 견고하고 철저하게 순종하는 그였지만 신앙이 약해졌으리라 생각됩니다. 그러나 이유 여하를 막론하고 모세는 하나님의 거룩하심을 훼손하고 불순종의 죄를 짓게 된 것입니다(민 20:12; 시 106:32~33).

둘째, 므리바의 불명예를 남겼습니다.

그동안 견고한 믿음과 불굴의 용기, 온전한 순종으로 이스라엘 민족의 출애굽 사역을 잘 수행했던 모세는 여기에서 "반석을 명령하여 물을 내라"는 하나님의 말씀에 순종하지 않고 반석을 두 번 쳤지만 하나님께서 약속하신 대로 물이 많이 솟아나와 백성들과 그들의 짐승들이 마시게 되었습니다(민 20:11). 그러나 그 물은 므리바(불평, 논쟁, 다툼의 뜻) 물이라는 명예롭지 못한 이름이 붙여지게 되었습니다. 이스라엘 백성들이 물이 없다고 불평하면서 모세와 다투었는데(민 20:3), 그것은 바로 여호와 하나님과 다투는 것이었습니다(민 20:13). 이스라엘 백성과 모세가 하나님의 백성으로서의 거룩함을 나타내지 못하고 다투었기 때문에 이렇게 안타까운 결과를 초래한 것입니다. 이것은 바로 우리에게 주시는 경고의 메시지이기도 합니다.

셋째, 모세와 아론은 징계를 받았습니다.

하나님께서는 이스라엘 백성들의 원망을 듣고 분노하여 하나님의 명령을 저버리고 자기 성질대로 반석을 쳐서 물을 낸 모세에게 "너희가 나를 믿지 아니하고 이스라엘 자손의 목전에 나의 거룩함을 나타내지 아니한 고로 너희는 이 총회를 내가 그들에게 준 땅으로 인도하여 들이지 못하리라"(민 20:12)고 하셨습니다. 그동안 견고한 믿음과 불굴의 용기, 온전한 순종으로 충성했던 모세와 아론이 하나님께로부터 무서운 징계를 받아 출애굽의 1세대들과 같이 광야에서 죽어 묻히게 되고 약속의 땅 가나안에 들어가지 못하게 된 것입니다. 그러므로 이제 출애굽의 지도자였던 모세와 아론, 미리암이 광야에서 완전히 막을 내립니다.

사랑하는 여러분!

우리 모두 그 어떤 이유에서도 불평하고 원망하며 다투는 일이 있어서는 안 되겠습니다. 서로에게 상처를 주고 일을 그르치며 불명예만 남기기 때문입니다. 또한 무슨 일이 있어도 불신앙과 불순종의 악을 행치 맙시다. 그리하여 평생 동안 징계받는 일이 없는, 가나안의 복된 삶을 누리는 성도들이 되시기 바랍니다.

불뱀 재앙과 놋뱀의 치유

[민수기 21장 4~9절]

백성이 호르 산에서 진행하여 홍해 길로 좇아 에돔 땅을 둘러 행하려 하였다가 길로 인하여 백성의 마음이 상하니라 백성이 하나님과 모세를 향하여 원망하되 어찌하여 우리를 애굽에서 인도하여 올려서 이 광야에서 죽게 하는고 이곳에는 식물도 없고 물도 없도다 우리 마음이 이 박한 식물을 싫어하노라 하매 여호와께서 불뱀들을 백성 중에 보내어 백성을 물게 하시므로 이스라엘 백성 중에 죽은 자가 많은지라 백성이 모세에게 이르러 가로되 우리가 여호와와 당신을 향하여 원망하므로 범죄하였사오니 여호와께 기도하여 이 뱀들을 우리에게서 떠나게 하소서 모세가 백성을 위하여 기도하매 여호와께서 모세에게 이르시되 불뱀을 만들어 장대 위에 달라 물린 자마다 그것을 보면 살리라 모세가 놋뱀을 만들어 장대 위에 다니 뱀에게 물린 자마다 놋뱀을 쳐다본즉 살더라

이스라엘 백성들은 그칠 줄 모르는 불평과 원망을 하나님과 모세를 향하여 쏟아부었습니다. 때문에 하나님께서는 이스라엘 백성들에게 진노하사 독성이 강한 불뱀들을 그들에게 보내어 물게 하셨고, 수많은 사람들이 죽어갔습니다. 그러자 다급해진 백성들은 모세에게 "우리가 여호와와 당신을 향하여 원망하므로

범죄하였사오니 여호와께 기도하여 이 뱀들을 우리에게서 떠나게 하소서"라며 긴급한 구원을 요청했습니다. 이에 모세가 기도하자 하나님께서는 즉시로 놋뱀을 만들어 그것을 높은 장대에 달게 하신 후 누구든지 그 놋뱀을 쳐다본 자들은 모두 다 살아나게 하셨습니다.

1. 백성들의 원망

첫째, 길로 인하여 마음이 상했습니다.

이스라엘 백성들은 에돔의 자국 통과 거부로 인하여 평탄한 '왕의 대로'(민 20:17, 국제도로로서 고유명사)를 통과하지 못하고 우회하여 고역스러운 광야 길로 진행해야 했습니다. 그동안 긴 여정의 광야생활에서 지쳐 버린 그들은 또다시 고생이 시작되고 마실 물도 구하기 어렵게 되자 마음이 상한 것입니다. 여기에서 '마음이 상했다'는 말은 히브리어로 '마음이 짧아졌다, 안목이 좁아졌다'는 의미입니다. 이스라엘 백성들은 마음이 좁아져서 자신들을 위한 하나님의 크신 사랑과 은혜의 계획을 바라보지 못하고 당장 눈앞에 닥친 고생만을 생각함으로 속이 상하게 된 것입니다. 그러므로 이러한 것들은 모두가 다 그들의 불신앙에서 비롯된 것이었습니다.

둘째, 불평과 원망이 습관화된 자들이었습니다.

이스라엘 백성들은 광야생활에서 어려운 상황에 부딪히기만 하면 사사건건 지도자에 대해 습관적으로 불평하고 원망했습니다. 그들은 모세에게 "어찌하여 우리를 애굽에서 인도하여 올려서 이 광야에서 죽게 하는고 이곳에는 식물도 없고 물도 없도다 우리 마음이 이 박한 식물을 싫어하노라"(민 21:5)고 원망했습니다. 다시 말하면, 그들은 하나님께서 모세를 통해서 애굽에서 인도하신 것 자체를 원망했고(민 21:5), 자기들이 심지 않고 가꾸지 않았음에도 기사와 이적으로 먹여 주신 식물에 대해서도 불평했습니다(민 11:6, 21:5). 저들이 광야에서 먹은 만나는 이 세상의 그 어떤 음식보다도 질이 좋고 맛있는 양식이었습니다.

셋째, 배은망덕한 자들이었습니다.

하나님께서는 선민인 이스라엘 백성들이 이방인의 땅인 애굽에서 신앙과 삶의 자유를 잃어버린 채 억압받고 있는 것을 불쌍히 여기시고, 그동안 출애굽을 위해 준비시킨 모세를 통해 그토록 강퍅한 바로를 굴복시키고 이스라엘 백성들을 출애굽시키셨습니다. 그런데 그들은 모세가 자기들을 광야에서 죽이기 위해 끌어냈다고 불평하고 원망했습니다. 하나님께서 모세를 통하여 지금까지 인도하시고 지켜 주신 은혜에 대해 감사할 줄 모르고 자신들의 육신이 원하는 만족을 채우고자 하는 욕심과 짧은 안목으로 불평하고 원망한 것입니다. 이것은 바로 하나님께 대한 불신앙이요 지도자에 대한 배신으로서, 하나님의 심판을 받을 수밖에 없는 악한 행위였습니다.

사랑하는 여러분!

우리 모두 이 세상을 살아가는 동안에 그 어떠한 상황에 처한다고 할지라도 그로 인하여 하나님이나 어느 누구를 비난하고 불평하며 원망하지 맙시다. 오늘의 나의 삶이 비록 힘들고 어렵다고 할지라도 우리를 향하신 하나님의 좋으신 계획을 믿으며 넘치는 소망을 가지고 기쁨으로 살아야겠습니다.

2. 여호와의 진노

첫째, 불평과 원망에 대해 생각해 봅시다.

불평과 원망의 생리를 보면 불평은 자기의 마음에 들지 않아서 불만을 토로하는 것을 말하고, 원망은 불평으로 끝나는 것이 아니라 한 걸음 더 나아가 상대방을 탓하고 미워하는 것을 말합니다. 이 불평과 원망이 무서운 것은 자기 자신의 의식구조를 병들게 하여 정상적인 언행심사와 삶의 자세를 갖지 못하게 하는데 있습니다. 그러므로 신앙생활이 안 되고 원만한 인간관계를 가질 수 없기 때문에 정상적인 사회생활을 할 수 없습니다. 한마디로 인생의 실패자가 될 수밖에 없습니다. 하나님께서는 그동안 불뱀과 전갈이 있는 위험한 광야에서도 당신의 백성들을 잘 지켜 주셨습니다. 그러나 이번에는 불평하고 원망하는 이스라엘 백성들에게 무서운 징계를 내리셨습니다.

둘째, 불뱀에 물려 죽게 하셨습니다.

이 불뱀은 이스라엘이 여행하던 광야에 많이 서식하던 독사의 일종으로, 등에 불타는 듯한 붉은 반점이 있기 때문에 붙여진 이름입니다. 이 뱀에 물리면 즉시 온몸에 독이 퍼져서 열이 올라 죽습니다. 하나님께서는 불평하고 원망하는 백성들에게 불뱀을 보내어 물게 하심으로 고통을 받아 죽게 하셨습니다. 이것은 불평하고 원망하는 이스라엘 백성들로 하여금 자신들의 잘못을 깨닫고 돌이키도록 하시기 위함이었습니다.

셋째, 백성들이 모세에게 기도를 부탁했습니다.

자신들의 여행길과 음식으로 인하여 하나님과 모세에게 불평하고 원망했던 이스라엘 백성들은 불뱀으로 인하여 죽게 되자 그것이 바로 자신들의 불평과 원망에 대한 하나님의 징계인 것을 즉시로 깨닫고 "우리가 여호와와 당신을 향하여 원망함으로 범죄하였사오니 여호와께 기도하여 이 뱀들을 우리에게서 떠나게 하소서"(민 21:7)라며 자신들을 위해 기도해 줄 것을 모세에게 부탁했습니다. 왜냐하면 구약 시대에는 하나님께서 세우신 종들을 통해서만 하나님께 간구할 수 있었기 때문입니다. 그러나 이제는 우리 인류의 진정한 중보자가 되시는 예수 그리스도의 이름으로 누구든지 직접 기도할 수 있습니다.

사랑하는 여러분!

우리의 인생길에서 그 어떤 이유로도 불평하거나 원망하지 맙시다. 그리하여 일생 동안 어떤 모양으로도 징계받는 일 없이, 하나님의 사랑과 은혜가 넘치는 복된 삶을 사시기 바랍니다.

3. 놋뱀을 세우게 하심

첫째, 하나님께서 모세로 하여금 놋뱀을 만들게 하셨습니다.

백성들의 기도 요청을 받은 모세가 하나님께 기도하자 하나님께서는 모세에게 놋뱀을 만들어 장대 위에 달아 불뱀에 물린 자마다 그것을 바라보고 살게 하라고 하셨습니다(민 21:8). 이것은 바로 당신의 종인 모세를 통해 이스라엘 백성들을 인도하시겠다는 것입니다. 그렇습니다. 하나님께서는 모세를 이스라엘의 지도자로 세우시고 압박과 설움의 현장인 애굽에서 인도해내셨습니다. 또한 광야생활 중에서도 모세를 통해서 이스라엘 백성들을 인도하셨습니다. 오늘날도 마찬가지입니다. 하나님께서는 당신의 종들을 세우시고 당신의 백성들을 인도하게 하십니다. 뿐만 아니라 그들을 통해서 주님의 몸 된 교회를 세워 가게 하시고, 성도들을 양육하여 그리스도의 제자가 되게 하십니다.

둘째, 놋뱀을 쳐다보는 자는 살게 하셨습니다.

불뱀에게 물린 자들은 혈관에 독이 퍼져 극심한 고통과 함께 곧바로 숨져 갔습니다. 하나님의 징계 앞에 어쩔 수 없는 인간들이었습니다. 그러나 우리 하나님께서는 당신의 백성들이 불뱀에 물려 멸망하는 것을 결코 원치 않으셨습니다. 때문에 하나님께서는 모세에게 놋뱀을 만들게 하시고 그것을 쳐다보는 자는 모두가 다 살 수 있게 하신 것입니다. 불뱀에 물린 자들이 죽지 않고 살아나려면 반드시 장대에 달린 놋뱀을 바라보아야 했습니다. 장대에 달린 놋뱀 그 자체에 어떤 신통력이 있어서 사람을 살리는 것이 아니라 하나님의 약속의 말씀을 믿고 그대로 순종하는 자는 구원을 받게 된다는 것을 보여 주는 것입니다. 우리가 장대에 달린 놋뱀을 바라보는 것은 쉽습니다. 결코 어려운 것이 아니었습니다. 그러나 바라보고 살아난 자들도 있었고 끝까지 바라보지 않고 죽은 자들도 있었습니다. 그렇습니다. 믿고 순종하면 살게 되고, 믿지 않고 불순종하면 이렇게 멸망할 수밖에 없습니다.

셋째, 본문을 통한 교훈을 봅시다.

먼저 우리의 인생길에서 그 어떤 이유에서도 불평과 원망을 해서는 안 된다는 것입니다. 그러므로 지금 나의 삶이 비록 고달프고 힘들다고 할지라도 나를 향한 하나님의 선하신 계획을 믿고 감사해야 합니다. 또한 만나는 우리의 영혼이 먹고 사는 생명의 떡인 예수 그리스도를 상징합니다. 때문에 주님께서 친히 말씀하시기를 "나는 하늘로서 내려온 산 떡이니 사람이 이 떡을 먹으면 영생하리라 나의 줄 떡은 곧 세상의 생명을 위한 내 살이로라"(요 6:51)고 하셨습니다. 그런데 이스라엘 백성들은 예수 그리스도를 상징하는 하늘의 음식인 만나에 대해 불평한 것입니다.

모세가 만든 놋뱀이 장대에 높이 달림으로 불뱀에 물려 죽어가던 자들이 그것을 바라보면 살게 된 것처럼, 인류의 죄를 대속하시기 위해 십자가에 달리신 예수 그리스도를 믿는 자는 다 구원을 받습니다. 때문에 예수님께서는 "모세가 광야에서 뱀을 든 것같이 인자도 들려야 하리니 이는 저를 믿는 자마다 영생을 얻게 하려 하심이니라 하나님이 세상을 이처럼 사랑하사 독생자를 주셨으니 이는 저를 믿는 자마다 멸망치 않고 영생을 얻게 하려 하심이니라"(요 3:14~16)고 하셨습니다.

사랑하는 여러분!

우리 모두 죄와 허물로 인하여 죽을 수밖에 없는 우리를 위해 십자가에 못박혀 높이 달리신 대속의 주님을 믿음으로 바라봅시다. 그리고 지은 죄를 철저히 회개하고, 구원해 주심을 감사드리며 날마다 찬송하며 사는 복된 성도들이 되시기 바랍니다.

나귀가 사람의 말을 하게 하심

[민수기 22장 21~35절]

발람이 아침에 일어나서 자기 나귀에 안장을 지우고 모압 귀족들과 함께 행하니 그가 행함을 인하여 하나님이 진노하심으로 여호와의 사자가 그를 막으려고 길에 서니라 발람은 자기 나귀를 타고 그 두 종은 그와 함께 있더니 나귀가 여호와의 사자가 칼을 빼어 손에 들고 길에 선 것을 보고 길에서 떠나 밭으로 들어간지라 발람이 나귀를 길로 돌이키려고 채찍질하니 여호와의 사자는 포도원 사이 좁은 길에 섰고 좌우에는 담이 있더라 나귀가 여호와의 사자를 보고 몸을 담에 대고 발람의 발을 그 담에 비비어 상하게 하매 발람이 다시 채찍질하니 여호와의 사자가 더 나아가서 좌우로 피할 데 없는 좁은 곳에 선지라 나귀가 여호와의 사자를 보고 발람의 밑에 엎드리니 발람이 노하여 자기 지팡이로 나귀를 때리는지라 여호와께서 나귀 입을 여시니 발람에게 이르되 내가 네게 무엇을 하였기에 나를 이같이 세 번을 때리느뇨 발람이 나귀에게 말하되 네가 나를 거역하는 연고니 내 손에 칼이 있었더면 곧 너를 죽였으리라 나귀가 발람에게 이르되 나는 네가 오늘까지 네 일생에 타는 나귀가 아니냐 내가 언제든지 네게 이같이 하는 행습이 있더냐 가로되 없었느니라 때에 여호와께서 발람의 눈을 밝히시매 여호와의 사자가 손에 칼을 빼어들고 길에 선 것을 보고 머리를 숙이고 엎드리니 여호와의 사자가 그에게 이르되 너는 어찌하여 네 나귀를 이같이 세 번 때렸느냐 보라 네 길이 내 앞에 패역하므로 내가 너를 막으려고 나왔더니 나귀가 나를 보고 이같이 세 번을 돌이켜 내 앞에서 피하였느니라 나귀가 만일 돌이켜 나를 피하지 아니하였더면 내가 벌써 너를 죽이고 나귀는 살렸으리라 발람이 여호와의 사자에게 말씀하되 내가 범죄하였나이다 당신이 나를 막으려고 길에 서신 줄을 내가 알지 못하였나이다 당신이 이를 기뻐하지 아니하시면 나는 돌아가겠나이다 여호와의 사자가 발람에게 이르되 그 사람들과 함께 가라 내가 네게 이르는 말만 말할지니라 발람이 발락의 귀족들과 함께 가니라 하나님의 은혜로 이스라엘은 주변국들의 방해를 물리치고 승리의 행진을 거듭하면서 모압 평지에 진을 쳤습니다. 이에 모압 왕인 발락이 공포심이 생겨 사절들을 발람에게 보내어 이스라엘을 저주하라고 부탁했습니다. 그러나 발람은 하나님께 여쭈어 보고 하나님께서 말씀하신 대로 말하겠다고 했습니다. 이에 하나님께서는 발람에게 "너는 그들과 함께 가지도 말고 그 백성을 저주하지도 말라 그들은 복을 받은 자니라"(민 22:12)고 하셨습니다. 그러나 계속된 발락의 달콤한 유혹에 흔들려서 불의한 길을 가다가 하나님께서 진노하시사 그의 길을 가로막은 데서 발생한 사건입니다.

1. 발락의 요청과 발람의 태도

첫째, 발락이 발람에게 사절을 보냈습니다.

이스라엘 백성들이 전례 없이 주변국들의 침략을 물리치면서 계속 진행하여 모압 평지에 진을 치자, 이에 두려움을 느낀 모압 왕 발락이 당시 메소포타미아에서 최고의 명성을 가진 점술가 발람에게 예물과 함께 사절을 보냈습니다. 내용인즉, 점술가인 발람으로 하여금 이스라엘을 저주하게 함으로 이스라엘과 싸워서 승리하여 이스라엘을 모압에서 몰아내고자 한 것입니다. 당시 사람들은 점술가나 마법사들의 주문이 초자연적인 능력을 가지고 있다고 생각하여 누구든지 그들이 복을 비는 자는 복을 받고, 저주를 하면 망한다고 생각했습니다.

둘째, 발람은 발락의 요청을 거절했습니다.

발락이 예물과 함께 보낸 사절들의 요청을 들은 발람은 "이 밤에 여기서 유숙하라 여호와께서 내게 이르시는 대로 너희에게 대답하리라"(민 22:8)고 했습니다. 이에 하나님께서는 "너는 그들과 함께 가지도 말고 그 백성을 저주하지도 말라 그들은 복을 받은 자니라"(민 22:12)고 하셨습니다. 때문에 발람은 발락의 사절들에게 "너희는 너희의 땅으로 돌아가라 내가 너희와 함께 가기를 여호와께서 허락지 아니하시느니라"(민 22:13)고 거절했습니다. 하나님께서 당신의 백성인 이스라엘을 보호하시기 위해 발람에게 친히 개입하셔서 못 가게 하신 것입니다. 그렇습니다. 전능하신 하나님께서 함께하시면 누구도, 그 무엇도 우리를 해할 수 없습니다.

셋째, 발락이 더 많은 사절들을 보냈습니다.

발람이 자신의 요청을 거절했다는 사절들의 보고를 들은 발락은 다시 더 높은 지위의 사절들을 더 많이 보내어 발람의 마음을 움직이고자 했습니다. 발락의 사절들은 발람에게, "발락의 말씀에 청컨대 아무것에도 거리끼지 말고 내게로 오라 내가 그대를 높여 크게 존귀케 하고 그대가 내게 말하는 것은 무엇이든지 시행하리니 청컨대 와서 나를 위하여 이 백성을 저주하라 하시더이다"(민 22:16~17)라고 했습니다. 이것은 발락이 물질과 명예, 권세를 미끼로 발람을 유혹하고 있는 것입니다.

그렇습니다. 사단은 언제나 이렇게 부패한 우리 인간들의 약점과 욕심을 이용하여 유혹합니다. 때문에 발람은 이미 여호와께서 이스라엘을 저주하지 말라(민 22:12)고 명령하셨음에도 불구하고 "여호와께서 내게 무슨 말씀을 더하실는지 알아보리라”(민 22:19)고 했습니다. 이것은 이미 그의 마음이 약해진 것을 말해 줍니다. 이에 발람의 중심을 잘 아시는 하나님께서는 그에게 “그 사람들이 너를 부르러 왔거든 일어나 함께 가라”(민 22:20)고 하셨습니다. 이것은 하나님께서 기꺼이 허락하신 것이 아니라 한번 가 볼 테면 가 보라고 역정을 내신 것입니다.

사랑하는 여러분!

우리 모두는 이 세상의 그 어떤 유혹에도 흔들리지 않고 믿음 위에 굳게 서야 합니다. 그리고 언제 어디서나, 그 어떠한 상황에서든지 변함없이 오직 예수 그리스도의 말씀만 따라가야 합니다. 그리하여 언제나 하나님의 사랑과 은혜 안에서 넘치는 복을 누리시기 바랍니다.

2. 진노하시는 여호와

첫째, 발람은 발락을 향해 떠났습니다.

처음에는 발락의 요청을 단호하게 물리쳤던 발람은 두 번째의 달콤하고도 강력한 발락의 요청에 마음이 흔들렸습니다. 이미 따라가고픈 마음이 있었기 때문에 다시 한 번 기회를 찾고자 한 것입니다. 하나님께서 이미 말씀하셨기 때문에 두 번 다시 하나님의 뜻을 구할 필요가 없었습니다. 발람은 발락의 신하들에게, “발락이 그 집에 은, 금을 가득히 채워서 내게 줄지라도 내가 능히 여호와 내 하나님의 말씀을 어기어 덜하거나 더하지 못하겠노라”(민 22:18)고 말했습니다. 그러나 이것은 진실하지 못한 말이었습니다. 때문에 그는 여호와의 진의를 깨닫지 못하고 발락을 향해 떠난 것입니다.

둘째, 여호와의 사자가 발람의 길을 막았습니다.

발락의 달콤한 유혹에 욕심이 생겨 마음이 흔들린 발람은 하나님께서 자신의 소원을 들어주신 것으로 착각하고, 발락의 사절들과 함께 모압으로 떠났습니다. 때문에 하나님께서는 발람의 행함에 대하여 진노하시고 사자를 보내어 발람의 길을 막으셨습니다. 이것은 하나님께서 그의 가는 길을 무조건 반대하신 것이 아니라, 그가 발락의 불의한 유혹을 받아 잘못된 길을 가고 있기 때문이었습니다. 다시 말하면 그의 불의한 속마음과 진실하지 못한 행위를 아시고 그의 불의한 행위를 막으신 것입니다. 그렇습니다. 우리가 하나님의 일을 할 때는 드러나는 행위에 앞서 우선적으로 보이지 않는 우리의 마음 중심이 하나님 앞에 인정받아야 합니다. 그러므로 우리의 인생길에서 막힘이 있을 때는 반성할 필요가 있습니다.

셋째, 나귀가 발람을 꾸짖었습니다.

발람이 타고 가던 나귀는 여호와의 사자가 칼을 빼어 손에 들고 길에 선 것을 보고 길에서 떠나 밭으로 들어갔습니다(민 22:23). 그러자 발람은 나귀를 길로 돌이키려고 채찍질했습니다. 발람의 눈에는 여호와의 사자가 보이지 않았기 때문입니다. 그런데 이번에는 여호와의 사자가 좌우에 담이 있는 포도원 사이의 좁은 길을 막고 있었습니다. 그것을 본 나귀가 발람의 발을 담에 비비어 상하게 했습니다. 그러자 발람은 또 채찍으로 나귀를 때렸습니다. 이제 마지막으로 좌우로 도저히 피할 수 없는 좁은 길에 여호와의 사자가 길을 가로막고 있는 것을 본 나귀가 발람의 발 밑에 엎드리자 발람이 노하여 지팡이로 나귀를 쳤습니다. 그러자 여호와께서 갑자기 나귀의 입을 여심으로 나귀가 "내가 네게 무엇을 하였기에 나를 이같이 세 번을 때리느뇨"(민 22:28)라고 말했습니다. 이것은 하나님께서 우둔한 발람을 깨우치기 위해 나귀를 통해서 당신의 말씀을 생생하게 들려주신 것입니다.

사랑하는 여러분!

우리 모두 그 어떤 일이 있어도 부패한 육신의 욕심과 향락을 따라가지 맙시다. 한결같은 우리의 언행심사로 언제나 인정받는 성도들이 됩시다. 그리고 그 어떤 이유로도 남을 억울하게 하는 일이 없는 은혜로운 삶을 사시기 바랍니다.

3. 발람에게 보이신 여호와의 사자

첫째, 하나님께서 발람의 눈을 밝히셨습니다.

나귀가 발람에게 왜 때리느냐고 따지자 발람은 "네가 나를 거역하는 연고니 내 손에 칼이 있었더면 곧 너를 죽였으리라"(민 22:29)고 했습니다. 그러자 나귀는 또 "나는 네가 오늘까지 네 일생에 타는 나귀가 아니냐 내가 언제든지 네게 이같이 하는 행습이 있더냐"(민 22:30)고 말합니다. 이렇게 나귀와 발람이 한창 논쟁하고 있을 때에, 여호와께서 발람의 눈을 밝히셨습니다. 발람은 여호와의 사자가 손에 칼을 빼어 들고 길에 선 것을 보고 머리를 숙여 엎드렸습니다. 그때에 여호와의 사자가 발람에게 "너는 어찌하여 네 나귀를 이같이 세 번 때렸느냐 보라 네 길이 내 앞에 패역하므로 내가 너를 막으려고 나왔더니 나귀가 나를 보고 이같이 세 번을 돌이켜 내 앞에서 피하였느니라 나귀가 만일 돌이켜 나를 피하지 아니하였더면 내가 벌써 너를 죽이고 나귀는 살렸으리라"(민 22:32~33)고 말했습니다. 다시 말하면, 어리석은 발람은 자기를 살린 나귀를 세 번씩이나 때리고 분노하였던 것입니다. 참으로 배은망덕한 인간입니다.

둘째, 발람이 자신의 죄를 고백했습니다.

발람은 모압으로 향하는 자신의 길이 사악한 것이라는 여호와의 사자의 말을 듣고 나서야 자신의 길이 잘못되었고 참으로 처절한 상황이라는 것을 깨닫게 되었습니다. 그는 여호와의 사자에게 곧바로 "내가 범죄하였나이다 당신이 나를 막으려고 길에 서신 줄을 내가 알지 못하였나이다"(민 22:34)라고 자신의 죄를 고백했습니다. 이것은 망신을 당하고 혼이 나고 나서야 깨닫는 어리석은 인간임을 잘 나타내고 있습니다.

셋째, 여호와의 사자는 발람에게 사절들과 함께 가라고 하였습니다.

발람은 자신이 모압 왕 발락에게 가는 것을 여호와의 사자가 기뻐하지 않으면 "나는 돌아가겠다"고 했습니다. 이에 여호와의 사자가 발람에게 "그 사람들과 함께 가라 내가 네게 이르는 말만 말할지니라"(민 22:35)고 했습니다. 이것은 여호와께서 발람의 요구를 들어주시고 그의 길을 허락하신 것이 아니라, 이스라엘을 끝까지 보호하시고 인도하시는 하나님의 섭리 안에서 그의 길을 가게 하신 것입니다. 그러자 발람은 발락의 사절들과 함께 모압 왕 발락에게로 향했습니다.

사랑하는 여러분!

우리 모두 신령하신 하나님의 세계를 볼 줄 아는 믿음의 눈을 가집시다. 그리하여 우리 자신과 하나님의 역사하심을 똑바로 보고 내 뜻대로가 아니라 하나님께서 원하시는 복된 삶을 사시기 바랍니다.

제2부 역사서

요단 강이 갈라짐(수 3:14~17)
여리고 성이 무너짐(수 6:1~27)
태양과 달이 멈춤(수 10:6~15)
반석에서 불이 나와 제물을 태움(삿 6:11~24)
삼손의 기도로 샘물이 남(삿 15:14~20)
법궤 앞에서 파괴된 다곤 신상(삼상 5:1~12)
법궤를 운반한 암소들(삼상 6:1~16)
큰 우레를 발하심(삼상 7:1~17)
사무엘의 기도를 통한 기적(삼상 12:16~25)
물맷돌의 기적(삼상 17:45~49)
웃사의 죽음(삼하 6:1~15)
여로보암에게 행하신 기적(왕상 13:1~10)
까마귀를 통해 엘리야를 먹이심(왕상 17:1~7)
다함이 없는 가루와 기름(왕상 17:8~16)
단에 불을 내려 응답하심(왕상 18:16~40)
불을 내려 사람을 태우심(왕하 1:1~16)
엘리야의 승천(왕하 2:1~14)
소금으로 물을 고치심(왕하 2:15~22)
곰이 아이들을 죽임(왕하 2:23~25)
물이 가득하게 하심(왕하 3:13~20)
그릇마다 기름이 가득함(왕하 4:1~7)
죽은 아이를 소생시킴(왕하 4:8~37)
국솥의 독소가 제거됨(왕하 4:38~41)
보리떡 이십 개의 기적(왕하 4:42~44)
나아만의 문둥병을 고침(왕하 5:1~14)
게하시가 문둥병이 들다(왕하 5:20~27)
물에 빠진 도끼를 건짐(왕하 6:1~7)
열린 눈과 닫힌 눈의 기적(왕하 6:8~23)
엘리사의 뼈의 기적(왕하 13:14~21)
십팔만 오천 명을 죽이심(왕하 19:20~37)
히스기야의 병을 고치심(왕하 20:1~7)
해를 뒤로 물러가게 하심(왕하 20:8~11)
웃시야 왕의 이마에 문둥병이 발함(대하 26:16~23)

요단 강이 갈라짐

[여호수아 3장 14~17절]

백성이 요단을 건너려고 자기들의 장막을 떠날 때에 제사장들은 언약궤를 메고 백성 앞에서 행하니라 (요단이 모맥 거두는 시기에는 항상 언덕에 넘치더라) 궤를 멘 자들이 요단에 이르며 궤를 멘 제사장들의 발이 물가에 잠기자 곧 위에서부터 흘러내리던 물이 그쳐서 심히 멀리 사르단에 가까운 아담 읍 변방에 일어나 쌓이고 아라바의 바다 염해로 향하여 흘러가는 물은 온전히 끊어지매 백성이 여리고 앞으로 바로 건널새 여호와의 언약궤를 멘 제사장들은 요단 가운데 마른 땅에 굳게 섰고 온 이스라엘 백성은 마른 땅으로 행하여 요단을 건너니라

이스라엘 백성들이 40년 전에 홍해를 건널 때에는 하나님께서 모세를 통해서 홍해를 먼저 갈라 놓고 건너게 하셨지만, 요단 강을 건널 때에는 여호수아를 통해서 언약궤를 멘 제사장들로 하여금 먼저 요단 강물을 밟게 함으로 갈라지게 하여 건너게 하셨습니다. 그것은 믿음이 약하고 부족할 때에는 하나님께서 먼저 능력을 보이시고 신앙을 고무시키며 권면하시지만, 믿음이 성장한 후에는 그 어떤 것이 보이거나 들리지 않아도 하나님의 언약

을 믿고 담대하게 나아가는 자에게 역사하신다는 것을 보여 주는 것입니다.

1. 언약궤가 백성들 앞에서 행함

첫째, 제사장들이 언약궤를 멨습니다.

이 언약궤(언약의 말씀을 넣은 궤)는 법궤(하나님의 법인 십계명을 넣어 둔 궤), 증거궤(예수 그리스도와 구원에 대해 증거된 말씀을 넣어 둔 궤)라고도 하는데, 이 궤에는 십계명을 기록한 돌판과 만나를 담은 항아리, 아론의 싹 난 지팡이가 들어 있었습니다. 때문에 이 궤는 하나님의 말씀의 상징이요, 하나님이 주시는 양식의 상징이며, 부활이요 생명이신 그리스도의 상징인 것입니다. 이 궤는 반드시 하나님께서 위임하신 제사장들만이 만질 수 있었습니다(민 4:15, 18~20, 18:3). 그러나 예수 그리스도께서 십자가를 지고 피를 흘리심으로 우리 인간들의 대속제물이 되셨기 때문에 신약 시대의 모든 그리스도인들은 누구든지 하나님의 보좌 앞에 담대히 나아가 직접 대화할 수 있습니다.

둘째, 언약궤가 백성들 앞에서 행했습니다.

이 언약궤는 하나님의 임재의 상징입니다. 그러므로 제사장들이 멘 언약궤가 이스라엘 백성들 앞에서 행했다는 것은 바로 하나님께서 친히 이스라엘 백성들을 인도하셨다는 것입니다. 그렇습니다. 하나님의 백성들은 언제나 이렇게 하나님의 말씀만 믿고 따라가야 합니다. 그래야 생명을 얻고 가나안을 정복하는 풍성한 삶과 함께 영생 복락을 누릴 수 있습니다. 그러므로 우리는 친히 우리의 목자가 되셔서 늘 푸른 초장에 누이시며 쉴 만한 물가로 인도하시고 안위해 주시는 하나님만 따라가야 합니다.

셋째, 성도는 하나님의 약속만 믿고 따라야 합니다.

우리는 예수 그리스도를 구주로 믿고 구원받은 자들로서 하나님의 자녀요, 천국의 백성들입니다. 그러므로 구원받지 못한 이 세상 사람들과는 확연히 달라야 합니다. 불신자들은 사단의 지배 아래 있는 자들이기 때문에, 이 세상에 소망을 두고 자행자지하며 살다가 지옥에 갈 수밖에 없는 안타까운 사람들입니다. 그러므로 그들은 자신이 보고 느끼며 감각하는 대로 육신의 욕망을 따라 살아갑니다. 그들은 천국에 대한 소망이 없기 때문에 죽음 이후의 영생에 대해서는 전혀 관심이 없습니다. 오직 이 세상 것에만 혈안이 되어 먹고 마시며 취하는 쾌락만을 추구합니다. 그러나 우리 모두는 하나님의 사람입니다. 그러므로 이 세상 사람들과는 달리 하나님께서 우리에게 약속하신 말씀을 굳게 잡고 믿음으로 살아가야 합니다. 바로 거기에 승리가 있고 형통이 있습니다.

사랑하는 여러분!

우리 모두 주님의 몸 된 교회를 통해서 주시는 하나님의 말씀에 귀를 기울입시다. 우리의 구원이 되시며 양식이 되시고 생명이 되시는 주님만 따라갑시다. 하나님께서 우리에게 약속해 주신 언약의 말씀을 믿고 자신 있게 나아갑시다. 가나안 정복의 역사가 일어날 것입니다.

2. 흘러내리던 요단 강이 갈라짐

첫째, 이때는 곡식을 거두는 시기였습니다.

이스라엘 백성들이 요단 강을 건너려고 할 때는 바로 곡식을 거두는 시기였습니다. 이 시기는 태양력으로 4, 5월경인데 헤르몬 산의 눈이 녹아 내릴 뿐 아니라 봄비가 많이 내리기 때문에 갈릴리 호수는 최고 수위에 오르게 되고 요단 강물은 크게 불어나 강의 깊이는 3~4미터가 되고, 너비는 30미터 이상이나 되는 곳도 있다고 합니다. 이처럼 전체 요단 강물이 만수가 되어 사해로 흘러가는 이 시기에는 요단 강의 가장 좁은 나루터라고 할지라도 일반적인 방법으로 도강하는 것은 불가능했습니다. 더구나 처자식을 거느린 이스라엘 백성들에게는 감히 엄두조차 못 낼 일이었습니다. 이 요단 강은 평상시에는 수영으로 건널 수 있는 좁은 지역도 있었지만 이 시기에는 물살이 거셌기 때문에 그 어느 곳에서도 수영으로 건널 수가 없었습니다.

둘째, 제사장들이 요단 강을 밟았습니다.

요단 강물이 범람하는 시기에 세차게 흐르는 강물 속으로 제사장들이 함께 언약궤를 메고 들어서는 것은 정상적인 사람의 상식으로는 도저히 생각할 수도 없는 일입니다. 아마도 세상 사람들이 볼 때에는 함께 죽기로 작정한 사람들이라고 비아냥거릴 것입니다. 그러나 이스라엘 민족의 지도자인 여호수아가 제사장들에게 "언약궤를 메고 백성 앞서 건너라"(수 3:6)고 명령하자, 제사장들은 하나님께서 제아무리 세찬 강물이라도 멈추게 하실 것이라는 강한 믿음으로 언약궤를 메고 백성들 앞에서 나아가 넘실거리는 요단 강에 들어섰습니다(수 3:8, 13~15). 그러자 그토록 거세게 흐르던 요단 강물이 바로 갈라졌습니다. 이것은 하나님께 대한 견고한 믿음과 가나안에 대한 하나님의 언약을 의심 없이 받아들인 믿음의 행위였습니다.

셋째, 고난 중에 도와주시는 하나님입니다.

이스라엘 백성들이 모맥을 거두는 시기에 요단 강을 건넌다는 것은 참으로 어려운 일이었습니다. 그런데 하나님께서는 하필이면 왜 이렇게 어려운 시기를 선택하셨을까요? 강물이 완전히 줄어드는 6월 이후의 건조기를 선택하셨다면 얼마나 좋았겠습니까? 그러나 이것은 부족한 우리 인간들의 짧은 생각일 뿐입니다. 이 세상 우주만물과 우리 인생의 생사화복을 주관하시는 분은 오직 우리 하나님뿐입니다. 때문에 그 어떠한 사람도 자기 마음대로 살아갈 수 없습니다. 그러므로 우리 모두는 하나님의 섭리에 적극적으로 순종해야 합니다.

하나님께서는 이 사건을 통해서 이스라엘 백성들에게 가르치시려는 교훈이 있었습니다. 그것은 사람의 절대적인 절망은 하나님의 기회요, 우리 인간들이 해결할 수 없는 역경과 고난일수록 하나님의 능력은 더 크게 드러난다는 사실입니다. 하나님께서는 이스라엘 백성들과 늘 함께하시고 도와주신다는 사실을 깨닫게 하시려는 것이었습니다. 문제는 내 앞을 가로막은 장애물이 아니라 나 자신이 얼마나 하나님을 의지하느냐입니다.

사랑하는 여러분!

우리 모두 언제 어디서나 늘 함께하시고 도우시는 하나님을 진심으로 경외하고 철저하게 순종합시다. 또한 그 누구보다도 먼저 앞서서 본을 보이는 진실한 성도들이 됩시다. 그리고 그 어떠한 고난도 두려워하지 말고 자신 있게 살아가시기 바랍니다.

3. 마른 땅으로 요단을 건너는 이스라엘

첫째, 제사장들이 요단 가운데 서 있었습니다.

이제 전능하신 하나님의 은혜로 이스라엘 백성들이 요단 강을 마른 땅같이 건너게 되었습니다. 그런데 바로 여기서 우리가 주목해야 될 것은 제사장들이 어깨에 메고 들어선 언약궤의 위치가 어디에 있느냐입니다. 언약궤를 멘 제사장들은 갈라진 요단 강의 한가운데에 그대로 서 있었습니다(수 3:17). 이것은 바로 우리 하나님께서는 언제나 당신의 백성들과 끝까지 함께하시고 책임져 주신다는 것을 보여 줍니다. 그러므로 우리 모두는 광야 같은 이 세상에서 항상 하나님을 우리 생의 한가운데 모시고 그분의 뜻대로 순종하며 살아야 합니다.

둘째, 길을 여시는 하나님의 능력입니다.

하나님께서는 우리 인생들의 죄와 허물로 인하여 닫혀 버린 모든 길을 여셨습니다. 예수 그리스도를 이 세상에 보내시사 누구든지 그를 믿는 자마다 죄 사함을 받고 구원받는 길을 열어 주셨습니다. 뿐만 아니라 하나님의 자녀가 되어 천국 가는 길을 열어 주셨습니다. 그리고 사명의 길을 열어 주시어 충성하도록 하셨습니다. 기도하는 길을 열어 주셨습니다. 복 받는 길을 열어 주셨습니다. 문제 해결의 길을 열어 주셨습니다. 치유받는 길을 열어 주셨습니다. 사명의 길을 열어 주셨습니다. 때문에 우리 주님께서 "내가 곧 길이요 진리요 생명이니"(요 14:6)라고 하신 것입니다. 그렇습니다. 우리 주님을 믿기만 하면 사는 길이 열립니다. 승리의 길이 열립니다. 행복의 길이 열립니다.

셋째, 이스라엘 백성이 마른 땅으로 건넜습니다.

이스라엘 백성들은 요단 강이 갈라지자마자 곧바로 요단 강을 건너기 시작했습니다. 그런데 이것이 웬일입니까? 물이 갈라진 요단 강 길은 완전히 마른 땅이었습니다. 이것은 자연적인 현상이 아니라 하나님께서 이스라엘 백성들로 하여금 요단 강을 편하게 건널 수 있도록 강바닥을 다 말려 주신 것입니다. 당신의 자녀들을 향한 하나님의 세심한 배려였습니다. 그렇습니다. 사랑의 하나님께서는 당신의 자녀들이 고생하는 것을 원치 않으십니다. 지난 40년간 힘들고 어려운 광야 길을 걸어온 이스라엘 백성들은 마른 땅과 같은 요단 강을 건너면서 하나님의 크신 사랑을 다시 한 번 확인할 수 있었을 것입니다. 그러므로 우리도 그 크신 하나님의 사랑 때문에 이렇게 평탄한 인생길을 걸어가고 있는 것입니다. 이렇게 세심하신 우리 하나님의 돌보심이 없다고 하면 우리는 한 순간도 살아갈 수 없을 것입니다.

사랑하는 여러분!

우리의 인생을 시종여일하게 책임져 주시는 예수 그리스도를 우리 중심에 모시고 삽시다. 그분께서 우리 인생의 길을 활짝 열어 주시고 평탄케 하실 것입니다. 그러므로 우리 모두는 그분의 말씀에 철저하게 순종하는 삶을 살아야겠습니다.

여리고 성이 무너짐

[여호수아 6장 1~27절]

이스라엘 자손들로 인하여 여리고는 굳게 닫혔고 출입하는 자 없더라 여호와께서 여호수아에게 이르시되 보라 내가 여리고와 그 왕과 용사들을 네 손에 붙였으니 너희 모든 군사는 성을 둘러 성 주위를 매일 한 번씩 돌되 엿새 동안을 그리하라 제사장 일곱은 일곱 양각나팔을 잡고 언약궤 앞에서 행할 것이요 제칠일에는 성을 일곱 번 돌며 제사장들은 나팔을 불 것이며 제사장들이 양각나팔을 길게 울려 불어서 그 나팔소리가 너희에게 들릴 때에는 백성은 다 큰 소리로 외쳐 부를 것이라 그리하면 그 성벽이 무너져 내리리니 백성은 각기 앞으로 올라갈지니라 하시매 눈의 아들 여호수아가 제사장들을 불러서 그들에게 이르되 너희는 언약궤를 메고 일곱 제사장은 일곱 양각나팔을 잡고 여호와의 궤 앞에서 행하라 하고 또 백성에게 이르되 나아가서 성을 돌되 무장한 자들이 여호와의 궤 앞에 행할지니라 여호수아가 백성에게 이르기를 마치매 제사장 일곱이 일곱 양각나팔을 잡고 여호와 앞에서 진행하며 나팔을 불고 여호와의 언약궤는 그 뒤를 따르며 무장한 자들은 나팔 부는 제사장들 앞에서 진행하며 후군은 궤 뒤에 행하고 제사장들은 나팔을 불며 행하더라 여호수아가 백성에게 명하여 가로되 너희는 외치지 말며 너희 음성을 들레지 말며 너희 입에서 아무 말도 내지 말라 그리하다가 내가 너희에게 명하여 외치라 하는 날에 외칠지니라 하고 여호와의 궤로 성을 한번 돌게 하니라 무리가 진에 돌아와서 진에서 자니라 여호수아가 아침에 일찍이 일어나니라 제사장들이 여호와의 궤를 메고 일곱 제사장은 일곱 양각나팔을 잡고 여호와의 궤 앞에서 계속 진행하며 나팔을 불고 무장한 자들은 그 앞에 행하며 후군은 여호와의 궤 뒤에 행하고 제사장들은 나팔을 불며 행하니라 그 제이일에도 성을 한 번 돌고 진에 돌아오니라 엿새 동안을 이같이 행하니라 제칠일 새벽에 그들이 일찍이 일어나서 여전한 방식으로 성을 일곱 번 도니 성을 일곱 번 돌기는 그날뿐이었더라 일곱 번째에 제사장들이 나팔을 불

때에 여호수아가 백성에게 이르되 외치라 여호와께서 너희에게 이 성을 주셨느니라 이 성과 그 가운데 모든 물건은 여호와께 바치되 기생 라합과 무릇 그 집에 동거하는 자는 살리라 이는 그가 우리의 보낸 사자를 숨겼음이니라 너희는 바칠 물건을 스스로 삼가라 너희가 그것을 바친 후에 그 바친 어느 것이든지 취하면 이스라엘 진으로 바침이 되어 화를 당케 할까 두려워하노라 은금과 동철 기구들은 다 여호와께 구별될 것이니 그것을 여호와의 곳간에 들일지니라 이에 백성은 외치고 제사장들은 나팔을 불매 백성이 나팔 소리를 듣는 동시에 크게 소리질러 외치니 성벽이 무너져 내린지라 백성이 각기 앞으로 나아가 성에 들어가서 그 성을 취하고 성 중에 있는 것을 다 멸하되 남녀 노유와 우양과 나귀를 칼날로 멸하니라 여호수아가 그 땅을 정탐한 두 사람에게 이르되 그 기생의 집에 들어가서 너희가 그 여인에게 맹세한 대로 그와 그에게 속한 모든 것을 이끌어내라 하매 정탐한 소년들이 들어가서 라합과 그 부모와 그 형제와 그에게 속한 모든 것을 이끌어 내고 또 그 친족도 다 이끌어 내어 그들을 이스라엘 진 밖에 두고 무리가 불로 성읍과 그 가운데 있는 모든 것을 사르고 은금과 동철 기구는 여호와의 집 곳간에 두었더라 여호수아가 기생 라합과 그 아비의 가족과 그에게 속한 모든 것을 살렸으므로 그가 오늘날까지 이스라엘 중에 거하였으니 이는 여호수아가 여리고를 탐지하려고 보낸 사자를 숨겼음이었더라 여호수아가 그때에 맹세로 무리를 경계하여 가로되 이 여리고 성을 누구든지 일어나서 건축하는 자는 여호와 앞에서 저주를 받을 것이라 그 기초를 쌓을 때에 장자를 잃을 것이요 문을 세울 때에 계자를 잃으리라 하였더라 여호와께서 여호수아와 함께 하시니 여호수아의 명성이 그 온 땅에 퍼지니라

살아 있는 생물은 살아가는 데 있어서 언제나 대적이 있고 여러 가지 장애물과 방해를 만납니다. 그러나 생명이 없는 것은 그 어떠한 대적이나 장애, 방해가 있을 수 없습니다. 그러므로 살아

있는 우리의 삶의 현장에 문제가 발생하고 갖가지 장애와 방해가 있는 것은 당연합니다. 한마디로 나 자신이 살아 있다는 증거입니다. 더욱이 그 사람의 꿈과 소망이 크면 클수록 그에게 부딪치는 갖가지 장애와 방해, 대적이 더 많게 되어 있습니다. 그러므로 우리 각 개인은 물론 가정과 교회, 사회에 있는 여리고 성을 반드시 무너뜨려야 합니다. 바로 거기에 승리가 있습니다.

1. 여리고 성 공략의 전략

첫째, 여리고 성에 대해 생각해 봅시다.

여리고 성은 약 66,116평 정도의 작은 성이지만 이중으로 성벽을 쌓았기 때문에 아주 견고한 성읍으로서 요단 대평야의 서부 지역을 방어하는 아주 중요한 구실을 했습니다. 당시 하나님의 선민이라고 자처하는 이스라엘 사람들이 가나안 땅을 정복하기 위해 세계 최대의 강국인 애굽의 바로를 꺾고 홍해를 건넌 다음, 그 험난한 광야를 통과하고 넘실거리는 요단 강까지 건너서 여리고 성까지 도착했다는 소식이 여리고 사람들에게 들려왔습니다. 때문에 여리고 사람들은 성문을 굳게 닫았습니다. 그러므로 이스라엘이 여리고 성을 정복한다는 것은 결코 쉬운 일이 아니었습니다.

둘째, 여호와께서 지시하신 전략을 봅시다.

여호와께서는 이스라엘 민족의 지도자인 여호수아에게 "보라 내가 여리고와 그 왕과 용사들을 네 손에 붙였으니 너희 모든 군사는 성을 둘러 성 주위를 매일 한 번씩 돌되 엿새 동안을 그리하라 제사장 일곱은 일곱 양각 나팔을 잡고 언약궤 앞에서 행할 것이요 제칠일에는 성을 일곱 번 돌며 제사장들은 나팔을 불 것이며 제사장들이 양각 나팔을 길게 울려 불어서 그 나팔소리가 너희에게 들릴 때에는 백성은 다 큰 소리로 외쳐 부를 것이라 그리하면 그 성벽이 무너져 내리리니 백성은 각기 앞으로 올라갈지니라"(수 6:2~5)고 하셨습니다. 사실 이 전략을 일반적인 상식으로나 군사 전략적인 논리에서 볼 때에는 너무나도 무식하고 무모한 전략입니다. 왜냐하면 여리고 성에 대한 공격의 전략이 전혀 없기 때문입니다.

셋째, 이스라엘의 전략 대열을 봅시다.

여호수아는 제사장들을 불러 놓고 그들에게 이르기를 "너희는 언약궤를 메고 일곱 제사장은 일곱 양각 나팔을 잡고 여호와의 궤 앞에서 행하라"(수 6:6)고 명령하고, 백성들에게는 "나아가서 성을 돌되 무장한 자들이 여호와의 궤 앞에 행할지니라"(수 6:7)고 했으며, 후군은 제사장들이 멘 여호와의 궤 뒤를 따르도록 했습니다(수 6:9). 다시 말하면 이스라엘의 전략 대열을 보면 선두에는 무장한 자들이 섰고, 그 뒤에는 양각 나팔을 부는 일곱 제사장이 따랐고, 그 다음에는 여호와의 언약궤가 따랐으며 맨 뒤에는 후군들이 따랐습니다. 그리고 "너희는 외치지 말며 너희 음성을 들레지 말며 너희 입에서 아무 말도 내지 말라 그리하다가 내가 너희에게 명하여 외치라 하는 날에 외칠지니라"(수 6:10)고 하였습니다. 이 대열 역시 일반적인 상식이나 군사 전략적인 논리로 볼 때에 안 맞는 것입니다. 그러나 인간적인 생각으로 계산하거나 말하지 말라고 했습니다.

사랑하는 여러분!

우리 모두 인간적인 생각이나 계산을 하지 맙시다. 우리 하나님께서 보여 주시고 지시하신 대로 살아갑시다. 그분이 원하시는 대로 인생 전략을 세우고 그대로 순종하면서 살아갑시다. 전능하신 하나님께서 반드시 승리케 하실 것입니다.

2. 여리고 성 공략의 시행

첫째, 새벽에 시행했습니다.

여호와의 전략 지시를 받은 이스라엘 백성들은 아침에 일찍이 일어나 엿새 동안 하루에 한 번씩 돌았습니다. 하나님께서 지시하신 그대로 시행한 것입니다. 왜 새벽입니까? 새벽은 하루의 첫 시간입니다. 하나님은 우리에게 첫것을 원하셨습니다. 하나님께서는 모세에게도 새벽에 바로 앞에 서라고 하셨습니다. 그렇습니다. 하나님께서는 새벽에 도우십니다(시 46:5). 때문에 홍해도 새벽에 갈라졌습니다(출 14:21). 만나도 새벽에 내렸습니다(출 16:13~14). 요단 강도 새벽에 갈라졌습니다(수 3:1). 여리고 성도 새벽에 무너졌습니다(수 6:15). 예수님께서도 새벽에 탄생하시고 새벽에 부활하셨습니다. 그러므로 우리는 새벽을 깨우는 사람들이 되어야 합니다.

둘째, 제칠일에는 성을 일곱 번 돌았습니다.

이스라엘은 하나님의 말씀대로 엿새 동안은 하루에 한 번씩 성을 돌고 쉬었으며, 제칠일째 되는 날에는 새벽에 일찍이 일어나 여리고 성 주위를 일곱 번 돌았습니다. 하나님께서 지시하신 전략대로 대열을 이루고 그대로 순종한 것입니다. 그 어떤 인간적인 생각이나 전략을 세우지 않았습니다. 인간적이고 세속적인 방법으로는 여리고 성을 함락시킬 수 없기 때문이었습니다.

여기에서 우리가 또 한 가지 유념해야 할 것은, '엿새 동안' 한 번씩 돈 것과 '제칠일'에 일곱 번 돈 것입니다. 엿새 동안은 하루하루를 모두가 같은 말로 표현했습니다. 그러나 일곱째 날에는 제칠일이라고 아주 구별되게 사용했습니다. 왜냐하면 이날은 특별히 구별된 날로서 다른 날과는 완전히 다른 날이기 때문입니다(출 20:9~10, 34:21, 35:2; 수 6:15). 그러므로 우리도 엿새 동안은 열심히 일하고 제칠일, 주일은 아주 성별되게 잘 지켜야 합니다. 그래야 우리 앞에 있는 여리고 성을 무너뜨리고 가나안을 정복하는 능력 있는 삶을 살 수 있습니다.

셋째, 나팔을 불고 함성을 질렀습니다.

여호수아는 이스라엘 백성들에게 여리고 정복의 전략과 대열을 지시한 다음 외치라고 하는 별도의 지시가 있을 때까지는 "외치지 말며 너희 음성을 들레지 말며 너희 입에서 아무 말도 내지 말라"(수 6:10)고 했습니다. 이것은 이스라엘 백성들로 하여금 인간적인 생각이나 불평, 부정적인 행동으로 소란을 피우지 못하게 하고 제사장들이 부는 양각 나팔 소리를 잘 듣고 그대로 순종하게 하기 위함이었습니다. 그러다가 "외치라"는 여호수아의 명령으로 인하여 제사장들의 나팔소리와 함께 백성들이 일제히 함성을 질렀습니다. 그렇습니다. 하나님께서는 이중 성벽의 견고한 여리고 성을 함락시키도록 그 어떤 세상적인 무기를 주신 것이 아니라 강력한 믿음의 함성을 요구하신 것입니다.

사랑하는 여러분!

우리 모두 새벽을 깨우는 열심 있는 신앙생활을 하는 성도들이 됩시다. 이유 여하를 막론하고 주일은 거룩하게 구별하여 지킵시다. 인간적인 생각을 버리고 하나님의 말씀대로 순종하는 삶을 삽시다. 그리하여 우리 앞에 있는 갖가지 여리고 성을 정복하여 승리하는 성도들이 되시기 바랍니다.

3. 무너진 여리고 성

첫째, 견고한 여리고 성이 무너졌습니다.

하나님께서 이스라엘 민족에게 지시하신 여리고 정복의 전략과 대열, 전투의 자세는 인간적으로 볼 때에 비과학적이며 비논리적인 것이었습니다. 그러나 이스라엘 백성들이 그대로 믿고 순종했기 때문에 그렇게도 견고한 난공불락의 여리고 성이었지만, 이스라엘 민족이 믿음으로 외친 함성과 함께 부실한 모래성처럼 와르르 무너지고 말았습니다. 그렇습니다. 우리의 전투는 이 세상적인 도구나 방법에 있지 않습니다. 오직 하나님의 말씀과 그에 대한 신뢰, 변함없는 굳건한 믿음과 철저한 순종 여하에 달려 있습니다.

둘째, 라합의 가정은 구원받았습니다.

여호수아는 백성들에게 제일 먼저 여리고 성과 그 가운데 있는 모든 물건은 여호와께 바치라고 했습니다. 왜냐하면 여리고는 가나안 정복에 있어서 첫 성이기 때문에 반드시 하나님께 바쳐야 했습니다. 그러나 기생 라합과 그의 가족은 구원하라고 했습니다. 왜냐하면 기생 라합이 여호수아가 보낸 정탐꾼들을 숨겨 주었고, 정탐꾼들은 여호와의 이름으로 라합과 그의 가족을 살려 줄 것을 맹세했기 때문입니다. 그러므로 우리도 이유 불문하고 하나님 앞에서 맹세하고 약속한 것은 반드시 지켜야 합니다. 그리하여 기생 라합과 그 가족은 모두 다 구원을 받았습니다. 뿐만 아니라 그 라합의 후손을 통해서 다윗과 예수 그리스도가 탄생하셨습니다. 그렇습니다. 믿음을 가진 의로운 한 사람의 행위가 자신과 가족, 친척들을 구원하게 된 것입니다.

셋째, 모든 것이 다 불타고 진멸되었습니다.

신실하신 하나님의 약속대로 그렇게도 견고하던 여리고 성은 무너지고 그 안에 살던 사람들과 짐승들은 다 진멸되었습니다. 전능하신 하나님께서 여호수아를 통해 여리고 성을 무너뜨리고 불태워서 잿더미로 만드신 것입니다. 여호수아는 누구든지 후에 그 여리고 성을 다시는 재건하지 말라고 명령했습니다. 만약에 누구든지 이 명령을 어기고 성을 재건하기 위해 "기초를 쌓을 때에 장자를 잃을 것이요 문을 세울 때에 계자를 잃으리라"(수 6:26)고 했습니다. 이는 폐허가 된 여리고 성을 그대로 남겨 둠으로써 후세의 사람들에게 교훈을 주기 위함이었습니다.

사랑하는 여러분!

우리 모두 불완전한 내 생각과 지혜대로 살지 말고 어제나 오늘이나 영원토록 변함없는 하나님의 말씀대로 순종하며 삽시다. 그 어떠한 이유로도 우리의 삶을 헛되게 하지 맙시다. 영원토록 기념이 될 만한 가치 있는 삶을 삽시다. 그리하여 가정과 교회, 사회를 살리는 멋진 삶이 되시기 바랍니다.

태양과 달이 멈춤

[여호수아 10장 6~15절]

기브온 사람들이 길갈 진에 보내어 여호수아에게 전언하되 당신의 종들 돕기를 더디게 마시고 속히 우리에게 올라와서 우리를 구조하소서 산지에 거하는 아모리 사람의 왕들이 다 모여 우리를 치나이다 하매 여호수아가 모든 군사와 용사로 더불어 길갈에서 올라가니라 때에 여호와께서 여호수아에게 이르시되 그들을 두려워 말라 내가 그들을 네 손에 붙였으니 그들의 한 사람도 너를 당할 자 없으리라 하신지라 여호수아가 길갈에서 밤새도록 올라가서 그들에게 갑자기 이르니 여호와께서 그들을 이스라엘 앞에서 패하게 하시므로 여호수아가 그들을 기브온에서 크게 도륙하고 벧호론에 올라가는 비탈에서 추격하여 아세가와 막게다까지 이르니라 그들이 이스라엘 앞에서 도망하여 벧호론의 비탈에서 내려갈 때에 여호와께서 하늘에서 큰 덩이 우박을 아세가에 이르기까지 내리우시매 그들이 죽었으니 이스라엘 자손의 칼에 죽은 자보다 우박에 죽은 자가 더욱 많았더라 여호와께서 아모리 사람을 이스라엘 자손에게 붙이시던 날에 여호수아가 여호와께 고하되 이스라엘 목전에서 가로되 태양아 너는 기브온 위에 머무르라 달아 너도 아얄론 골짜기에 그리할지어다 하매 태양이 머물고 달이 그치기를 백성이 그 대적에게 원수를 갚도록 하였느니라 야살의 책에 기록되기를 태양이 중천에 머물러서 거의 종일토록 속히 내려가지 아니하였다 하지 아니하였느냐 여호와께서 사람의 목소리를 들으신 이같은 날은 전에도 없었고 후에도 없었나니 이는 여호와께서 이스라엘을 위하여 싸우셨음이니라 여호수아가 온 이스라엘로 더불어 길갈 진으로 돌아왔더라 이스라엘 백성들을 출애굽시키신 하나님께서는 홍해와 요단강을 건너서 가나안 땅에 진입케 하신 다음 길갈에 거점을 두고 여리고 성과 아이 성을 차례로 무찌르면서 파죽지세의 기세를 세워 가셨습니다. 이에 위기를 느낀 기브온이 이스라엘과 화친을 이루게 되었고, 배신감을 느낀 아모리 족속이 연합군을 만들어 기브온을 공격함으로 이스라엘은 중대한 전쟁을 치르게 되었습니다. 오늘 이 시간에는 이 전쟁의 전개와 상황을 통해서 하나님께서 우리에게 주고자 하시는 교훈을 받고자 합니다.

1. 기브온에서의 전쟁

첫째, 다섯 왕들이 연합군을 결성했습니다.

기브온은 가나안 남부에서 중요한 위치와 비중을 차지하고 있던 큰 성읍으로서, 그곳의 거민들은 강한 용사들이었습니다(수 10:2). 때문에 가나안의 다른 족속들은 이스라엘의 침공을 저지하는 데에 있어서 기브온이 큰 역할을 해줄 것으로 기대했었습니다. 그런데 기브온의 거민들이 그러한 저들의 기대를 저버리고 자신들을 종으로 삼아 달라는 굴욕적인 자세로 이스라엘과 화친 조약을 맺자 심한 배신감을 느낀 것입니다. 그리하여 당시 가나안 남부에서 주도적인 역할을 했던 예루살렘 왕 아도니세덱을 중심으로 아모리 족속의 다섯 왕들이 기브온을 공격하기 위해 연합군을 결성하였습니다. 그렇습니다. 언제나 악한 세력들은 우리 성도들의 형통을 시기하여 이렇게 연합하여 방해합니다. 그러나 예수 그리스도와 연합한 자는 사단이 그 어떤 방법으로도 해치지 못하고, 결국 사단과 그 세력은 망하게 됩니다.

둘째, 기브온 사람들이 도움을 요청했습니다.

기브온 사람들은 길갈에 진을 치고 있는 여호수아에게 "당신의 종들 돕기를 더디게 마시고 속히 우리에게 올라와서 우리를 구조하소서 산지에 거하는 아모리 사람의 왕들이 다 모여 우리를 치나이다"(수 10:6)라고 도움을 요청했습니다. 기브온 사람들은 이스라엘이 그렇게도 견고한 여리고 성과 아이 성을 차례로 점령하고 파죽지세로 공격해 오자 두려움을 느낀 나머지, 먼 데서 왔다고 위장하여 이스라엘과 화친조약을 맺고(수 9:15), 여호수아의 확답을 받은 다음 이스라엘의 종이 되었습니다(수 9:16~25). 다시 말하면, 자신들이 이스라엘과 화친한 것 때문에 아모리 족속의 미움을 받아 연합군의 공격을 받게 됐으니 도와달라는 것입니다. 마찬가지로 우리 성도들도 사단의 공격을 받을 때에는 언제나 전능하신 하나님께 도움을 요청해야 합니다.

셋째, 하나님께서 여호수아에게 용기를 주셨습니다.

이스라엘이 아모리 족속의 연합군을 무찌르고 가나안을 정복하는 것은 이스라엘의 당면 과제이자 하나님의 뜻으로서, 이미 열조들을 통해 약속하신 것입니다. 때문에 하나님께서는 여호수아에게 "그들을 두려워 말라 내가 그들을 네 손에 붙였으니 그들의 한 사람도 너를 당할 자 없으리라"(수 10:8)고 용기를 주시고 격려해 주셨습니다. 사실 이전까지의 싸움은 각 성들을 하나씩 상대해서 싸운 국지적인 전투였습니다. 그런데 이번 싸움은 가나안 남부를 지배하고 있는 강한 다섯 왕들의 연합군을 상대로 해서 대규모의 전면전을 벌이게 된 것입니다. 때문에 이스라엘 군대를 이끌고 있는 여호수아에게는 자연히 부담이 될 수밖에 없었습니다. 그런데 전능하신 하나님께서 그에게 용기를 주시고 승리를 주겠다고 격려해 주신 것입니다.

사랑하는 여러분!

우리 모두 길이요 진리요 생명이신 예수 그리스도와 연합된 삶을 삽시다. 그리고 힘들고 어려울 때는 물론이거니와 언제 어디서나 하나님의 도우심을 구하는 믿음의 삶을 삽시다. 그리하여 전능하신 하나님의 능력을 힘입어 항상 승리하는 삶을 살아야겠습니다.

2. 전쟁의 주관자이신 하나님

첫째, 이스라엘이 기브온 전투에 출전했습니다.

여호수아는 이스라엘과 화친조약을 맺은 기브온 거민들이 아모리 족속의 연합군으로부터 공격을 받게 되자 그들을 돕기 위해 즉각적으로 출동하여 기브온으로 향했습니다. 기브온 사람들은 바로 근동에 있으면서도 먼 데서 온 것처럼 위장하기 위해 그들이 가져온 양식이 다 곰팡이가 났고, 포도주를 담은 가죽부대도 다 찢어졌으며, 옷과 신도 다 낡아졌다고 했습니다(수 9:9~13). 때문에 여호수아는 구체적으로 묻지도 않고 그들과 화친하고 그들을 살리겠다고 맹세했습니다. 그러나 3일 후에 그들의 거짓말이 완전히 다 탄로났습니다(수 9:16). 그렇지만 여호수아는 하나님 앞에서 그들과 약속한 것이기 때문에 그에 대한 신의를 지키기 위해 기브온 거민을 위한 전투에 출전한 것입니다.

그는 참으로 의리가 깊은 사람인 것을 알 수 있습니다.

둘째, 이스라엘이 연합군을 정복했습니다.

전능하신 하나님께서 함께하신다는 신앙으로 무장한 여호수아의 군대는 조금도 지체함 없이 밤새도록 진격하여 기브온 거민들을 위협하던 아모리 족속의 연합군을 추격하였습니다. 그리하여 아모리 연합군을 기브온에서 크게 격파하고, 벧호론에 올라가는 비탈까지 추격하여 막게다까지 이르렀습니다(수 10:10). 한마디로 여호수아의 지체 없는 기습 작전이 주효했던 것입니다. 아모리 족속의 연합군은 그래도 거리가 좀 있는 길갈에서 이스라엘이 그렇게까지 빨리 기습공격을 가해 올 것이라고는 전혀 예측하지 못했습니다. 그렇습니다. 언제나 방심한 자는 이렇게 당할 수밖에 없습니다. 그러나 이것은 하나님께서 아모리 족속의 연합군을 여호수아에게 붙이셨기 때문입니다. 여기에서 우리가 한 가지 기억해야 할 것은, 우리가 하나님의 뜻을 기다림에 있어서는 침착하게 인내하고 기다려야 하지만, 그분의 뜻을 실행함에 있어서는 신속, 정확하게 순종해야 한다는 것입니다.

셋째, 하나님께서 우박으로 도우셨습니다.

아모리 족속의 연합군을 여호수아에게 붙이신 하나님께서는 여호수아 군대의 공격을 통해 연합군을 기브온에서 크게 살육하게 하셨습니다. 뿐만 아니라 그들이 계속 도망하여 가장 위험한 벧호론의 비탈길을 내려갈 때에 큰 우박덩이들을 쏟아부어 많은 사람들이 죽게 하셨습니다. 성경은 당시 전투에서 이스라엘 자손의 칼에 죽은 자들보다 하나님께서 내리신 우박에 맞아 죽은 자들이 더 많다고 하였습니다(수 10:11). 여호수아의 군대를 도우신 하나님께서는 가장 결정적인 순간에 가장 적절한 위치에서 아모리 족속의 연합군을 공격하시사 이스라엘로 하여금 승리케 하신 것입니다.

사랑하는 여러분!

우리 모두 하나님 앞에서 약속한 것들은 그것이 어떤 것이든지 신실하게 모두 다 지킵시다. 인간적인 손익의 계산을 떠나서 반드시 지킵시다. 또한 하나님의 약속을 믿고 그 뜻을 실행하는 데에는 조금도 지체하지 말고 곧바로 순종합시다. 그리고 전능하신 하나님의 도우심을 기다릴 줄 아는 멋진 신앙인들이 되시기 바랍니다.

3. 여호수아의 기도

첫째, 여호수아는 부르짖어 기도했습니다.

여호수아는 기브온 전투에서 아모리 족속의 연합군을 기습공격하고 추격하는 과정에서 낮이 연장되기를 바라고 "태양아 너는 기브온 위에 머무르라 달아 너도 아얄론 골짜기에 그리할지어다"(수 10:12)라고 기도했습니다. 여기에서 우리는 여호수아의 위대한 믿음과 열정을 보게 됩니다. 그는 기브온 거민의 원군 요청을 듣고 곧바로 출동하여 밤새도록 행군하고 온종일 전투했기 때문에 심히 피곤함에도 불구하고, 얼마간의 쉼을 요구하기보다는 계속 전투할 수 있는 낮의 연장을 원하고 하나님께 부르짖어 기도했습니다. 참으로 훌륭한 믿음의 사람이요, 열정과 기도의 사람입니다.

둘째, 태양과 달이 멈추었습니다.

하나님으로부터 확실한 사명과 약속을 받은 여호수아가 하나님의 일을 열심히 수행해 나가는 과정에서 시간의 짧음을 느껴 불타오르는 열정에서 기도하자, 하나님께서는 그의 기도를 들으시고 태양과 달을 머물게 하셨습니다(수 10:13). 하나님의 일을 온전히 이루고자 하는 여호수아의 간절한 소원의 기도를 하나님께서 듣고 응답하신 것입니다.

실제로 우주 개발 관계 과학자인 해롤드 힐(Harold Hill)의 연구팀이 인공위성의 궤도를 작성하기 위하여 전자계산기로 10만 년 전까지 거슬러 올라가면서 그 사이의 태양과 달의 궤도 진행을 살피던 중에 하루, 즉 24시간이 없어졌음을 발견했습니다. 그래서 본문의 성경을 바탕으로 잃어버린 하루를 찾기 위해 여호수아 시대의 궤도를 조사한 결과 정확히 23시간 20분 동안 궤도가 정지되었던 사실을 발견했습니다. 그러나 40분의 행방이 묘연했습니다. 그러던 중 히스기야의 기도로 태양의 그림자를 10도 뒤로 물러가게 한 사실을 발견했습니다(왕하 20:8~11). 그런데 놀랍게도 그 10도를 시간으로 계산하면 40분에 해당되었습니다. 참으로 놀라운 일이 아닐 수 없습니다. 여러분, 지구의 반지름이 6,378킬로미터이고 자전속도는 시속 1,650킬로미터입니다. 하나님께서는 이 지구가 약 1억 5천만 킬로미터 이상 떨어진 태양을 시속 10만 킬로미터로 공전하여, 매 365일 9시간 56분 9.025초에 한 바퀴씩 돌도록 만드셨습니다. 그런 하나님께서 그 무엇을 못하시겠습니까?

셋째, 이 사건이 주는 교훈을 봅시다.

성도로서 승리의 삶을 살기 원한다면 무엇보다도 하나님의 약속에 대한 믿음과 신뢰, 기도, 하나님의 뜻을 실행하기 위한 즉각적인 순종이 필요합니다.

사랑하는 여러분!

우리 모두 여호수아처럼 부르짖어 기도합시다. 여호와의 영광을 위해 열정적으로 사명을 감당합시다. 하나님께서 우리의 상상을 초월한 놀라운 기사와 이적으로 역사하시사 승리케 하실 것입니다.

반석에서 불이 나와 제물을 태움

[사사기 6장 11~24절]

여호와의 사자가 아비에셀 사람 요아스에게 속한 오브라에 이르러 상수리나무 아래 앉으니라 마침 요아스의 아들 기드온이 미디안 사람에게 알리지 아니하려 하여 밀을 포도주 틀에서 타작하더니 여호와의 사자가 기드온에게 나타나 이르되 큰 용사여 여호와께서 너와 함께 계시도다 기드온이 그에게 대답하되 나의 주여 여호와께서 우리와 함께 계시면 어찌하여 이 모든 일이 우리에게 미쳤나이까 또 우리 열조가 일찍 우리에게 이르기를 여호와께서 우리를 애굽에서 나오게 하신 것이 아니냐 한 그 모든 이적이 어디 있나이까 이제 여호와께서 우리를 버리사 미디안의 손에 붙이셨나이다 여호와께서 그를 돌아보아 가라사대 너는 이 네 힘을 의지하고 가서 이스라엘을 미디안의 손에서 구원하라 내가 너를 보낸 것이 아니냐 기드온이 그에게 대답하되 주여 내가 무엇으로 이스라엘을 구원하리이까 보소서 나의 집은 므낫세 중에 극히 약하고 나는 내 아비 집에서 제일 작은 자니이다 여호와께서 그에게 이르시되 내가 반드시 너와 함께 하리니 네가 미디안 사람 치기를 한 사람을 치듯 하리라 기드온이 그에게 대답하되 내가 주께 은혜를 얻었사오면 나와 말씀하신 이가 주 되시는 표징을 내게 보이소서 내가 예물을 가지고 다시 주께로 와서 그것을 주 앞에 드리기까지 이곳을 떠나지 마시기를 원하나이다 그가 가로되 내가 너 돌아오기를 기다리리라 기드온이 가서 염소 새끼 하나를 준비하고 가루 한 에바로 무교전병을 만들고 고기를 소쿠리에 담고 국을 양푼에 담아서 상수리나무 아래 그에게로 가져다가 드리매 하나님의 사자가 그에게 이르되 고기와 무교전병을 가져 이 반석 위에 두고 그 위에 국을 쏟으라 기드온이 그대로 하니 여호와의 사자가 손에 잡은 지팡이 끝을 내밀어 고기와 무교전병에 대매 불이 반석에서 나와 고기와 무교전병을 살랐고 여호와의 사자는 떠나서 보이지 아니한지라 기드온이 그가 여호와의 사자인 줄 알고 가로되 슬프도소이다 주 여호와여 내가 여호와의 사자를 대면하여 보았나이다 여호와께서 그에게 이르시되 너는 안심하라 두려워 말라 죽지 아니하리라 하시니라 기드온이 여호와를 위하여 거기서 단을 쌓고 이름을 여호와살롬이라 하였더라 그것이 오늘까지 아비에셀 사람에게 속한 오브라에 있더라

가나안 땅에 정착한 이스라엘은 약 200년간 지파별로 자치정치 형태를 유지하였는데 이 시대를 사사 시대라고 합니다. 그런데 이때에도 이스라엘은 여호와의 목전에서 악을 행함으로 인하여 미디안의 지배를 받아 거처를 잃어버리고 산굴에서 피난생활을 하는 가련한 신세가 되었고, 먹을 양식마저도 제대로 구할 수 없는 안타까운 삶을 살았습니다. 그러나 하나님께서는 그들의 부르짖는 소리를 듣고 구원하시고자 기드온을 택하시고 그로 하여금 미디안 군을 물리치게 하셨습니다.

1. 범죄한 이스라엘

첫째, 이스라엘이 또 범죄했습니다.

하나님의 은혜로 출애굽한 이스라엘은 가나안 땅에 정착해서도 또다시 하나님의 말씀을 거역하고 우상숭배하는 죄를 범했습니다. 이스라엘은 한때 드보라와 바락의 눈부신 활약으로 말미암아 대적들로부터 완전히 구원받은 다음 죄악된 생활을 청산하

고 40년 동안 태평성대를 누렸습니다. 그런데 그 평안한 생활로 인하여 마음이 해이해진 그들은 그동안 지켜 주시고 인도해 주신 하나님의 은혜에 감사하지 못하고 또다시 우상숭배의 죄에 빠졌습니다. 우리 하나님께서 가장 싫어하시는 죄에 빠진 것입니다. 참으로 어쩔 수 없는 우리 인간들의 실존을 깨닫게 됩니다.

둘째, 범죄의 대가는 비참했습니다.

이스라엘은 하나님을 떠나 우상숭배의 죄를 범함으로 말미암아 연약한 민족으로 전락해 버렸습니다. 때문에 이전에는 이스라엘의 적수가 되지 못했던 미디안으로부터 7년 동안이나 괴롭힘을 당했습니다. 미디안 사람들은 추수 때만 되면 쳐들어와서 곡식과 가축들까지 모두 다 약탈해 갔습니다. 때문에 이스라엘 백성들은 기아에 시달려야 했고 공포에 질린 채 산으로 피난하여 굴이나 거친 산성에서 숨어 살아야 했습니다(삿 6:1~2). 왜냐하면 거듭된 그들의 죄악으로 인하여 전능하신 하나님의 도움을 받을 수 없었기 때문입니다. 범죄한 이스라엘의 이와 같은 비참한 생활은 7년 동안이나 계속되었고 국력은 약화될 대로 약화되었습니다. 마찬가지로 우리도 하나님을 떠나 이 세상 길로 나가면 이와 같이 약화될 수밖에 없다는 사실을 명심해야겠습니다.

셋째, 이스라엘이 하나님께 부르짖었습니다.

이스라엘이 추수할 때가 되면 미디안 사람과 아말렉 사람, 동방 사람들이 메뚜기 떼처럼 쳐들어와서 이스라엘의 식물이나 가축들을 하나도 남김없이 무차별하게 다 약탈해 가자, 자신들의 힘으로는 도저히 어찌할 수 없음을 깨닫고 여호와께 부르짖었습니다(삿 6:5~6). 다시 말하면 미디안의 침략으로 인하여 더 이상 목숨을 부지할 수 없음을 깨닫고 할 수 없이 여호와께 부르짖은 것입니다. 참으로 안타까운 것은 이스라엘은 하나님의 은혜로 저들이 부강하고 승승장구하며 평안할 때는 하나님의 은혜를 잊어버리고, 자신들의 정욕대로 자행자지하다가 자신들이 어찌할 수 없는 극한 상황에 처하게 되자 그때 가서야 위기를 느끼고 부르짖어 기도한다는 것입니다.

사랑하는 여러분!

우리 모두 하나님께서 원치 않으시는 이 세상이나 우상들을 철저하게 배격합시다. 나 자신이 하나님을 떠나 이 세상과 마귀의 종이 될 때에 그 얼마나 비참하고 초라한 존재로 전락하는지 명심합시다. 그리고 언제나 쉼 없이 기도하는 깨어 있는 성도들이 되시기 바랍니다.

2. 하나님의 부르심

첫째, 열심히 일하는 자를 부르십니다.

하나님께서는 생의 위기에 부딪힌 이스라엘 백성들의 부르짖음을 들으시고 상수리나무 아래 숨어서 밀을 타작하고 있는 기드온을 부르셨습니다(삿 6:11~14). 그렇습니다. 이스라엘 민족을 출애굽시킨 모세도 장인 이드로의 양을 치고 있을 때에 부르셨습니다(출 3:1~4). 성군 다윗도 들에서 양 떼를 치고 있을 때에 부르셔서 기름 붓고 이스라엘의 2대 왕으로 삼으셨습니다(삼상 16:11~12). 수제자 베드로도 갈릴리 호수에서 그물을 손질하고 있을 때에 불러 제자로 삼아 주셨습니다(마 4:18~19). 우리 하나님께서는 언제나 열심히 일하는 자를 부르시고 그에게 사명을 맡기십니다. 그러므로 우리도 각자의 삶의 현장에서 열심히 일하는 성도들이 되어야겠습니다.

둘째, 겸손한 자를 부르십니다.

이 세상 사람들은 대부분이 자기 자신에 대해 잘난 것으로 착각하고 보다 더 크게 생각합니다. 그러나 그것은 구원받지 못한 자연인들의 사고방식으로서, 잘못된 것입니다. 예수 그리스도의 십자가로 대속함을 받은 우리 성도들은 그렇게 생각할 수 없습니다. 머리끝부터 발끝까지 전적으로 부패하고 타락하여 성한 곳이 하나도 없는 우리 인간들로서는 자랑할 것이 하나도 없기 때문입니다(욥 15:16; 렘 17:9). 기드온도 "주여 내가 무엇으로 이스라엘을 구원하리이까 보소서 나의 집은 므낫세 중에 극히 약하고 나는 내 아비 집에서 제일 작은 자니이다"(삿 6:15)라고 했습니다. 이스라엘의 지도자 모세도 "내가 누구관대 바로에게 가며 이스라엘 자손을 애굽에서 인도하여 내리이까"(출 3:11)라고 했습니다. 이방인의 사도인 바울도 "나는 사도 중에 지극히 작은 자라"(고전 15:9)라고 했습니다. 그렇습니다. 우리 하나님께서는 작은 자를 들어 쓰십니다(고전 1:27~28). 때문에 하나님께서는 이스라엘을 미디안에서 구원하시기 위해 겸손한 기드온을 부르시고 "큰 용사여 여호와께서 너와 함께 계시도다"(삿 6:12)라고 사명을 주셨습니다.

셋째, 믿음의 사람을 부르십니다.

하나님께서는 언제나 믿음의 사람을 부르시고 사용하십니다. 때문에 당대에 의인이요 완전한 자로서 하나님과 동행했으며

(창 6:9), 믿음으로 순종한(히 11:7) 노아를 통해서 방주를 만들게 하심으로 홍수 심판 후의 인류의 존재를 계대케 하셨습니다. 또한 하나님의 말씀에 무조건 믿고 순종하는(창 12:1~4; 히 11:8) 아브라함을 통해 믿음의 조상이 되게 하셨습니다. 성경은 이스라엘 민족을 미디안 사람들에게서 구원하기 위해 부르신 기드온을 믿음의 사람이요 큰 일꾼이라고 말씀하고 있습니다(삿 6:12). 그렇습니다. 우리 하나님께서는 언제나 이렇게 믿음으로 순종하는 사람을 들어서 사용하십니다.

사랑하는 여러분!

우리 모두 열심히 일하는 사람이 됩시다. 또한 늘 겸손한 자세로 남을 나보다 더 낫게 여기고 존중할 줄 아는 사람이 됩시다. 그리고 믿음과 순종으로 하나님의 사역에 크게 쓰임 받는 일꾼들이 되시기 바랍니다.

3. 소명 받은 기드온

첫째, "내가 무엇으로 구원하리이까"라고 했습니다.

하나님의 사자를 통해 이스라엘 민족을 미디안의 압박에서 구원하라는 명령을 받은 기드온은 "주여 내가 무엇으로 이스라엘을 구원하리이까"(삿 6:15)라고 하나님께 질문했습니다. 이것은 집안이 좋고 지위와 명예, 권세가 있는 자라야 이스라엘을 미디안 족속으로부터 구원할 수 있다고 생각했기 때문입니다. 그러나 하나님께서는 "내가 반드시 너와 함께하리니 네가 미디안 사람 치기를 한 사람을 치듯 하리라"(삿 6:16)고 약속해 주시고 안

심시켜 주셨습니다(삿 6:23). 그렇습니다. 하나님의 생각은 우리 인간들의 생각과는 다릅니다. 그러므로 신앙생활은 내 인간적인 생각이나 말, 행동으로 하는 것이 아닙니다. 오직 나 자신을 철저하게 포기하고 하나님의 말씀과 지시대로 무조건 믿고 순종하는 것입니다. 바로 거기에서 놀라운 역사가 일어납니다.

둘째, 하나님을 위해 단을 쌓았습니다.

기드온은 하나님께서 자기와 함께해 주시고 미디안 사람들을 쳐서 이기게 해주겠다고 약속해 주시고 안심시켜 주심에 대해 감사하며 제물들을 가져다가 반석 위에 두고 그 위에 국을 쏟았습니다. 여호와의 사자가 손에 잡은 지팡이 끝을 내밀어 제물에 대자 불이 반석에서 나와 제물을 살랐습니다. 그러자 기드온이 그곳에 단을 쌓고 이름을 '여호와 살롬'(여호와는 평강이시라는 뜻)이라고 했습니다. 때문에 그는 이제 두려움 없이 하나님의 부르심에 감사하면서 자신 있는 헌신으로 사명을 감당했습니다. 믿음의 조상 아브라함도 하나님과 언약을 맺은 후 그 언약을 지킬 것을 서원하는 의미에서 헤브론에서 단을 쌓았습니다. 야곱도 광야에서 하나님께서 주신 위로에 대해 감사하는 마음으로 벧엘에서 단을 쌓았습니다. 그렇습니다. 구원받은 사람은 이렇게 하나님 앞에 예배하기를 즐거워해야 합니다. 바로 거기에 넘치는 은혜가 있습니다.

셋째, 우상을 훼파했습니다.

기드온은 바알과 아세라 상을 훼파하라는 하나님의 명령을 받고 즉시로 열 명의 종들을 밤에 데리고 가서 모든 우상들을 깨끗하게 훼파해 버리고 그곳에 단을 쌓아 제사를 드리도록 했습니다. 때문에 그에게는 여룹바알(바알에게 대항하다)이라는 새로운 이름이 주어졌습니다. 마찬가지로 우리도 우리 주위에 있는 모든 우상들을 깨끗하게 척결하고 하나님께 예배드리도록 해야겠습니다. 그리하여 우리 모두가 다 변화된 삶으로 하나님께 영광을 돌리도록 합시다.

사랑하는 여러분!

우리 모두 전능하신 하나님의 능력을 힘입어 자신 있게 사명을 감당합시다. 구원받은 자답게 늘 감사함으로 예배드리는 성도들이 됩시다. 그리고 우리의 주위에서 우상적인 요소들을 깨끗하게 척결하는 멋진 성도들이 되시기 바랍니다.

삼손의 기도로 샘물이 남

[사사기 15장 14~20절]

삼손이 레히에 이르매 블레셋 사람이 그에게로 마주 나가며 소리 지르는 동시에 여호와의 신의 권능이 삼손에게 임하매 그 팔 위의 줄이 불탄 삼과 같아서 그 결박되었던 손에서 떨어진지라 삼손이 나귀의 새 턱뼈를 보고 손을 내밀어 취하고 그것으로 일천 명을 죽이고 가로되 나귀의 턱뼈로 한 더미, 두 더미를 쌓았음이여 나귀의 턱뼈로 내가 일천 명을 죽였도다 말을 마치고 턱뼈를 그 손에서 내어던지고 그곳을 라맛 레히라 이름하였더라 삼손이 심히 목마르므로 여호와께 부르짖어 가로되 주께서 종의 손으로 이 큰 구원을 베푸셨사오나 내가 이제 목말라 죽어서 할례 받지 못한 자의 손에 빠지겠나이다 하나님이 레히에 한 우묵한 곳을 터치시니 물이 거기서 솟아나오는지라 삼손이 그것을 마시고 정신이 회복되어 소생하니 그러므로 그 샘 이름은 엔학고레라 이 샘이 레히에 오늘까지 있더라 블레셋 사람의 때에 삼손이 이스라엘 사사로 이십 년을 지내었더라

사람들은 대부분 자기 자신의 약점에 대해서는 관대하지만 다른 사람들의 작은 실수에 대해서는 꼭 지적하고 시비하며 평가하려고 합니다. 그러나 본문의 삼손의 생애를 보면 그의 인간적인 실수나 약함도 하나님께서는 당신의 백성들을 구원하는 데

사용하시는 것을 봅니다. 그러므로 우리는 하나님께서 사용하시는 일꾼들에 대해 우리의 인간적인 안목이나 생각으로 함부로 평가하고 판단해서는 안 된다는 것을 명심해야 합니다.

1. 나실인 삼손

첫째, 하나님의 사람이었습니다.

삼손은 오랫동안 잉태하지 못했던 마노아의 아내를 통해 여호와의 사자가 잉태를 예고함으로 나실인(구별된 자)으로 이 세상에 태어나게 되었습니다(삿 13:5~7). 나실인은 성별에 관계없이 어떤 특정 기간이나 평생 동안 하나님만을 섬기기로 서원한 자들입니다. 때문에 그들은 자신의 몸을 구별하기 위해 포도주와 독주를 마시지 않았고(민 6:3~4), 머리도 깎지 않았으며(민 6:5), 죽은 시체에도 가까이하지 않았습니다(민 6:6~7). 술을 마심으로 인하여 자신의 이성을 마비시킬 수 있기 때문이요, 머리를 깎지 않고 기른 것은 자기 위에 계신 하나님의 권위를 인정하고 그분의 뜻을 추구하겠다는 결단의 표시입니다. 시체를 가까이하지 않는 것은 죽음이 죄로 인하여 왔기 때문에 죄를 멀리하고 성결을 유지한다는 표시였습니다. 삼손은 하나님으로부터 받은 능력이 대단했습니다. 자신의 힘만으로 블레셋을 물리쳤고, 사자를 맨손으로 찢어 죽였으며, 나귀 턱뼈로 블레셋 사람 천 명을 죽이기도 했습니다. 뿐만 아니라 이 세상의 그 무엇으로도 그를 결박할 수 없는 놀라운 능력을 가지고 있었습니다.

둘째, 평범한 인간이었습니다.

그는 나실인으로 태어나 특별히 구별되게 자랐음에도 불구하고 여전히 인간의 한계를 벗어나지 못했습니다. 때문에 그는 이스라엘 백성들에게 금지되어 있음에도 불구하고 이방인인 블레셋 여인과 결혼했습니다. 또한 나실인에게 금지되어 있는 결혼잔치를 하여 하객들과 술에 취하기도 했습니다. 그리고 그곳에서 자신만 알고 있는 문제를 수수께끼로 내었으며, 그것 때문에 블레셋과의 악순환이 계속되었습니다(삿 14:10~14).

또한 그는 이성의 유혹에 약했습니다. 자신의 아내가 울면서 애원하자 수수께끼의 답을 알려 주었고, 그로 인하여 결국은 사랑하는 아내를 잃었습니다. 그러자 또 가사의 기생에게로 들어가 밤새도록 함께 있다가 블레셋 사람들에게 포위되기도 했으나 하나님의 은혜로 괴력을 발휘하여 화를 면했습니다. 가사에서 기생 때문에 위험에 처했던 삼손은 또다시 소렉 골짜기의 들릴라라는 여인을 사랑하기 시작했습니다. 그러나 블레셋 방백들이 각각 은 일천일백 개의 거액을 주고 그녀를 포섭함으로 인하여 그는 말할 수 없는 비참한 수난을 당했습니다(삿 16:4~5).

셋째, 믿음의 사람이었습니다.

사사기의 기록을 보면 삼손이 믿음의 삶을 살았다고 볼 수는 없습니다. 그러나 성경은 삼손을 가리켜 믿음의 사람이라고 말씀합니다(히 11:32). 여기에서 말하는 믿음의 용장들은 모두가 다 인간적인 실수와 허물이 있고 아픔이 있는 사람들입니다. 그렇습니다. 이 세상에서 성인이라고 추앙받는 사람들에게서도 모두가 다 비난받을 만한 일들을 발견하게 됩니다. 그럼에도 불구하고 하나님께서는 그들의 믿음을 인정하시고 사용하셨습니다.

때문에 부족한 우리도 이렇게 쓰임 받고 있는 것입니다. 그러므로 우리 모두는 그 어떤 이유로도 사명을 포기할 수 없습니다.

사랑하는 여러분!

우리 모두 하나님의 자녀라는 자부심을 가지고 자신 있게 삽시다. 또한 우리의 육체에는 선한 것이 전혀 없음을 깨닫고 육체의 요구대로 살지 말고 하나님의 말씀대로 살려고 노력합시다. 그리고 이유 여하를 막론하고 받은 사명을 철저하게 완수하는 멋진 사명자들이 되시기 바랍니다.

2. 삼손의 생애

첫째, 정략적인 결혼을 했습니다.

삼손은 딤나에 내려가서 블레셋 여인을 보고 결혼하려고 했습니다. 그러나 부모는 삼손의 요청을 반대했습니다. 왜냐하면 모세의 율법은 이방인들과의 결혼을 엄격히 금지했으며, 더욱이 나실인으로서는 상상할 수 없는 일이기 때문입니다(출 34:15~16; 신 7:3~4). 그럼에도 불구하고 삼손은 자기 아버지에게 "내가 그 여자를 좋아하오니 나를 위하여 그를 데려오소서"(삿 14:3)라고 했습니다. 이는 블레셋 사람들이 이스라엘을 관할하기 때문에 삼손이 기회를 봐서 블레셋을 치기 위해 정략적으로 이용하려는 것이었습니다. 이것은 바로 여호와께서 시키신 것이었습니다. 그러나 그의 부모는 몰랐습니다(삿 14:4). 여기에서 우리는 하나님께서는 우리 인간들의 약점과 허물을 이용해서라도 당신의 백성들을 구원하신다는 섭리를 보게 됩니다.

둘째, 삼손은 결혼에 실패했습니다.

삼손은 자신이 원하는 블레셋 여자와 결혼하고 7일 동안의 잔치를 신부 집에서 블레셋의 방식대로 가졌습니다(삿 14:10). 그런데 이 결혼 잔치에는 신부의 부모와 친지들, 그리고 특별히 초대된 30명의 친구들이 있었습니다. 아마도 신부측의 가정이 대단한 가정이었던 것 같습니다. 그런데 삼손은 결혼 잔치에 초대된 블레셋 청년들에게 자기만 아는 수수께끼를 내고, 그것을 풀면 자기가 베옷 30벌과 겉옷 30벌을 주고 만약에 풀지 못하면 그와 같이 자기에게 주어야 한다고 했습니다(삿 14:10~14). 그러나 그들은 3일이 되도록 깨닫지 못하자 삼손의 아내에게 "너는 네 남편을 꾀어 그 수수께끼를 우리에게 알리게 하라 그렇지 아니하면 너와 네 아비의 집을 불사르리라"(삿 14:15)고 했습니다. 삼손은 아내가 계속 울면서 밤낮으로 애원하자 답을 알려 주었고, 그 아내는 청년들에게 그대로 알려 주었습니다. 그러자 삼손이 그곳 사람 30명을 쳐 죽이고 옷을 빼앗아 그들에게 주고 화가 나서 자기 집으로 돌아와 버렸고, 그의 장인은 삼손의 아내를 다른 남자에게 주었습니다.

셋째, 악순환의 생이 계속되었습니다.

첫 결혼에 실패한 삼손은 아내의 잘못을 용서하고 재결합하기 위해 화해의 선물인 염소새끼를 가지고 찾아갔으나, 이미 다른 사람과 재혼했다는 장인의 말을 듣고 분노하여 블레셋 사람들에 대한 복수를 다짐했습니다. 그리하여 삼손은 여우 300마리를 붙잡아 그 여우들의 꼬리를 연결하고 그 사이마다 횃불을 묶어서 곡식 밭과 감람원으로 내쫓아 다 불살라 버렸습니다(삿 15:3~5).

이에 분노한 블레셋 사람들이 삼손의 장인과 아내를 불태워 죽였습니다(삿 15:6). 삼손은 다시 그에 대한 복수로 많은 블레셋 사람들을 죽였습니다(삿 15:7~8). 이에 분노한 블레셋 사람들이 유다에 올라와 진을 치고 공격하려고 했습니다. 이에 두려움을 느낀 유다 사람들 3천 명이 찾아와 삼손에게 항의하자, 삼손은 "너희가 나를 치지 아니하겠다고 내게 맹세하라"고 하여 약속을 받은 다음 스스로 결박당하여 블레셋 사람들에게 넘겨졌습니다(삿 15:9~13). 그러나 삼손은 그곳에서도 나귀의 턱뼈로 천 명을 죽이고 승리했습니다.

사랑하는 여러분!

우리 모두 인간적인 생각을 버리고 하나님의 뜻에 무조건 순종합시다. 또한 그 어떠한 자기 기분이나 감정, 욕심과 유혹에 사로잡히지 맙시다. 그리고 우리의 삶의 현장에서는 그 어떤 이유로도 악순환이 계속되는 일이 없도록 합시다.

3. 구원하시는 하나님

첫째, 삼손은 여호와께 부르짖었습니다.

삼손은 혼자 나귀 턱뼈로 블레셋 사람들을 천 명이나 쳐 죽였습니다. 상상만 해도 참으로 힘겹고 치열한 전투였으리라고 생각됩니다. 작열하는 태양 빛이 내리쬐는 사막지대에서 싸웠기 때문에 탈진 상태에 이르게 되었습니다. 때문에 그는 "주께서 종의 손으로 이 큰 구원을 베푸셨사오나 내가 이제 목말라 죽어서 할례 받지 못한 자의 손에 빠지겠나이다"(삿 15:18)라고 부르짖었습니다. 그렇습니다. 이 세상의 모든 사람들은 기갈 들려 있습니다. 모두가 다 진정한 사랑과 정, 따뜻한 한마디의 칭찬과 위로, 건강과 행복에 목말라 있습니다. 그러므로 우리 모두는 다 전능하신 하나님께 간절히 부르짖어 기도해야 합니다.

둘째, 하나님께서는 기적으로 물을 주셨습니다.

삼손의 절규하는 부르짖음을 들으신 하나님께서는 레히의 한 우묵한 곳을 터치심으로 물이 나게 하여 삼손으로 하여금 마시게 하셨습니다. 그리하여 탈진 상태에 있던 삼손은 새롭게 힘을 얻을 수 있었습니다. 그리고 그는 그 샘을 엔학고레(부르짖은 자의 샘)라고 명했습니다. 그렇습니다. 우리도 여호와께 부르짖어 기도함으로 놀라운 응답을 받아야겠습니다.

셋째, 사사로 20년간 쓰임 받았습니다.

삼손의 생애는 참으로 파란만장한 삶이었습니다. 그러나 그는 그 어떤 인간들에 의해 뽑힌 것이 아니라 하나님께서 직접 선택하시고 지명하여 부르셔서 20년간이나 사용하셨습니다. 그러므로 우리도 부족하지만 나를 선택하시고 일꾼으로 세워 주심을 감사하고 최선을 다해 충성하는 삶을 살아야겠습니다.

사랑하는 여러분!

심히 피곤합니까? 주님의 도우심이 필요합니까? 우리 모두 삼손처럼 부르짖어 기도합시다. 사랑의 하나님께서 풍성하신 은혜로 응답해 주실 것입니다. 그리하여 비록 부족하지만 평생토록 쓰임 받는 일꾼들이 되시기 바랍니다.

법궤 앞에서 파괴된 다곤 신상

[사무엘상 5장 1~12절]

블레셋 사람이 하나님의 궤를 빼앗아가지고 에벤에셀에서 부터 아스돗에 이르니라 블레셋 사람이 하나님의 궤를 가지고 다곤의 당에 들어가서 다곤의 곁에 두었더니 아스돗 사람이 이튿날 일찍이 일어나 본즉 다곤이 여호와의 궤 앞에서 엎드러져 그 얼굴이 땅에 닿았는지라 그들이 다곤을 일으켜 다시 그 자리에 세웠더니 그 이튿날 아침에 그들이 일찍이 일어나 본즉 다곤이 여호와의 궤 앞에서 엎드러져 얼굴이 땅에 닿았고 그 머리와 두 손목은 끊어져 문지방에 있고 다곤의 몸뚱이만 남았더라 그러므로 다곤의 제사장들이나 다곤의 당에 들어가는 자는 오늘까지 아스돗에 있는 다곤의 문지방을 밟지 아니하더라 여호와의 손이 아스돗 사람에게 엄중히 더하사 독종의 재앙으로 아스돗과 그 지경을 쳐서 망하게 하니 아스돗 사람들이 이를 보고 가로되 이스라엘 신의 궤를 우리와 함께 있게 못할지라 그 손이 우리와 우리 신 다곤을 친다 하고 이에 보내어 블레셋 사람의 모든 방백을 모으고 가로되 우리가 이스라엘 신의 궤를 어찌할꼬 그들이 대답하되 이스라엘 신의 궤를 가드로 옮겨가라 하므로 이스라엘 신의 궤를 옮겨 갔더니 그것을 옮겨간 후에 여호와의 손이 심히 큰 환난을 그 성에 더하사 성읍 사람의 작은 자와 큰 자를 다 쳐서 독종이 나게 하신지라 이에 그들이 하나님의 궤를 에그론으로 보내니라 하나님의 궤가 에그론에 이른즉 에그론 사람이 부르짖어 가로되 그들이 이스라엘 신의 궤를 우리에게로 가져다가 우리와 우리 백성을 죽이려 한다 하고 이에 보내어 블레셋 모든 방백을 모으고 가로되 이스라엘 신의 궤를 보내어 본처로 돌아가게 하고 우리와 우리 백성 죽임을 면케 하자 하니 이는 온 성이 사망의 환난을 당함이라 거기서 하나님의 손이 엄중하시므로 죽지 아니한 사람들은 독종으로 치심을 받아 성읍의 부르짖음이 하늘에 사무쳤더라 당시의 이스라엘 백성들은 하나님의 뜻을 구하지 않았고, 종교 지도자들은 지극히 부패하여 사명을 제대로 감당하지 못했습니다. 그럼에도 불구하고 그들은 모두가 다 자신들이 하나님을 제일 잘 믿고 있다고 착각하고 자만심에 빠져 있었습니다. 때문에 하나님의 진노의 채찍으로 인하여 블레셋과의 전쟁에서 패하고 하나님의 임재의 상징인 법궤를 블레셋 사람들에게 빼앗기게 되었습니다. 그러나 블레셋 사람들은 자기들이 빼앗아 간 법궤로 인하여 무서운 재앙을 당했습니다.

1. 하나님의 궤를 빼앗아 간 블레셋

첫째, 블레셋이 하나님의 궤를 빼앗아 갔습니다.

블레셋은 해양 민족으로서 일찍부터 제철기술이 발달하여 철제무기로 잘 무장된 강력한 군대를 보유하고 있었습니다(삼상 13:20~21, 17:5~7). 때문에 엘리 제사장 당시에는 이스라엘이 블레셋의 압제하에 있었습니다. 이스라엘은 블레셋의 압제에서 벗어나기 위해 항전을 벌였습니다. 그런데 이 전쟁에서 이스라엘이 패하게 된 것입니다. 이스라엘이 이 전쟁에서 패하고 하나님의 궤를 빼앗기게 된 것은 외부의 적인 블레셋이 강했다기보다는 내부의 적이 원인이었습니다. 그것은 바로 하나님과의 관계가 올바르지 못했다는 것입니다. 그렇습니다. 우리가 이 세상을 살아가면서 승리하거나 패하게 되는 원인은 어떤 외부적인 조건이나 환경보다는 신앙적으로 정신 차리지 못한 자기 자신의 내부적인 조건 때문이라는 사실을 명심해야겠습니다.

둘째, 블레셋은 하나님의 궤를 다곤의 신당에 두었습니다.

블레셋 사람들은 이스라엘의 에벤에셀에서 빼앗아 온 하나님의 궤를 아스돗에 있는 다곤의 신당에 두었습니다. 그것은 그들이 하나님의 임재의 상징인 법궤에 대해 무지했기 때문에 법궤를 가지고 자신들이 최고의 신으로 섬기는 다곤을 영화롭게 하기 위해 일종의 희생물로 드린 것입니다. 그들은 법궤가 절대자이신 하나님의 임재의 상징이라는 사실을 몰랐기 때문에 범신론적인 입장에서 이스라엘 민족이 섬기는 단순한 하나의 신으로 생각한 것입니다. 그렇습니다. 제아무리 많은 지식과 명예, 부와 권세를 가지고 있다고 해도 하나님을 모르는 자들은 이렇게 무지하게 행동하게 됩니다.

셋째, 다곤의 신상이 무너져 파괴되었습니다.

블레셋 사람들이 아침 일찍 일어나 다곤의 신당에 들어가 보았을 때에 다곤의 신상이 여호와의 궤 앞에서 엎드러져 그 얼굴이 땅에 닿아 있었습니다(삼상 5:3). 그러나 블레셋 사람들은 이것을 우연한 일이라고 생각하고 신상을 다시 일으켜 그 자리에 세웠습니다. 그리고 다음 날 아침에 일찍이 일어나 다시 다곤의 신당에 들어가 보았더니 이번에는 다곤 신상이 여호와의 궤 앞에 엎드러져 얼굴이 땅에 닿았고 그 머리와 두 손목은 끊어져 문지방에 있고 몸뚱이만 남아 있었습니다(삼상 5:4). 하나님의 심판으로 인하여 다곤의 신상이 완전히 파괴된 것입니다. 그렇습니다. 우리 성도들이 잘못했을 때에 이렇게 하나님께 욕을 돌리게 됩니다. 그러나 하나님께서는 당신의 영광이 어떤 이유로도 훼손되는 것을 원치 않으십니다. 그러므로 우리 모두는 정신을 차리고 신앙생활을 잘 영위해 나가야겠습니다. 바로 거기에서 우리 하나님께서 영광을 받으십니다.

사랑하는 여러분!

우리 모두 정신을 차리고 신앙생활 합시다. 우리의 내면적인 신앙을 말씀으로 잘 무장합시다. 그리고 하나님과 늘 올바른 관계를 맺고 삽시다. 언제 어디서나 항상 함께하시는 하나님이심을 인식하고 삽시다. 그리하여 하나님께 영광을 돌리는 복된 삶이 되시기 바랍니다.

2. 아스돗에 내린 하나님의 심판

첫째, 하나님께서 독종으로 아스돗을 치셨습니다.

하나님의 진노는 다곤 신상을 무너뜨리고 파괴하시는 것만으로 그치지 않았고, 아스돗 전역에 독종을 퍼뜨려서 무섭게 징벌하셨습니다(삼상 5:6). 이것은 바로 다곤 신상만이 아니라 그 신상을 섬기는 자들까지도 심판하신 것입니다. 그렇습니다. 우리 하나님만이 우리 인생들의 생사화복을 주관하십니다. 우상을 섬기는 자들은 그들이 섬긴 우상과 함께 모두 다 불태워지고 망하게 됩니다. 그러므로 우리에게 있어서 이 세상의 그 무엇도 하나님보다 더 사랑하는 것은 있을 수 없습니다. 우리 모두는 이 세상이나 개인적인 종말이 오는 그 시간까지 오직 전능하신 하나님만 믿고 그분만 의지하며 그분이 원하시는 대로만 살아가야 할 것입니다.

둘째, 그들은 법궤를 아스돗에서 가드로 옮겼습니다.

아스돗 사람들은 “이스라엘 신의 궤를 우리와 함께 있게 못할지라 그 손이 우리와 우리 신 다곤을 친다”(삼상 5:7)고 했습니다. 그 때문에 블레셋의 방백들이 회의를 열어 하나님의 궤를 아스돗에서 가드로 옮겼습니다(삼상 5:8). 가드에는 다곤 신당이 없었기 때문입니다. 블레셋 사람들은 이스라엘의 신인 하나님의 궤가 다곤의 신상으로 인하여 노한 것으로 생각하고 다곤의 신당이 없는 가드로 옮긴 것입니다. 그러나 여호와의 손이 심히 큰 환난을 가드 성에 내리심으로 그 성읍에 사는 사람들은 작은 자나 큰 자를 막론하고 남녀노소 모두에게 독종이 발하게 되었습니다(삼상 5:9). 하나님의 궤를 아스돗에서 가드로 옮겨 하나님의 진노를 피하고자 했던 블레셋 방백들의 노력은 오히려 더 큰 재앙을 불러왔습니다.

그렇습니다. 하나님께서 내리시는 재앙을 인간적인 방법으로 모면하고 해결해 보려는 것은 참으로 어리석고 무모한 짓입니다. 우리 성도들이 하나님의 내리신 진노의 채찍에서 벗어나고 문제를 해결하는 길은 오직 한 가지밖에 없습니다. 믿음으로 지은 죄를 고백하고 하나님 앞에 돌아와 의지하는 것입니다. 그러므로 우리 모두는 날마다 회개하는 삶을 살아야 합니다.

셋째, 하나님은 그래도 여전히 이스라엘을 사랑하십니다.

이스라엘로 하여금 블레셋과의 전투에서 패하게 하시고 법궤를 빼앗기게 하신 것은 선민 이스라엘이 지은 범죄로 인하여 그들을 심판하시기 위한 것이었습니다. 그러나 블레셋이 노획해 간 법궤가 옮겨지는 곳마다 독종의 재앙을 내리심으로, 이스라엘이 지은 죄를 미워하시고 전쟁에 실패하도록 심판하셨지만 그들을 결코 버리지 않고 사랑하신다는 사실을 확인시켜 주신 것입니다. 우리 모두는 언제나 하나님의 사랑 안에 있으며 궁극적인 승리를 안고 살아가는 축복받은 사람들입니다.

사랑하는 여러분!

우리 모두 오직 주 예수 그리스도만 믿고 그분의 뜻대로만 살아갑시다. 우리가 지은 죄는 미워하시되 우리를 지극히 사랑하시는 하나님 앞에 철저하게 회개하고 최선을 다해 충성하는 멋진 성도들이 되시기 바랍니다.

3. 블레셋을 굴복시키신 하나님

첫째, 그들은 또다시 하나님의 법궤를 에그론으로 보냈습니다.

아스돗에서 옮겨 온 하나님의 법궤로 인하여 가드 사람들이 보다 더 큰 재앙으로 고통을 당하게 되자 하나님의 궤를 다시 에그론으로 보냈습니다. 그러자 에그론 사람들은 "이스라엘 신의 궤를 우리에게로 가져다가 우리와 우리 백성을 죽이려 한다"(삼상 5:10)며 법궤가 자기들에게 오는 것을 거절했습니다. 하나님의 궤가 옮겨질 때마다 그곳에 내려지는 심판은 더욱 강했습니다. 때문에 그동안은 재앙으로 인하여 사람들이 고통만 당했는데 에그론에서는 독종과 함께 수많은 사망자들까지 발생했습니다. 그리하여 온 성이 사망의 환난에 처하게 되었습니다(삼상 5:11). 그렇습니다. 어리석은 우리 인간들은 자신의 잘못된 선택으로 인해 실패를 거듭함에도 불구하고 어리석은 일들을 반복하고 있습니다.

둘째, 법궤를 돌려보내기로 결정했습니다.

하나님의 궤가 옮겨질 때마다 심판의 강도가 더해 가자 블레셋의 방백들은 "이스라엘 신의 궤를 보내어 본처로 돌아가게 하고 우리와 우리 백성 죽임을 면케 하자"(삼상 5:11)고 했습니다. 이와 같은 결정은 블레셋이 이스라엘의 전투에서 승리하고 하나님의 궤를 노획해 온 뒤 자신들이 그토록 믿고 신뢰하던 다곤 신상이 파괴되고, 아스돗과 가드, 에그론의 사람들이 비참한 고생을 당하며 많은 사람들이 희생되고 나서야 할 수 없이 손들고 항복한 것입니다. 그렇습니다. 어리석은 인간들은 이렇게 당하고 나서야 자신의 실존을 알고 정신을 차리게 됩니다.

셋째, 이 사건이 주는 교훈을 봅시다.

먼저 우리가 믿을 수 있는 분은 오직 하나님 한 분밖에 없다는 것입니다. 그분만이 우리 인생들의 생사화복을 주관하시는 전능자이십니다. 그러므로 우리 모두는 그분의 뜻대로만 살아야 합니다. 또한 우리의 죄는 속히 회개하고 빨리 돌이킬수록 좋습니다. 만약에 블레셋이 잘 모르고 하나님의 궤를 노획해 왔다고 할지라도 아스돗에서 다곤의 신이 넘어졌을 때에 속히 자신들의 잘못을 깨닫고 회개하며 하나님의 궤를 이스라엘로 돌려보냈다면 독종으로 인한 고난과 인명 피해는 없었을 것입니다. 그러나 인간적인 생각으로 일곱 달 동안이나 이곳저곳으로 하나님의 궤를 옮기다가 큰 피해를 입게 되자 그제서야 자신들의 잘못을 깨닫고 하나님의 궤를 본처로 돌려 보내도록 결정하게 된 것입니다. 바로 우리의 모습을 보는 것 같습니다.

사랑하는 여러분!

우리 모두 잘못을 깨달은 즉시 회개하고 돌아섭시다. 절대로 어리석은 일은 되풀이하지 맙시다. 모든 일에서 항상 삼가 근신하는 삶으로 아름다운 삶을 사시기 바랍니다.

법궤를 운반한 암소들

[사무엘상 6장 1~16절]

여호와의 궤가 블레셋 사람의 지방에 있은 지 일곱 달이라 블레셋 사람이 제사장들과 복술자들을 불러서 이르되 우리가 여호와의 궤를 어떻게 할꼬 그것을 어떻게 본처로 보낼 것을 우리에게 가르치라 그들이 가로되 이스라엘 신의 궤를 보내려거든 거저 보내지 말고 그에게 속건제를 드려야 할지니라 그리하면 병도 낫고 그 손을 너희에게서 옮기지 아니하는 연고도 알리라 그들이 가로되 무엇으로 그에게 드릴 속건제를 삼을꼬 가로되 블레셋 사람의 방백의 수효대로 금 독종 다섯과 금쥐 다섯이라야 하리니 너희와 너희 방백에게 내린 재앙이 일반임이니라 그러므로 너희는 너희 독종의 형상과 땅을 해롭게 하는 쥐의 형상을 만들어 이스라엘 신께 영화를 돌리라 그가 혹 그 손을 너희와 너희 신들과 너희 땅에서 경하게 하실까 하노라 애굽인과 바로가 그 마음을 강퍅케 한 것같이 어찌하여 너희가 너희 마음을 강퍅케 하겠느냐 그가 그들 중에서 기이하게 행한 후에 그들이 백성을 가게 하므로 백성이 떠나지 아니하였느냐 그러므로 새 수레를 만들고 멍에 메어 보지 아니한 젖 나는 소 둘을 끌어다가 수레를 소에 메우고 그 송아지들은 떼어 집으로 돌려 보내고 여호와의 궤를 가져다가 수레에 싣고 속건제 드릴 금 보물은 상자에 담아 궤 곁에 두고 그것을 보내어 가게 하고 보아서 궤가 그 본 지경길로 올라가서 벧세메스로 가면 이 큰 재앙은 그가 우리에게 내린 것이요 그렇지 아니하면 우리를 친 것이 그 손이 아니요 우연히 만난 것인 줄 알리라 그 사람들이 그같이 하여 젖나는 소 둘을 끌어다가 수레를 메우고 송아지들은 집에 가두고 여호와의 궤와 및 금쥐와 그들의 독종의 형상을 담은 상자를 수레 위에 실으니 암소가 벧세메스 길로 바로 행하여 대로로 가며 갈 때에 울고 좌우로 치우치지 아니하였고 블레셋 방백들은 벧세메스 경계까지 따라가니라 벧세메스 사람들이 골짜기에서 밀을 베다가 눈

> 을 들어 궤를 보고 그것의 보임을 기뻐하더니 수레가 벧세메스 사람 여호수아의 밭 큰 돌 있는 곳에 이르러 선지라 무리가 수레의 나무를 패고 그 소를 번제로 여호와께 드리고 레위인은 여호와의 궤와 그 궤와 함께 있는 금 보물 담긴 상자를 내려다가 큰 돌 위에 두매 그 날에 벧세메스 사람들이 여호와께 번제와 다른 제를 드리니라 블레셋 다섯 방백이 이것을 보고 그 날에 에그론으로 돌아갔더라

블레셋은 이스라엘과의 전쟁에서 승리하고 하나님의 임재의 상징인 법궤를 빼앗아 갔다가 여호와께서 큰 벌을 내리심으로 남녀노소를 막론하고 모두 다 독종에 걸려 혹독한 환난에 처하게 되자 법궤를 이리저리 옮김으로 환난을 면해 보려고 했습니다. 그러나 옮기면 옮길수록 더 큰 환난을 당하게 되고 그로 인하여 사망자들까지도 무수히 발생했습니다. 그러자 할 수 없이 이스라엘로 돌려보내기로 결정하고, 새끼들을 둔 젖나는 암소 두 마리를 끌어다가 새끼를 떼어 집에 가두고 여호와의 궤와 금쥐와 금독종을 담은 상자를 싣고 벧세메스로 돌려보냈습니다. 그런데 그 암소들은 대로로 가며 울었지만 좌우로 치우치지 아니하고 목적지까지 안전하게 잘 도착했습니다. 참으로 놀라운 기적이 아닐 수 없습니다.

1. 법궤를 돌려보내려는 블레셋 사람들

첫째, 법궤의 반환을 의논했습니다.

블레셋 사람들은 이스라엘에서 빼앗아 온 법궤로 인하여 자신들이 최고의 신으로 섬기던 다곤 신이 파괴되고 법궤가 옮겨질 때마다 걷잡을 수 없이 확장되어 가는 무서운 독종의 재앙으로 많은 사람들이 죽어가 더 이상 버틸 수 없게 되자 이스라엘의 하나님에 대한 두려움을 가지고 법궤를 이스라엘로 되돌려보내기로 하고 그 방법을 강구했습니다. 그들은 자신들의 제사장들과 복술자들을 불러서 자문을 구했습니다(삼상 6:2). 그러나 그들이 제안한 안들은 모두 다 신앙적인 것들이 아니고 인간적인 것들이었습니다. 그렇습니다. 믿음이 없는 자들의 사고방식이나 생활양식은 언제나 이렇게 세상적일 수밖에 없습니다. 그러므로 우리는 그 어떤 경우에도 불신자들과 멍에를 같이해서는 안 됩니다.

둘째, 애굽의 역사를 상기했습니다.

블레셋의 제사장들과 복술자들은 애굽의 역사를 상기시켰습니다. 그것은 하나님께서 이스라엘 민족을 구원하려고 하셨을 때에 애굽 왕 바로가 마음을 강퍅게 하여 이스라엘 민족을 보내라는 하나님의 명령을 거부하다가 열 가지 재앙을 당한 사건입니다. 바로는 감당할 수 없는 크나큰 손실과 인명 피해를 당하고 나서야 이스라엘 백성을 내보내게 되는데, 애굽 군대는 출애굽하는 이스라엘 민족을 추격하다가 홍해 바다에서 모두 다 수장되고 맙니다. 이 사건으로 하나님께서는 이스라엘 민족을 사랑하시고 반드시 구원하신다는 사실을 일깨워 주셨습니다. 그러므로 우리들도 성경 말씀을 통해서 오늘의 나 자신을 잘 다스려 가야 하겠습니다.

셋째, 새 수레에 속건제물과 함께 보내기로 했습니다.

블레셋의 제사장들과 복술자들이 새 수레를 만들어 법궤를 운반하되, 여호와 하나님의 진노를 누그러뜨리기 위해서 속건제물과 함께 보내기로 했습니다. 속건제란 타인의 권리나 재물을 침해하였을 때에 그 보상 또는 배상을 위하여 하나님께 드리는 희생의 제사였습니다(레 5:14~16). 그런데 이 속건제에 대한 제물을 금독종 다섯과 금쥐 다섯의 형상을 제물로 드리라고 했습니다. 금독종은 블레셋 사람들을 고통과 죽음으로 몰고 간 독종으로 발생한 부스럼의 모양이었으리라 추측이 되며, 금쥐는 이 독종이 쥐를 통해서 발생되거나 전염된다는 것을 시사하고 있습니다(삼상 6:3~5). 그러므로 여기에서는 하나님의 궤를 옮김으로 하나님께 범한 죄 값에 대한 보상적인 의미를 가지고 있습니다.

사랑하는 여러분!

우리 모두 우리 인생들의 생사화복을 홀로 주관하시는 전능하신 하나님만 믿고 의지합시다. 또한 하나님께서 말씀을 통해서 보여 주신 성경의 역사를 통해서 자신을 잘 가꿉시다. 그리고 지은 죄를 철저하게 회개하고 하나님께서 원하시는 아름다운 삶을 살아가시기 바랍니다.

2. 법궤를 운반하기 위해 선택받은 소들

첫째, 새끼 달린 두 암소들이었습니다.

이 소들은 논과 밭을 갈고 이 세상 물건들을 나르는 수레를 끈 것이 아니라, 하나님의 법궤를 옮기는 일에 이 세상의 많은 소들 중에서 특별히 선택되었습니다. 그런데 이들은 한번도 수레를 메어 보지 아니한 소들이었습니다. 더욱이 새끼들에게 젖을 빨리는 소들이었습니다. 이 소들은 한 번도 가 보지 않은 벧세메스로의 낯선 길을 이끄는 사람도 없이 그들 스스로가 찾아가야 했습니다. 인간적인 생각으로 볼 때에 도저히 선택받을 수 없는 부적합한 소들이었습니다. 우선 경험이 없고, 낯선 길에 인도자가 없으며, 젖 먹는 새끼들을 떼어 놓고 간다고 하는 것은 참으로 어렵기 때문입니다. 이것은 블레셋 사람들이 자신들이 당한 재앙이 하나님으로부터 온 것이 사실인지를 확인하기 위해 자기들 나름대로 인간적인 머리를 쓴 것이었습니다(삼상 6:7~9). 그러나 우리는 여기에서 긍정적인 교훈을 얻어야겠습니다. 그렇습니다. 우리도 하나님의 일을 위해 이 세상의 수많은 사람들 중에서 특별히 선택받은 사람들입니다. 그러므로 그 어떤 이유로도 핑계하지 않고 사명을 감당해야 합니다.

둘째, 이들은 새끼들을 떼어 놓고 갔습니다.

모성애는 사람이나 짐승은 물론 모든 곤충들에게 있어서도 다 마찬가지입니다. 때문에 거미는 사냥할 수 없는 어린 새끼들을 위해 자기의 몸을 먹이로 내놓습니다. 한 우리에서 여럿을 같이 기르는 소들도 몸집이 크든지 작든지 상관없이 언제나 새끼를 거느린 어미 소가 우두머리를 합니다. 새끼를 지키고자 하는 모성애가 강하기 때문입니다. 그런데 송아지를 떼어서 우리에 가두어 놓았음에도 어미 소는 법궤를 실은 수레를 끌고 갑니다. 뒤에서는 어미 소를 찾는 송아지의 울음소리가 들립니다. 어미 소는 새끼들의 안타까운 부르짖는 소리를 듣고 눈물을 흘리면서 벧세메스의 길로 묵묵히 걸어갔습니다. 그렇습니다. 이것이 바로 사명자의 길입니다. 사명자는 이유 여하를 막론하고 인정에 매이거나 이 세상과 타협해서는 안 됩니다. 아주 냉정하게 끊고 사명자로서의 길을 묵묵히 걸어가야 합니다. 자기 자신이 짊어진 책임을 깨끗하게 완수해야 합니다.

셋째, 좌우로 치우치지 않았습니다.

뒤에는 어린 새끼들을 떼어 놓고 왔습니다. 또한 그때는 추수 때이므로 길 좌우의 밭에는 농작물이 많이 있습니다. 때문에 하나님의 법궤를 끌고 가는 이 소들이 유혹을 받을 만도 합니다. 그러나 조금도 흔들리거나 좌우로 치우치지 않고 곧바로 벧세메스로만 향하여 갔습니다. 그렇습니다. 진정한 사명자는 이 세상의 모든 유혹을 물리치고 자신을 잘 관리하면서 맡은 사명을 위해 최선을 다합니다.

사랑하는 여러분!

우리 모두 부족한 우리를 선택하시고 지명하여 불러서 일꾼 삼아 주신 것을 감사합시다. 그 어떤 이유로도 핑계하지 말고 주신 사명 잘 감당합시다. 그리고 좌우로 치우치거나 흔들림이 없이 오직 주님만 따라 순종하시기 바랍니다.

3. 돌아온 법궤를 보고 기뻐하는 사람들

첫째, 법궤를 운반한 소로 번제를 드렸습니다.

법궤를 실은 수레를 끈 소들은 피곤하고 힘든 여정이었지만 쉬지 않고 걸어서 마침내 목적지인 벧세메스에 도착했습니다.

이스라엘이 블레셋과의 전쟁에서 하나님의 법궤를 빼앗긴 지 7개월 만에 이스라엘의 진으로 다시 돌아온 것입니다. 이에 벧세메스의 거민들은 너무나도 기뻐했습니다. 이 기쁨은 바로 이스라엘 백성 모두의 기쁨이었습니다. 때문에 이스라엘 사람들은 하나님 앞에 제사를 드림으로 하나님께 영광을 돌리고자 했습니다. 그들은 법궤를 싣고 온 수레를 패서 번제단에 올려놓고 수레를 끌고 온 소들을 잡아 번제물로 드렸습니다. 참으로 아름답고 깨끗하게 끝까지 헌신된 소들의 모습입니다.

둘째, 법궤를 들여다본 사람들이 죽었습니다.

벧세메스 사람들이 법궤를 들여다보자 여호와께서 치심으로 (오만) 칠십 명이 즉사하는 불상사가 일어났습니다. 하나님의 법궤는 일반인들이 접근할 수 없는 거룩한 것이었으므로 아무리 큰 호기심이 발동한다 할지라도 자기의 기분이나 감정을 다스리고 절제할 수 있어야 했습니다. 그럼에도 불구하고 그들이 절제하지 못하고 법궤를 들여다봄으로 즉사하게 된 것입니다. 그렇습니다. 죄인인 우리는 언제나 자기 자신을 살피고 회개함으로 하나님 앞에 서야 합니다.

셋째, 법궤가 기럇여아림으로 옮겨졌습니다.

벧세메스 사람들은 법궤를 들여다본 사람들이 무차별하게 많이 죽게 되자 여호와 하나님에 대한 두려움을 가지고 기럇여아림 사람들에게 사자를 보내어 하나님의 궤를 인수해 가도록 했습니다. 벧세메스 사람들은 자신들이 하나님의 궤에 대한 경외심 없이 함부로 행동함으로 인해 많은 사람들이 죽게 되었음에도 불구하고 자신들의 잘못을 깨닫지 못한 채 하나님을 무섭고 두려운 분으로 단정하는 어리석은 죄를 범했습니다. 물론 하나님은 엄위하신 분입니다. 그러나 범죄한 우리를 구원하시기 위해 독생자를 이 세상에 보내셔서 대속의 십자가를 지게 하신 사랑의 하나님이십니다. 우리가 아무리 부족해도 예수님을 구주로 믿고 있는 한 버리지 않으시는 사랑의 하나님이십니다. 그런데 벧세메스 사람들은 자신들에게 주어진 복된 기회를 스스로 포기해 버린 어리석은 자들입니다. 그러므로 우리는 영원히 하나님과 함께하는 복된 삶을 살아야 합니다.

사랑하는 여러분!

우리 모두 우리의 삶 전체를 하나님께 드려 충성하는 헌신된 삶을 삽시다. 거룩하신 하나님을 잘 경외하고 그분의 뜻대로만 삽시다. 그리하여 하나님께서 주신 기회를 잘 활용하여 넘치는 복을 받아 누리시기 바랍니다.

큰 우레를 발하심

[사무엘상 7장 1~17절]

기럇여아림 사람들이 와서 여호와의 궤를 옮겨 산에 사는 아비나답의 집에 들여놓고 그 아들 엘리아살을 거룩히 구별하여 여호와의 궤를 지키게 하였더니 궤가 기럇여아림에 들어간 날부터 이십 년 동안을 오래 있은지라 이스라엘 온 족속이 여호와를 사모하니라 사무엘이 이스라엘 온 족속에게 일러 가로되 너희가 전심으로 여호와께 돌아오려거든 이방 신들과 아스다롯을 너희 중에서 제하고 너희 마음을 여호와께로 향하여 그만 섬기라 너희를 블레셋 사람의 손에서 건져내시리라 이에 이스라엘 자손이 바알들과 아스다롯을 제하고 여호와만 섬기니라 사무엘이 가로되 온 이스라엘은 미스바로 모이라 내가 너희를 위하여 여호와께 기도하리라 하매 그들이 미스바에 모여 물을 길어 여호와 앞에 붓고 그 날에 금식하고 거기서 가로되 우리가 여호와께 범죄하였나이다 하니라 사무엘이 미스바에서 이스라엘 자손을 다스리니라 이스라엘 자손이 미스바에 모였다 함을 블레셋 사람이 듣고 그 방백들이 이스라엘을 치러 올라온지라 이스라엘 자손이 듣고 블레셋 사람을 두려워하여 사무엘에게 이르되 당신은 우리를 위하여 우리 하나님 여호와께 쉬지 말고 부르짖어 우리를 블레셋 사람의 손에서 구원하시게 하소서 사무엘이 젖 먹는 어린 양을 취하여 온전한 번제를 여호와께 드리고 이스라엘을 위하여 여호와께 부르짖으매 여호와께서 응답하셨더라 사무엘이 번제를 드릴 때에 블레셋 사람이 이스라엘과 싸우려고 가까이 오매 그 날에 여호와께서 블레셋 사람에게 큰 우레를 발하여 그들을 어지럽게 하시니 그들이 이스라엘 앞에 패한지라 이스라엘 사람들이 미스바에서 나가서 블레셋 사람을 따라 벧갈 아래에 이르기까지 쳤더라 사무엘이 돌을 취하여 미스바와 센 사이에 세워 가로되 여호와께서 여기까지 우리를 도우셨다 하고 그 이름을 에벤에셀이라 하니라 이에 블레셋 사람이 굴복하여 다시는 이스라엘 경내에 들어오지 못하였으며 여호와의 손이 사무엘의 사는 날 동안에 블레셋 사람을 막으시매 블레셋 사람이 이스라엘에게서 빼앗았던 성읍이 에그론부터 가드까지 이스라엘에게 회복되니 이스라엘이 그 사방 지경을 블레셋 사람의 손에서 도로 찾았고 또 이스라엘과 아모리 사람 사이에 평화가 있었더라 사무엘이 사는 날 동안에 이스라엘을 다스렸으되 해마다 벧엘과 길갈과 미스바로 순회하여 그 모든 곳에서 이스라엘을 다스렸고 라마로 돌아왔으니 이는 거기 자기 집이 있음이라 거기서도 이스라엘을 다스렸으며 또 거기 여호와를 위하여 단을 쌓았더라

이스라엘은 블레셋의 노예가 되어 20년 동안이나 영적인 암흑기를 지냈으나 선지자요 사사였던 사무엘은 절망하지 않았습니다. 이스라엘 민족의 영적인 부흥을 위해 하나님에 대한 굳건한 믿음과 불굴의 의지를 가지고 끝까지 힘써 왔습니다. 때문에 그의 애절하고 끈질긴 호소를 받은 이스라엘 민족이 "우리가 여호와께 범죄하였나이다"라고 회개하며, 그들이 섬기던 모든 우상들을 버렸습니다. 이에 하나님께서는 큰 우레를 발하심으로 아벡에서 참패를 당했던 이스라엘로 하여금 완전한 승리를 거두게 하셨습니다.

1. 사무엘의 간절한 호소

첫째, 법궤를 아비나답의 집에 안치했습니다.

벧세메스에서 옮겨 온 법궤를 기럇여아림의 레위 사람 아비나

답의 집에 안치하고 그의 아들을 거룩하게 구별하여, 다윗이 그 권리를 주장할 때까지 법궤를 지키게 했습니다. 제사장의 성읍인 벧세메스에서는 아무도 법궤를 모시지 않아 들판의 돌 위에 그대로 방치해 두었었는데 일반인인 아비나답은 법궤를 사모하여 자기 집에 모시고 거룩하게 잘 지킨 것입니다. 하나님의 임재를 상징하는 법궤가 아비나답의 집에 머무르게 된 것은, 전능하신 하나님께서 언제나 우리 성도들 각 개개인의 심령 속에 거하시면서 크신 능력으로 역사하신다는 사실을 나타냅니다. 그러므로 우리는 전능하신 하나님께서 우리와 늘 함께 동행하신다는 사실을 믿고 언제나 자신 있는 삶을 살아야겠습니다.

둘째, 사무엘은 이스라엘에게 강력하게 촉구했습니다.

사무엘은 이스라엘 온 족속에게 "너희가 전심으로 여호와께 돌아오려거든 이방 신들과 아스다롯을 너희 중에서 제하고 너희 마음을 여호와께로 향하여 그만 섬기라 너희를 블레셋 사람의 손에서 건져내시리라" (삼상 7:3)고 했습니다. 그렇습니다. 우리가 여호와께 온전히 돌아오는 길은 우리의 삶 속에 있는 모든 우상들을 깨끗하게 제해 버리고 마음과 뜻과 성품을 다해 하나님만 믿고 그분만 섬기는 것입니다. 이 세상의 그 누구나 그 무엇도 우리가 믿고 섬길 만한 신앙의 대상이 될 수 없습니다. 그러므로 우리 모두는 우리의 언행심사와 삶의 현장에서 하나님보다 더 사랑하고 우선하는 것이 있다고 하면 아주 과감하게 척결해야겠습니다.

셋째, 이스라엘은 여호와만 섬겼습니다.

사무엘 선지자의 강력한 촉구를 받은 이스라엘은 자신들이 그동안 섬기던 바알들과 아스다롯을 제하고 여호와만 섬겼습니다(삼상 7:4). 그렇습니다. 성도들의 참된 신앙생활은 하나님의 말씀을 듣고 지은 죄를 회개하고 하나님보다 더 사랑하는 내 안에 있는 모든 우상들을 제하고 온 마음과 뜻과 정성을 다해 하나님만 섬기는 것입니다. 바로 거기에서 이 세상의 모든 것들을 무가치하게 여기고 하나님만 섬기며, 그분이 원하시는 일에 최선을 다하여 충성하는 삶을 살게 되는 것입니다. 우리 모두 하나님보다 더 사랑하고 애착을 가지며 우선시하는 것들이 있다면 이 시간에 모두 다 깨끗이 버립시다. 그리고 우리의 평생 동안 하나님만 온전히 섬기는 삶을 살아야겠습니다.

사랑하는 여러분!

우리 모두 자기 집에 법궤를 잘 모신 아비나답처럼 늘 나 자신의 삶의 현장 속에 임재하여서 역사하시는 하나님을 의식하고 성실하게 삽시다. 또한 우리의 삶 속에서 하나님보다 더 사랑하고 우선시되는 모든 것들을 깨끗하게 버리고 오직 하나님만 섬기는 은혜로운 성도들이 되시기 바랍니다.

2. 이스라엘의 미스바 성회

첫째, 온 이스라엘이 미스바에 모였습니다.

타락한 이스라엘을 하나님께로 돌이키고 우상을 버리게 했으며 여호와만 섬기도록 잘 인도한 사무엘은 또다시 이스라엘 백성들에게 "온 이스라엘은 미스바로 모이라 내가 너희를 위하여 여호와께 기도하리라"(삼상 7:5)고 했습니다. 예루살렘 북쪽에 위치한 이 미스바는 사무엘의 고향인 라마와 가까운 곳으로서, 백성들에게 잘 알려지지 않은 곳이었습니다. 이는 이스라엘 백성들로 하여금 어떤 물리적인 힘을 과시케 하려는 것이 아니라 오히려 하나님의 백성으로서의 본연의 자리로 돌아오도록 하기 위한 것이었습니다. 다시 말하면 이스라엘 백성들로 하여금 회개운동을 일으켜서 영적 각성을 이루고 하나님의 능력으로 블레셋을 물리치기 위한 것이었습니다. 때문에 이스라엘 백성들은 미스바에서 "물을 길어 여호와 앞에 붓고 그날에 금식하고 거기서 가로되 우리가 여호와께 범죄하였나이다"(삼상 7:6)라고 회개하는 놀라운 역사가 일어났습니다.

둘째, 블레셋이 이스라엘을 공격했습니다.

사무엘 선지자의 영도하에 이스라엘 백성들이 미스바에 모여서 성회를 갖고 있다는 소식을 들은 블레셋은 이스라엘 백성들이 뭉쳐서 큰 위력을 발하기 전에 분쇄하고자 미스바에서 회개운동을 일으키고 있는 이스라엘 백성들을 공격했습니다(삼상 7:7). 블레셋은 오랫동안 훈련받고 중무장한 사람들이었으나 이스라엘은 지금까지 전혀 훈련도 받지 않았고 무장도 하지 않은 사람들이었습니다. 때문에 이스라엘은 전에 블레셋이 종교와 정치적인 자유를 억압하고 인권을 유린했을 때에도 투쟁이나 항전은 감히 상상도 하지 못했었습니다. 그러나 사무엘 선지자의 영도하에 그동안 섬기던 우상을 버리고 여호와만 섬기며, 미스바에 모여 회개운동을 전개한 다음에는 선지자인 사무엘에게 중보기도를 요청하고 전능하신 하나님을 의지하는 믿음의 태도를 취했습니다(삼상 7:8). 이스라엘이 이제야 올바른 신앙의 자세를 갖게 된 것입니다.

셋째, 여호와께서 우레로 블레셋을 어지럽게 하셨습니다.

이스라엘 백성들의 기도 요청을 받은 사무엘은 젖 먹는 어린 양을 취하여 온전한 번제를 여호와께 드리고 이스라엘을 위하여 여호와께 부르짖었습니다(삼상 7:9). 여기에서 온전한 번제란 것은 제물을 완전히 태워서 화제로 드린다는 뜻의 번제를 의미합니다. 이것은 하나님께 대한 절대 헌신을 나타내는 것으로서, 타락한 세속과 완전히 결별하고 새롭게 태어나 하나님의 사람으로 귀하게 쓰임 받게 된다는 것을 의미합니다. 때문에 하나님께서는 그들의 기도를 들으시사, 사무엘이 번제를 드릴 때에 블레셋 사람이 이스라엘과 싸우려고 가까이 오자 블레셋 사람들에게 큰 우레를 발하셔서 그들을 어지럽게 하셨습니다. 그러므로 이스라엘은 아주 쉽게 블레셋을 무찌르고 완전한 승리를 거두었습니다. 그렇습니다. 전쟁의 승패는 오직 여호와께 달려 있습니다.

사랑하는 여러분!

우리 모두 주께서 피로 값 주고 사신 주님의 몸 된 성전에 모여 부르짖어 기도함으로 영적 대각성의 삶을 이룹시다. 그리하여 우리를 공격해 오는 사단이나 이 세상의 그 어떤 악한 세력들도 완전히 물리치고 승리의 삶을 사시기 바랍니다.

3. 끝까지 책임져 주시는 하나님

첫째, 에벤에셀의 기념비를 세웠습니다.

하나님께서는 미스바에 모여 회개운동을 벌이고 있는 이스라엘을 침공한 블레셋에게 큰 우레를 발하여 어지럽게 하심으로 이스라엘을 승리케 하셨습니다. 그러자 사무엘은 그곳에 승리에 대한 기념비를 세우고 그 이름을 에벤에셀(하나님께서 우리를 도와주셨다는 뜻)이라고 했습니다. 사무엘이 미스바에 이 에벤에셀의 기념비를 세운 것은 이스라엘의 승리에 대한 위용을 과시하려는 것이 아니라, 하나님의 사랑과 은혜에 대한 섭리를 잊어버리지 않고 늘 감사하는 마음을 가지고 살게 하기 위함이었습니다. 그러므로 우리도 사무엘과 당시의 이스라엘 백성들처럼 이 세상살이에서 당면한 모든 상황에서 신앙적인 자세로 잘 대처하여 에벤에셀의 승전비를 세워야겠습니다.

둘째, 이스라엘을 완전히 회복시키셨습니다.

이스라엘을 승리케 하신 하나님께서는 그동안 이스라엘의 원수였던 블레셋이 굴복하여 다시는 이스라엘 경내에 들어오지 못하게 하셨습니다(삼상 7:13). 또한 그동안 블레셋 사람들이 이스라엘에서 빼앗아 갔던 성읍을 에그론부터 가드까지 이스라엘에게 완전히 회복시켜 주셨습니다(삼상 7:14). 그리고 평화를 정착시켜 주셨습니다. 그동안 주변국과의 끊임없는 전쟁으로 시달려왔던 이스라엘 백성들에게 이제 참된 평화를 이루어 주신 것입니다.

셋째, 사무엘이 이스라엘을 다스렸습니다.

사무엘에게는 기드온과 같은 칼의 힘이나 삼손과 같은 팔의 힘은 없었습니다. 그러나 그는 기도와 중재의 삶을 살았습니다. 그는 기도로 잉태되어 태어났고(삼상 1:1~28), 위급할 때에는 여호와께 무릎을 꿇고 기도했으며(삼상 7:5~9), 하나님께서 버리신 사울로 인하여서는 온 밤을 여호와께 부르짖어 기도하기도 했습니다(삼상 15:11). 때문에 그는 후대에 기도의 사람으로 칭송을 받은 사람입니다(시 99:6). 그는 평생 동안 이스라엘을 다스렸는데, 하나님께 드리는 기도의 힘으로 백성들의 의식을 개혁하고 우상숭배를 타파했으며, 백성들로 하여금 하나님을 잘 섬기도록 했습니다. 그는 선지자로, 사사로서의 책임과 의무를 종신토록 끝까지 잘 감당한 멋진 하나님의 일꾼이요, 이스라엘의 지도자였습니다.

사랑하는 여러분!

우리 모두 언제 어디서나 우리를 끝까지 책임져 주시는 하나님을 믿고 삽시다. 또한 그동안 잃어버렸던 모든 것들을 회복시켜 주시고 자유케 하시며 평화를 주시는 하나님께 감사하며 삽시다. 그리고 이 세상 끝 날까지 변함없이 나를 인도해 주시고 보호해 주시는 전능하신 하나님을 의지함으로 완전한 승리의 삶을 이루시기 바랍니다.

사무엘의 기도를 통한 기적

[사무엘상 12장 16~25절]

너희는 이제 가만히 서서 여호와께서 너희 목전에 행하시는 이 큰 일을 보라 오늘은 밀 베는 때가 아니냐 내가 여호와께 아뢰리니 여호와께서 우레와 비를 보내사 너희가 왕을 구한 일 곧 여호와의 목전에 범한 죄악이 큼을 너희로 밝히 알게 하시리라 이에 사무엘이 여호와께 아뢰매 여호와께서 그 날에 우레와 비를 보내시니 모든 백성이 여호와와 사무엘을 크게 두려워하니라 모든 백성이 사무엘에게 이르되 당신의 종들을 위하여 당신의 하나님 여호와께 기도하여 우리로 죽지 않게 하소서 우리가 우리의 모든 죄에 왕을 구하는 악을 더하였나이다 사무엘이 백성에게 이르되 두려워 말라 너희가 과연 이 모든 악을 행하였으나 여호와를 좇는 데서 돌이키지 말고 오직 너희 마음을 다하여 여호와를 섬기라 돌이켜 유익하게도 못하며 구원하지도 못하는 헛된 것을 좇지 말라 그들은 헛되니라 여호와께서는 너희로 자기 백성 삼으신 것을 기뻐하신 고로 그 크신 이름을 인하여 자기 백성을 버리지 아니하실 것이요 나는 너희를 위하여 기도하기를 쉬는 죄를 여호와 앞에 결단코 범치 아니하고 선하고 의로운 도로 너희를 가르칠 것인즉 너희는 여호와께서 너희를 위하여 행하신 그 큰 일을 생각하여 오직 그를 경외하며 너희의 마음을 다하여 진실히 섬기라 만일 너희가 여전히 악을 행하면 너희와 너희 왕이 다 멸망하리라 사람은 그 어떤 일들을 시작하고 세워 가며 성취하는 것도 중요하지만 그 일들을 보다 더 잘할 수 있는 유망한 사람이 나타났을 때에 깨끗하게 위임하고 떠나는 결단도 중요합니다. 오늘 본문에서는 그동안 이스라엘의 최초 선지자요 마지막 사사로서 이스라엘을 잘 다스려 왔으나 눈에 보이는 왕을 요구한 이스라엘 백성들에 의해 사울을 이스라엘의 초대 왕으로 세우는 사무엘의 모습이 기록되어 있습니다. 그동안 자신이 감당해 왔던 이스라엘 민족에 대한 통치권을 미련 없이 넘기는 사무엘 선지자의 멋진 모습과 이 세상과 자연까지도 다스리시는 하나님의 위대한 능력을 보게 됩니다.

1. 사무엘의 아름다운 삶

첫째, 자신의 기득권에 연연하지 않았습니다.

이스라엘의 최초의 선지자요 마지막 사사였던 사무엘은 이스라엘 민족의 유일한 지도자였습니다. 다시 말하면 이스라엘에서는 지위와 명예, 권세를 한 몸에 다 지니고 있었습니다. 그러나 사울에게 기름을 부어 왕으로 세우게 되자 자신이 지금까지 가지고 있던 지위와 명예, 권세를 아주 깨끗이 포기하고 그 모든 것들을 사울에게 이양합니다. 또한 그에게 힘을 실어 주기 위해 그를 백성들의 전면에 부각시켰습니다(삼상 12:1~2). 자신의 때가 지나고 능력이 없음에도 불구하고 그동안 가지고 있던 지위와 명예, 권좌에서 물러나기를 싫어하여 기득권을 유지하려고 온갖 수단과 방법을 가리지 않는 오늘의 사람들을 생각해 볼 때에 참으로 아름다운 하나님의 사람이요 멋진 지도자입니다. 오늘의 우리에게도 이러한 용기와 결단이 필요합니다.

둘째, 자신의 삶을 떳떳하게 공개했습니다.

사무엘은 백성들에게 "내가 여기 있나니 여호와 앞과 그의 기름 부음을 받은 자 앞에서……누구를 압제하였느냐 내 눈을 흐리게 하는 뇌물을 뉘 손에서 취하였느냐 그리하였으면 내가 그것을 너희에게 갚으리라"(삼상 12:3)고 하나님 앞과 이스라엘 왕과 백성들 앞에 자신의 삶에 대해 물었습니다. 참으로 한 점 부끄럼이 없는 깨끗하고 아름다운 삶이요, 멋진 삶입니다. 그렇습니다. 성경 역사상 사무엘과 요셉은 공히 진실하고 정직하며 아름다운 삶을 살았던 하나님의 일꾼들이었습니다. 그러므로 우리도 그와 같은 일꾼들이 되기 위해 부단히 노력해야겠습니다.

셋째, 백성들로부터 존경받는 지도자였습니다.

사무엘이 백성들에게 자기 자신에 대한 비리 유무를 묻자 백성들은 "당신이 우리를 속이지 아니하였고 압제하지 아니하였고 뉘 손에서 아무것도 취한 것이 없나이다"(삼상 12:4)라고 했습니다. 그렇습니다. 사무엘은 이스라엘 백성들을 다스릴 때에도 자기 자신의 뜻대로 한 것이 아니라 하나님의 뜻대로 인도하기 위해 최선을 다했습니다. 그는 오랫동안 이스라엘을 다스렸음에도 불구하고 아주 청렴결백한 지도자로서 조금도 흐트러짐이 없었습니다. 때문에 백성들의 존경을 한 몸에 다 지니게 된 것입니다. 우리도 사무엘처럼 하나님의 사랑을 받고 주님의 몸된 교회에서 인정을 받으며 이웃으로부터 존경과 신뢰를 받는 은혜로운 성도들이 되어야겠습니다.

사랑하는 성도 여러분!

우리 모두 깨끗하게 위임하고 양보하는 용기와 결단이 있는 사람이 됩시다. 또한 사무엘처럼 진실하고 정직한 삶을 삽시다. 그리고 하나님의 사랑을 받고 교회의 신임을 받으며 이웃의 존경과 신뢰를 받는 멋진 일꾼들이 되시기 바랍니다.

2. 왕 되신 여호와를 버린 이스라엘

첫째, 이스라엘 백성들은 눈에 보이는 왕을 요구했습니다.

하나님께서는 그동안 친히 이스라엘 백성들의 왕이 되시사 그들을 직접 통치하시고 인도하셨습니다. 때문에 이스라엘이 어려움을 당할 때마다 하나님께서 직접 그들을 구원하시고 이스라엘을 괴롭히는 모든 나라들을 다 멸망시키셨습니다. 그래서 사무엘은 그러한 모든 사실들에 대하여 지난날의 역사를 예로 들어가면서 백성들에게 아주 자세하게 설명했습니다(삼상 12:6~11). 그러나 이스라엘은 여호와 하나님께서 친히 이스라엘의 왕이 되신다는 사무엘의 말을 듣지 않고 자신들이 눈으로 직접 볼 수 있는 왕을 세워 줄 것을 요구했습니다(삼상 12:12~13). 이것은 이스라엘 백성들이 하나님 앞에 큰 죄악을 저지른 것입니다. 왜냐하면 하나님께서 친히 이스라엘의 왕이 되심을 인정하면서도 또 다른 왕을 구한다는 것은 가증한 일로서, 있을 수 없는 일이기 때문입니다. 이것은 하나님을 믿는다고 하면서도 여전히 불신앙의 삶을 살면서 이 세상의 그 어떤 것들을 믿고 의지하려는 어리석은 우리의 모습인 것입니다.

둘째, 하나님께서는 이스라엘에게 왕을 허락하셨습니다.

하나님께서는 이스라엘 백성들의 배은망덕한 행위에도 불구하고 그들이 요구한 대로 당신의 종 사무엘로 하여금 사울에게 기름을 붓게 하심으로 이스라엘 백성들이 눈으로 볼 수 있는 왕을 세워 주셨습니다(삼상 12:13). 이것은 자비로우신 우리 하나님께서 이스라엘에게 크신 사랑과 은혜, 긍휼을 베풀어 주신 것입니다. 그러나 하나님은 사무엘을 통해서 이스라엘에게 "너희가 만일 여호와를 경외하여 그를 섬기며 그 목소리를 듣고 여호와의 명령을 거역하지 아니하며 또 너희와 너희를 다스리는 왕이 너희 하나님 여호와를 좇으면 좋으니라마는 너희가 만일 여호와의 목소리를 듣지 아니하고 여호와의 명령을 거역하면 여호와의 손이 너희의 열조를 치신 것같이 너희를 치실 것이라"(삼상 12:14~15)고 당신의 뜻을 분명하게 말씀해 주셨습니다. 이것은 하나님께서 이스라엘이 요구한 눈에 보이는 왕을 세워 주셨지만 이스라엘의 생사화복을 주장하시는 분은 여전히 여호와 하나님이라는 사실을 확실하게 증거해 주신 것입니다.

셋째, 밀 벨 때에 우레와 비를 내리셨습니다.

가나안 지방에서는 주로 5월 말이 되면 날씨가 아주 쾌청하기 때문에 모맥을 추수하는 적기였습니다. 그런데 사무엘이 "오늘은 밀 베는 때가 아니냐 내가 여호와께 아뢰리니 여호와께서 우레와 비를 보내사 너희가 왕을 구한 일 곧 여호와의 목전에 범한 죄악이 큼을 너희로 밝히 알게 하시리라"(삼상 12:17)고 말하고 여호와께 기도하자 여호와께서 그날에 우레와 비를 보내셨습니다. 이에 모든 백성이 여호와와 사무엘을 크게 두려워하고(삼상

12:18), 사무엘에게 "당신의 종들을 위하여 당신의 하나님 여호와께 기도하여 우리로 죽지 않게 하소서"(삼상 12:19)라고 호소했습니다. 이것은 하나님께서 사무엘의 기도를 통해 자연을 다스리는 기적을 행하심으로 이스라엘이 하나님 앞에 자신들이 볼 수 있는 왕을 구한 것이 크나큰 죄악이라는 사실을 일깨워 주신 것입니다.

사랑하는 성도 여러분!

이 세상 만물과 우리 인생들의 생사화복을 친히 주관하시는 분은 오직 하나님 한 분뿐입니다. 그러므로 우리 모두는 오직 그 분만 믿고 의지해야 합니다. 그 어떤 이유로도 다른 것을 구하고 믿으려고 해서는 안 됩니다. 우리 모두는 사나 죽으나 오직 하나님만 섬겨야 합니다.

3. 사무엘의 마지막 권면

첫째, 두려워 말고 여호와만 섬기라고 했습니다.

사무엘은 백성들에게 "두려워 말라 너희가 과연 이 모든 악을 행하였으나 여호와를 좇는 데서 돌이키지 말고 오직 너희 마음을 다하여 여호와를 섬기라 돌이켜 유익하게도 못하며 구원하지도 못하는 헛된 것을 좇지 말라 그들은 헛되니라"(삼상 12:20~21)고 했습니다. 이스라엘 백성들의 지난날의 범죄에도 불구하고 하나님으로부터 축복받을 길이 있다는 소망을 주었습니다. 다시 말하면, 두려워서 떨고 있는 백성들을 안위시키고 위로해 주며 소망을 갖게 해준 것입니다. 참으로 아름다운 모습입니다. 또한 하나님만 좇고 우상을 따르지 말라고 권면했습니다. 하나님께서는 이스라엘을 자기 백성으로 삼으신 것을 기뻐하시고, 그 크신 이름을 인해서 자기 백성을 결코 버리지 않으실 것이라고 했습니다(삼상 12:22). 하나님께 대한 분명한 신뢰를 갖게 해준 것입니다.

둘째, 백성을 위해 계속 기도하겠다고 했습니다.

지금까지 백성들의 잘못을 지적하고 회개를 촉구하며 하나님만 섬기고 우상을 따르지 말라고 외치던 사무엘은 이제 이스라엘 백성들을 위해서 자기가 할 역할을 말했습니다. "나는 너희를 위하여 기도하기를 쉬는 죄를 여호와 앞에 결단코 범치 아니하고 선하고 의로운 도로 너희를 가르칠 것"(삼상 12:23)이라고 했습니다. 이것은 자신이 사울 왕에게 이스라엘에 대한 통치권을 넘겨준다고 할지라도 하나님의 종으로서 이스라엘 백성들을 섬기는 일은 여전히 계속될 것이라는 뜻입니다.

셋째, 경건한 삶을 부탁했습니다.

사무엘은 "만일 너희가 여전히 악을 행하면 너희와 너희 왕이 다 멸망하리라"(삼상 12:25)고 했습니다. 다시 말하면, 앞으로 계속 하나님의 말씀대로 경건한 삶을 살라는 것입니다. 그렇습니다. 성경 말씀은 우리 성도들에게 전인격적으로 하나님을 따를 것을 말씀하고 있습니다. 행함이 없는 믿음은 죽은 것이기 때문입니다. 그러므로 우리 모두는 이 세상을 살아가는 동안 철저하게 하나님의 말씀대로 신실하게 살아야 하겠습니다.

사랑하는 성도 여러분!

우리 모두 하나님만 온전히 섬깁시다. 사무엘처럼 인류를 위한 기도를 쉬는 죄를 결코 범치 맙시다. 이 세상 떠나는 그날까지 하나님의 말씀을 따라 신실하게 삽시다. 그리하여 나 자신과 가족, 교회와 민족을 살리는 위대한 삶을 살아야겠습니다.

물맷돌의 기적

[사무엘상 17장 45~49절]

다윗이 블레셋 사람에게 이르되 너는 칼과 창과 단창으로 내게 오거니와 나는 만군의 여호와의 이름 곧 네가 모욕하는 이스라엘 군대의 하나님의 이름으로 네게 가노라 오늘 여호와께서 너를 내 손에 붙이시리니 내가 너를 쳐서 네 머리를 베고 블레셋 군대의 시체로 오늘날 공중의 새와 땅의 들짐승에게 주어 온 땅으로 이스라엘에 하나님이 계신 줄 알게 하겠고 또 여호와의 구원하심이 칼과 창에 있지 아니함을 이 무리로 알게 하리라 전쟁은 여호와께 속한 것인즉 그가 너희를 우리 손에 붙이시리라 블레셋 사람이 일어나 다윗에게로 마주 가까이 올 때에 다윗이 블레셋 사람에게로 마주 그 항오를 향하여 빨리 달리며 손을 주머니에 넣어 돌을 취하여 물매로 던져 블레셋 사람의 이마를 치매 돌이 그 이마에 박히니 땅에 엎드러지니라

우리 성도들의 한평생은 쉼 없이 싸워야 하는 전투의 생애입니다. 예수 그리스도를 구주로 영접한 순간부터 천국에 가는 그 순간까지 조금도 방심할 수 없는 아주 치열한 전투를 계속해야 합니다. 우선 자신의 못된 성질과 혈기, 죄 된 욕망과 싸워야 합니다. 더 나아가 이 세상의 유혹과 악, 사단과 싸워야 합니다. 그러므로 오늘 본문의 다윗과 골리앗의 싸움을 통해서 인생을 살

아가는 지혜를 얻어야겠습니다.

1. 블레셋의 이스라엘 침략

첫째, 블레셋이 이스라엘을 침략했습니다.

블레셋 군대는 하나님의 백성인 이스라엘을 우습게 여기고 침공했습니다. 당시에 이스라엘은 이미 블레셋의 억압을 받고 있는 상태였습니다. 그럼에도 불구하고 사울 왕과 이스라엘 백성들이 하나님에 대한 믿음을 버리고 불순종의 삶을 살고 있었기 때문에 종교 지도자인 사무엘과 정치 지도자인 사울과의 관계가 악화되어 있었습니다. 때문에 이스라엘은 연약해질 대로 연약해진 상태였습니다. 그렇습니다. 언제든지 하나님에 대한 믿음을 저버리고 서로 물고 뜯으면 악의 세력의 침략을 받아 고난을 당하게 되고 피차 망할 수밖에 없습니다(갈 5:15).

둘째, 거인 골리앗이 등장했습니다.

골리앗은 블레셋의 군대 장군으로서 키가 여섯 규빗 한 뼘(한 규빗은 45센티미터, 한 뼘은 23센티미터), 즉 2미터 93센티미터나 되는, 이 세상의 보통 사람들과는 전혀 다른 거인이었습니다. 거기다가 당시로서는 최고의 무기로 완전 무장을 하고 있었습니다(삼상 17:4~7). 그렇습니다. 우리 성도들을 공격하는 악한 권세들도 이 골리앗과 같이 완전 무장을 하고 쉼없이 공격해 옵니다. 그러므로 우리는 언제나 정신을 차려야 합니다.

셋째, 골리앗은 이스라엘을 모욕했습니다.

이스라엘을 침공한 골리앗은 이스라엘의 영토인 소고에서 진을 치고 이스라엘 군대를 향하여 "너희가 어찌하여 나와서 항오를 벌였느냐 나는 블레셋 사람이 아니며 너희는 사울의 신복이 아니냐 너희는 한 사람을 택하여 내게로 내려보내라 그가 능히 싸워서 나를 죽이면 우리가 너희의 종이 되겠고 만일 내가 이기어 그를 죽이면 너희가 우리의 종이 되어 우리를 섬길 것이니라……내가 오늘날 이스라엘의 군대를 모욕하였으니 사람을 보내어 나로 더불어 싸우게 하라"(삼상 17:8~10)고 이스라엘을 모욕하면서 싸움을 걸었습니다. 이에 사울과 온 이스라엘은 골리앗의 모욕하는 소리를 듣고 놀라서 크게 두려워했습니다(삼상 17:11). 그렇습니다. 실패자는 언제나 이렇게 무시와 천대, 멸시를 받을 수밖에 없습니다. 그러므로 우리 모두는 언제나 전능하신 하나님께서 우리의 모든 죄를 용서해 주시고 나를 끝까지 사랑하신다는 확실한 믿음을 가지고 자신 있게 살아야 합니다.

사랑하는 성도 여러분!

우리 모두 이 세상 만물과 우리 인간들의 생사화복을 주관하시는 전능하신 하나님만 믿고 정신을 차리고 자신 있게 삽시다. 그 어떤 이유로도 피차 물고뜯으며 반목질시하지 말고 모든 사람들과 더불어 화목하게 삽시다. 그리하여 항상 승리하는 복된 성도가 되시기 바랍니다.

2. 이새 집의 막내아들 다윗

첫째, 다윗이 등장했습니다.

이새의 여덟 아들 중 막내였던 다윗은 아비의 양떼를 돌보면서 살았습니다. 이스라엘과 블레셋 사이에 전쟁이 터지게 되자 장성한 다윗의 세 형들은 사울을 따라 전쟁터에 나갔습니다. 이새는 어린 다윗에게 전쟁터에 나가 있는 세 아들을 위해 볶은 곡식 한 에바(22.7리터)와 떡 열 덩이를 갖다 주고 치즈 열 덩이는 지휘관인 천부장에게 전달한 다음 아들들의 안부를 물어 오도록 했습니다(삼상 17:17~18). 그래서 다윗이 아버지께서 준 음식을 가지고 형들의 안부를 알아보기 위해 전쟁터에 갔습니다.

때마침 이스라엘과 블레셋 군대가 항오를 벌이고 서로 대치하고 있었습니다. 블레셋의 골리앗이 이스라엘을 모독하면서 싸움을 돋우는 소리를 다윗이 듣고(삼상 17:23) 곧바로 음식보따리를 다른 사람에게 맡긴 다음 골리앗에게 가서 "이 할례 없는 블레셋 사람이 누구관대 사시는 하나님의 군대를 모욕하겠느냐"(삼상 17:26)며 의분을 품고 싸우려고 했습니다.

둘째, 다윗이 사울에게 알려졌습니다.

골리앗이 이스라엘 백성들을 모욕하는 것은 바로 살아 계신 하나님을 모욕하는 것이라고 생각한 다윗은 큰형인 엘리압의 만류와 꾸중에도 불구하고 자신의 의분에 대한 의지를 굽히지 않았습니다(삼상 17:28). 그러자 어떤 사람이 다윗이 한 말을 듣고 그것을 사울 왕에게 고하였고, 그 말을 들은 사울이 다윗을 불렀습니다(삼상 17:31). 골리앗이 40일 동안이나 이스라엘을 조롱하고 업신여기면서 약을 올리자 사울은 골리앗과 싸워서 그를 죽이는 자에게는 자기 딸을 주고 재물로 부하게 하며, 그 아비 집을 이스라엘 중에서 자유하게 하겠다고 큰 포상까지 내걸었었습니다(삼상 17:25). 그러나 골리앗과 싸우겠다고 나서는 사람은 하나도 없었습니다. 때문에 다윗에 대한 소식은 참으로 놀라운 희소식이었습니다. 사울의 부름을 받은 다윗은 사울에게 골리앗 때문에 낙담하지 말라고 위로하고 그와 싸우겠다고 했습니다 (삼상 17:32).

셋째, 다윗이 골리앗과의 싸움에 출전했습니다.

사울은 골리앗과 싸우겠다고 나선 자가 어린 다윗인 것을 알고 "네가 가서 저 블레셋 사람과 싸우기에 능치 못하리니 너는 소년이요 그는 어려서부터 용사임이니라"(삼상 17:33)고 했습니다. 이에 다윗은 "주의 종이 아비의 양을 지킬 때에 사자나 곰이 와서 양떼에서 새끼를 움키면 내가 따라가서 그것을 치고 그 입에서 새끼를 건져내었고 그것이 일어나 나를 해하고자 하면 내가 그 수염을 잡고 그것을 쳐죽였었나이다 주의 종이 사자와 곰도 쳤은즉 사시는 하나님의 군대를 모욕한 이 할례 없는 블레셋 사람이리이까 그가 그 짐승의 하나와 같이 되리이다……여호와께서 나를 사자의 발톱과 곰의 발톱에서 건져 내셨은즉 나를 이 블레셋 사람의 손에서도 건져 내시리이다"(삼상 17:34~37)라고 했습니다. 그러자 사울은 다윗에게 "가라 여호와께서 너와 함께 계시기를 원하노라"(삼상 17:37)고 출전을 허락했습니다. 그렇습니다. 사람이 보기에는 연약하고 부족한 자라고 할지라도 전능하신 하나님에 대한 믿음이 있는 자는 이렇게 크게 쓰임 받을 수 있습니다.

사랑하는 성도 여러분!

우리 모두 다윗과 같이 맡은 바 사명에 충성된 삶을 삽시다. 또한 그 어떠한 상황에서도 자신 있는 삶을 삽시다. 그리고 우리의 믿음과 삶에 대한 아름다운 소문이 이 세상에 널리 퍼지게 합시다. 그리하여 우리 하나님께 귀하게 쓰임 받는 일꾼들이 되시기 바랍니다.

3. 전쟁에 승리한 다윗

첫째, 전능하신 하나님만 의지했습니다.

사울은 다윗에게 출전을 허락하고 자기의 군복을 다윗에게 입히고 놋투구를 그 머리에 씌우고 갑옷으로 무장케 했으며 칼을 차게 했습니다(삼상 17:38~39). 그러나 다윗은 거동이 불편하자 그 모든 것을 벗어버리고(삼상 17:39), 손에 막대기를 가지고 시내에서 매끄러운 돌 다섯을 골라서 자기 목자의 제구, 곧 주머니에 넣고 손에 물매를 가지고 블레셋 사람에게로 나아갔습니다. 이것은 다윗이 전능하신 하나님을 전적으로 의지했기 때문입니다.

둘째, 믿음으로 자신 있게 도전했습니다.

골리앗은 어린 소년 다윗이 막대기와 물맷돌을 가지고 자신과 싸우겠다고 나아온 것을 보고 "네가 나를 개로 여기고 막대기를 가지고 내게 나아왔느냐"(삼상 17:43)고 말하고 자신의 신들의 이름으로 다윗을 저주한 뒤 "내게로 오라 내가 네 고기를 공중의 새들과 들짐승들에게 주리라"(삼상 17:44)고 했습니다. 그러자 다윗은 "오늘 여호와께서 너를 내 손에 붙이시리니 내가 너를 쳐서 네 머리를 베고 블레셋 군대의 시체로 오늘날 공중의 새와 땅의 들짐승에게 주어 온 땅으로 이스라엘에 하나님이 계신 줄 알게 하겠고 또 여호와의 구원하심이 칼과 창에 있지 아니함을 이 무리로 알게 하리라 전쟁은 여호와께 속한 것인즉 그가 너희를 우리 손에 붙이시리라"(삼상 17:46~47)고 했습니다. 그렇습니다. 진정한 믿음의 사람은 두려움이 없습니다.

셋째, 골리앗을 죽였습니다.

다윗의 도전을 받은 골리앗이 일어나 다윗에게로 마주 가까이 올 때에 다윗이 골리앗을 향하여 달리면서 물맷돌을 던져 골리앗을 치자 돌이 그의 이마에 박혀 쓰러져 죽었습니다(삼상 17:48~49). 하나님의 사람들이 사용한 무기는 모두 다 누구나 쉽게 구할 수 있는 아주 간단하고 흔한 것들이었습니다. 모세는 늘 자신이 가지고 다니던 지팡이로 이스라엘 민족을 인도했습니다. 여호수아는 나팔로 여리고 성을 무너뜨렸습니다. 삼손은 흔한 나귀 뼈로 천 명이나 되는 블레셋 사람을 죽였습니다. 하나님께서는 우리에게 없는 것을 요구하거나 찾지 않으시고 우리가 이미 가지고 있는 것을 요구하시고 그것들을 통해서 큰 역사를 이루십니다. 그러므로 우리는 우리 하나님의 명령과 요구하심에 아멘으로 무조건 순종해야 합니다.

사랑하는 성도 여러분!

우리 모두 전능하신 하나님만 믿고 의지합시다. 그 어떠한 어려운 조건이나 환경, 도전해 오는 악의 세력들도 두려워하지 말고 여호와의 이름으로 자신 있게 도전합시다. 전능하신 하나님께서 우리를 항상 승리케 하실 것입니다.

웃사의 죽음

[사무엘하 6장 1~15절]

다윗이 이스라엘에서 뽑은 무리 삼만을 다시 모으고 일어나서 그 함께 있는 모든 사람으로 더불어 바알레유다로 가서 거기서 하나님의 궤를 메어 오려 하니 그 궤는 그룹들 사이에 좌정하신 만군의 여호와의 이름으로 이름하는 것이라 저희가 하나님의 궤를 새 수레에 싣고 산에 있는 아비나답의 집에서 나오는데 아비나답의 아들 웃사와 아효가 그 새 수레를 모니라 저희가 산에 있는 아비나답의 집에서 하나님의 궤를 싣고 나올 때에 아효는 궤 앞에서 행하고 다윗과 이스라엘 온 족속이 잣나무로 만든 여러 가지 악기와 수금과 비파와 소고와 양금과 제금으로 여호와 앞에서 주악하더라 저희가 나곤의 타작 마당에 이르러서는 소들이 뛰므로 웃사가 손을 들어 하나님의 궤를 붙들었더니 여호와 하나님이 웃사의 잘못함을 인하여 진노하사 저를 그곳에서 치시니 저가 거기 하나님의 궤 곁에서 죽으니라 여호와께서 웃사를 충돌하시므로 다윗이 분하여 그곳을 베레스웃사라 칭하니 그 이름이 오늘까지 이르니라 다윗이 그 날에 여호와를 두려워하여 가로되 여호와의 궤가 어찌 내게로 오리요 하고 여호와의 궤를 옮겨 다윗 성 자기에게로 메어 가기를 즐겨하지 아니하고 치우쳐 가드 사람 오벧에돔의 집으로 메어 간지라 여호와의 궤가 가드 사람 오벧에돔의 집에 석 달을 있었는데 여호와께서 오벧에돔과 그 온 집에 복을 주시니라 혹이 다윗 왕에게 고하여 가로되 여호와께서 하나님의 궤를 인하여 오벧에돔의 집과 그 모든 소유에 복을 주셨다 한지라 다윗이 가서 하나님의 궤를 기쁨으로 메고 오벧에돔의 집에서 다윗 성으로 올라갈새 여호와의 궤를 멘 사람들이 여섯 걸음을 행하매 다윗이 소와 살진 것으로 제사를 드리고 여호와 앞에서 힘을 다하여 춤을 추는데 때에 베 에봇을 입었더라 다윗과 온 이스라엘 족속이 즐거이 부르며 나팔을 불고 여호와의 궤를 메어 오니라 사울 왕의 뒤를 이어 이스라엘의 왕이 된 다윗은 하나님의 도우심을 받아 블레셋과의 전투에서 완전한 승리를 거두고 나라가 국내외적으로 안정을 되찾게 되자, 하나님의 임재의 상징이요 언약의 표상인 법궤를 다윗 성으로 옮겨 옵니다. 이 법궤가 아비나답의 집에 방치된 채 70년이 지났으며, 이제 통일 이스라엘을 이룬 지금 하나님께 드리는 온전한 예배를 회복하기 위해서라도 법궤를 예루살렘으로 모셔 오는 것이 급선무였기 때문입니다. 그런데 하나님의 법궤를 옮기는 과정에서 웃사가 죽습니다. 우리는 본문 말씀을 통해서 참된 신앙의 교훈을 받고자 합니다.

1. 예루살렘으로 옮겨지는 법궤

첫째, 다윗은 법궤를 옮기는 일에 착수했습니다.

왕이 된 다윗은 블레셋과의 두 차례의 전쟁에서 대승을 이룬 후 국내외적으로 나라가 안정되자 곧바로 그동안 아비나답의 집에 방치되어 있던 하나님의 임재의 상징인 법궤를 옮기는 일에 착수했습니다. 법궤를 옮겨 옴으로써 이스라엘의 진정한 주인은 하나님이라는 사실을 백성들에게 알리고, 이스라엘 민족은 하나님께서 직접 선택하시고 세우신 언약의 백성이라는 사실을 세계 만방에 선포하여 하나님의 백성으로서의 지위를 완전히 회복하기 위해서였습니다. 다윗은 이 일을 위해 모든 지파 중에서 3만 명의 무리를 특별히 선발하여 동원했습니다. 이는 법궤가 있던 곳인 바알레유다(기럇여아림)가 블레셋과의 접경 지대이기 때문에 만약에 있을지도 모르는 블레셋과의 충돌에 대비하기 위한 것이었습니다.

둘째, 법궤를 새 수레에 싣고 옮겼습니다.

다윗은 새 수레를 만들어 그곳에 법궤를 싣고 옮기도록 했습니다. 그런데 이 방법은 그 전에 블레셋 사람들이 사용했던 방법으로서 율법에 어긋난 것이었습니다(삼상 6:7~12). 율법에 의하면 법궤는 오직 레위 족속에 속한 고핫 자손이 어깨로 메서 옮겨야 했습니다(민 4:15, 7:9). 그러나 당시 법궤를 운반한 아비나답의 아들 웃사와 아효는 고핫 자손이 아니었습니다. 또한 일찍이 여호수아가 요단 강을 건널 때 제사장들에게 명한 방법도 아니었습니다(수 3:6, 6:4~11). 그러면 왜 이런 일이 발생했을까요? 그것은 선지자인 사무엘이 죽은 이후에 하나님의 율법에 대한 올바른 가르침이 없었고, 다윗 역시 하나님의 뜻을 구하고 순종하는 자였으나 하나님의 율법에 대해서 잘 몰랐기 때문에 그 전에 듣고 보아 왔던 블레셋 사람들이 사용했던 방법을 그대로 택했을 것입니다. 그렇습니다. 신앙생활은 보고 듣는 것으로 하는 것이 아닙니다. 오직 하나님의 말씀만 믿고 순종하며 나아가는 것입니다.

셋째, 온갖 악기로 찬양하며 옮겼습니다.

다윗은 법궤를 옮기는 일을 범국가적인 행사로 여기고 여러 가지 악기들을 총동원하여 하나님을 찬양하도록 했고, 법궤를 실은 수레는 아비나답의 아들인 웃사와 아효가 몰도록 했습니다. 또한 법궤 앞에서는 이스라엘 백성들이 힘을 다하여 뛰며 노래했습니다(대상 13:8). 이스라엘 민족으로서는 다윗이라는 새로운 왕이 통일 이스라엘을 세웠고, 잃어버렸던 예루살렘을 찾아 새 수도로 회복했으며, 이제 하나님의 임재의 상징인 법궤까지 모시게 되었으니 얼마나 기뻤겠습니까? 그렇습니다. 이 세상에서 얻는 그 어떤 기쁨보다도 신앙의 회복을 통해서 하나님으로부터 오는 기쁨이야말로 진정한 기쁨입니다.

사랑하는 성도 여러분!

우리 모두 하나님을 잊어버리는 일이 있어서는 안 됩니다. 또한 그 어떠한 이유로도 하나님의 말씀과 상관없는 세속적인 방법으로는 살지 맙시다. 오직 하나님이 요구하시는 말씀대로 살면서 찬송과 감사, 축복이 넘치는 삶을 사시기 바랍니다.

2. 법궤 운반 중에 발생한 사건

첫째, 웃사가 법궤를 만지고 죽었습니다.

아비나답의 아들 아효는 법궤 앞에서 행하고 웃사는 법궤 옆에서 수레를 몰고 갔습니다(삼하 6:4~7). 그런데 수레가 나곤의 타작 마당에 이르렀을 때 수레를 끌던 소들이 갑자기 날뛰는 바람에 법궤가 수레에서 떨어지려고 했습니다. 그러자 웃사가 수레에서 떨어지려는 법궤를 손으로 붙들었습니다(삼하 6:6). 인간적인 견지에서 볼 때 웃사의 이러한 행위는 당연한 것으로서 별다른 잘못이 아니었습니다. 그런데 하나님께서는 웃사를 충돌하시어 그 자리에서 즉사하게 하셨습니다(삼하 6:7~8). 왜냐하면 제사장이 아닌 그가 율법을 어기고 인간적인 생각으로 법궤를 만졌기 때문입니다. 그렇습니다. 진정한 신앙생활은 사사로운 기분이나 감정, 인간적인 생각으로 하는 것이 아닙니다.

둘째, 다윗은 두려워했습니다.

3만이나 되는 큰 무리가 각종 악기로 찬양을 부르면서 흥겹게 진행하던 법궤의 이동 중에 하나님의 심판으로 웃사가 죽자 다윗은 어쩔 줄 모르고 크게 당황하며 두려워했습니다. 다윗은 베레스웃사에서의 이 사망 사건이 율법의 요구와는 전혀 다른 잘못된 운반 방법과 웃사의 인간적인 경솔한 행동에 그 원인이 있다는 사실을 깨닫지 못했습니다. 법궤를 예루살렘으로 옮기고자 한 자신의 계획이 하나님의 뜻에 맞지 않기 때문에 생긴 일이라고 오해하고 두려워한 것입니다. 그래서 법궤를 예루살렘으로 운반하지 않고 오벧에돔의 집으로 메어 갔습니다(삼하 6:10).

셋째, 오벧에돔이 복을 받았습니다.

하나님의 진노를 두려워한 다윗이 법궤를 예루살렘으로 운반하는 일을 중지하고 가장 가까운 곳에 위치한 가드 사람 오벧에돔의 집으로 옮겼습니다. 다윗은 더 이상 법궤를 예루살렘으로 옮기는 일에 자신이 없었습니다. 오벧에돔은 법궤에 대한 블레셋에서의 경험(삼상 5:1~6:18)과 벧세메스에서의 사건(삼상 6:19~20) 그리고 웃사의 죽음(삼하 6:6~7)까지도 잘 알고 있었습니다. 그러나 그는 그럼에도 불구하고 법궤를 쾌히 자기 집에 모셨습니다. 참으로 확신 있는 믿음과 용기 있는 훌륭한 일꾼이었습니다. 때문에 하나님께서는 오벧에돔의 확신 있는 믿음과 용기를 보시고 그의 온 집에 놀라운 복을 내리신 것입니다(삼하 6:11).

사랑하는 성도 여러분!

우리는 인간적인 생각이나 세속적인 방법으로 신앙생활 하지 말고 하나님의 말씀대로 신앙생활을 합시다. 또한 하나님께서

나에게 주신 복된 기회를 결코 잃지 맙시다. 오벧에돔처럼 분명한 믿음과 용기를 가지고 오직 믿음으로만 삽시다. 그리하여 우리 하나님께서 주시는 큰 복을 충만히 받으시기 바랍니다.

3. 다윗이 기쁨으로 법궤를 옮김

첫째, 다윗은 다시 법궤를 옮겼습니다.

하나님께서 법궤를 맡은 오벧에돔의 집에 큰 복을 내리셨다는 소식을 들은 다윗은 다시 용기를 내어 기쁨으로 법궤를 옮겼습니다. 처음 법궤를 옮길 때에 잘못하여 혼이 난 경험이 있는 다윗은 이번에는 철저하게 하나님의 규례대로 하려고 노력했습니다(대상 15:1~2). 여호와의 궤를 레위인들이 메게 하고(대상 15:11~15; 민 4:15), 그들이 여섯 걸음을 걸은 후 제사를 드렸습니다(삼하 6:13). 출발 초(삼하 6:13)와 마지막 도착(삼하 6:17)에서도 제사를 드렸고, 다윗을 위시한 모든 백성들은 찬양과 악기 연주로 하나님께 영광을 돌렸습니다(삼하 6:14~15). 다윗은 첫 번째의 과오를 철저하게 회개하고 두 번째에서는 하나님이 정하신 방법을 따라 시행했습니다. 그렇습니다. 인간은 누구든지 실수가 있게 마련입니다. 그러나 자신의 과오를 빨리 뉘우치고 새롭게 출발하면 됩니다.

둘째, 제사드리고 백성들을 축복했습니다.

다윗은 옮겨 온 법궤를 자신이 준비한 장소에 잘 안치한 다음 일종의 봉헌식을 드렸습니다. 이것은 하나님을 진정한 통치자로 모신 다윗 왕국의 힘찬 도약을 말해 주는 것입니다. 법궤를 이스라엘의 중심 예루살렘에 모심으로써 하나님의 통치를 받는 나라가 된 것입니다. 때문에 다윗은 법궤에 대한 봉헌제사를 드리고 나서 여호와의 이름으로 백성들에게 축복했습니다. 그리고 떡과 고기를 법궤를 옮기는 예식에 참여했던 무리들에게 나누어 주었습니다. 우리도 이 세상 모든 사람들을 축복하면서 사는 은혜로운 사람들이 되어야겠습니다.

셋째, 미갈이 저주를 받았습니다.

다윗은 여호와의 궤가 예루살렘으로 들어올 때에 너무 기뻐서 여호와 앞에서 춤을 추면서 뛰었습니다. 그것을 창으로 내다본 미갈이 속으로 다윗을 업신여겼습니다. 여기에서 업신여긴다는 것은 비웃고 멸시하는 것을 의미합니다. 그녀는 하나님의 궤를 향한 다윗의 열심과 기쁨을 이해하지 못한 것입니다. 하나님께서는 다윗이 자기 가족을 축하하려고 집에 돌아왔을 때 "이스라엘 왕이 오늘날 어떻게 영화로우신지 방탕한 자가 염치없이 자기의 몸을 드러내는 것처럼 오늘날 그 신복의 계집종의 눈앞에서 몸을 드러내셨도다"(삼하 6:20)라고 비웃고 빈정댄 미갈에게 평생 동안 아이를 낳지 못하는 저주를 내리셨습니다. 당시에는 자식이 없는 것 자체가 하나님의 징계로 여겨졌기 때문에 다윗을 업신여긴 미갈은 가장 큰 저주를 받은 것입니다.

사랑하는 성도 여러분!

우리는 그 어떤 이유로도 낙심하거나 좌절하지 말고 분연히 일어나서 새롭게 출발합시다. 그리고 남을 업신여기거나 헤아리지 맙시다. 항상 하나님께 올바르게 예배하고 모든 이들을 축복합시다. 그리하여 참 아름다운 성도의 삶을 사시기 바랍니다.

여로보암에게 행하신 기적

[열왕기상 13장 1~10절]

때에 하나님의 사람이 여호와의 말씀으로 인하여 유다에서 부터 벧엘에 이르니 마침 여로보암이 단 곁에 서서 분향하는지라 하나님의 사람이 단을 향하여 여호와의 말씀으로 외쳐 가로되 단아 단아 여호와께서 말씀하시기를 다윗의 집에 요시야라 이름하는 아들을 낳으리니 저가 네 위에 분향하는 산당 제사장을 네 위에 제사할 것이요 또 사람의 뼈를 네 위에 사르리라 하셨느니라 하고 그 날에 저가 예조를 들어 가로되 이는 여호와의 말씀하신 예조라 단이 갈라지며 그 위에 있는 재가 쏟아지리라 하매 여로보암 왕이 하나님의 사람의 벧엘에 있는 단을 향하여 외쳐 말함을 들을 때에 단에서 손을 펴며 저를 잡으라 하더라 저를 향하여 편 손이 말라 다시 거두지 못하며 하나님의 사람의 여호와의 말씀으로 보인 예조대로 단이 갈라지며 재가 단에서 쏟아진지라 왕이 하나님의 사람에게 말하여 가로되 청컨대 너는 나를 위하여 네 하나님 여호와께 은혜를 구하여 내 손으로 다시 성하게 기도하라 하나님의 사람이 여호와께 은혜를 구하니 왕의 손이 다시 성하여 전과 같이 되니라 왕이 하나님의 사람에게 이르되 나와 함께 집에 가서 몸을 쉬라 내가 네게 예물을 주리라 하나님의 사람이 왕께 대답하되 왕께서 왕의 집 절반으로 내게 준다 할지라도 나는 왕과 함께 들어가지도 아니하고 이곳에서는 떡도 먹지 아니하고 물도 마시지 아니하리니 이는 곧 여호와의 말씀이 내게 명하여 이르시기를 떡도 먹지 말며 물도 마시지 말고 왔던 길로 도로 가지도 말라 하셨음이니이다 하고 이에 다른 길로 가고 자기가 벧엘에 오던 길로 좇아 돌아가지 아니하니라 선한 왕으로 평가되는 다윗 왕은 죽으나 사나 하나님만 믿고 끝까지 순종함으로 인하여 통일 왕국 이스라엘을 이루었으나, 악한 왕으로 평가되는 여로보암은 하나님으로부터 다윗 언약과 같은 복을 약속받았음에도 불구하고 하나님을 배신하고 우상을 섬기는 타락된 삶으로 인하여 나라를 혼란케 하고 자식들까지도 비참하게 죽게 하는 비극의 존재가 되었습니다.

1. 여로보암의 흉악한 범죄

첫째, 하나님의 은혜를 저버렸습니다.

여로보암은 솔로몬의 예루살렘 수축 공사 때의 감독자로서 솔로몬 왕이 신임하던 자였습니다(왕상 9:15, 11:28). 하나님께서는 통일 이스라엘을 둘로 나누어 그를 북방 이스라엘의 왕으로 삼으셨습니다. 그리고 여로보암이 다윗과 같이 의로운 삶을 산다면 그 나라가 견고하게 서도록 하겠다고 약속하셨습니다. 그러나 그는 하나님의 풍성한 은혜를 받았으나 그 은혜를 배반하고 우상을 숭배하고 하나님의 율례와 법도를 거스르는 자가 되었습니다.

둘째, 금송아지 우상을 만들었습니다.

여로보암은 솔로몬의 아들 르호보암을 대적하고 반역해서 이스라엘의 열 지파를 데리고 북왕국 이스라엘을 세웠습니다. 그런데 북왕국 이스라엘 사람들이 유대인들의 최대 명절인 유월절과 칠칠절(맥추감사절), 초막절(추수감사절)을 지키기 위해 모두 다 국경을 넘어 남왕국의 유다에 있는 예루살렘 성전으로 내려가는 것을 보고 “만일 이 백성이 예루살렘에 있는 여호와의 전에 제사를 드리고자 하여 올라가면 이 백성의 마음이 유다 왕 된 그 주 르호보암에게로 돌아가서 나를 죽이고 유다 왕 르호보암에게로 돌아가리로다"(왕상 12:27)라고 위기감을 느꼈습니다. 때문에 북왕국 이스라엘 사람들이 남왕국 유다의 예루살렘 성전으로 제사를 드리러 가는 것을 막기 위해 두 금송아지를 만들어 하나는 북쪽 국경에 위치한 단에 두고, 하나는 남쪽 국경에 위치한 벧엘에 두었습니다. 그는 북왕국 이스라엘 백성들에게 "이스라엘아 이는 너희를 애굽 땅에서 인도하여 올린 너희 신이라"(왕상 12:28) 하고 그 우상들을 정치적인 수단으로 섬기게 했습니다.

셋째, 제사장과 절기를 마음대로 정했습니다.

모세의 율법에는 반드시 레위인만이 제사장이 될 수 있다고 했습니다(출 28:1~4). 그런데 여로보암은 일반인들을 제사장으로 세워 자신이 세운 단과 벧엘의 우상 신전에 보냈습니다. 왜냐하면 여로보암에 의해 제사장직을 박탈당한 제사장들과 레위 지파 사람들이 신앙의 순결을 지키기 위해 여로보암의 우상숭배와 결별하고 북왕국 이스라엘을 떠나 남왕국 유다로 이주했기 때문입니다(대하 11:13~15). 뿐만 아니라 그는 유대인들이 그토록 사모하고 진지하게 지내는 절기를 하나님께서 정해 주신 율례대로 지키지 않고 자기 임의대로 바꾸어서 한 달씩 후로 미루어 우상숭배를 본격적으로 행하게 했습니다. 이것은 자신의 정권 유지와 강화를 위해 하나님 앞에 저지른 무서운 죄악이었습니다.

사랑하는 성도 여러분!

우리 모두 그 어떤 이유로도 하나님의 은혜를 저버리고 우상을 섬기며 자기 합리화와 유익을 위해 배은망덕한 삶을 살지 맙시다. 늘 하나님의 은혜에 감사하고 주님의 뜻을 따르면서 맡은 바 사명을 철저하게 감당하는 멋진 성도들이 되어야겠습니다.

2. 여로보암의 비참한 결국

첫째, 질투하시는 하나님입니다.

여로보암이 단에서 분향하고 있을 때에 남왕국에서 온 하나님의 사람이 "단아 단아 여호와께서 말씀하시기를 다윗의 집에 요시야라 이름하는 아들을 낳으리니 저가 네 위에 분향하는 산당 제사장을 네 위에 제사할 것이요 또 사람의 뼈를 네 위에 사르리라 하셨느니라 하고 그날에 저가 예조를 들어 가로되 이는 여호와의 말씀하신 예조라 단이 갈라지며 그 위에 있는 재가 쏟아지리라" (왕상 13:2~3)고 외쳤습니다. 이것은 여로보암이 세운 산당과 제사장들을 여호와께서 불로 깨끗하게 사르시겠다는 것입니다. 그렇습니다. 우리 하나님은 질투의 하나님이십니다. 그러므로 우리 모두의 삶의 현장에서 그 어떤 이유로도 하나님보다 더 사랑하는 것은 결코 있을 수 없습니다.

둘째, 여로보암의 손이 말랐습니다.

여로보암은 하나님의 사람이 벧엘에 있는 단을 향하여 외치는 소리를 듣고 "단에서 손을 펴며 저를 잡으라" (왕상 13:4中)고 했습니다. 그런데 이것이 웬일입니까? 여로보암의 편 손이 말라 다시 거두어들이지 못했습니다(왕상 13:4下). 그러자 여로보암은 하나님의 사람에게 "청컨대 너는 나를 위하여 네 하나님 여호와께 은혜를 구하여 내 손으로 다시 성하게 기도하라" (왕상 13:6上)

고 했고, 하나님의 사람이 여로보암의 요구대로 여호와께 은혜를 구하자 그의 손이 전과 같이 다시 회복되었습니다(왕상 13:6 下). 그렇습니다. 우리 하나님은 전지전능하신 분입니다. 그러므로 우리는 언제 어디서나 능력 있는 삶을 살 수 있습니다.

셋째, 가문이 몰락했습니다.

하나님의 크신 사랑과 은혜, 복에 대하여 감사하게 생각하고 죽도록 최선을 다해 충성해야 함에도 불구하고 그가 하나님을 배신하고 자신의 아성을 쌓는 데에 혈안이 되어 각종 범죄를 저질렀기 때문에 하나님께서는 그의 가정을 비참하게 몰락시키셨습니다. 그의 생전에 아들 아비야가 병들어 죽었고(왕상 14:1, 8~13), 여로보암이 북왕국 이스라엘을 22년간 통치하고 그의 둘째 아들인 나답이 왕위를 물려받았으나 나답 역시 바아사의 쿠데타로 2년 만에 죽음으로 그의 가정은 이 지상에서 완전히 사라졌습니다. 그렇습니다. 출발이 좋았던 여로보암이었지만 그가 타락함으로 그의 가문까지 비참하게 몰락한 것입니다.

사랑하는 성도 여러분!

우리 모두는 평생토록 하나님만을 사랑합시다. 그 어떤 이유로도 남을 판단하거나 헤아리지 맙시다. 언제 어디서나 우리를 깨우치는 하나님의 말씀을 겸손히 받고 그대로 순종합시다. 그리하여 우리의 삶의 현장에 하나님의 사랑과 은혜가 가득하게 되기를 바랍니다.

3. 유다에서 온 하나님의 사람

첫째, 사명에 충실한 사람이었습니다.

유다에서 온 하나님의 사람은 북왕국 이스라엘의 왕인 여로보암에게 가서 담대하게 하나님의 말씀을 그대로 전했습니다. 그렇습니다. 진정한 사명자는 연약한 자기 자신이나 험난한 세상, 도전해 오는 악이나 그 어떤 사단의 궤계도 두려워하지 않습니다. 왜냐하면 전능하신 하나님이 살아 계심을 믿고 그분께서 언제 어디서나, 늘 함께하신다는 사실을 알기 때문입니다. 그러므로 우리도 유다에서 온 이 하나님의 사람과 같이 하나님께서 맡기신 사명에 최선을 다해 충성해야 하겠습니다.

둘째, 왕의 제의를 거절했습니다.

여로보암은 자기의 손을 펴서 하나님의 사람을 잡으라고 외쳤다가 손이 말라 거둘 수 없게 되었을 때에 하나님의 사람의 기도를 통해 고침 받게 되자 하나님의 사람에게 "나와 함께 집에 가서 몸을 쉬라 내가 네게 예물을 주리라"(왕상 13:7)고 했습니다. 그러자 하나님의 사람은 "왕께서 왕의 집 절반으로 내게 준다 할지라도 나는 왕과 함께 들어가지도 아니하고 이곳에서는 떡도 먹지 아니하고 물도 마시지 아니하리니 이는 곧 여호와의 말씀이 내게 명하여 이르시기를 떡도 먹지 말며 물도 마시지 말고 왔던 길로 도로 가지도 말라 하셨음이니이다"(왕상 13:8~9)라고 말하고 다른 길로 갔습니다. 그렇습니다. 우리는 그 어떤 명분으로도 하나님께서 징계하시는 악의 세력과 멍에를 같이할 수 없습니다.

셋째, 유혹에 넘어가 죽었습니다.

여로보암이 만든 금송아지를 섬기는 벧엘에 늙은 선지자가 살고 있었습니다. 여로보암의 잘못된 우상숭배와 타락한 치하에서 벗어나 모든 선지자들이 남왕국 유다로 다 남하했는데도 불구하고 아직도 북왕국의 벧엘에 남아 있었던 것을 보면 아마도 이 늙은 선지자는 타락한 거짓 선지자였던 것 같습니다. 그런데 이 늙은 거짓 선지자의 아들들이 자기 아버지에게 남유다에서 온 하나님의 사람이 하나님을 떠난 삶을 살고 있는 여로보암에게 강하고 담대하게 하나님의 말씀을 선포했다는 말을 전하자 그가 급히 나귀를 타고 좇아가 하나님의 사람이 상수리 나무 아래 앉아 있는 것을 보고 "그대가 유다에서 온 하나님의 사람이뇨"(왕상 13:14)라고 물었습니다. 그렇다고 하자 "나와 함께 집으로 가서 떡을 먹으라"(왕상 13:15)고 하였습니다. 그러나 하나님의 사람은 여로보암에게 거절했던 것과 똑같은 말로 거절했습니다. 그러자 그 늙은 거짓 선지자는 "나도 그대와 같은 선지자라 천사가 여호와의 말씀으로 내게 이르기를 그를 네 집으로 데리고 돌아가서 그에게 떡을 먹이고 물을 마시우라 하였느니라"(왕상 13:18)고 거짓말했습니다. 그런데 이 유다에서 온 하나님의 사람은 그 말에 속아서 그의 집에 들어가 떡을 먹고 물을 마셨습니다(왕상 13:19). 이로 인하여 그는 하나님의 징계로 길에서 사자에게 물려 죽고 말았습니다(왕상 13:20~24). 그렇습니다. 하나님의 말씀에 대한 순종이나 사단의 유혹에 대한 배격은 한두 번이 아니라 죽을 때까지 이루어져야 합니다.

사랑하는 성도 여러분!

우리 모두 맡은 바 사명에 끝까지 충성합시다. 또한 강하고 담대하게 복음을 전합시다. 그리고 이 세상의 그 어떤 유혹이나 핍박도 끝까지 물리치고 승리하시기 바랍니다.

까마귀를 통해 엘리야를 먹이심

[열왕기상 17장 1~7절]

길르앗에 우거하는 자 중에 디셉 사람 엘리야가 아합에게 고하되 나의 섬기는 이스라엘 하나님 여호와의 사심을 가리켜 맹세하노니 내 말이 없으면 수년 동안 우로가 있지 아니하리라 하니라 여호와의 말씀이 엘리야에게 임하여 가라사대 너는 여기서 떠나 동으로 가서 요단 앞 그릿 시냇가에 숨고 그 시냇물을 마시라 내가 까마귀들을 명하여 거기서 너를 먹이게 하리라 저가 여호와의 말씀과 같이 하여 곧 가서 요단 앞 그릿 시냇가에 머물매 까마귀들이 아침에도 떡과 고기를, 저녁에도 떡과 고기를 가져왔고 저가 시내를 마셨더니 땅에 비가 내리지 아니하므로 얼마 후에 그 시내가 마르니라

이스라엘이 남북의 두 왕국으로 분열된 이후 북왕국 이스라엘은 온 나라가 바알의 우상과 아세라 목상에 대한 우상숭배로 가득하여 여호와 하나님에 대한 믿음과 신앙의 흔적들조차 찾아보기가 힘들 정도로 타락해 버렸습니다. 그러나 우리 하나님께서는 북왕국 이스라엘의 이러한 타락과 범죄를 그대로 방치하지 않으시고 엘리야라고 하는 위대한 선지자를 세우고 당신의 선하신 계획을 이루어 가셨습니다.

1. 악한 아합 왕

첫째, 이스라엘의 악한 왕이었습니다.

아합은 북왕국 이스라엘의 7대 왕으로서 22년을 통치했습니다. 그는 이스라엘 역사상 가장 악한 왕이었기 때문에 아합 왕이라고 하면 악의 대명사처럼 여겨졌습니다. 그는 이스라엘의 하나님을 버리고 시돈 사람들의 신인 바알을 섬겼습니다. 그리고 수도 사마리아에 바알의 신당을 건축하고 바알을 위한 단과 아세라 목상도 함께 만들어 나라 전체를 죄악의 구덩이로 빠뜨렸습니다. 때문에 그의 이름은 역대 북왕국 이스라엘의 왕 중에서 가장 악명 높은 왕으로 불려지고 있는 것입니다. 그렇습니다. 우리가 이 세상에서의 삶이 얼마 동안일지는 모르지만 하나님이 보시기에 또는 사람들이 볼 때에 선한 사람으로 기억되어야 할 것입니다.

둘째, 이세벨을 아내로 삼았습니다.

아합은 이스라엘의 하나님을 거역하고 바알 우상을 섬기는 악한 정책을 폈습니다. 뿐만 아니라 이교도와의 결혼을 금하는 하나님의 계명을 어기고 바알 숭배의 본고장인 시돈 왕 엣바알의 딸인 이세벨과 결혼했습니다. 이 엣바알은 원래 바알 신의 제사장으로 있다가 시돈 왕 펠레스를 죽이고 왕이 된 사람입니다. 이 결혼은 아람의 공격을 막아 보려는 정략적인 것이었습니다. 그러나 이 결혼으로 말미암아 이세벨이 가지고 온 바알 우상 때문에 아합 자신은 물론 이스라엘 전체 백성들에게 큰 불행을 가져오는 계기가 되었습니다. 이세벨은 철저한 바알 숭배자로서, 그녀의 상에서 바알 선지자 450명과 아세라 선지자 400명이 함께 먹을 정도로 바알 신앙에 충성된 자였습니다(왕상 18:19). 아합은 이렇게 악한 이세벨의 속삭임을 받고 이스라엘을 완전한 우상숭배의 국가로 만들었습니다. 그렇습니다. 이 세상에는 선과 악이 공존합니다. 그러므로 무엇을 선택하고 어떤 영향을 받느냐는 것은 대단히 중요합니다. 우리 모두 악을 멀리하고 좋은 영향을 받는 사람이 됩시다.

셋째, 당시의 이스라엘 상태는 비참했습니다.

아합 시대의 이스라엘 백성들은 악한 통치자의 영향을 받아 바알 신과 아세라 목상을 섬기고 하나님과 주의 종들을 버렸습니다. 때문에 하나님께 드리는 제사가 중단되고, 하나님의 말씀을 전하는 것이 정지되었습니다. 그 어떤 경우에도 하나님을 위한 모임은 전혀 없었습니다. 아합 왕이 믿음의 나라를 이렇게 비참하게 만든 것입니다. 한마디로 신앙의 암흑 시대였습니다. 그렇습니다. 우리가 살고 있는 지금 이 시대가 바로 신앙적으로 정신을 차려야 할 때입니다. 우리 모두 우리의 가족과 교회, 이 세상에 좋은 영향을 끼치는 믿음의 삶을 살아야겠습니다.

사랑하는 성도 여러분!

우리 모두 하나님께 인정받는 선한 사람으로 기억되는 삶을 삽시다. 또한 불신자들과 멍에를 같이함으로 불신앙과 악에 빠지는 일이 없도록 항상 유의합시다. 그리고 늘 좋으신 하나님의 영향을 받아 이 시대에 좋은 영향을 끼치는 빛의 사자들이 되시기 바랍니다.

2. 선지자 엘리야

첫째, 시대적인 배경을 봅시다.

엘리야는 길르앗의 디셉 출신으로서, 그가 선지자로 부름 받기 이전의 생애는 성경에 기록이 전혀 없습니다. 그가 활동하던 시기는 BC 9세기경으로서 아합과 아하시야가 통치하던 때였습니다. 그는 평생 동안 이세벨이 믿어 온 바알 신앙과 싸우면서 하나님을 증거한 신실한 선지자였습니다. 그는 나라 전체가 다 하나님을 버리고 우상숭배의 열병에 걸려 있었음에도 불구하고 끝까지 믿음을 지키는 의로운 삶을 살았습니다. 마찬가지로 우리도 오늘의 시대적인 상황과는 상관없이 엘리야와 같이 하나님의 사람으로서 의롭고 신실하게 살아가야겠습니다.

둘째, 불굴의 개혁자였습니다.

엘리야는 광야에서 거친 양가죽 옷을 입고 생활하면서 우상을 섬기는 당시의 권력자와 지도자들에게 하나님의 말씀을 전하고 회개를 촉구했습니다. 그것은 잘못되어 가는 나라와 민족의 신앙을 바로잡고자 한 것입니다. 그는 하나님께 대한 투철한 사명감을 가지고 최선을 다해 열정적으로 산 사람입니다. 때문에 역대 이스라엘의 왕들 중에서 가장 악한 왕의 대명사인 아합 왕에게 자신 있게 나아가 하나님의 심판을 선포한 것입니다. 그가 아합 왕에게 나아갔을 때에 아합 왕은 엘리야에게 이스라엘을 괴롭게 한 자라고 불렀습니다. 그에 대해 엘리야는 아합에게 이스라엘을 괴롭게 한 자는 자신이 아니라 오히려 아합과 그의 아비 집이라고 반박하였습니다. 엘리야는 참으로 개혁자다운 용기를 지닌 선지자였습니다. 그렇습니다. 우리도 주의 복음으로 이 시대를 변화시키는 개혁자들이 되어야겠습니다.

셋째, 우리와 성정이 같은 자였습니다.

그렇게도 자신 있게 아합 왕에게 나아가 회개를 촉구했던 엘리야였으나 이세벨이 자신을 죽이려고 한다는 것을 알고는 스스로 광야로 도망하여 죽기를 구했습니다(왕상 19:4). 이것은 엘리야가 연약한 우리와 똑같은 성정을 가진 자라는 것을 보여 준 것입니다.

그러면 엘리야가 왜 이렇게 약해졌습니까? 그것은 사람을 의식했기 때문이었습니다(왕상 19:1~2). 그렇습니다. 베드로도 비자의 말을 듣고 예수님을 부인했습니다(마 26:69~75). 아브라함도 바로 왕을 두려워하여 자기 아내를 누이라고 거짓말을 했습니다(창 12:13). 또한 환경을 보았기 때문입니다. 이세벨이 자기를 죽이려 하는 형편을 보고 두려워서 도망한 것입니다(왕상 19:3). 물 위를 걸어가던 베드로도 풍랑을 보고 물에 빠졌습니다(마 14:29~30). 그렇습니다. 누구든지 사람을 두려워하거나 환경을 보며 연약한 자신만을 본다면 나약해질 수밖에 없고, 매사에 불평 불만과 좌절에 빠질 수밖에 없습니다. 그러므로 우리 모두는 하나님만을 의식하고 그분만을 바라보고 의지하며 살아가야 합니다.

사랑하는 성도 여러분!

우리가 비록 부패하고 병든 이 세상에 살고 있지만 우리도 엘리야처럼 성도로서의 자신의 위치를 잘 지켜 가야겠습니다. 또한 그 어떤 경우에도 사람이나 환경, 자신을 보지 말고 전능하신 하나님을 믿고 의지함으로 오늘의 이 세상을 바로 세워 가는 능력 있는 개혁자들이 되어야겠습니다.

3. 하나님께서 엘리야를 사용하심

첫째, 바알 숭배자들에게 경고했습니다.

엘리야는 아합 왕에게 "나의 섬기는 이스라엘 하나님 여호와의 사심을 가리켜 맹세하노니 내 말이 없으면 수년 동안 우로가 있지 아니하리라"(왕상 17:1)고 했습니다. 당시 천하를 호령하던 아합 왕에게 여호와 하나님의 이름을 걸고 자기의 말이 없으면 이스라엘에 수년 동안 우로가 내리지 않을 것이라고 경고한 것은 아합 왕과 바알 숭배자들에 대한 정면 도전이었습니다. 왜냐하면 그들 모두가 바알이 이 땅에 비를 내려 준다고 믿고 있었기 때문입니다.

둘째, 하나님께서 엘리야를 보호하셨습니다.

하나님께서는 엘리야로 하여금 아합 왕에게 가뭄에 대해 경고하게 하신 다음, "너는 여기서 떠나 동으로 가서 요단 앞 그릿 시냇가에 숨고 그 시냇물을 마시라 내가 까마귀들을 명하여 거기서 너를 먹이게 하리라"(왕상 17:3~4)고 하셨습니다. 그것은 하나님께서 엘리야가 아합 왕의 노여움을 사서 환난을 당하는 것을 원치 않으셨기 때문에 사람들의 발길이 닿지 않는 그릿 시냇가로 피신시키신 것입니다. 엘리야는 하나님의 말씀을 듣고 곧바로 순종하여 요단 앞 그릿 시냇가에 숨었습니다.

하나님께서는 아침저녁으로 까마귀들을 통해 떡과 고기를 공급해 주셨습니다(왕상 17:6). 까마귀는 먹는 것에 대한 욕심이 대단하기 때문에 동물들의 눈알까지도 쪼아 먹으며(잠 30:17), 자기 새끼도 제대로 돌보지 않는 매정한 새입니다. 그럼에도 불구하고 하나님께서 그러한 매정한 까마귀들을 동원해서 엘리야를 지키시고 보호하신 것입니다.

셋째, 가뭄이 닥쳐 왔습니다.

하나님께서는 엘리야를 통해 아합 왕에게 가뭄을 경고하고 엘리야를 안전한 곳으로 대피시키신 다음 엘리야가 다시 비가 내리도록 기도하기까지 무려 3년 6개월 동안이나 가뭄이 계속되게 하셨습니다(왕상 18:1; 약 5:17). 이는 국가적인 큰 재앙이었습니다(왕상 18:2). 잠깐 동안의 가뭄이 들어도 농작물들이 말라 죽습니다. 그러면 자연히 동식물들이 죽기 때문에 인간들이 살아갈 수가 없습니다. 그런데 3년 6개월간이나 가뭄이 들었으니 얼마나 큰 고통이었겠습니까? 그러나 이 모두는 이스라엘의 왕과 백성들이 우상을 버리고 하나님 앞에 돌아오기를 바라시는 하나님의 사랑의 징계였습니다. 그러므로 우리도 모든 것들이 힘들고 어려울 때는 자신을 살피고 회개해야 합니다.

사랑하는 성도 여러분!

우리 모두 하나님께서 아름답게 사용하시는 성도들이 됩시다. 하나님께서는 당신의 자녀들을 언제 어디서나 지키시고 인도하시며 끝까지 책임져 주신다는 사실을 믿고 최선을 다해 충성하시기를 주님의 이름으로 축원합니다.

다함이 없는 가루와 기름

[열왕기상 17장 8~16절]

여호와의 말씀이 엘리야에게 임하여 가라사대 너는 일어나 시돈에 속한 사르밧으로 가서 거기 유하라 내가 그곳 과부에게 명하여 너를 공궤하게 하였느니라 저가 일어나 사르밧으로 가서 성문에 이를 때에 한 과부가 그곳에서 나뭇가지를 줍는지라 이에 불러 가로되 청컨대 그릇에 물을 조금 가져다가 나로 마시게 하라 저가 가지러 갈 때에 엘리야가 저를 불러 가로되 청컨대 네 손에 떡 한 조각을 내게로 가져오라 저가 가로되 당신의 하나님 여호와의 사심을 가리켜 맹세하노니 나는 떡이 없고 다만 통에 가루 한 움큼과 병에 기름 조금뿐이라 내가 나뭇가지 두엇을 주워다가 나와 내 아들을 위하여 음식을 만들어 먹고 그 후에는 죽으리라 엘리야가 저에게 이르되 두려워 말고 가서 네 말대로 하려니와 먼저 그것으로 나를 위하여 작은 떡 하나를 만들어 내게로 가져오고 그 후에 너와 네 아들을 위하여 만들라 이스라엘 하나님 여호와의 말씀이 나 여호와가 비를 지면에 내리는 날까지 그 통의 가루는 다하지 아니하고 그 병의 기름은 없어지지 아니하리라 하셨느니라 저가 가서 엘리야의 말대로 하였더니 저와 엘리야와 식구가 여러 날 먹었으나 여호와께서 엘리야로 하신 말씀 같이 통의 가루가 다하지 아니하고 병의 기름이 없어지지 아니하니라 오늘 본문에 등장하는 엘리야와 사르밧의 과부는 모두가 다 우리가 상상할 수 없는 최악의 입장과 처지, 상황에서도 하나님의 말씀에 철저하게 순종하여, 하나님의 사역에 쓰임 받고 평생 동안 자신들의 신변도 보호받았으며 다함이 없는 풍성한 물질도 보장받았습니다. 그러므로 우리도 지금 내가 처한 입장과 처지, 상황이 아무리 어렵다고 할지라도 조금도 낙심하지 말고 하나님의 말씀에 철저하게 순종하여 거룩한 하나님의 사역에 쓰임 받고 피차 서로를 살리며 평생 동안 모든 사람들을 축복하며 사는 사람들이 되어야겠습니다.

1. 엘리야를 구원하시는 하나님

첫째, 당시의 상황을 봅시다.

당시 북왕국 이스라엘의 아합 왕은 온 백성들로 하여금 하나님을 배신하고 바알과 아세라 목상의 우상을 섬기게 했으며, 수많은 하나님의 선지자들을 죽였습니다. 때문에 하나님께서는 엘리야 선지자를 통해서 이스라엘에 대한 가뭄을 선포하시고 3년 6개월 동안 극심한 가뭄이 들게 하셨습니다. 그런데도 아합 왕은 이 모든 것들이 다 자신의 범죄 때문이라는 사실을 모르고 가뭄을 선포한 엘리야 때문이라고 생각하여, 엘리야를 잡아 죽이기 위해 전국에 현상 수배를 걸고 수색에 나섰습니다. 그러자 하나님께서는 엘리야를 사람들의 접근이 어려운 그릿 시냇가에 숨기시고 우리 인간들의 상식으로는 도저히 이해할 수 없는 까마귀를 통해서 아침저녁으로 떡과 고기를 공급하셨습니다.

둘째, 사르밧의 과부 집으로 옮기셨습니다.

가뭄이 극심하여 그릿 시내의 물까지 마르게 되자 하나님께서는 엘리야를 다시 시돈에 있는 사르밧의 과부 집으로 인도하셨습니다. 사르밧 과부가 가난하고 보잘것없는 여인이기 때문에 아무도 찾아오지 않을 것이므로 엘리야를 가장 안전한 곳으로 인도하여 그의 생명을 보호하시려는 것이었습니다. 그렇습니다. 하나님께서는 당신의 사람들을 언제나 시종여일하게 끝까지 인도하시고 보호하십니다. 그러므로 주 안에 있는 나에게는 참평안이 있습니다.

셋째, 엘리야는 즉시 순종했습니다.

하나님께서는 엘리야에게 "너는 일어나 시돈에 속한 사르밧으로 가서 거기 유하라 내가 그곳 과부에게 명하여 너를 공궤하게 하였느니라" (왕상 17:9)고 하셨습니다. 시돈에 속한 사르밧이라고 하면 이세벨의 부친인 시돈 왕 엣바알이 다스리는 지역이었습니다(왕상 16:31). 때문에 지금 아합과 이세벨에게 쫓기고 있는 엘리야로서는 인간적인 입장에서 볼 때에 그렇게 마음이 내킬 만한 곳이 아닙니다. 거기다가 또한 하나님의 종이요, 선민 이스라엘의 선지자가 이방 여인으로서 가장 비참한 처지에 있는 불쌍한 과부에게 신세를 진다는 것도 크나큰 수치입니다. 그러나 엘리야는 이것저것을 관념하지 않고 하나님의 명령에 즉시로 순종했습니다. 그렇습니다. 순종에는 그 어떤 이유나 변명이 있을 수 없습니다. 그러므로 내 생각과 뜻을 포기하고 하나님의 요구하심에 무조건 복종하고 따라야 합니다.

사랑하는 여러분!

우리 모두 삶이 아무리 어렵고 힘든 상황이라고 할지라도 결코 낙심하거나 좌절하지 맙시다. 우리를 향하신 하나님의 선하신 뜻이 있습니다. 그러므로 우리 모두는 어렵고 힘든 나 자신의 처지를 비관하지 말고 세미한 주님의 음성을 듣고 그 말씀대로 순종합시다. 반드시 승리케 하실 것입니다.

2. 여인을 구원하시는 하나님

첫째, 비참한 처지의 여인이었습니다.

시돈에 있는 사르밧 과부는 자신을 책임지는 남편이 없었습니다. 그래서인지 당장 불을 땔 수 있는 땔감도 없었고 먹을 양식도 다 떨어지고 있는 것이라고는 "다만 통에 가루 한 움큼과 병에 기름 조금뿐"(왕상 17:12)이었습니다. 때문에 이제 마지막으로 나뭇가지를 주워다가 음식을 만들어 아들과 먹고 죽으려고 했습니다. 우리가 감히 상상할 수 없는 참으로 비참한 처지의 여인이었습니다. 그런데 하나님께서는 이 여인을 살리시기 위해 하나님의 사람인 엘리야를 그 집으로 보내셨습니다. 그렇습니다. 나 자신이 인간적으로 생각해 볼 때에 도저히 다시 소생할 수 없다고 생각되는 절망의 때가 바로 하나님이 간섭하시고 함께하실 수 있는 절호의 기회입니다. 그러므로 우리가 어렵고 힘들 때에 자신을 철저히 포기하고 모든 것을 다 하나님께 맡겨야 합니다.

둘째, 가혹한 요청을 받았습니다.

하나님의 명령을 받고 그릿 시냇가를 떠나 시돈의 사르밧에

도착한 엘리야는 성문에서 나뭇가지를 줍고 있는 이 여인을 만나자 곧바로 물과 떡을 가지고 와서 자신이 마시고 먹을 수 있게 하라고 말했습니다(왕상 17:10~11). 그러자 그녀는 "당신의 하나님 여호와의 사심을 가리켜 맹세하노니 나는 떡이 없고 다만 통에 가루 한 움큼과 병에 기름 조금뿐이라 내가 나뭇가지 두엇을 주워다가 나와 내 아들을 위하여 음식을 만들어 먹고 그 후에는 죽으리라"(왕상 17:12)고 했습니다. 그러자 엘리야는 "두려워 말고 가서 네 말대로 하려니와 먼저 그것으로 나를 위하여 작은 떡 하나를 만들어 내게로 가져오고 그 후에 너와 네 아들을 위하여 만들라 이스라엘 하나님 여호와의 말씀이 나 여호와가 비를 지면에 내리는 날까지 그 통의 가루는 다하지 아니하고 그 병의 기름은 없어지지 아니하리라 하셨느니라"(왕상 17:13~14)고 했습니다. 피도 눈물도 없는 아주 냉혹한 요구였습니다. 그러나 우리는 여기에서 세 가지의 놀라운 진리를 발견하게 됩니다. 그것은 엘리야가 이 여인에게 인간적인 생각이나 정으로 행하지 않고 하나님의 말씀으로 자신 있게 요구했다는 것입니다. 또한 우리 하나님께서는 언제나 나에게 없는 것은 찾지 않으시고 있는 것만을 요구하신다는 것입니다. 그리고 항상 내가 할 수 있는 일만 맡기십니다. 그런데 이 모든 것은 다 그 여인을 구원하시고 복 주시기 위함이었습니다.

셋째, 여인이 순종했습니다.

이 여인은 도저히 손님을 맞을 수 없는 아주 비참한 처지에 놓여 있었습니다. 그러나 그녀는 어떤 거부감이나 불편함 없이 외지의 낯선 손님을 자기 집으로 모셨습니다. 또한 주의 종인 엘리야의 말을 그대로 믿고 자기가 가진 것의 전부이며 생명과도 같은 마지막 남은 음식으로 엘리야를 공궤했습니다. 보통 사람들은 도저히 상상할 수 없는 영접이요, 생명을 바친 환대였습니다.

사랑하는 여러분!

사르밧의 과부는 우리가 상상할 수 없을 정도로 비참한 처지임에도 불구하고 엘리야의 말에 순종하여 기쁨으로 영접하고 최선을 다해 공궤했습니다. 마찬가지로 우리도 환경을 보지 않고 최선을 다해 헌신, 봉사, 충성해야겠습니다.

3. 순종과 헌신, 봉사의 결과

첫째, 엘리야는 안전하게 보호받았습니다.

악한 아합과 이세벨이 엘리야를 죽이기 위해 그토록 혈안이 되어 수색했지만 하나님께서는 그들이 미처 생각할 수 없는 그릿 시냇가에 숨기시고 초자연적인 능력으로 먹이셨으며, 다시 이세벨의 아버지인 엣바알의 고향에까지 엘리야를 감추어 두시사 머리털 하나도 상하지 않도록 안전하게 보호해 주셨습니다. 뿐만 아니라 이스라엘 땅에 가뭄이 끝날 때까지 3년 6개월 동안 사르밧의 과부를 통해 공궤받게 하셨습니다. 그러다가 다시 아합 왕 앞에 서게 하시고 안전하게 지켜 주시다가 불말과 불수레에 태워 죽음을 보지 않고 영원한 하늘나라로 인도하셨습니다. 그래서 다윗은 "여호와는 나의 목자시니 내게 부족함이 없으리로다 그가 나를 푸른 초장에 누이시며 쉴 만한 물가으로 인도하시는도다"(시 23:1~2)라고 했습니다.

둘째, 여인은 풍성한 복을 받았습니다.

하나님께서는 혹독한 가뭄으로 인해 흉년이 들어 더 이상 살 소망조차 없어 조금 남은 양식으로 음식을 해먹고 죽으려 했던 비참한 처지에서도 말씀에 순종하여 엘리야를 선대한 여인에게 복을 주셨습니다. 그들이 여러 날을 먹어도 통의 가루가 다하지 아니하고 병의 기름이 없어지지 않는 풍성한 복을 주셨습니다(왕상 17:15~16). 참으로 우리 인간들의 상식으로는 상상할 수 없는 넘치는 복을 받은 것입니다. 뿐만 아니라 그 과부의 유일한 희망인 독자가 죽었을 때에 엘리야가 기도하여 살리는 복도 받고 믿음도 더욱 돈독해졌습니다(왕상 17:19~24).

셋째, 두 사람은 가장 큰 역사를 이루었습니다.

먼저 남을 살리는 일을 했습니다. 이 세상에는 여러 종류의 사람이 있습니다. 남에게 해를 끼치면서 사는 사람, 남에게 신세만 지면서 사는 사람, 남에게 유익을 주면서 서로 같이 사는 사람이 있습니다. 엘리야와 사르밧의 과부, 이 두 사람은 하나님의 말씀에 철저하게 순종했으며 서로를 살리는 일을 했습니다. 엘리야는 하나님의 사자이기에 하나님께서는 그를 통해서 당신이 하고자 하시는 일을 하십니다. 그러므로 사르밧의 과부가 하나님의 사자인 엘리야를 돕는다는 것은 바로 하나님을 위해 가장 큰 일을 한 것입니다. 또한 하나님께서는 비참한 처지에 있는 불쌍한 모자를 살리기를 원하셨습니다. 때문에 당신의 종인 엘리야를 통해서 그 가정이 복을 받게 하신 것입니다. 때문에 그들 모두는 다 피차를 위해서 서로 큰 일을 한 것입니다.

사랑하는 여러분!

우리 모두 엘리야와 이 여인처럼 철저하게 순종하는 삶을 삽시다. 우리 모두는 다 서로 완전한 길로 인도되고 보호받으며 풍성한 복을 받읍시다. 또한 남을 살리고 좋은 영향을 끼치는 사람들이 됩시다. 그리하여 하나님께 존귀와 영광을 돌리는 멋진 성도들이 되시기 바랍니다.

단에 불을 내려 응답하심

[열왕기상 18장 16~40절]

오바댜가 가서 아합을 만나 고하매 아합이 엘리야를 만나려 하여 가다가 엘리야를 볼 때에 저에게 이르되 이스라엘을 괴롭게 하는 자여 네냐 저가 대답하되 내가 이스라엘을 괴롭게 한 것이 아니라 당신과 당신의 아비의 집이 괴롭게 하였으니 이는 여호와의 명령을 버렸고 당신이 바알들을 좇았음이라 그런즉 보내어 온 이스라엘과 이세벨의 상에서 먹는 바알의 선지자 사백오십 인과 아세라의 선지자 사백 인을 갈멜산으로 모아 내게로 나오게 하소서 아합이 이에 이스라엘 모든 자손에게로 보내어 선지자들을 갈멜산으로 모으니라 엘리야가 모든 백성에게 가까이 나아가 이르되 너희가 어느 때까지 두 사이에서 머뭇머뭇하려느냐 여호와가 만일 하나님이면 그를 좇고 바알이 만일 하나님이면 그를 좇을지니라 하니 백성이 한 말도 대답지 아니하는지라 엘리야가 백성에게 이르되 여호와의 선지자는 나만 홀로 남았으나 바알의 선지자는 사백오십 인이로다 그런즉 두 송아지를 우리에게 가져오게 하고 저희는 한 송아지를 택하여 각을 떠서 나무 위에 놓고 불은 놓지 말며 나도 한 송아지를 잡아 나무 위에 놓고 불은 놓지 말고 너희는 너희 신의 이름을 부르라 나는 여호와의 이름을 부르리니 이에 불로 응답하는 신 그가 하나님이니라 백성이 다 대답하되 그 말이 옳도다 엘리야가 바알의 선지자들에게 이르되 너희는 많으니 먼저 한 송아지를 택하여 잡고 너희 신의 이름을 부르라 그러나 불을 놓지 말라 저희가 그 받은 송아지를 취하여 잡고 아침부터 낮까지 바알의 이름을 불러 가로되 바알이여 우리에게 응답하소서 하나 아무 소리도 없고 아무 응답하는 자도 없으므로 저희가 그 쌓은 단 주위에서 뛰놀더라 오정에 이르러는 엘리야가 저희를 조롱하여 가로되 큰 소리로 부르라 저는 신인즉 묵상하고 있는지 혹 잠간 나갔는지 혹 길을 행하는지 혹 잠이 들어서 깨워야 할 것인지……하매 이에 저희가 큰 소리로 부르고 그 규례를 따라 피가 흐르기까지 칼과 창으로 그 몸을 상하게 하더라 이같이 하여 오정이 지났으나 저희가 오히려 진언을 하여 저녁 소제 드릴 때까지 이를지라도 아무 소리도 없고 아무 응답하는 자도 없고 아무 돌아보는 자도 없더라 엘리야가 모든 백성을 향하여 이르되 내게로 가까이 오라 백성이 다 저에게 가까이 오매 저가 무너진 여호와의 단을 수축하되 야곱의 아들들의 지파의 수효를 따라 열두 돌을 취하니 이 야곱은 여호와께서 옛적에 저에게 임하여 이르시기를 네 이름을 이스라엘이라 하리라 하신 자더라 저가 여호와의 이름을 의지하여 그 돌로 단을 쌓고 단으로 돌아가며 곡식 종자 두 세아를 용납할 만한 도랑을 만들고 또 나무를 벌이고 송아지의 각을 떠서 나무 위에 놓고 이르되 통 넷에 물을 채워다가 번제물과 나무 위에 부으라 하고 또 이르되 다시 그리하라 하여 다시 그리하니 또 이르되 세 번 그리하라 하여 세 번 그리하니 물이 단으로 두루 흐르고 도랑에도 물이 가득하게 되었더라 저녁 소제 드릴 때에 이르러 선지자 엘리야가 나아가서 말하되 아브라함과 이삭과 이스라엘의 하나님 여호와여 주께서 이스라엘 중에서 하나님이 되심과 내가 주의 종이 됨과 내가 주의 말씀대로 이 모든 일을 행하는 것을 오늘날 알게 하옵소서 여호와여 내게 응답하옵소서 내게 응답하옵소서 이 백성으로 주 여호와는 하나님이신 것과 주는 저희의 마음으로 돌이키게 하시는 것을 알게 하옵소서 하매 이에 여호와의 불이 내려서 번제물과 나무와 돌과 흙을 태우고 또 도랑의 물을 핥은지라 모든 백성이 보고 엎드려 말하되 여호와 그는 하나님이시로다 여호와 그는 하나님이시로다 하니 엘리야가 저희에게 이르되 바알의 선지자를 잡되 하나도 도망하지 못하게 하라 하매 곧 잡은지라 엘리야가 저희를 기손 시내로 내려다가 거기서 죽이니라

이 세상을 살아가는 사람들 중에는 이 세상과 환경, 인간과 자신의 팔자를 탓하면서 제멋대로 살아가는 사람이 있는가 하면, 또한 어떤 사람들은 환경과 상황에 따라 적당하게 살아가는 사람들도 있습니다. 그런데 오늘 본문의 엘리야는 아합 왕에 의해

죽느냐 사느냐 하는 위기 상황에 처하게 되었음에도 불구하고 전능하신 하나님의 능력을 믿고 바알의 선지자들과 기도의 대결을 벌입니다. 이 대결에 여호와께서 불로 응답하심으로 엘리야는 850명의 거짓 선지자들을 모두 다 죽이고 완전한 승리를 이루었습니다.

1. 갈멜산에서의 대결

첫째, 엘리야가 대결을 요청했습니다.

3년 6개월이라는 혹독한 가뭄으로 인하여 극심한 고난에 처했던 아합은 엘리야를 만나자 "이스라엘을 괴롭게 하는 자여 네냐"(왕상 18:17)라고 하였습니다. 그러자 엘리야는 "내가 이스라엘을 괴롭게 한 것이 아니라 당신과 당신의 아비의 집이 괴롭게 하였으니 이는 여호와의 명령을 버렸고 당신이 바알들을 좇았음이라 그런즉 보내어 온 이스라엘과 이세벨의 상에서 먹는 바알의 선지자 사백오십 인과 아세라의 선지자 사백 인을 갈멜산으로 모아 내게로 나오게 하소서"(왕상 18:18~19)라며 아합의 죄를 지적하고, 그가 섬기는 우상의 선지자들과 대결할 것을 정식으로 요청했습니다. 엘리야의 대결 요청은 당당했고 아합 역시 엘리야의 제안에 순순히 응했습니다. 엘리야가 갈멜산을 대결의 장소로 삼은 것은 아마도 그곳이 바알 숭배의 중심지였기 때문일 것입니다. 그렇습니다. 살아 계신 하나님을 믿는 사람은 언제 어디서나 이렇게 담대한 삶을 살아갈 수 있습니다.

둘째, 이스라엘에게 분명한 신앙의 태도를 요구했습니다.

엘리야는 백성들에게 "너희가 어느 때까지 두 사이에서 머뭇머뭇하려느냐 여호와가 만일 하나님이면 그를 좇고 바알이 만일 하나님이면 그를 좇을지니라"(왕상 18:21)라고 하며 백성들로 하여금 분명한 신앙의 태도를 가질 것을 촉구했습니다. 이것은 아합의 바알 숭배 정책으로 인해 이스라엘 백성들이 하나님과 바알을 동시에 섬기는 혼합된 신앙생활을 하고 있었음을 말해 주고 있는 것입니다. 때문에 엘리야의 단호한 요구에 이스라엘 백성들 중 한 사람도 그 어떠한 이의를 제기하거나 변명하지 못했습니다. 왜냐하면 그들 모두가 다 아합 왕이 두려워 바알을 숭배하면서도 또 한편으로는 조상 때부터 섬겨 온 여호와 하나님에 대한 신앙도 완전히 버리지 못하고 혼합적인 신앙 자세를 취해 왔기 때문입니다.

셋째, 바알의 선지자들에게 대결 방법을 제시했습니다.

당시 엘리야는 혼자였고 바알의 선지자는 450명, 아세라 목상의 선지자는 400명이었습니다. 그러므로 850대1의 대결이었습니다. 그러나 엘리야는 바알의 선지자들에게 "그런즉 두 송아지를 우리에게 가져오게 하고 저희는 한 송아지를 택하여 각을 떠서 나무 위에 놓고 불은 놓지 말며 나도 한 송아지를 잡아 나무 위에 놓고 불은 놓지 말고 너희는 너희 신의 이름을 부르라 나는 여호와의 이름을 부르리니 이에 불로 응답하는 신 그가 하나님이니라"(왕상 18:23~24)고 말했습니다. 그러자 백성들은 다 엘리야의 말이 옳다고 했습니다. 이에 엘리야는 바알의 제사장들에게 그들의 수적인 우세를 지적하면서 먼저 제사하라고 했습니다. 그것은 엘리야에게 바알이 살아 있는 신이 아니라는 확신이 있었기 때문이었습니다. 그렇습니다. 우리는 전지전능하시고 무소부재하시며 살아 계신 하나님을 믿는 사람들입니다. 그러므로 우리가 이 세상살이에서 그 어떠한 위험에 처한다고 할지라도 전혀 두려워할 필요가 없습니다.

사랑하는 성도 여러분!

우리 모두는 이 세상을 이기고 승리하신 예수 그리스도의 군사들입니다. 그러므로 여호수아와 같이 오직 나와 내 집은 여호와만 섬긴다는 분명한 신앙을 가지고 도전해 오는 모든 악한 세력들에 과감하게 맞서는 자신감 넘치는 삶을 살아야겠습니다.

2. 생명이 없는 바알 신

첫째, 바알 선지자들은 부르짖어 기도했습니다.

바알의 선지자들은 자기들에게 우선권을 준 엘리야의 대결 방법 제시에 모든 준비를 다 갖춘 다음 아침부터 낮까지 "바알이여 우리에게 응답하소서"라고 전심으로 기도했으나 아무 소리도 없고 아무 응답하는 자도 없었습니다. 맥이 빠진 그들은 자신들이 쌓아 놓은 단 주위에서 뛰놀았습니다(왕상 18:26). 그것은 그들이 너무나도 소리를 지르며 몸부림쳤기 때문에 모두 다 기진맥진하여 더 이상 제사하기를 포기한 것입니다. 다시 말하면 그들이 섬기던 바알 신과 아세라 목상의 신이 생명이 없는 헛된 우상이라는 사실이 온 백성들 앞에서 자명하게 드러나는 멋진 장면이었습니다. 그렇습니다. 진리와 비진리, 의와 불의는 이렇게 자명하게 만천하에 드러나게 되어 있습니다.

둘째, 칼과 창으로 자신들의 몸을 상하게 했습니다.

엘리야는 바알의 선지자들이 그토록 부르짖었으나 응답을 받지 못하는 것을 보고 그들에게 "큰 소리로 부르라 저는 신인즉 묵상하고 있는지 혹 잠간 나갔는지 혹 길을 행하는지 혹 잠이 들어서 깨워야 할 것인지……"(왕상 18:27)라고 비웃고 조롱했습니다. 그것은 그들이 우상을 숭배하는 것이 헛된 것이라는 사실을 분명하게 지적해 준 것입니다. 그러자 바알의 선지자들은 더 큰 소리로 저들의 신을 부르며 자신들의 몸을 칼과 창으로 찔러서 피를 흐르게 함으로 신을 감동시킨다는 그들의 어리석은 규례를 따라 피가 흐르기까지 칼과 창으로 자신들의 몸을 상하게 하면서 광란을 부렸습니다(왕상 18:28). 참으로 한없이 어리석고 불쌍한 자들이었습니다. 그러나 우리는 하나님께서 우리를 의롭게 하심으로 구원받았습니다. 그러므로 우리 모두는 참으로 행복한 자들입니다.

셋째, 응답하고 돌아보는 자가 없었습니다.

바알의 선지자들은 아침부터 저녁까지 "바알이여 우리에게 응답하소서"라고 부르짖었으나 아무런 응답도 받지 못하고 기진맥진했습니다. 바알 우상의 허구성을 유한한 인간에게 빗대어 조목조목 폭로하는 엘리야의 조롱을 받고 자기들의 몸을 칼과 창으로 찌르면서 광란을 벌였으나 전혀 응답이 없었던 것은 바알이 인간이 만든 생명이 없는 우상일 뿐이기 때문이었습니다. 때문에 이번의 대결을 통해서 바알 선지자들의 신앙이 잘못되었다는 것이 자명하게 판명되었고, 자신들의 몸만 망친 것이었습니다. 그렇습니다. 오늘날에도 많은 사람들이 생명이 없는 것들을 섬기며 헛된 고생을 하는 어리석은 삶을 살고 있습니다.

사랑하는 성도 여러분!

우리 모두 생명이 없는 헛된 것들을 믿고 의지하는 어리석은 삶을 살지 맙시다. 또한 무가치한 것들에게 내 몸과 마음, 시간과 물질을 빼앗기는 일이 없도록 합시다. 오직 전능하신 하나님만 믿고 신뢰하는 올바른 신앙생활을 하시기 바랍니다.

3. 엘리야의 완전한 승리

첫째, 무너진 여호와의 단을 수축했습니다.

엘리야는 송아지의 각을 떠서 나무 위에 놓기 전에 여호와의 단을 수축했습니다. 왜냐하면 아합이 이스라엘 백성들로 하여금 여호와 하나님을 섬기지 못하도록 하기 위해 하나님께 제사드리던 단들을 모두 다 파괴했고, 그 단들은 파괴된 채 방치되어 있었습니다. 이 단을 엘리야가 다시 수축한 것입니다. 그는 이스라엘의 열두 지파 수효대로 돌을 취하여 단을 쌓았습니다. 그리고 단 주위에 도랑을 만들고 제물을 쌓은 다음 열두 통의 물을 제물과 나무 위는 물론 단 주위의 도랑에 가득하게 부었습니다. 이것은 백성들에게 전능하신 하나님께서 역사하신다는 사실을 분명하게 보여 주기 위함이었습니다. 그렇습니다. 우리 하나님의 역사하심은 우리 인간들의 상상을 초월합니다.

둘째, "여호와여 내게 응답하옵소서"라고 기도했습니다.

엘리야는 저녁 소제 드릴 때에 "아브라함과 이삭과 이스라엘의 하나님 여호와여 주께서 이스라엘 중에서 하나님이 되심과 내가 주의 종이 됨과 내가 주의 말씀대로 이 모든 일을 행하는 것을 오늘날 알게 하옵소서 여호와여 내게 응답하옵소서 내게 응답하옵소서 이 백성으로 주 여호와는 하나님이신 것과 주는 저희의 마음으로 돌이키게 하시는 것을 알게 하옵소서"(왕상 18:36~37)라고 기도했습니다. 이 기도는 바로 이스라엘의 원래 신앙을 상기시키는 것이요, 백성들의 신앙을 회복시켜서 하나님께 영광을 돌리게 하려는 것이었습니다. 하나님께서는 이러한 기도를 요구하십니다.

셋째, 하나님께서 불로 응답하셨습니다.

하나님께서는 엘리야의 기도를 들으시고 초자연적인 불을 내리셔서 번제물과 나무와 돌과 흙을 태우고 또 도랑의 물까지도 다 핥으셨습니다(왕상 18:38). 그러자 그 모든 광경을 본 백성들이 "여호와 그는 하나님이시로다 여호와 그는 하나님이시로다"(왕상 18:39)라고 영광을 돌렸으며, 엘리야는 백성들에게 바알 선지자들을 모두 다 잡게 했고 기손 시내로 내려다가 거기서 모두 다 죽였습니다(왕상 18:40). 그것은 이스라엘 백성들로 하여금 우상을 숭배하는 악한 행위를 버리고 여호와의 신앙을 회복하여 하나님의 말씀대로 충성되이 살게 하기 위함이었습니다.

사랑하는 성도 여러분!

우리 모두 무너진 단을 수축하고 예배에 성공하는 신앙인이 됩시다. 살아 계신 하나님께서 반드시 응답하실 줄 믿고 진솔하게 부르짖어 기도합시다. 사랑의 하나님께서 불을 내리시사 우리의 기도에 응답하시고 반드시 승리케 하실 것입니다.

불을 내려 사람을 태우심

[열왕기하 1장 1~16절]

아합이 죽은 후에 모압이 이스라엘을 배반하였더라 아하시야가 사마리아에 있는 그 다락 난간에서 떨어져 병들매 사자를 보내며 저희더러 이르되 가서 에그론의 신 바알세붑에게 이 병이 낫겠나 물어 보라 하니라 여호와의 사자가 디셉 사람 엘리야에게 이르시되 너는 일어나 올라가서 사마리아 왕의 사자를 만나서 저에게 이르기를 이스라엘에 하나님이 없어서 너희가 에그론의 신 바알세붑에게 물으러 가느냐 그러므로 여호와의 말씀이 네가 올라간 침상에서 내려오지 못할지라 네가 반드시 죽으리라 하셨다 하라 엘리야가 이에 가니라 사자들이 왕에게 돌아오니 왕이 이르되 너희는 어찌하여 돌아왔느냐 저희가 고하되 한 사람이 올라와서 우리를 만나 이르되 너희는 너희를 보낸 왕에게로 돌아가서 저에게 고하기를 여호와의 말씀이 이스라엘에 하나님이 없어서 네가 에그론의 신 바알세붑에게 물으려고 보내느냐 그러므로 네가 올라간 침상에서 내려오지 못할지라 네가 반드시 죽으리라 하셨다 하라 하더이다 왕이 저희에게 이르되 올라와서 너희를 만나 이 말을 너희에게 고한 그 사람의 모양이 어떠하더냐 저희가 대답하되 그는 털이 많은 사람인데 허리에 가죽띠를 띠었더이다 왕이 가로되 그는 디셉 사람 엘리야로다 이에 오십부장과 그 오십 인을 엘리야에게로 보내매 저가 엘리야에게로 올라가서 본즉 산 꼭대기에 앉았는지라 저가 엘리야에게 이르되 하나님의 사람이여 왕의 말씀이 내려오라 하셨나이다 엘리야가 오십부장에게 대답하여 가로되 내가 만일 하나님의 사람이면 불이 하늘에서 내려와서 너와 너의 오십 인을 사를지로다 하매 불이 곧 하늘에서 내려와서 저와 그 오십 인을 살랐더라 왕이 다시 다른 오십부장과 그 오십 인을 엘리야에게로 보내니 저가 엘리야에게 일러 가로되 하나님의 사람이여 왕의 말씀이 속히 내려오라 하셨나이다 엘리야가 저희에게 대답하여 가로되 내가 만일 하나님의 사람이면 불이 하늘에서 내려와서 너와 너의 오십 인을 사를지로

다 하매 하나님의 불이 곧 하늘에서 내려와서 저와 그 오십 인을 살랐더라 왕이 세 번째 오십부장과 그 오십 인을 보낸지라 셋째 오십부장이 올라가서 엘리야의 앞에 이르러 꿇어 엎드려 간구하여 가로되 하나님의 사람이여 원컨대 나의 생명과 당신의 종인 이 오십 인의 생명을 당신은 귀히 보소서 불이 하늘에서 내려와서 전번의 오십부장 둘과 그 오십 인들을 살랐거니와 나의 생명을 당신은 귀히 보소서 하매 여호와의 사자가 엘리야에게 이르되 너는 저를 두려워 말고 함께 내려가라 하신지라 엘리야가 곧 일어나 저와 함께 내려와서 왕에게 이르러 고하되 여호와의 말씀이 네가 사자를 보내어 에그론의 신 바알세붑에게 물으려 하니 이스라엘에 그 말을 물을 만한 하나님이 없음이냐 그러므로 네가 그 올라간 침상에서 내려오지 못할지라 네가 반드시 죽으리라 하셨다 하니라

하나님의 사람 엘리야는 하나님의 명령에 따라서 아하시야 왕의 범죄 사실을 지적하고 죽음을 선포함으로 인하여 아하시야의 군대에 의해 체포의 위협을 받습니다. 그런데 하나님께서는 엘리야를 체포하려는 아하시야의 군대를 두 번씩이나 불로 태우심으로 엘리야의 생명을 보호하셨습니다. 그러나 하나님의 말씀의 경고를 받고도 끝까지 회개하지 않고 악을 행한 아하시야는 그가 올라간 침상에서 다시 내려오지 못하고 죽게 하셨습니다.

1. 아하시야에 대한 징벌

첫째, 우상을 섬기고 악을 행했습니다.

전쟁터에 나간 아합이 하나님의 진노하심으로 죽고 그의 아들

아하시야가 이스라엘의 왕이 되었습니다. 그런데 이 아하시야는 아합과 이세벨의 영향을 받아 우상을 섬기며 이스라엘로 범죄케 했습니다(왕상 22:52~53). 때문에 하나님의 징벌로 인하여 국력이 급격히 쇠퇴하였습니다. 여호와 하나님께서는 계속해서 하나님을 배신하고 우상을 섬기는 북왕국 이스라엘의 왕가를 더 이상 묵과하실 수 없기 때문에 직접 징벌하신 것입니다. 그동안은 억압적으로라도 정치 군사력을 발휘하여 이웃 나라에 영향력을 끼칠 수 있었지만 이제는 그러한 힘마저도 없었습니다. 그렇습니다. 하나님을 믿지 않고 배신하여 우상을 숭배하며 세상적으로 살아가는 인간들의 결국은 이렇게 비참한 실패를 맛볼 수밖에 없습니다.

둘째, 모압이 반기를 들었습니다.

모압은 다윗 시대로부터 계속 이스라엘의 속국이었습니다(삼하 8:2). 그들은 강력한 통치력을 보였던 오므리 왕 때는 꼼짝도 못했으나 그 아들 아합 왕 때부터 반기를 들고 독립을 꾀하다가, 아합 왕이 죽고 그 아들 아하시야가 왕위를 계승하자(왕상 22:51) 곧바로 이스라엘에게 반기를 들고 독립을 쟁취했습니다. 그렇습니다. 누구든지 신앙이 해이해지면 삶의 현장에서 신앙인으로서의 자기 통제가 이루어지지 않기 때문에 불신앙적인 언행심사가 나타나고, 모든 면에서 덕스럽지 못한 결과를 가져오게 됩니다. 그러므로 우리 모두는 그 어떤 이유로도 신앙생활이 해이해져서는 안 됩니다.

셋째, 난간에서 떨어져 부상했습니다.

팔레스타인 지역에서는 집을 지을 때에 보통 지붕이 평평한 슬래브형의 집을 많이 짓습니다. 그리고 다락을 만들 때에는 무더운 날씨에 통풍이 잘되도록 지붕 위에 비교적 크고 넓게 만듭니다. 그런데 아하시야 왕이 그 다락의 난간에서 떨어져 부상을 입었습니다(왕하 1:2). 그것은 아버지가 죽은 것이나 모압의 반기와는 전혀 다른 또 하나의 징벌이요 고난이었습니다. 지금 아하시야 왕은 아버지가 죽고 모압이 반기를 들고 독립을 쟁취했으며 자신이 부상까지 입었으니 삼중고의 혹독한 시련 속에 빠진 것입니다. 요즈음 사람들이 흔히 쓰는 말로 되는 일이 없었습니다. 마찬가지로 오늘을 살아가는 우리에게도 때로는 자신이 이와 비슷한 처지에 있다고 생각되는 경우가 있을 것입니다.

사랑하는 성도 여러분!

지금 여러분 자신의 삶이 바로 이 아하시야 왕의 처지와 비슷하다고 생각되지는 않습니까? 그러면 그 원인이 어디에 있다고 생각하십니까? 우리 모두 신앙생활을 철저하게 점검해 봅시다. 그리고 잘못된 것이 있다면 속히 회개하고 주님께로 회복하시기 바랍니다.

2. 아하시야의 범죄

첫째, 바알세붑을 의지했습니다.

아하시야는 자신의 부상이 심상치 않음을 깨닫고 에그론의 신 바알세붑에게 사자를 보내면서 "가서 이 병이 낫겠나 물어보라"(왕하 1:2)고 지시했습니다. 이것은 생명의 주인이신 하나님을 배신하는 무서운 범죄 행위였습니다. 이스라엘은 하나님의 백성들입니다. 그러므로 아하시야는 자신의 질병 문제를 가지고 하나님 앞에 나아가서 지은 죄를 회개하고 하나님의 은총을 구해야 했습니다. 그런데 그는 자신의 신하를 바알세붑에게 보내어 자신의 질병 문제를 묻게 했습니다. 참으로 하나님의 진노를 받을 수밖에 없는 악한 행위였습니다. 그렇습니다. 여호와 하나님에 대한 믿음이 없는 자들은 위급한 상황에 부딪혔을 때에 언제나 이렇게 인간적인 방법을 모색하고 무엇인가를 의지하여 도움을 구하려고 합니다. 그러나 분명한 것은 우리 인생의 생사화복은 오직 여호와께 달려 있다는 것입니다.

둘째, 엘리야의 책망을 받았습니다.

하나님께서는 아하시야의 악함을 보시고 아하시야의 명을 받아 그의 병에 대해 바알세붑에게 물으러 가는 사자들에게 엘리야를 보내어 "이스라엘에 하나님이 없어서 너희가 에그론의 신 바알세붑에게 물으러 가느냐 그러므로 여호와의 말씀이 네가 올라간 침상에서 내려오지 못할지라 네가 반드시 죽으리라 하셨다 하라"(왕하 1:3~4)고 하셨습니다. 이전에 아합 왕의 죽음도 엘리야가 예언했었는데(왕상 21:21), 이번에 그의 아들 아하시야의 죽음도 엘리야가 예언하고 있는 것입니다. 이에 엘리야를 만난 아하시야의 사자들은 바알세붑에게 가던 길을 돌이켜 아하시야에게 돌아가 엘리야가 선포한 심판의 말씀을 전했습니다. 자신의 아버지의 죽음을 예언했던 엘리야가 이번에는 자신의 죽음에 대해 예언했기 때문에 아하시야의 충격은 더욱 컸을 것입니다. 그렇습니다. 하나님께서는 우리가 하나님이 원하시는 길로 가지 않을 때에는 때로 신앙 양심의 가책을 받게도 하시고, 가는 길을 가로막

기도 하시며, 물질적인 손해를 보게 하거나 환경을 어렵게도 하십니다. 그래도 돌이키지 않을 때에는 육체에 아픔을 가하시는 경우도 있습니다.

셋째, 끝까지 회개하지 않았습니다.

하나님께서 아하시야에게 말씀으로 경고하신 것은 그에게 회개하고 하나님께로 돌아오도록 다시 한 번 기회를 주신 것입니다. 그러나 그의 심령이 이미 강퍅해졌기 때문에 회개하지 않았습니다. 자기 아버지 아합이 엘리야의 예언대로 죽는 것을 보았음에도 불구하고 여전히 깨닫지 못했습니다. 그렇습니다. 악한 자가 멸망하는 것은 하나님의 말씀을 깨닫지 못하고 회개하지 않기 때문입니다. 그러므로 죄인인 우리의 살길은 오직 회개하고 주님을 믿고 따르는 것입니다.

사랑하는 성도 여러분!

우리 모두 그 어떤 이유로도 이 세상이나 우상은 물론 이 세상의 것들을 의지하지 맙시다. 그리고 신앙 양심과 하나님의 말씀에 민감하여 지은 죄를 철저히 회개하고 우리 하나님이 원하시는 삶을 삽시다. 그리하여 늘 승리하는 삶을 이루시기 바랍니다.

3. 하나님의 심판

첫째, 아하시야는 엘리야를 체포토록 했습니다.

엘리야를 통해 하나님의 말씀으로 경고를 받은 아하시야는 회개하기는커녕 엘리야에 대해 오히려 적의를 품고 그를 체포하도록 군사 작전을 폈습니다. 그는 엘리야를 아버지의 적이요, 자신의 적이라고 생각하고 죽이려고 한 것입니다. 사람이 한번 악해지면 자꾸만 더 깊은 악의 수렁에 빠지게 됩니다. 때문에 아무리 작은 악이라고 할지라도 악은 아예 처음부터 물리치고 싹부터 잘라 버려야 합니다. 그래서 성경은 "악은 모든 모양이라도 버리라"(살전 5:22)고 하였습니다. 그럼에도 불구하고 아하시야는 오십부장과 그의 군사 50명을 보내어 엘리야를 체포해 오도록 했습니다.

둘째, 불이 내려 아하시야가 보낸 자들을 죽였습니다.

아하시야의 보냄을 받은 오십부장과 50명의 군사는 엘리야에게 "하나님의 사람이여 왕의 말씀이 내려오라 하셨나이다"(왕하 1:9)라고 했습니다. 이에 엘리야가 오십부장에게 "내가 만일 하나님의 사람이면 불이 하늘에서 내려와서 너와 너의 오십 인을 사를지로다"(왕하 1:10)라고 말하자 곧바로 불이 하늘에서 내려와서 오십부장과 그의 50명을 다 불살라 죽였습니다. 그럼에도 불구하고 아하시야는 회개하기는커녕 또다시 오십부장과 군사 50명을 엘리야에게 보냈습니다. 그들은 더욱 완고하게 엘리야에게 "하나님의 사람이여 왕의 말씀이 속히 내려오라 하셨나이다"(왕하 1:11)라고 했습니다. 그러자 이번에도 엘리야의 말대로 오십부장과 그 군사 50명이 다 불에 타 죽었습니다(왕하 1:12). 그렇습니다. 한 사람의 악에 의해 많은 사람들이 희생당한 것입니다.

셋째, 회개한 자들은 살고 왕은 죽었습니다.

아하시야는 엘리야의 체포를 위해 보낸 오십부장과 그 군사 50명이 두 번씩이나 하나님이 내리신 진노의 불에 의해 타 죽었음에도 불구하고 또다시 세 번째로 오십부장과 그 50인을 보냈습니다. 그러나 세 번째 오십부장은 엘리야 앞에 이르러 꿇어 엎드려서 "하나님의 사람이여 원컨대 나의 생명과 당신의 종인 이 오십 인의 생명을 당신은 귀히 보소서 불이 하늘에서 내려와서 전번의 오십부장 둘과 그 오십 인을 살랐거니와 나의 생명을 당신은 귀히 보소서"(왕하 1:13~14)라고 겸손히 은혜를 구했습니다. 하나님께서는 엘리야에게 "너는 저를 두려워 말고 함께 내려가라"(왕하 1:15)고 하셨습니다. 이에 엘리야는 곧바로 아하시야에게 가서 "네가 그 올라간 침상에서 내려오지 못할지라 네가 반드시 죽으리라 하셨다"(왕하 1:16)라고 전했고, 그 말씀대로 아하시야는 죽고 말았습니다.

사랑하는 성도 여러분!

우리 모두는 그 어떤 이유로도 악에 길들여져서는 안 됩니다. 그러므로 악은 그 모양이라도 완전히 버립시다. 또한 이유 여하를 막론하고 세속이나 악에 의해 부림을 당하는 일이 결코 없도록 합시다. 그리고 언제나 선한 양심을 가지고 겸손히 하나님의 은혜를 구하는 믿음의 삶을 사시기 바랍니다.

엘리야의 승천

[열왕기하 2장 1~14절]

여호와께서 회리바람으로 엘리야를 하늘에 올리고자 하실 때에 엘리야가 엘리사로 더불어 길갈에서 나가더니 엘리야가 엘리사에게 이르되 청컨대 너는 여기 머물라 여호와께서 나를 벧엘로 보내시느니라 엘리사가 가로되 여호와의 사심과 당신의 혼의 삶을 가리켜 맹세하노니 내가 당신을 떠나지 아니하겠나이다 이에 두 사람이 벧엘로 내려가니 벧엘에 있는 선지자의 생도들이 엘리사에게로 나아와 이르되 여호와께서 오늘날 당신의 선생을 당신의 머리 위로 취하실 줄을 아나이까 가로되 나도 아노니 너희는 잠잠하라 엘리야가 저에게 이르되 엘리사야 청컨대 너는 여기 머물라 여호와께서 나를 여리고로 보내시느니라 엘리사가 가로되 여호와의 사심과 당신의 혼의 삶을 가리켜 맹세하노니 내가 당신을 떠나지 아니하겠나이다 하니라 저희가 여리고에 이르매 여리고에 있는 선지자의 생도들이 엘리사에게 나아와 이르되 여호와께서 오늘날 당신의 선생을 당신의 머리 위로 취하실 줄을 아나이까 엘리사가 가로되 나도 아노니 너희는 잠잠하라 엘리야가 또 엘리사에게 이르되 청컨대 너는 여기 머물라 여호와께서 나를 요단으로 보내시느니라 저가 가로되 여호와의 사심과 당신의 혼의 삶을 가리켜 맹세하노니 내가 당신을 떠나지 아니하겠나이다 이에 두 사람이 행하니라 선지자의 생도 오십 인이 가서 멀리 서서 바라보매 그 두 사람이 요단 가에 섰더니 엘리야가 겉옷을 취하여 말아 물을 치매 물이 이리 저리 갈라지고 두 사람이 육지 위로 건너더라 건너매 엘리야가 엘리사에게 이르되 나를 네게서 취하시기 전에 내가 네게 어떻게 할 것을 구하라 엘리사가 가로되 당신의 영감이 갑절이나 내게 있기를 구하나이다 가로되 네가 어려운 일을 구하는도다 그러나 나를 네게서 취하시는 것을 네가 보면 그 일이 네게 이루려니와 그렇지 않으면 이루지 아니하리라 하고 두 사람이 행하며 말하더니 홀연히 불수레와 불말들이 두 사람을 격하고 엘리야가 회리바람을 타고 승천하더라 엘리사가 보고 소리 지르되 내 아버지여 내 아버지여 이스라엘의 병거와 그 마병이여 하더니 다시 보이지 아니하는지라 이에 엘리사가 자기의 옷을 잡아 둘에 찢고 엘리야의 몸에서 떨어진 겉옷을 주워 가지고 돌아와서 요단 언덕에 서서 엘리야의 몸에서 떨어진 그 겉옷을 가지고 물을 치며 가로되 엘리야의 하나님 여호와는 어디 계시니이까 하고 저도 물을 치매 물이 이리저리 갈라지고 엘리사가 건너니라

요즈음 사람들이 흔히 말하기를 사제지간의 도리와 신뢰가 땅에 떨어졌다고 말합니다. 그런데 오늘 본문의 엘리야와 엘리사의 관계에서는 너무나도 아름다운 사제지간의 정과 의리를 보게 됩니다. 특별히 엘리사가 엘리야를 사모하면서 생명을 걸고 끝까지 따른 것은 너무나도 쉽게 변해 버리는 오늘의 현대인들에게 크게 귀감이 됩니다. 그러므로 오늘의 말씀을 통해서 우리도 엘리사의 믿음과 신뢰, 집념의 자세를 가지고 주님을 따라야겠습니다.

1. 엘리야를 끝까지 좇는 엘리사

첫째, 하나님께서 엘리야를 하늘로 올리고자 하셨습니다.

엘리야는 7대의 아합 왕 때부터 8대인 아하시야 왕 때까지 주로 북왕국 이스라엘을 중심으로 하나님의 사역을 감당했습니다. 하나님께서는 그 숱한 고난과 역경 속에서도 당신의 사역을 성실하게 감당한 엘리야를 에녹(창 5:24)처럼 죽음의 과정 없이 하

늘로 올리려고 계획하셨습니다. 이것은 우리 하나님께서 충성된 엘리야에게 베푸신 참으로 크신 은혜였습니다. 그렇습니다. 하나님께서는 오늘 우리 모두에게도 선하고 아름다운 계획을 가지고 계십니다. 그러므로 우리 모두는 맡은 바 사명을 엘리야의 믿음과 자세로 성실하게 감당해야겠습니다. 후에 엘리야는 선지자의 대표로서 변화산상에 모세와 함께 나타나 예수님과 이야기를 나누었습니다(막 9:2~4).

둘째, 엘리야는 엘리사를 떼어 놓으려고 했습니다.

엘리야는 하나님께서 자신을 부르실 때가 임박했음을 알고 자신의 사역을 잘 마무리하기 위해서 길갈과 벧엘, 여리고와 요단 등지로 순회의 길을 떠납니다. 그는 자신과 동행하고자 하는 엘리사에게 "청컨대 너는 여기 머물라 여호와께서 나를 벧엘로 보내시느니라"(왕하 2:2上)고 했습니다. 그러자 엘리사는 "여호와의 사심과 당신의 혼의 삶을 가리켜 맹세하노니 내가 당신을 떠나지 아니하겠나이다"(왕하 2:2下)라며 엘리야의 말을 거절하고 따라갔습니다. 엘리야와 엘리사 간에 길갈에서 벌어졌던 실랑이는 벧엘과 여리고에서도 똑같이 벌어졌습니다. 다시 말하면 엘리야는 엘리사를 떼어 놓기 위해서 세 번씩이나 시도한 것입니다. 아마도 엘리야가 엘리사의 하나님의 사역에 대한 사명자로서의 자세를 테스트하지 않았나 생각됩니다.

셋째, 엘리사는 엘리야를 끝까지 좇았습니다.

엘리사는 엘리야가 떼어 놓으려고 할 때마다 길갈에서 맹세했던 것처럼 벧엘과 여리고에서도 똑같이 맹세하고 요단까지 생명을 걸고 좇았습니다. 엘리사는 선지자의 생도들이 "오늘 당신의 선생을 당신의 머리 위로 취하실 줄을 아나이까" 라고 말할 때에 "나도 아노니 너희는 잠잠하라" (왕하 2:3~5)며 하나님의 섭리하심에 대해 경거망동하지 말 것을 경고하고 끝까지 좇았습니다. 스승인 엘리야를 끝까지 따르고자 하는 엘리사의 끈기는 죽음 이외에는 그 무엇도 막을 수 없었습니다. 그는 오직 하나님의 말씀만 믿고 능력을 받기까지 포기하지 않고 끝까지 따른 것입니다. 그렇습니다. 우리도 이와 같은 자세로 예수 그리스도의 말씀을 따라가야 합니다.

사랑하는 성도 여러분!

우리 모두 우리를 향하신 하나님의 섭리와 역사하심에 감사하며 끝까지 사명을 감당합시다. 그 어떤 이유로도 세상 길로 나아가지 말고 예수 그리스도만 따라갑시다. 그분의 말씀만 따라가면서 순종합시다. 그리하여 하나님의 크신 사랑과 은혜를 더 많이 받으시기 바랍니다.

2. 갑절의 영감을 받은 엘리사

첫째, 엘리야가 겉옷으로 요단을 갈랐습니다.

길갈에서 출발하여 벧엘과 여리고, 요단까지 온 엘리야와 엘리사는 요단에 이르렀습니다(왕하 2:7). 엘리야가 자기의 겉옷을 벗어 말아 가지고 요단의 물을 치자 물이 이리저리 갈라져 두 사람은 육지같이 건넜습니다(왕하 2:8). 이 겉옷은 양가죽으로 만든 소매 없는 외투로서 일종의 망토와 같은 것이었습니다. 모세의 지팡이가 백성들에게 보여 주는 권위의 상징이었던 것과 같이 엘리야의 겉옷은 선지자의 직분을 상징합니다. 엘리야가 자기의 겉옷을 벗어 말았을 때에 지팡이와 같이 되었을 것입니다. 그러므로 모세의 지팡이도 사명의 상징이요, 엘리야의 겉옷도 사명의 상징입니다. 사명의 지팡이와 사명의 겉옷으로 홍해와 요단을 가른 것입니다. 이 두 사건은 옛 삶에서 벗어나 새로운 세계로 들어가는 새 삶의 출발이 되었습니다. 여기에서부터 엘리야는 하늘의 삶이 시작되고, 엘리사는 후계자로서의 삶이 시작되었습니다.

둘째, 엘리사는 갑절의 영감을 구했습니다.

요단 강을 건넌 엘리야가 엘리사에게 "나를 네게서 취하시기 전에 내가 네게 어떻게 할 것을 구하라"(왕하 2:9)고 하자 엘리사는 "당신의 영감이 갑절이나 내게 있기를 구하나이다"(왕하 2:9)라고 했습니다. 여기에서 엘리사가 엘리야에게 갑절의 능력을 달라고 한 것은 어떤 일에 대한 역량적으로 두 배의 능력을 달라고 말한 것이 아니라 하나님의 일에 대한 열심을 나타낸 표현으로서, 엘리야와 같이 하나님의 권위와 능력으로 사명을 감당하는 자가 되기를 원하는 간절한 열망을 의미한 것입니다. 엘리사는 이제 스승인 엘리야가 없이 험악한 이 지상에서 사명을 감당해야 합니다. 때문에 하나님께서 덧입히시는 영감의 능력이 없이는 감당할 수 없습니다. 그래서 갑절의 영감을 구한 것입니다. 우리도 사명 감당을 위해 하나님의 보좌 앞에 나아와 겸손히 간구하는 성도들이 되어야겠습니다.

셋째, 엘리야는 하나님의 주권에 맡겼습니다.

갑절의 영감을 달라는 엘리사의 요구에 엘리야는 "네가 어려운 일을 구하는도다 그러나 나를 네게서 취하시는 것을 네가 보면 그 일이 네게 이루려니와 그렇지 않으면 이루지 아니하리라" (왕하 2:10)고 했습니다. 이것은 엘리사가 요구한 갑절의 영감이 엘리야 자신이 줄 수 있는 성질의 것이 아니라 오직 하나님께서만이 주실 수 있다는 것입니다. 그러므로 엘리야는 자신이 엘리사의 소원을 성취시켜 줄 능력이 없다는 뜻에서 '어려운 일' 이라고 말한 것입니다. 또한 엘리야는 자신이 하나님에 의해 승천되는 것은 사실이지만 그 시기와 방법은 오직 하나님만 주관하시고 아신다는 것입니다. 여기에서 우리는 엘리야가 하나님만 경외하고 그분의 뜻에만 순종하는 겸손한 일꾼이라는 사실을 알 수 있습니다.

사랑하는 성도 여러분!

우리 모두는 다 하나님께서 부여해 주신 사명의 지팡이가 있습니다. 그러므로 맡은 바 사명을 철저하게 감당해야 합니다. 그러나 하나님께서 맡기신 사명을 감당하기 위해서는 엘리사가 구한 것처럼 갑절의 영력이 필요합니다. 그러므로 우리도 전능하신 하나님 앞에 나아와 열심히 구합시다. 그리하여 하나님께서 우리에게 맡기신 사명을 충성되이 감당하는 능력 있는 성도들이 되시기 바랍니다.

3. 승천하는 엘리야

첫째, 엘리야는 회리바람을 타고 승천했습니다.

엘리야와 엘리사가 걸어가면서 대화를 하고 있는데 갑자기 불수레와 불말이 나타나서 두 사람을 갈라놓았습니다. 그리고 엘리야는 회리바람을 타고 승천했습니다. 그러자 엘리사는 "내 아버지여 내 아버지여 이스라엘의 병거와 그 마병이여"(왕하 2:12)라고 외쳤습니다. 이것은 엘리사가 엘리야를 영원한 스승으로 고백한 것입니다. 여기에서 불수레와 불말은 하나님의 직접적인 임재와 초자연적인 권능을 말하는 것입니다. 또한 이 회리바람은 자연법칙에 의해서 생긴 것이 아니라 하나님께서 엘리야를 하늘로 올리시기 위해서 초자연적으로 역사하신 것입니다. 엘리야가 에녹과 같이 죽음을 보지 않고 승천한 것은 예수 그리스도의 재림의 때에 모든 성도들이 경험하게 될 일에 대한 예표이기도 합니다.

둘째, 끝까지 신뢰를 지킨 엘리사였습니다.

엘리야는 엘리사의 영적 스승으로서 크나큰 영향력을 끼쳤습니다. 때문에 엘리사는 이별을 고하는 엘리야를 길갈과 벧엘, 여리고와 요단까지 좇았으며, 하나님의 강권적인 역사하심으로 인하여 승천하는 엘리야를 보고 부모를 잃은 것과 같은 안타까운 심정으로 절규했습니다. 그리고 그는 자기의 옷을 찢었습니다(왕하 2:12). 그것은 영적인 스승과의 이별을 크게 슬퍼하는 모습입니다. 그렇습니다. 우리도 엘리사와 같이 우리의 구원주가 되시는 예수님을 끝까지 믿고 따르는 견고한 믿음의 성도들이 되어야겠습니다.

셋째, 엘리야의 옷으로 요단을 갈랐습니다.

엘리사가 엘리야의 몸에서 떨어진 겉옷을 가지고 "엘리야의 하나님 여호와는 어디 계시니이까"(왕하 2:14)라며 물을 치자 물이 이리저리 갈라졌습니다. 여기에서 엘리사가 엘리야의 몸에서 떨어진 겉옷을 취한 것은, 엘리사가 엘리야에게 요구한 것이 성취되었으며, 엘리사가 엘리야의 후계자인 것을 분명하게 보여 준 것입니다. 또한 엘리야와 함께 동행하시면서 크게 역사하셨던 하나님께서 엘리사와 함께하시고 그를 통해서 일하실 것임도 확인시켜 준 것입니다.

사랑하는 성도 여러분!

우리 하나님은 전지전능하신 분입니다. 그러므로 우리 모두는 우리 자신을 하나님께 모두 맡겨야 합니다. 그래야 능력을 입을 수 있습니다. 또한 예수 그리스도를 사나 죽으나 변함없이 믿고 따라갑시다. 우리 하나님께서 능력으로 옷 입히시고 크게 사용하실 것입니다.

소금으로 물을 고치심

[열왕기하 2장 15~22절]

맞은편 여리고에 있는 선지자의 생도들이 저를 보며 말하기를 엘리야의 영감이 엘리사의 위에 머물렀다 하고 가서 저를 영접하여 그 앞에서 땅에 엎드리고 가로되 당신의 종들에게 용사 오십 인이 있으니 청컨대 저희로 가서 당신의 주를 찾게 하소서 염려컨대 여호와의 신이 저를 들어가다가 어느 산에나 어느 골짜기에 던지셨을까 하나이다 엘리사가 가로되 보내지 말라 하나 무리가 저로 부끄러워하도록 강청하매 보내라 한지라 저희가 오십 인을 보내었더니 사흘을 찾되 발견하지 못하고 엘리사가 여리고에 머무는 중에 무리가 저에게 돌아오니 엘리사가 저희에게 이르되 내가 가지 말라고 너희에게 이르지 아니하였느냐 하였더라 그 성 사람들이 엘리사에게 고하되 우리 주께서 보시는 바와 같이 이 성읍의 터는 아름다우나 물이 좋지 못하므로 토산이 익지 못하고 떨어지나이다 엘리사가 가로되 새 그릇에 소금을 담아 내게로 가져오라 하매 곧 가져온지라 엘리사가 물 근원으로 나아가서 소금을 그 가운데 던지며 가로되 여호와의 말씀이 내가 이 물을 고쳤으니 이로 좇아 다시는 죽음이나 토산이 익지 못하고 떨어짐이 없을지니라 하셨느니라 하니 그 물이 엘리사의 말과 같이 고쳐져서 오늘날에 이르렀더라

물은 산소와 수소가 결합된 물질로서 생명의 근원입니다. 때문에 모든 생명은 이 물로부터 시작됩니다. 우리 인간의 육체도

70%의 물로 되어 있고 지구도 3분의 2가 물 속에 잠겨 있습니다. 만약에 이 세상에 물이 없다고 하면 이 지구상에 있는 모든 생물들은 하나도 존재할 수 없습니다. 다시 말하면 물이 없는 생명은 생각할 수 없습니다. 그러므로 엘리사를 통해서 여리고 성의 마실 수 없는 물을 마실 수 있는 물로 고친 것은 참으로 크나큰 은혜요 축복인 것입니다.

1. 엘리야의 후계자가 된 엘리사

첫째, 생도들이 후계자로 인정했습니다.

여리고에 있는 선지자의 생도들은 비록 엘리야는 멀리 떠나갔지만 엘리야와 함께하셨던 하나님께서 엘리사와 함께하심을 깨달았습니다. 엘리사가 엘리야의 겉옷을 가지고 엘리야와 똑같이 요단 강을 가르고 건너오는 것을 목격하고 엘리사가 엘리야의 후계자라는 사실을 확신하게 된 것입니다. 때문에 그들은 엘리사를 보며 말하기를 "엘리야의 영감이 엘리사 위에 머물렀다"(왕하 2:15)고 하면서 저를 영접하고 그 앞에서 땅에 엎드렸습니다. 그것은 엘리야 대신 엘리사가 자신들의 지도자가 된 것을 행동으로 고백한 것입니다. 그렇습니다. 엘리사는 이제 명실상부한 그들의 지도자가 되었습니다.

둘째, 생도들은 엘리야의 승천을 믿지 않았습니다.

선지자의 생도들은 엘리야가 회리바람을 타고 하늘로 올라가는 장면을 친히 목도했음에도 불구하고 엘리야가 육체를 입은 그대로 승천했다는 것을 믿지 않았습니다. 그들은 엘리야의 영혼만 올라가고 그의 육체는 산이나 계곡 어디에 떨어져서 죽었을 것이라고 생각했습니다. 그들은 엘리야가 하나님에 의해 분명히 하늘로 올리워졌음에도 불구하고 그러한 사실을 받아들이지 못한 것입니다. 그것은 그들이 이 사건을 믿음의 시각이 아닌 불신앙적인 안목으로 생각했기 때문입니다. 이에 대해 엘리사는 사실을 구체적으로 설명했습니다. 그러나 생도들은 자기들의 스승인 엘리사의 말을 받아들이지 않았습니다. 이것은 예수 그리스도를 구주로 믿는다고 하면서도 주님의 말씀에 순종하지 않는 우리들의 모습입니다.

셋째, 생도들이 실패하고 돌아왔습니다.

생도들은 엘리사의 간곡한 만류에도 불구하고 "당신의 종들에게 용사 오십 인이 있으니 청컨대 저희로 가서 당신의 주를 찾게 하소서 염려컨대 여호와의 신이 저를 들어 가다가 어느 산에나 어느 골짜기에 던지셨을까 하나이다"(왕하 2:16)라고 강청했습니다. 때문에 엘리사는 그들이 분명히 실패할 것을 알면서도 그들의 요청을 허락했습니다. 그러나 엘리야의 시신을 찾으러 갔던 생도들이 3일 동안이나 이곳저곳을 찾아 수색했으나 찾지 못하고 돌아오자 "내가 가지 말라고 너희에게 이르지 아니하였느냐"(왕하 2:18)라고 책망했습니다. 생도들은 자신들의 영적인 무지로 인하여 엘리사의 말에 순종하지 못하고 쓸데없는 일에 잘못된 불순종의 열심을 나타낸 것입니다.

사랑하는 성도 여러분!

우리 모두는 예수 그리스도의 제자들입니다. 그러므로 엘리사와 같이 우리도 이 세상의 모든 사람들에게 우리가 분명한 예수 그리스도의 제자인 것을 확실하게 보여 줍시다. 또한 엘리사처럼 이 세상 사람들이 듣든지 안 듣든지, 때를 얻든지 못 얻든지 복음을 전파하고 그들을 깨우치는 데에 최선을 다하는 성도들이 되어야겠습니다.

2. 여리고 성의 특징

첫째, 성읍의 터가 아름다웠습니다.

여리고는 유대 산지로부터 저지대로 흘러내리는 강과 넓은 광야가 있고 종려나무와 무화과나무가 풍부했습니다. 뿐만 아니라 방향(芳香)나무와 향기로운 수지를 내는 나무들이 생산되었습니다. 또한 멀리 뒤로는 모압 산지가 병풍처럼 둘러쳐져 있어서 경치가 수려하여 사람이 살기에는 아주 좋은 곳이었습니다(신 34:3; 눅 19:4). 때문에 이 여리고 성은 '향기의 도시요, 달의 고을이며, 종려나무 성' 이라는 뜻을 가지고 있습니다. 따라서 많은 사람들이 견고한 성읍을 쌓고 이곳에서 살았습니다.

둘째, 물이 좋지 못했습니다.

그렇게도 아름답고 좋은 성읍이었지만 한 가지 결점이 있었습니다. 그것은 바로 물이 좋지 못하다는 것이었습니다. 특별히 우리 인간은 물에서 태어나 평생 동안 약 6,500갤런의 물을 마시며 삽니다. 그러기에 물은 생명의 근원입니다. 때문에 다른 모든 것들이 제아무리 좋다고 해도 물이 좋지 못하다는 것은 치명적인 결점인 것입니다. 또한 물이 나빠서 토산이 열매를 맺지 못한다고 했습니다. 석회석 산에서 흘러나오는 물은 석회석이 섞여 있기 때문에 사람이 먹으면 건강을 해치게 되고, 농작물이 잘 되지 않으며, 사람이나 가축은 이 석회수로 인하여 유산하게 되는 피해를 입습니다. 때문에 지금도 유럽이나 팔레스타인, 동남아 지역을 여행할 때는 반드시 생수를 사서 마셔야 합니다.

셋째, 여기에서 교훈을 생각해 봅시다.

우리 인간도 마찬가지입니다. 제아무리 성읍의 터가 아름답고 좋아도 생물의 근원인 물이 나쁘면 좋은 결실을 맺을 수 없는 것처럼, 한 인간의 용모와 체구가 제아무리 아름답고 우람하며 온갖 재능이 뛰어나다고 해도 그 인간의 근원인 정신상태가 건전하지 못하면 아름다운 언행이 나타날 수 없고 가정과 교회, 사회에 유익을 주는 가치 있는 삶을 살 수 없습니다. 그러므로 우리 모두는 가장 우선적으로 속사람이 거듭나고 새로워져서 건전한 의식구조를 가지고 아름다운 언행과 성실한 삶의 자세가 이루어지도록 해야 합니다. 그리하여 하나님 앞에서나 사람들 앞에서 보다 더 성숙한 삶을 사시기 바랍니다.

사랑하는 성도 여러분!

우리 모두 외향적인 화려함만 취하는 안타까운 삶을 살지 맙시다. 사상이 건전하고, 언행이 아름다우며, 삶이 진실한 자가 됩시다. 그리하여 우리의 가정과 교회, 이 사회를 복되게 하는 빛의 사자들이 되시기 바랍니다.

3. 여리고의 물이 고침 받음

첫째, 새 그릇이 필요합니다.

엘리사의 소문을 들은 여리고 사람들은 엘리사에게 와서 "우리 주께서 보시는 바와 같이 이 성읍의 터는 아름다우나 물이 좋지 못하므로 토산이 익지 못하고 떨어지나이다"(왕하 2:19)라고 했습니다. 그러자 엘리사는 "새 그릇에 소금을 담아 내게로 가져오라"(왕하 2:20)고 했습니다. 사도 바울은 "너희는 이 세대를 본받지 말고 오직 마음을 새롭게 함으로 변화를 받아 하나님의 선하시고 기뻐하시고 온전하신 뜻이 무엇인지 분별하도록 하라"(롬 12:2)고 했습니다. 우리 모두는 하나님께서 만드신 질그릇들입니다. 때문에 더러워지기 쉽고 깨어지기 쉽습니다. 그러므로 우리의 언행심사는 물론 삶의 목적과 자세, 방법이 늘 새롭게 변해야 합니다. 그리하여 성령의 전으로서의 자신을 아름답게 가꾸어서 가정과 교회, 사회를 살리고 아름답게 하는 능력 있는 성도들이 되어야겠습니다.

둘째, 그릇에 소금을 담아야 합니다.

엘리사는 여리고 사람들에게 소금을 담아 오라고 했습니다. 그러면 소금은 어떤 의미를 가지고 있습니까? 먼저, 소금은 언약의 표시로서 예수 그리스도를 의미합니다. 예수 그리스도는 어제나 오늘이나 변함없이 우리를 사랑하십니다. 그분만이 우리의 죄를 대속하시고 구원하실 수 있습니다. 그러므로 우리는 예수 그리스도께서 우리의 구주가 되심을 마음으로 믿고 입으로 시인하여 고백해야 합니다. 그래야 우리 인생이 죄와 저주, 멸망에서 구원받을 수 있습니다. 또한 소금은 하나님의 말씀입니다. 하나님의 말씀만이 타락하고 병든 우리의 영육과 삶을 고치고 바르게 할 수 있습니다. 그렇습니다. 하나님의 말씀만이 우리를 바르게 하고 의롭게 합니다. 그리고 소금은 구원받은 성도들입니다. 그래서 성경은 "너희는 세상의 소금이니"(마 5:13)라고 하였습니다. 구원받은 성도는 삶의 의미를 상실하고 방황하는 이 세상 사람들에게 새로운 삶을 보여 줄 수 있습니다.

셋째, 내게로 가져오라고 했습니다.

새 그릇이나 소금이 물을 고친 것이 아닙니다. 그것들은 다만 하나님께서 사용하신 수단일 뿐입니다. 때문에 엘리사는 하나님께서 고쳐 주시는 것을 보이기 위해서 가지고 나오라고 한 것입니다. 그는 성 사람들이 가지고 온 소금을 가지고 물 근원으로 가서 소금을 그 가운데 던지면서 "여호와의 말씀이 내가 이 물을 고쳤으니 이로 좇아 다시는 죽음이나 토산이 익지 못하고 떨어짐이 없을지니라"(왕하 2:21)고 했습니다. 그렇습니다. 죄와 저주로 인하여 멸망받을 수밖에 없는 이 세상의 모든 인간은 다 하나님의 보좌 앞에 나아와 겸손히 무릎 꿇고 회개해야 합니다. 왜냐하면 예수 그리스도만이 우리의 생명이시기 때문입니다. 그러므로 누구든지 예수 그리스도 앞에 나오면 죄를 용서받습니다. 영육이 치료받습니다. 삶이 형통합니다. 하나님의 귀한 일에 쓰임 받습니다. 복의 후사가 됩니다.

사랑하는 성도 여러분!

우리 모두 날마다 새롭게 변합시다. 언제나 하나님의 언약의 말씀을 우리 심령 속에 간직하고 그 말씀이 우리의 언행심사를 주장하도록 합시다. 우리 모두 예수 그리스도로 인하여 새롭게 됩시다. 그리하여 삶이 열리고, 가정이 열리고, 사업이 열리는 복을 누리시기 바랍니다.

곰이 아이들을 죽임

[열왕기하 2장 23~25절]

엘리사가 거기서 벧엘로 올라가더니 길에 행할 때에 젊은 아이들이 성에서 나와서 저를 조롱하여 가로되 대머리여 올라가라 대머리여 올라가라 하는지라 엘리사가 돌이켜 저희를 보고 여호와의 이름으로 저주하매 곧 수풀에서 암곰 둘이 나와서 아이들 중에 사십이 명을 찢었더라 엘리사가 거기서부터 갈멜산으로 가고 거기서 사마리아로 돌아왔더라

사단의 영향을 받고 있는 이 세상의 불신자들은 예수 그리스도를 구주로 믿고 구원받은 신앙인들을 좋아하지 않습니다. 왜냐하면 그들을 주장하고 있는 사단의 목적 자체가 인간들을 죄짓게 하여 저주받아 가난하고 병들어 망하게 하고 결국은 지옥에 가게 하는 것이기 때문입니다. 오늘 본문의 젊은이들도 하나님의 역사를 부인하고 하나님의 일을 하는 선지자를 조롱하고 비웃음으로 암곰에게 비참하게 찢겨 죽었습니다.

1. 벧엘에 대하여

첫째, 유서 깊은 곳이었습니다.

벧엘의 이름은 원래 루스(창 28:19)였는데, 야곱이 에서를 피해 하란으로 가는 길에 이곳에서 하나님의 특별하신 임재를 꿈을 통하여 깨달은 후 아침에 일어나 자신이 베개 하였던 돌을 기둥으로 세우고 그 위에 기름을 붓고 그곳 이름을 벧엘(창 28:18~19)이라고 했습니다. 이 벧엘은 참으로 유서가 깊은 곳이었습니다. 아브라함이 여기에서 천막을 치고 그의 생애 처음으로 제단을 쌓았으며(창 12:8), 야곱도 여기에서 하나님께 충성을 맹세하고 제단을 쌓았습니다(창 28:21~ 22). 길갈에 있던 법궤를 이리로 가져왔고(삿 20:18), 사무엘은 백성들의 정신적인 문제를 고문해 주기 위해 해마다 이 벧엘을 방문하기도 했습니다(삼상 7:16). 성경에서는 이 벧엘이 예루살렘 다음으로 많이 나오는 곳이며, 통일 이스라엘 시대에는 참으로 중요한 역할을 한 곳입니다.

둘째, 우상숭배의 중심지로 변했습니다.

솔로몬의 아들인 르호보암이 이스라엘을 통치할 때에 여로보암이 르호보암을 반역하여 북왕국 이스라엘을 세웠습니다. 이때부터 이스라엘은 남왕국 유다와 북왕국 이스라엘로 나누어지게 되었습니다. 그런데 북왕국 이스라엘을 세운 여로보암이 하나님을 배신하고 우상을 섬겼으며, 금송아지들을 만들어 하나는 북쪽 국경지대에 위치한 단에 두고 하나는 남쪽 국경지대에 위치한 벧엘에 두었습니다. 그리고 백성들로 하여금 절기 때에 남왕국 유다의 예루살렘에 내려가지 못하도록 가로막고 북왕국의 단과 벧엘에 세운 금송아지에게 대신 제사를 드리도록 했습니다. 그리하여 하나님의 집이라는 뜻을 가진 유서 깊은 벧엘이 그때부터 대표적인 배교의 성읍으로서 우상숭배의 중심지가 되었습니다. 참으로 안타까운 반역이요, 변질입니다.

셋째, 엘리사의 선지학교가 있었습니다.

그렇게도 유서 깊은 벧엘이 여로보암의 타락과 우상화 정책으로 인하여 북왕국 이스라엘의 우상 중심지로 변해 버렸습니다. 그럼에도 불구하고 엘리야가 세운 선지학교는 하나님의 은혜로 폐쇄되지 않고 그때까지 건재해 있었습니다. 한마디로 불행 중 다행이요, 크신 하나님의 은혜가 아닐 수 없었습니다. 때문에 엘리야의 후계자가 된 엘리사가 이 선지학교를 돌아보기 위해 여리고에서 벧엘로 올라온 것입니다. 감사한 것은 하나님께서 선지학교를 세우시고 당신의 일꾼들을 양육시키셔서, 우상숭배자들의 죄를 지적하고 하나님을 경외하는 올바른 신앙생활을 할 수 있도록 특별히 섭리하신 것입니다.

사랑하는 성도 여러분!

우리 모두 주님 오실 때까지 아름답게 성숙해 가는 성도들이 됩시다. 절대로 벧엘처럼 잘못 변하는 불행한 사람이 되지 맙시다. 우리의 언행심사를 늘 하나님께서 원하시는 대로만 가꾸어 갑시다. 그리하여 하나님의 뜻을 실현해 가는 복된 성도들이 되시기 바랍니다.

2. 벧엘의 젊은 아이들

첫째, 엘리사를 대머리라고 조롱했습니다.

엘리사가 벧엘에 있는 선지학교를 돌아보기 위해 여리고에서 벧엘로 올라와서 길을 걸어가고 있는데 젊은 아이들이 성에서 나와 엘리사에게 "대머리여, 대머리여"라고 조롱했습니다. 다시 말하면 벧엘의 젊은 아이들은 엘리사의 신체적인 약점을 흠잡아 조롱한 것입니다. 사람이 선천적이든지 후천적이든지를 막론하고 자기 자신의 어떤 신체적인 기형이나 약점 때문에 무시당하고 조롱 받는다고 하면 자신과 세상이 원망스럽고 죽고 싶은 마음까지도 갖게 된다고 합니다. 그러므로 어떤 사람의 신체적인 약점을 가지고 조롱하는 것은 그 사람을 가장 고통스럽게 하는 악한 행위가 됩니다. 때문에 하나님의 저주를 받을 만한 무서운 죄가 되는 것입니다.

둘째, 엘리사에게 올라가라고 비웃었습니다.

벧엘의 젊은 아이들은 엘리사에게 "올라가라, 올라가라"고 말하며 비웃었습니다. 이것은 엘리사가 엘리야의 승천 사실을 전했을 때에 그 말을 믿음으로 받아들이지 아니하고 불신하면서 '그러면 너도 엘리야처럼 하늘로 올라가지 않고 왜 여기 있느냐'고 비웃은 것입니다. 물론 엘리사가 전한 엘리야 승천 사건은 당시의 근동 지방을 놀라게 하는 아주 충격적인 사건이었습니다. 그런데 벧엘의 아이들이 그 사건을 믿지 않은 것입니다. 그도 그럴 수밖에 없는 것이, 당시의 벧엘 사람들은 모두가 다 우상숭배 아래 있었기 때문에 젊은 아이들이 엘리야의 승천 사실을 믿음으로 받아들일 수 없었습니다. 그러므로 이 사건은 북왕국 이스라엘의 종교적인 타락상을 그대로 보여 준 것입니다. 그러므로 우리 모두는 가정과 교회, 사회에서 젊은 아이들에게 좋은 환경을 만들어 주어야겠습니다.

셋째, 하나님께 큰 죄를 지은 것입니다.

벧엘의 젊은 아이들이 엘리사에게 "대머리여, 대머리여" 한 것은 바로 엘리사를 지으신 창조주 하나님을 조롱한 것이었습니다. 이 세상에 태어난 모든 사람 중 어느 누구도 자기 자신이 원하는 대로 만들어지고 태어난 사람은 한 사람도 없습니다. 성이나 얼굴 모양, 신체의 구조와 크기 등 모두가 다 창조주 하나님께서 지어 주신 그대로를 가지고 이 세상에 태어났습니다. 그러므로 다른 사람의 신체에 대하여 왈가왈부하거나 조롱할 수 없습니다. 또한 벧엘의 아이들이 엘리사에게 "올라가라, 올라가라"고 한 것은 하나님께서 엘리야를 하늘로 올리우신 사실 자체를 부인하는 무서운 불신앙의 죄가 됩니다. 그리고 하나님의 사자인 엘리사를 조롱하고 비웃은 것은 하나님의 사역 자체를 방해하는 죄가 되기 때문에 하나님의 진노를 받을 수밖에 없습니다. 그래서 성경은 하나님의 사자를 비웃거나 그가 외치는 하나님의 말씀을 멸시하거나, 그 선지자를 욕하는 행위는 하나님의 진노를 받는다고 분명하게 말씀하였습니다(대하 36:16). 그러므로 우리는 그 어떤 이유로도 하나님의 일을 하는 사람들을 비난하고 조롱하거나 비웃어서는 안 됩니다.

사랑하는 성도 여러분!

우리 모두 그 어떤 일이 있어도 사람들의 용모나 신체에 대하여 조롱하지 맙시다. 또한 하나님의 사람들이 하는 주의 일에 대해 왈가왈부하거나 방해하지 맙시다. 하나님께서는 당신의 사람들과 당신의 일들을 직접 관리하십니다. 그러므로 우리 모두는 오직 날마다 나 자신이 맡은 일에 열심히 충성하는 성도들이 되어야겠습니다.

3. 저주받은 벧엘의 젊은 아이들

첫째, 엘리사가 뒤돌아보았습니다.

벧엘의 젊은 아이들이 엘리사에게 "대머리여 올라가라 대머리여 올라가라"고 소리 지르며 조롱하고 비웃자 저들이 어떤 아이들인가 하고 뒤돌아보았습니다. 그런데 이것이 웬일입니까? 철없는 어린아이들이 아니라 위아래를 알고 세상물정을 다 알 만한, 이미 장성한 자들이었습니다. 그런데 42명씩이나 단체로 다니면서 조직적인 악을 집단적으로 행하고 있었습니다. 그들은 분명히 어느 누군가에게 교육을 받고 동원된 자들이었습니다. 그렇지 않으면 그렇게까지 집단적으로 악을 행할 수 없었습니다. 그들은 한마디로 죄와 저주, 불신앙과 악으로 가득 차 있는 자들이었습니다. 그러므로 하나님의 사람인 엘리사는 그들이 조직적인 악을 집단적으로 행하는 것을 그냥 그대로 방관하고 지나칠 수 없었습니다.

둘째, 여호와의 이름으로 저주했습니다.

엘리사는 젊은 아이들이 42명씩이나 떼지어 다니면서 하나님의 창조 사역과 구속 사역을 무시하고 전능하신 하나님의 능력까지도 의심하며 자신이 하는 하나님의 일까지도 방해하는 것을 보고 가슴이 아팠습니다. 때문에 엘리사는 그들의 조롱과 비웃음에 대해 분노하고 여호와의 이름으로 벧엘의 젊은 아이들을 저주했습니다. 결코 자기 자신의 그 어떤 개인적인 기분이나 감정으로 한 것이 아니었습니다.

셋째, 암곰 둘이 나와 42명을 찢었습니다.

하나님의 사자인 엘리사가 여호와 이름으로 벧엘의 젊은 아이들을 저주하자마자 곧바로 숲 속에서 암곰 둘이 나와 벧엘의 젊은 아이들 42명을 무차별적으로 공격하여 다 찢어 죽였습니다. 하나님께서는 아마도 벧엘의 그 젊은 아이들이 이 세상에 살아 있어서는 안 되겠다고 생각하신 것 같습니다. 천지만물을 지으신 하나님께서는 이렇게 당신께서 지으신 것들을 통해서 죄와 악을 심판하십니다. 때문에 홍해를 통해서 이스라엘을 추격하는 애굽 군을 심판하셨습니다. 염병으로 불평하는 이스라엘을 광야에서 심판하셨습니다. 물로 타락한 노아 시대 사람들을 심판하셨습니다. 마지막 때에는 불로 이 세상을 심판하겠다고 하셨습니다.

사랑하는 성도 여러분!

우리 모두 이름에 걸맞고 직분에 걸맞은 언행심사를 가집시다. 그 어떤 이유로도 하나님의 일은 물론 남에게 해를 주고 상처를 주는 언행심사를 갖지 맙시다. 또한 나 자신의 언행심사를 통해 거룩하신 하나님의 이름에 욕이 되는 일이 없는 복된 삶을 살아가시기 바랍니다.

물이 가득하게 하심

[열왕기하 3장 13~20절]

엘리사가 이스라엘 왕에게 이르되 내가 당신과 무슨 상관이 있나이까 당신의 부친의 선지자들과 당신의 모친의 선지자들에게로 가소서 이스라엘 왕이 저에게 이르되 그렇지 아니하니이다 여호와께서 이 세 왕을 불러 모아 모압의 손에 붙이려 하시나이다 엘리사가 가로되 내가 섬기는 만군의 여호와의 사심을 가리켜 맹세하노니 내가 만일 유다 왕 여호사밧의 낯을 봄이 아니면 당신을 향하지도 아니하고 보지도 아니하였으리이다 이제 내게로 거문고 탈 자를 불러 오소서 하니라 거문고 타는 자가 거문고를 탈 때에 여호와께서 엘리사를 감동하시니 저가 가로되 여호와의 말씀이 이 골짜기에 개천을 많이 파라 하셨나이다 여호와께서 이르시기를 너희가 바람도 보지 못하고 비도 보지 못하되 이 골짜기에 물이 가득하여 너희와 너희 육축과 짐승이 마시리라 하셨나이다 이것은 여호와 보시기에 오히려 작은 일이라 여호와께서 모압 사람도 당신의 손에 붙이시리니 당신들이 모든 견고한 성과 모든 아름다운 성을 치고 모든 좋은 나무를 베고 모든 샘을 메우고 돌로 모든 좋은 밭을 헐리이다 하더니 아침에 미쳐 소제 드릴 때에 물이 에돔 편에서부터 흘러와서 그 땅에 가득하였더라

이스라엘의 속국이었던 모압은 아합에게 20만 개의 양털을 매년 조공으로 바쳐 왔습니다. 그런데 아합 왕이 죽고 그의 아들

여호람이 왕이 되자 조공을 바치지 않았습니다. 그래서 북왕국 이스라엘 왕이 남왕국 유다 왕과 에돔 왕의 도움을 받아 연합군을 구성하여 모압을 공격했습니다. 그런데 군사작전을 개시한 지 7일 만에 군사들과 짐을 나르는 생축들의 마실 물이 다 떨어졌습니다. 이때 이스라엘 왕은 절망하고 불평했습니다. 그러나 유다 왕인 여호사밧의 신앙적인 생각으로 인해 하나님의 종인 엘리사를 만남으로 문제를 해결하는 기적을 체험하게 되었습니다.

1. 위기 때의 세 사람

첫째, 여호람 왕은 불평하고 절망했습니다.

물이 귀한 고대 근동 지방에서 전쟁 중에 물이 떨어진다는 것은 바로 절망이요 죽음이었습니다. 전쟁에 나선 연합군에게 물이 없다는 것은 절망할 수밖에 없는 비참한 상황에 처한 것입니다. 이에 여호람 왕은 "슬프다 여호와께서 이 세 왕을 불러모아 모압의 손에 붙이려 하시는도다"(왕하 3:10)라고 불평하면서 절망했습니다. 이것은 또한 여호람이 자기를 거스르는 것은 모압이 아니라 하나님이신 것을 인식하고 있었다는 것을 의미합니다. 그럼에도 불구하고 그는 자기 자신에 대해 성찰하지 않고 자신들이 당하고 있는 어려움을 하나님의 탓으로 돌리고 있습니다. 그렇습니다. 어리석은 인간은 이렇게 어려움을 당해도 자신의 부족함을 깨닫지 못하고 대부분 하나님을 원망합니다.

둘째, 여호사밧은 하나님의 뜻을 찾고자 했습니다.

유다 왕 여호사밧은 아버지 아사 왕을 본받아 선정을 베풀어서 나라와 백성들을 평안하게 했습니다. 그러나 남북이 통일되기를 소원하여 하나님을 배신하고 우상을 숭배하는 북왕국 이스라엘을 도왔으며 남북의 유대관계를 보다 더 강화하기 위해 악한 아합 왕과 이세벨의 사이에서 난 아달랴를 며느리로 삼는 실수를 범했습니다. 다시 말하면 인간적인 방법으로 남북관계를 풀어 보려고 했던 것입니다. 그는 이로 인하여 영육간에 크나큰 고난을 당했습니다. 그러나 그는 후에 회개하고 여호와를 잘 섬겼습니다. 때문에 그는 여호람의 불평하는 말을 무시하고 "우리가 여호와께 물을 만한 여호와의 선지자가 여기 없느냐"(왕하 3:11)며 하나님의 뜻을 찾고자 한 것입니다.

셋째, 여호람의 신복이 엘리사를 알렸습니다.

여호람의 신복 중 하나가 여호사밧 왕에게 "전에 엘리야의 손에 물을 붓던 사밧의 아들 엘리사가 여기 있나이다"(왕하 3:11)라고 했습니다. 이스라엘의 여호람 왕은 불신앙의 사람이었지만 그의 신복은 엘리사가 하나님의 선지자라는 사실을 바로 알고 있었던 것입니다. 그래서 하나님의 뜻을 자신들에게 말해 줄 사자를 찾는 여호사밧 왕에게 "엘리사가 여기 있나이다"라고 자신 있게 말한 것입니다. 한마디로 여호람의 신복은 영안이 열려 있는 사람이었습니다. 연합군의 세 왕은 바로 이 사람 때문에 저들이 당한 절체절명의 위기를 극복할 수 있는 길을 찾게 된 것입니다. 그렇습니다. 한 사람의 진정한 신앙이 이렇게 가정과 교회, 이 사회를 살릴 수 있습니다.

사랑하는 성도 여러분!

우리는 그 어떠한 절망적인 위기 상황에서도 두려워하지 맙시다. 전능하신 하나님 안에서는 아무것도 아닙니다. 그러므로 우리도 여호사밧 왕처럼 하나님의 뜻을 구하는 믿음의 사람들이 됩시다. 그때 하나님께서 우리를 승리케 하실 것입니다.

2. 엘리사와 세 왕들

첫째, 세 왕들이 엘리사를 찾아갔습니다.

여호람의 신복의 말을 들은 여호사밧이 "여호와의 말씀이 저에게 있도다"(왕하 3:12)라고 말하자 이스라엘 왕과 유다 왕 그리고 에돔 왕이 엘리사에게로 내려갔습니다. 그들은 이제 자신들이 당한 절체절명의 위기 앞에서 어쩔 수 없이 손을 들고 겸손해진 것입니다. 그렇습니다. 인간들은 모두가 다 자신의 힘으로는 도저히 어찌할 수 없는 절망적인 상황에 부딪혀야만 그때서야 하나님을 찾고 주의 종들을 찾아 도움을 구합니다. 그러나 우리 하나님께서는 언제 어디서나, 항상 우리의 언행심사와 삶이 하나님께로 향하기를 원하십니다(마 6:33).

둘째, 엘리사는 여호람 왕을 책망했습니다.

세 왕들이 엘리사에게 이르자 엘리사는 여호람 왕에게 "내가 당신과 무슨 상관이 있나이까 당신의 부친의 선자자들과 당신의 모친의 선지자들에게로 가소서"(왕하 3:13)라고 책망했습니다. 이것은 여호람 왕의 부모가 저지른 우상숭배의 죄와 그가 지은 죄를 상기시킨 것입니다. 그러자 여호람 왕이 엘리사에게 "그렇지 아니하니이다"(왕하 3:13)라며 자신은 결코 바알의 선지자들에게 가지 않는다고 말했습니다. 그가 올바른 선택을 한 것이었습니다. 그러나 그는 아직까지도 여호와 하나님께서 세 왕을 모압의 손에 붙이려 하신다고 오해하고 있었습니다. 그렇습니다. 이와 같이 여호와 하나님에 대한 무지가 언제나 죄를 짓게 하고 문제를 야기시킵니다. 그러므로 우리 모두는 항상 말씀 위에 굳게 서 있어야 합니다.

셋째, 여호사밧 왕 때문에 예언해 주었습니다.

엘리사는 여호람 왕이 "여호와께서 이 세 왕을 불러모아 모압의 손에 붙이려 하시나이다"라고 오해한 사실에 대해 "내가 섬기는 만군의 여호와의 사심을 가리켜 맹세하노니 내가 만일 유다 왕 여호사밧의 낯을 봄이 아니면 당신을 향하지도 아니하고 보지도 아니하였으리이다"(왕하 3:14)라고 분명하게 선언했습니다. 다시 말하면, 유다 왕 여호사밧의 생명 보존 때문에 어쩔 수 없이 그들의 요구를 들어준다고 말한 것입니다. 이것은 여호와 하나님께서 여호사밧을 기억하고 계신다는 것입니다. 여호사밧은 지금 하나님의 뜻을 묻지도 않고 우상을 숭배하는 두 나라의 왕들과 동맹을 맺고 전쟁을 하고 있습니다. 이것은 분명히 그가 잘못하고 있는 것입니다. 그러나 하나님께서는 그가 산당과 우상을 제거하고 선지자들과 레위인들을 세워 율법을 가르친 선행을 기억하고 자비를 베푸셨습니다(대하 17:3~9). 그렇습니다. 우리도 나 때문에 가정이 행복하고 주님의 몸 된 교회가 부흥되며 이 사회를 잘되게 하는 복된 사람들이 되어야겠습니다.

사랑하는 성도 여러분!

우리 모두 언제 어디서나, 모든 일에서 겸손히 하나님의 뜻을 찾고 도움을 구하는 사람이 됩시다. 조상 때부터 지은 죄를 철저히 회개하고 거듭난 삶을 삽시다. 그리고 변함없는 하나님의 말씀 위에 견고히 서서 가정과 교회, 민족을 살리는 충성된 성도들이 되시기 바랍니다.

3. 엘리사의 예언과 연합군의 순종

첫째, 엘리사가 영감을 구했습니다.

세 왕의 예방을 받은 엘리사는 거룩하신 하나님의 영감을 받기 위해 철저하게 준비했습니다. 당시 그의 마음은 원수와 같은 여호람으로 인하여 흥분되어 있었습니다. 때문에 흐트러진 자신의 감정을 찬송으로 안정시키고 성령의 조명을 받기 위해서 거문고 타는 자를 불러오게 했습니다(왕하 3:15). 그렇습니다. 찬송은 지은 죄를 회개하게 합니다. 흉악한 결박을 풀어 줍니다. 사단을 물리치는 능력이 있습니다. 감사가 넘치게 합니다. 내 영혼에 새로운 힘이 솟게 합니다. 때문에 우리 하나님께서는 이 찬송의 제사를 기뻐하십니다.

둘째, 골짜기에 개천을 많이 파라고 했습니다.

하나님께서는 우물을 파라고 하지 않으시고 마른 골짜기에 도랑을 많이 파라고 하셨습니다(왕하 3:16, 새번역성경). 다시 말하면 엘리사를 통한 여호와 하나님의 명령은, 물을 확보하기 위해 마른 골짜기에 물이 고일 수 있는 웅덩이를 많이 파라고 하신 것입니다. 많이 파면 많이 고이고, 적게 파면 적게 고이기 때문입니다. 그렇습니다. 우리의 심령은 모두가 다 물이 없는 메마른 골짜기와 같고 터진 웅덩이와 같습니다. 때문에 우리의 언행심사와 삶의 현장에 찬송과 기쁨, 감사가 없습니다. 그동안 하나님께서 주신 사랑과 은혜를 다 쏟아 버렸기 때문입니다. 그러므로 우리 모두는 하나님께서 내려 주시는 은혜를 받기 위해 메마른 내 심령의 골짜기에 큰 도랑을 파야 합니다. 힘들고 어렵지만 믿음과 순종으로 파야 합니다. 파되 많이 파야 합니다. 그래야 내가 살고 가정이 살며, 교회가 살고 민족이 삽니다. 우리 모두나 자신의 삶을 통해 은혜의 물이 내 가정과 교회, 이웃에게 넘치도록 합시다.

셋째, 그 땅에 물이 가득했습니다.

하나님께서 엘리사를 통해 말씀하신 것처럼 아침에 하나님께 예배드릴 때에 에돔 서편에서 물이 흘러 내려오기 시작하여 그 땅에 가득했습니다. 그리하여 3개국의 동맹군과 그들의 육축이 완전히 해갈을 받았습니다. 그렇습니다. 우리 하나님께서는 언제나 당신의 백성들이 언약의 말씀을 믿고 예배를 드릴 때에 기뻐하시고 만나 주시며, 기도를 응답해 주십니다. 그러므로 우리 모두는 언제나 주님의 몸 된 교회에서 하나님의 말씀대로 예배를 드려야 합니다.

사랑하는 성도 여러분!

우리 모두 찬송과 기도, 감사가 넘치는 예배로 하나님께 영광을 돌립시다. 메마른 내 심령의 골짜기를 믿음과 순종의 무기로 깊이 팝시다. 그리하여 하늘로부터 내려오는 풍성한 은혜가 여러분의 삶의 현장에 넘쳐나기를 바랍니다.

그릇마다 기름이 가득함

[열왕기하 4장 1~7절]

선지자의 생도의 아내 중에 한 여인이 엘리사에게 부르짖어 가로되 당신의 종 나의 남편이 이미 죽었는데 당신의 종이 여호와를 경외한 줄은 당신이 아시는 바니이다 이제 채주가 이르러 나의 두 아이를 취하여 그 종을 삼고자 하나이다 엘리사가 저에게 이르되 내가 너를 위하여 어떻게 하랴 네 집에 무엇이 있는지 내게 고하라 저가 가로되 계집종의 집에 한 병 기름 외에는 아무것도 없나이다 가로되 너는 밖에 나가서 모든 이웃에게 그릇을 빌라 빈 그릇을 빌되 조금 빌지 말고 너는 네 두 아들과 함께 들어가서 문을 닫고 그 모든 그릇에 기름을 부어서 차는 대로 옮겨 놓으라 여인이 물러가서 그 두 아들과 함께 문을 닫은 후에 저희는 그릇을 그에게로 가져오고 그는 부었더니 그릇에 다 찬지라 여인이 아들에게 이르되 또 그릇을 내게로 가져오라 아들이 가로되 다른 그릇이 없나이다 하니 기름이 곧 그쳤더라 그 여인이 하나님의 사람에게 나아가서 고한대 저가 가로되 너는 가서 기름을 팔아 빚을 갚고 남은 것으로 너와 네 두 아들이 생활하라 하였더라

인류의 조상인 아담과 하와가 범죄함으로 인하여 이 세상은 저주를 받아 황폐화되었고 가시와 엉겅퀴가 많기 때문에 이 세상을 살아가는 사람들은 다 문제를 안고 살아가고 있습니다. 오

늘 본문은 우리가 어렵고 힘든 문제를 당했을 때에 어떻게 해야 될 것인가에 대해 아주 구체적으로 말씀하고 있습니다. 그러므로 우리 모두는 오늘의 말씀을 통해 아름다운 삶의 지혜를 얻어야겠습니다.

1. 여인의 가슴 아픈 사연

첫째, 남편이 사망했습니다.

대부분의 가정은 가장이 이끌어 갑니다. 그런데 이 집에는 그러한 가장이 죽었습니다. 이제 이 여인과 두 아들은 의지하며 살아갈 대상이 없어졌습니다. 다시 말하면, 그들을 사랑하고 책임져 줄 사람을 잃어버린 것입니다. 그들은 자신들이 감당할 수 없는 어려운 시련에 빠지게 되었습니다. 이 여인은 자신에게 불어닥친 가슴 아픈 시련에 어찌할 줄 모르고 당황했습니다. 그래서 이 세상 사람들이 살아가면서 당하는 가장 큰 아픔과 시련, 스트레스는 바로 자신의 배우자가 죽는 것이라고 합니다.

둘째, 막대한 부채에 시달렸습니다.

벌어다 주는 남편 없이 혼자 아이들과 살아가는 이 여인은 어찌 되었는지는 모르지만 부채를 많이 지고 있었습니다. 이 빚은 어떤 종류이든지 간에 사람의 마음을 불편하게 하고 괴롭힙니다. 늘 불안하고 초조하게 하며 잠을 설치게 합니다. 그렇습니다. 빚을 지면 채권자의 종이 되기 때문에 여러 면에서 자유가 없습니다. 빚은 채무자의 평안도, 건강도, 자유도, 집도 다 빼앗아 가기도 합니다(잠 22:7). 그러므로 빚은 영육의 건강을 해칩니다. 그래서 성경은 "피차 사랑의 빚 외에는 아무에게든지 아무 빚도 지지 말라"(롬 13:8)고 했습니다. 토트 티하메르는 "내일 빚을 지는 것보다 오늘 굶고 자는 편이 훨씬 평안하다"고 했습니다. 때문에 엘리사는 이 불쌍한 과부에게 "너는 가서 기름을 팔아 빚을 갚고 남은 것으로 너와 네 두 아들이 생활하라"(왕하 4:7)고 한 것입니다. 한마디로 빚은 이 세상에서 가장 나쁜 가난입니다.

셋째, 두 아들을 종으로 빼앗기게 되었습니다.

히브리 사회에서는 채무자가 일정한 기간 내에 채무를 갚지 못하면 채무자 자신은 물론 그의 자녀들까지도 종살이를 해야 했습니다. 이것은 합법적인 일이었습니다(레 25:39~40; 느 5:5). 그러나 비록 빚을 못 갚아 종이 되었을지라도 그의 인권과 건강을 생각해서 너무 엄격하게 학대하지 못하도록 규정하고 있었습니다(레 25:43, 46). 또한 채무자들의 짐을 덜어 주기 위해 7년 동안 일을 시키고 안식년을 주어 빚을 탕감하도록 했습니다. 그리고 50년 만에 돌아오는 희년에는 저당 잡힌 채무자의 재산을 본인에게 모두 돌려주도록 했습니다(레 25:28). 여인은 남편이 죽은 후에 부채를 갚지 못했기 때문에 채권자가 자기의 두 아들을 종으로 삼으려 한다고 하소연했습니다. 그녀의 아들들이 채권자의 집에 종으로 잡혀가게 되면 최소한 7년은 머슴으로 살아야 합니다(왕하 4:1).

사랑하는 성도 여러분!

우리는 모두 빚진 자들입니다. 여러 면에서 많은 사람들에게 빚을 졌습니다. 사랑과 은혜의 빚을 졌습니다. 이 모양 저 모양으로 신세를 진 빚이 많습니다. 본의 아니게 물질적인 빚을 진 사람도 있을 것입니다. 문제는, 이 빚이 있으면 자유할 수 없다는 것입니다.

2. 엘리사를 찾은 여인

첫째, 문제를 가지고 하나님을 찾았습니다.

말로 다할 수 없는 딱한 사정을 안은 이 여인은 하나님의 사람인 엘리사에게 찾아와 자신이 안고 있는 문제에 대해 구체적으로 아뢰고 도움을 호소했습니다. 이것은 이 여인에게 있어서는 이 세상에서 가질 수 있는 마지막 기대요 소망이었습니다. 그렇습니다. 누구든지 여호와 하나님을 찾으면 살길이 열립니다(시 37:5; 잠 16:3). 하나님 앞에 나아와 예수 그리스도를 구주로 믿고 입으로 시인하여 고백하면 죄인이 용서받고 구원받습니다. 문제가 해결됩니다. 질병에서 고침 받습니다. 막혔던 길이 열립니다. 그러므로 선지자의 아내가 하나님의 사람인 엘리사를 찾은 것은 살길을 찾은 것입니다. 우리 주님께서도 친히 말씀하시기를 "수고하고 무거운 짐 진 자들아 다 내게로 오라 내가 너희를 쉬게 하리라"(마 11:28)고 하셨습니다.

둘째, 엘리사가 여인에게 물었습니다.

엘리사는 선지 생도의 아내가 찾아와 하소연하는 소리를 듣고 "내가 너를 위하여 어떻게 하랴"(왕하 4:2) 하고 물었습니다. 이것은 엘리사가 자신을 찾아온 여인의 필요가 무엇인지 몰라서 물은 것이 아닙니다. 그는 그 여인에게 어떠한 문제가 있고 무엇이 필요한지 너무나도 잘 알고 있었습니다. 그러나 그 여인의 믿음을 확인하고 고백을 듣고자 했던 것입니다. 예수님께서도 길가의 소경들이 "주여 우리를 불쌍히 여기소서 다윗의 자손이여"(마 20:30)라고 했을 때에, "너희에게 무엇을 하여 주기를 원하느냐"(마 20:33)고 물으셨습니다. 그 소경들의 믿음의 고백을 듣기를 원하신 것입니다. 그렇습니다. 우리도 하나님께 구체적으로 우리의 사정을 진실하게 아뢰는 믿음의 고백을 드리는 성도들이 되어야겠습니다.

셋째, 엘리사는 그 집에 있는 것을 찾았습니다.

엘리사는 여인에게 "네 집에 무엇이 있는지 내게 고하라"(왕하 4:2)고 했습니다. 그러자 여인은 기름 한 병 외에는 아무것도 가지고 있지 않다고 했습니다. 이 기름은 히브리인들에게 있어서 식용(왕상 17:12)이나 조명용(출 27:20), 약용(사 1:6), 화장용(룻 3:3), 접대용(눅 7:46), 종교용(레 8:30; 삼상 10:1; 사 61:1) 등으로 아주 다양하게 사용되는 생활필수품이었습니다. 그런데 이 귀한 기름이 한 병밖에 없다고 하니 그 여인의 생활이 얼마나 어려웠는지 짐작이 갑니다. 그렇습니다. 하나님께서 우리의 문제를 해결해 주실 때에도 우리에게 "네가 가진 것이 무엇이냐"고 찾으십니다. 절대로 어떤 특별한 것을 요구하지 않으십니다. 지금 현재 내가 가지고 있는 것을 요구하십니다. 그것으로 역사하시기 위해서입니다. 때문에 하나님께서는 모세가 들고 있던 지팡이로 기사와 이적을 일으키셨습니다. 사르밧 여인의 한 줌 밀가루와 기름 조금으로 기적을 베푸셨습니다. 오병이어로 5천 명을 먹이고도 열두 광주리를 남게 하셨습니다. 그러므로 우리도 내게 남아 있는 것을 하나님께 드려서 큰 역사를 이루시도록 해야겠습니다.

사랑하는 성도 여러분!

힘들고 어려운 문제를 가지고 있습니까? 하나님 앞에 나아와 모두 다 맡깁시다. 그리고 예수 그리스도의 이름으로 기도합시다. 나 자신과 내게 있는 모든 것들을 하나님께 드려 그것으로 큰 역사를 이루시도록 합시다. 그리하여 날마다 승리하는 복된 삶을 이루시기 바랍니다.

3. 엘리사의 명령

첫째, 빈 그릇을 많이 빌리라고 했습니다.

엘리사가 이 여인에게 이웃에게서 빈 그릇을 많이 빌리라고 한 것은, 비록 네가 가진 것은 기름 한 병뿐이지만 그것을 가지고 너의 믿음의 그릇만큼 풍성하게 복을 주시겠다는 것입니다. 그렇습니다. 하나님이 주시는 복은 우리가 자격이 있기 때문에 받는 것이 아닙니다. 내 자신이 부족하고 연약해도 나 자신과 내게 있는 것을 하나님께 드려 충성하고 헌신, 봉사한다면 인간의 상상을 초월한 큰 복을 받을 수 있습니다. 하나님은 자신을 비우는 겸손한 사람에게 복을 주십니다. 우리 모두 정함이 없고 영원한 가치가 없는 이 세상 것들을 깨끗하게 비워 버립시다.

둘째, 문을 닫고 기름을 부으라고 했습니다.

엘리사는 여인에게 "너는 네 두 아들과 함께 들어가서 문을 닫고 그 모든 그릇에 기름을 부어서 차는 대로 옮겨 놓으라"(왕하 4:4)고 했습니다. 지금 이 여인이 가진 한 병의 기름은 그녀의 마지막 재산입니다. 그러므로 채권자에게 빼앗겨서도 안 되고 빈 그릇의 주인들로 인하여 방해를 받아서도 안 됩니다. 그러므로 이 일을 은밀하게 행하기 위해 문을 닫아야 합니다. 때문에 주님께서도 골방에서 은밀하게 기도하라고 하셨습니다(마 6:6). 또한 우리는 세상적인 연락에 대해서도 문을 닫아야 합니다.

셋째, 넘치는 복을 받았습니다.

여인은 두 아들과 함께 문을 닫은 후 한 병의 기름을 가지고 엘리사가 지시한 대로 빌려 온 그릇에 계속 부었습니다. 그런데 이것이 웬일입니까? 이웃에서 빌려 온 그릇을 다 채우기까지 기름이 떨어지지 않았습니다. 여인은 아들들에게 그릇을 더 가지고 오라고 말했으나 아들은 이제 그릇이 없다고 말합니다. 그리고 그때서야 기름이 그쳤습니다(왕하 4:6). 이에 여인이 빌려 온 그릇에 기름이 다 채워진 것을 엘리사에게 가서 말하자 엘리사는 "너는 가서 기름을 팔아 빚을 갚고 남은 것으로 너와 네 두 아들이 생활하라"(왕하 4:7)고 했습니다. 그렇습니다. 하나님께서는 그 사람이 준비한 그릇만큼만 복을 주십니다. 그리고 그 여인과 아들들이 남의 빚을 다 갚고 편안히 살도록 하셨습니다.

사랑하는 성도 여러분!

우리 모두 우리의 마음을 깨끗하게 비웁시다. 미움과 원망, 불평의 마음을 비웁시다. 탐욕과 연락의 마음을 비웁시다. 그리고 깨끗한 우리의 심령 속에 성령의 기름으로 가득 채웁시다. 그리하여 이전보다 천 배나 더 풍요한 삶을 이루시기 바랍니다.

죽은 아이를 소생시킴

[열왕기하 4장 8~37절]

하루는 엘리사가 수넴에 이르렀더니 거기 한 귀한 여인이 저를 간권하여 음식을 먹게 한 고로 엘리사가 그곳을 지날 때마다 음식을 먹으러 그리로 들어갔더라 여인이 그 남편에게 이르되 항상 우리에게로 지나는 이 사람은 하나님의 거룩한 사람인 줄을 내가 아노니 우리가 저를 위하여 작은 방을 담 위에 짓고 침상과 책상과 의자와 촛대를 진설하사이다 저가 우리에게 이르면 거기 유하리이다 하였더라 하루는 엘리사가 거기 이르러 그 방에 들어가서 누웠더니 자기 사환 게하시에게 이르되 이 수넴 여인을 불러오라 곧 부르매 여인이 그 앞에 선지라 엘리사가 자기 사환에게 이르되 너는 저에게 이르라 네가 이같이 우리를 위하여 생각이 주밀하도다 내가 너를 위하여 어떻게 하랴 왕에게나 군대장관에게 무슨 구할 것이 있느냐 여인이 가로되 나는 내 백성 중에 거하나이다 하니라 엘리사가 가로되 그러면 저를 위하여 무엇을 하여야 할꼬 게하시가 대답하되 참으로 이 여인은 아들이 없고 그 남편은 늙었나이다 가로되 다시 부르라 부르매 여인이 문에 서니라 엘리사가 가로되 돌이 되면 네가 아들을 안으리라 여인이 가로되 아니로소이다 내 주 하나님의 사람이여 당신의 계집종을 속이지 마옵소서 하니라 여인이 과연 잉태하여 돌이 돌아오매 엘리사의 말한 대로 아들을 낳았더라 그 아이가 저으기 자라매 하루는 곡식 베는 자에게 나가서 그 아비에게 이르렀더니 그 아비에게 이르되 내 머리야 내 머리야 하는지라 그 아비가 사환에게 명하여 그 어미에게로 데려가라 하매 곧 어미에게로 데려갔더니 낮까지 어미의 무릎에 앉았다가 죽은지라 그 어미가 올라가서 아들을 하나님의 사람의 침상 위에 두고 문을 닫고 나와서 그 남편을 불러 이르되 청컨대 한 사환과 한 나귀를 내게로 보내소서 내가 하나님의 사람에게 달려갔다가 돌아오리이다 그 남편이 가로되 초하루도 아니요 안식일도 아니어늘 그대가 오늘날 어찌하여 저에게 나아가고자 하느뇨 여인이 가로되 평안이니이다 이에 나귀에 안장을 지우고 자기 사환에게 이르되 몰아 앞으로 나아가라 내가 말하지 아니하거든 나의 달려가기를 천천하게 하지 말라 하고 드디어 갈멜산으로 가서 하나님의 사람에게로 나아가니라 하나님의 사람이 멀리서 저를 보고 자기 사환 게하시에게 이르되 저기 수넴 여인이 있도다 너는 달려가서 저를 맞아 이르기를 너는 평안하냐 네 남편이 평안하냐 아이가 평안하냐 하라 하였더니 여인이 대답하되 평안하다 하고 산에 이르러 하나님의 사람에게 나아가서 그 발을 안은지라 게하시가 가까이 와서 저를 물리치고자 하매 하나님의 사람이 가로되 가만 두라 그 중심에 괴로움이 있다마는 여호와께서 내게 숨기시고 이르지 아니하셨도다 여인이 가로되 내가 내 주께 아들을 구하더이까 나를 속이지 말라고 내가 말하지 아니하더이까 엘리사가 게하시에게 이르되 네 허리를 묶고 내 지팡이를 손에 들고 가라 사람을 만나거든 인사하지 말며 사람이 네게 인사할지라도 대답하지 말고 내 지팡이를 그 아이 얼굴에 놓으라 아이의 어미가 가로되 여호와의 사심과 당신의 혼의 사심을 가리켜 맹세하노니 내가 당신을 떠나지 아니하리이다 엘리사가 이에 일어나 여인을 좇아가니라 게하시가 저희의 앞서 가서 지팡이를 그 아이의 얼굴에 놓았으나 소리도 없고 듣는 모양도 없는지라 돌아와서 엘리사를 맞아 가로되 아이가 깨지 아니하였나이다 엘리사가 집에 들어가 보니 아이가 죽었는데 자기의 침상에 눕혔는지라 들어가서는 문을 닫으니 두 사람뿐이라 엘리사가 여호와께 기도하고 아이의 위에 올라 엎드려 자기 입을 그 입에, 자기 눈을 그 눈에, 자기 손을 그 손에 대고 그 몸에 엎드리니 아이의 살이 차차 따뜻하더라 엘리사가 내려서 집 안에서 한번 이리저리 다니고 다시 아이 위에 올라 엎드리니 아이가 일곱 번 재채기 하고 눈을 뜨는지라 엘리사가 게하시를 불러서 저 수넴 여인을 불러오라 하니 곧 부르매 여인이 들어가니 엘리사가 가로되 네 아들을 취하라 여인이 들어가서 엘리사의 발 앞에서 땅에 엎드려 절하고 아들을 안고 나가니라 인간을 사회적인 동물이라고 합니다. 이 말은 서로 관계를 맺고 협력하면서 살아가는 존재라는 말입니다. 그러므로 우리 인간은 올바른 관계 속에서만이 서로가 행복하게 살아갈 수 있습니다. 예수님께서는 산상수훈을 통해 서로간의 관계에 대한 최고의 진리를 우리에게 가르쳐 주셨습니다. 그것은 바로 서로를 극진히 사랑하고 대접하는 것입니다. 우리 모두 이 수넴 여인처럼 서로를 잘 섬김으로 인하여 예수 그리스도의 사랑이 우리의 가정과 교회, 이 사회에 가득하게 해야겠습니다.

1. 엘리사를 공궤한 수넴 여인

첫째, 엘리사를 잘 섬겼습니다.

엘리사는 갈멜산과 이스르엘을 왕래하면서 복음 사역을 아주 성실하게 수행했습니다. 수넴은 갈멜산과 이스르엘의 중간 지점에 있었기 때문에 엘리사는 수넴을 자주 지나가게 되었습니다. 그때에 이 수넴 여인은 엘리사를 간권하여 자기 집에 초대해서 아주 융성하게 대접했습니다. 그후로는 엘리사가 수넴을 지날 때마다 그녀의 집에 들러서 식사하곤 했습니다. 그녀가 한두 번도 아니고 엘리사가 이 수넴을 지날 때마다 대접했다는 것은 참으로 정성이 지극한 섬김의 신앙을 가진 것입니다. 그렇습니다. 신앙이 좋은 사람은 모든 사람들에게 아주 잘합니다. 다른 사람들을 인격적으로 대합니다. 위로와 격려로 대합니다. 칭찬과 축복으로 대합니다. 의무 이상으로 잘 대합니다. 그러므로 우리 모두는 이 아름다운 신앙을 가져야겠습니다.

둘째, 적극적인 신앙인이었습니다.

그녀가 엘리사를 간절히 권하여 자기 집에 데려다가 대접했다는 것은 그녀가 적극적인 신앙심을 가졌다는 것을 나타냅니다. 자기 집에 온 손님도 아닌 지나가는 사람을 간권하여 데려다가 대접했다는 것은 적극적인 신앙을 갖지 않고는 불가능합니다. 그렇습니다. 하나님께서는 이 여인과 같이 적극적이고 열심이 있는 일꾼을 기뻐하십니다. 때문에 성경은 "부지런하여 게으르지 말고 열심을 품고 주를 섬기라"(롬 12:11)고 말씀하였습니다. 그러므로 우리는 확신 있는 신앙을 가지고 맡은 바 사명에 최선을 다해 충성해야겠습니다. 이 여인이 엘리사를 계속 대접한 것처럼 우리의 섬김의 삶도 끊임없이 계속되어야겠습니다.

셋째, 부부가 함께 헌신했습니다.

여인은 남편에게 "항상 우리에게로 지나는 이 사람은 하나님의 거룩한 사람인 줄을 내가 아노니 우리가 저를 위하여 작은 방을 담 위에 짓고 침상과 책상과 의자와 촛대를 진설하사이다 저가 우리에게 이르면 거기 유하리이다"(왕하 4:9~10)라고 했습니다. 그러자 그녀의 남편은 자기 아내의 의견을 존중하여 모든 것을 다 구비하여 엘리사가 편히 쉬어 갈 수 있도록 배려했습니다. 이들 부부는 서로를 신뢰하면서 합심하여 하나님의 일에 충성하는 참 아름다운 부부였습니다. 우리도 온 가족이 합심하여 하나님의 선하신 일에 충성하는 복된 가정을 이루어야겠습니다.

사랑하는 성도 여러분!

우리 모두 믿음을 가지고 하나님을 철저하게 경외합시다. 우리의 이웃들을 사랑과 위로, 칭찬과 격려로 잘 섬깁시다. 또한 보다 적극적으로 충성합시다. 그리고 온 가족이 합심하여 하나님의 거룩한 사역에 최선을 다하는 복된 삶을 사시기 바랍니다.

2. 은혜를 보답하는 엘리사

첫째, 여인의 필요를 물었습니다.

하루는 엘리사가 수넴에 이르러 여인과 남편이 만들어 놓은 자기 방에 들어가 누웠습니다. 그리고 사환 게하시로 하여금 수넴 여인에게 "네가 이같이 우리를 위하여 생각이 주밀하도다 내가 너를 위하여 어떻게 하랴 왕에게나 군대장관에게 무슨 구할 것이 있느냐"(왕하 4:13)라고 묻도록 했습니다. 그러자 그녀는 "나는 내 백성 중에 거하나이다"(왕하 4:13)라고 대답했습니다. 이 말을 볼 때에 엘리사는 이 여인을 위해 그 나라의 왕이나 군대장관에게 무엇이든지 부탁할 수 있을 정도로 인정받고 있었음을 알 수 있습니다. 그러나 여인은 자기는 백성 가운데서 아무런 어려움 없이 살고 있다고 대답했습니다. 이 말에서 우리는 그녀가 그 어떤 대가도 바라지 않고 순수하게 대접하고 봉사했음을 알 수 있습니다. 그렇습니다. 은혜는 반드시 보답할 줄 아는 사람이 되어야 하고, 충성과 헌신, 섬김과 봉사는 그 어떤 대가를 바람이 없이 순수하게 해야 합니다.

둘째, 여인에게 아들이 없음을 알았습니다.

게하시를 통한 엘리사의 제안에 수넴 여인이 "아닙니다. 나는 내 백성 가운데서 아무런 어려움 없이 살고 있습니다"(왕하 4:13, 현대인의 성경)라고 말하자 엘리사는 "그러면 저를 위하여 무엇을 하여야 할꼬"(왕하 4:14)라고 했습니다. 이에 게하시는 "참으로 이 여인은 아들이 없고 그 남편은 늙었나이다"(왕하 4:14)라고 그녀의 필요를 말했습니다. 이 수넴 여인은 귀부인으로서 부요한 삶을 살고 있었습니다. 그러나 안타깝게도 아들이 없었으나 남편이 늙어서 아들을 낳을 수도 없는 처지였습니다. 그렇습니다. 이 세상을 살아가고 있는 모든 사람들에게는 누구든지 다 자기 나름대로 고뇌하는 문제가 있습니다. 문제가 없는 인간은 하나도 없습니다. 때문에 우리 인간은 모두가 다 문제 많은 인간을 통해 문제를 안고 태어나서 문제 속에서 살다가 문제를 남기고 죽습니다.

셋째, 아들을 낳게 했습니다.

게하시는 엘리사에게 수넴 여인에게 아들이 없는데 안타깝게도 그녀의 남편이 늙었다고 보고했습니다. 엘리사는 게하시를 통해 그녀를 다시 불러서 "돌이 되면 네가 아들을 안으리라"(왕하 4:16)고 예언했습니다. 이에 수넴 여인은 "아니로소이다 내 주 하나님의 사람이여 당신의 계집종을 속이지 마옵소서"(왕하 4:16) 하며 믿지 않았습니다. 다시 말하면 자기가 아이를 낳을 수 없음을 그 누구보다도 잘 안다는 것입니다. 그것은 절대로 불가능하다는 것입니다. 그러나 엘리사의 말대로 그녀는 잉태하여 아들을 낳았습니다. 그렇습니다. 잘 믿고 헌신, 봉사, 충성한다고 할지라도 완전한 믿음을 소유한 자는 하나도 없습니다. 그러므로 우리가 크게 봉사하고 충성한다 할지라도 조금도 교만할 수 없는 연약한 자들이라는 사실을 기억해야 합니다.

사랑하는 성도 여러분!

우리 모두 엘리사처럼 입은 은혜를 귀하게 여기고 보답하려고 노력하는 은혜로운 삶을 삽시다. 또한 수넴 여인처럼 그 어떠한 조건 없이 깨끗하고 아름답게 섬기는 신앙인들이 됩시다. 그리고 우리의 삶의 현장에서 불신앙적인 요소들을 제거하고 언제나 투철한 신앙으로 살아가는 성도들이 되시기 바랍니다.

3. 죽은 아이를 살린 엘리사

첫째, 여인의 아들이 갑자기 죽었습니다.

엘리사의 축복으로 노년에 얻은 귀한 아들은 무럭무럭 잘 자랐습니다. 그런데 이것이 웬일입니까? 들에서 곡식을 베고 있는 자기 아버지를 따라갔다가 "내 머리야 내 머리야"(왕하 4:19)라고 아버지에게 고통을 호소했습니다. 그러자 아들의 아비는 사환에게 그의 어미에게로 데려다 주라고 했습니다. 아들은 얼마 동안 어미의 품안에 안겼다가 곧바로 죽었습니다. 아이가 두통을 호소한 것으로 보아서 아마도 일사병으로 죽은 것이 아닌가 생각됩니다. 기적을 통해 아들을 얻었던 이 여인에게 있어서는 참으로 하늘이 무너지는 것 같은 큰 시련이었습니다. 그렇습니다. 죽음은 남녀노소, 빈부귀천, 유무식, 지위고하를 막론하고 누구에게든지 찾아옵니다. 그러므로 우리 모두는 천국에 대한 소망을 가지고 하루하루를 감사하면서 살아가야 합니다.

둘째, 여인은 엘리사를 찾아갔습니다.

여인은 아주 침착하게 죽은 아들을 자신이 엘리사를 위해 만든 방 침대에 눕혀 놓았습니다. 그리고는 나귀를 타고 급하게 갈멜산에 있는 엘리사에게 달려가서 엘리사의 발을 붙잡고 아주 간절하게 하소연했습니다. 이 여인에게 있어서는 오직 죽은 아들을 살리는 것밖에는 아무것도 보이지 않았습니다. 그러나 여인은 어린 아들의 죽음 앞에서도 자기 자신의 처지는 물론 하나님이나 그 누구도 원망하지 않았습니다. 참으로 훌륭한 믿음을 가진 여인이었습니다. 그렇습니다. 진정한 신앙인은 제아무리 혹독한 환난을 당해도 하나님을 원망하지 않고 매달려 기도합니다.

셋째, 여인의 아들이 살아났습니다.

수넴 여인의 집에 도착한 엘리사는 여인의 아들이 죽은 채 자신의 침상에 눕혀져 있는 것을 보고 문을 닫고 기도했습니다. 그는 죽은 아이의 시체 위에 포개어 엎드렸습니다. 그런데 이것이 웬일입니까? 죽은 아이의 몸이 따뜻해졌습니다(왕하 4:32~34). 엘리사가 죽은 아이에게서 내려와 집 안에서 이리저리 돌아다니다가 다시 한 번 아이 위에 올라 엎드리자 아이가 일곱 번 재채기하고 눈을 떴습니다. 생명을 내놓고 간절히 기도한 엘리사의 기도를 하나님께서 들어주신 것입니다. 그러자 엘리사는 여인을 불러 "네 아들을 취하라"(왕하 4:36)고 했습니다. 이에 수넴 여인은 엘리사의 발 앞에 엎드려 절하고 아들을 안고 갔습니다.

사랑하는 성도 여러분!

우리 모두에게 죽음이라는 인생의 종말이 있음을 잊지 맙시다. 그러므로 지금 살아 있을 때에 맡은 바 사명에 충성합시다. 또한 나 자신의 생각을 포기하고 모든 것을 하나님께 맡깁시다. 그리하여 하나님의 은혜로 때마다 일마다 승리하시기 바랍니다.

국솥의 독소가 제거됨

[열왕기하 4장 38~41절]

엘리사가 다시 길갈에 이르니 그 땅에 흉년이 들었는데 선지자의 생도가 엘리사의 앞에 앉은지라 엘리사가 자기 사환에게 이르되 큰 솥을 걸고 선지자의 생도들을 위하여 국을 끓이라 하매 한 사람이 채소를 캐러 들에 나가서 야등덩굴을 만나 그것에서 들외를 따서 옷자락에 채워가지고 돌아와서 썰어 국 끓이는 솥에 넣되 저희는 무엇인지 알지 못한지라 이에 퍼다가 무리에게 주어 먹게 하였더니 무리가 국을 먹다가 외쳐 가로되 하나님의 사람이여 솥에 사망의 독이 있나이다 하고 능히 먹지 못하는지라 엘리사가 가로되 그러면 가루를 가져오라 하여 솥에 던지고 가로되 퍼다가 무리에게 주어 먹게 하라 하매 이에 솥 가운데 해독이 없어지니라

갈멜산에 살고 있던 엘리사가 흉년이 든 길갈에 들러 자기 사환에게 큰 솥을 걸고 선지자의 생도들을 위해 국을 끓이라고 했습니다. 그런데 생도 중 한 사람이 국거리를 캐러 들에 나갔다가 야등덩굴을 찾아 그것에서 들외를 따 가지고 와서 그것이 무엇인지도 모르고 국솥에 썰어 넣었습니다. 그런데 그 국을 떠다 먹은 생도들이 엘리사에게 국에 독이 들어 있다고 외쳤습니다. 그

러자 엘리사가 곡식가루를 가져오게 하여 그것을 국솥에 넣고 다시 퍼다 먹게 했는데, 이번엔 아무런 해가 없었습니다.

1. 인간의 속성에 의한 독

첫째, 악인의 마음에 독이 있습니다.

악한 인간의 강팍한 마음에는 사람을 해치는 독이 있습니다(시 58:3~4). 악한 인간의 강팍한 마음은 천성적으로 부패했기 때문에 언제나 독이 가득 차 있습니다. 그래서 사람을 미워합니다. "귀를 막은 귀머거리 독사"(시 54:4)와 같이 남의 말은 듣지 않고 일방적으로 악을 행합니다. 하나님을 거역하고 불순종합니다. 시기하고 질투하여 뼈를 썩게 합니다(잠 14:30). 저들은 분노를 품으면 서슴없이 사람을 해치고 죽입니다. 때문에 요즈음 무고한 사람들을 까닭 없이 죽이는 살인 사건이 많이 일어나고 있습니다. 성경은 "무릇 지킬 만한 것보다 더욱 네 마음을 지키라 생명의 근원이 이에서 남이니라"(잠 4:23)고 하였습니다. 그렇습니다. 인간의 모든 행동은 그 시초가 다 마음에서 비롯되기 때문에 언제나 삼가 근신하여 자기 마음을 잘 다스려야 합니다.

둘째, 악인의 혀와 입술에 독이 있습니다.

성경은 "저희 목구멍은 열린 무덤이요 그 혀로는 속임을 베풀며 그 입술에는 독사의 독이 있고 그 입에는 저주와 악독이 가득하고"(롬 3:13~14)라고 하였습니다. 다시 말하면, 악한 인간의 마음에서 나오는 더럽고 추한 말들이 열린 무덤과 같은 목구멍을 통해서 나오게 된다는 것입니다. 혀로는 온갖 거짓과 불평불만, 더러운 욕설들을 발하고 그의 입술로는 독사의 독이 있어 사람들에게 무서운 독을 끊임없이 퍼붓습니다. 그리하여 수많은 사람들에게 상처를 주고 괴롭히며 죽이는 일들이 허다합니다. 때문에 이 세상에서 가장 더럽고 추하며 악한 것이 바로 악인들의 목구멍이요 혀이며 입술입니다. 문제는 그럼에도 불구하고 어느 누구도 악한 혀와 입술을 길들일 사람이 없다는 것입니다. 그러므로 우리는 사람의 죽고 사는 것이 혀의 권세에 달려 있음(잠 18:21)을 깨닫고 항상 주의해야 합니다.

셋째, 악인의 탐욕에 독이 있습니다.

세상의 모든 죄는 다 이 탐욕에서 옵니다. 인류를 죄와 저주, 멸망으로 이끈 에덴 동산의 비극은 하나님과 같이 되고자 하는(창 3:1~7) 인간의 탐욕에서 비롯되었습니다. 다윗의 뼈아픈 눈물은 이성에 대한 탐욕 때문이었습니다. 압살롬의 불행한 종말은 권력의 탐욕에서 왔습니다. 세상 사람들이 다 이 탐욕 때문에 거짓말을 하고 도둑질을 하며 강도 짓을 하고 살인합니다. 서로 간의 신뢰와 의리를 저버리고 부모와 자식, 형제가 다투고 원수가 됩니다. 이 탐욕이 신앙을 버리고 세상으로 나아가게 합니다.

사랑하는 성도 여러분!

우리 모두는 이유 여하를 막론하고 우리 속에 악한 마음이 자리잡지 못하도록 합시다. 또한 우리의 입과 혀, 입술에 믿음의 말과 은혜로운 말만 가득하게 합시다. 그리고 그 어떤 이유로도 탐욕이 우리의 마음을 주장하지 못하도록 합시다. 그리하여 하나님이 기뻐하시는 은혜로운 성도들이 되시기 바랍니다.

2. 과학에 의한 독

첫째, 환경오염에 의한 독입니다.

과학과 문명의 발달로 인하여 지구촌에는 수많은 차량과 공장들이 생겨났습니다. 여기에서 배출되는 유해 가스와 각종 쓰레기로 인한 지구촌의 오염은 아주 심각한 상태입니다. 우선 대기의 오염으로 인하여 오존층이 파괴되어 피부 손상과 호흡기 질환을 유발시키고 있습니다. 또한 토양과 해양이 오염되어 여기에서 생산되는 모든 것들이 우리 인간들의 건강을 해치고 있으며, 식수의 오염과 고갈 또한 인류의 생존을 위협하고 있습니다. 때문에 무엇 하나 마음 놓고 먹고 마실 것이 없습니다. 오염되지 않은 것이 하나도 없습니다. 우리 인간들에 의한 과학문명의 발달은 환경오염이라는 또 다른 독성을 생산하고 말았습니다.

둘째, 살상무기의 독입니다.

과학의 발달은 핵이라고 하는 무서운 무기 개발로 이어져, 지금 핵 보유국들이 가지고 있는 핵만으로도 지구촌을 일곱 번 이상 멸망시키고도 남는다고 합니다. 또한 중성자탄입니다. 이 무기는 지구촌에 있는 무생물에는 전혀 상관없이 살아 있는 동식물만 죽이는 무서운 무기입니다. 이 무기는 핵폭탄과 수소폭탄 다음으로 개발된 것으로서, 아주 무서운 살상력을 가지고 있습니다. 그리고 생화학 무기입니다. 이 무기는 세균을 퍼뜨려서 지구촌 전체를 세균으로 감염시켜 사람들을 병들어 죽게 하는 무기입니다. 타락한 인간들은 하나님이 주신 지혜를 가지고 이렇게 사람을 죽이는 무서운 살상무기를 개발했습니다.

셋째, 인간소외의 독입니다.

과학의 발달로 인한 기계화와 자동화는 사무실과 공장, 직장에서 사람들을 몰아내고 그 자리를 대신 차지하고 있습니다. 때문에 많은 사람들이 실직자가 되었습니다. 기계화와 자동화는 결국 인간소외와 비인간화의 비극을 가져온 것입니다. 하나님의 형상대로 지음 받은 인간보다도 사람이 만든 컴퓨터나 기계가 더 사랑과 신뢰를 받고 있습니다. 더욱 심각한 것은 현대인들에게 있어 컴퓨터의 역할입니다. 사람들은 컴퓨터로 대화를 나누고 사랑을 하며 게임을 합니다. 컴퓨터로 배우고 익히며 지식을 얻습니다. 개인의 사생활로부터 시작해서 집안일이나 공장 일은 물론 인간사의 모든 일들을 다 컴퓨터로 합니다. 컴퓨터가 선생을 대신하고 학교를 대신합니다. 때문에 컴퓨터와 같이 지내는 시간이 사람과 같이 지내는 시간보다 많습니다. 사람보다 컴퓨터와 더 가까이 지냅니다. 그러므로 사람 없이는 살아도 컴퓨터 없이는 못사는 세상이 되었습니다. 한마디로 과학의 발달 때문에 인간이 인간 취급을 받지 못하고 있습니다. 그래서인지 요즈음 사회는 인간을 귀하게 여기지 않습니다.

사랑하는 성도 여러분!

우리 모두 과학문명의 발달로 인한 환경오염의 심각성을 깨닫고 자연을 사랑하고 보호하는 일에 힘써야겠습니다. 또한 지구촌에 있는 살상무기의 위험을 새롭게 인식하고 세계평화를 위해 끊임없이 기도해야 합니다. 그리고 인간소외와 비인간화로 인하여 외로워하는 이웃들에게 복음을 전하여 그들에게 새로운 삶의 가치와 소망을 갖게 해야겠습니다.

3. 해독의 원리

첫째, "하나님의 사람이여"라고 부르짖었습니다.

독이 있는 국을 모르고 먹던 생도들이 "하나님의 사람이여 솥에 사망의 독이 있나이다"(왕하 4:40)라고 부르짖어 엘리사에게 알렸습니다. 여기에서 우리가 주의 깊게 생각해야 할 것은 생도들이 "하나님의 사람이여"라고 부른 것입니다. 그렇습니다. 죄와 저주, 사망의 독이 가득한 우리 인간들을 살리실 분은 하나님밖에 없습니다. 그러므로 우리는 힘들고 어려운 문제에 부딪혔을 때에 늘 하나님께 부르짖어 기도해야 합니다. 하나님께서는 친히 "네가 물 가운데로 지날 때에 내가 함께할 것이라……네가 불 가운데로 행할 때에 타지도 아니할 것이요 불꽃이 너를 사르지도 못하리니"(사 43:2)라고 말씀하셨습니다. 그러므로 우리는 이 세상의 그 어떤 것도 두려워할 필요가 없습니다.

둘째, 예수 그리스도의 대속의 십자가입니다.

본문의 이적은 죄와 저주, 사망의 독으로 인해 멸망할 수밖에 없는 우리 인간들을 구원하시기 위한 예수님의 대속적인 죽음을 예표한 것입니다. 엘리사가 이적으로 국솥에 있는 독을 제거했듯이 우리 인간들의 죄와 저주, 사망의 독을 제거하고 구원하실 분은 오직 예수 그리스도뿐입니다. 예수 그리스도의 대속의 보혈만이 이 세상의 모든 독을 다 제거하고 구원으로 인도합니다. 그러므로 우리는 그 어떤 고난과 역경에 처했을지라도 두려워할 필요가 없습니다. 또한 죄와 저주, 사망의 독에 취해 멸망해 가고 있는 이 세상 사람들에게 예수 그리스도의 대속의 보혈을 널리 전파해야 합니다.

셋째, 엘리사는 가루를 던졌습니다.

엘리사는 여리고에서 물을 고칠 때에 소금을 사용했던 것처럼 이번에는 가루를 국솥에 던지고 "퍼다가 무리에게 주어 먹게 하라"(왕하 4:41)고 했습니다. 이에 바로 생도들이 엘리사의 말을 그대로 믿고 국을 떠다 먹었습니다. 그렇다고 해서 엘리사가 국 속에 넣은 가루가 해독의 성분이 있는 것이 아니었습니다. 하나님의 사람인 엘리사가 믿음으로 명령했고 생도들이 순종했기 때문에 기적이 일어난 것입니다. 가나 혼인잔치에서도 예수님의 말씀에 무조건 순종했을 때에 물이 포도주가 되는 기적이 일어났습니다. 베드로가 순종했을 때에 그물에 고기가 가득했습니다. 나아만 장군이 순종했을 때에 문둥병의 독이 깨끗하게 사라졌습니다. 그러므로 우리 모두는 언제나 믿음으로 행하고 철저하게 순종하는 삶을 살아야 합니다.

사랑하는 성도 여러분!

우리 모두 전능하신 하나님께 부르짖어 기도합시다. 우리를 죄와 저주, 사망의 독에서 해방시켜 주시는 예수 그리스도의 보혈을 믿고 그분만 믿고 의지합시다. 그리하여 기사와 이적을 체험하는 능력 있는 삶을 사시기 바랍니다.

보리떡 이십 개의 기적

[열왕기하 4장 42~44절]

한 사람이 바알살리사에서부터 와서 처음 익은 식물 곧 보리떡 이십과 또 자루에 담은 채소를 하나님의 사람에게 드린지라 저가 가로되 무리에게 주어 먹게 하라 그 사환이 가로되 어찜이니이까 이것을 일백 명에게 베풀겠나이까 하나 엘리사는 또 가로되 무리에게 주어 먹게 하라 여호와의 말씀이 무리가 먹고 남으리라 하셨느니라 저가 드디어 무리 앞에 베풀었더니 여호와의 말씀과 같이 다 먹고 남았더라

하나님께서는 사단의 유혹을 받아 자신을 배신하고 범죄한 원수 같은 인간들을 구원하기 위해 자신의 독생자를 이 세상에 보내셔서 십자가를 지게 하셨습니다. 예수님께서는 하늘 보좌를 버리고 이 땅에 오셔서 친히 십자가에 못박혀 죽으심으로 우리 를 죄와 저주, 멸망에서 구원해 주셨습니다. 성령님께서도 우리가 부족할수록 더욱 귀히 여기시고 말할 수 없는 탄식으로 우리를 위해서 기도해 주십니다. 이 모두는 다 인류를 위한 하나님의 자기 희생입니다. 오늘 본문도 하나님께서 바알살리사에서 온 사람과 엘리사의 헌신적인 삶을 통해 기적을 나타내신 내용입니다.

1. 첫 것으로 만든 것이었음

첫째, 하나님은 첫 소산을 기뻐하십니다.

하나님께서는 스스로 계신 분이고 이 세상 만물을 창조하시고 친히 주관하시는 분입니다. 뿐만 아니라 우리 인간들의 생사화복도 오직 하나님께 달려 있습니다. 그러므로 우리의 몸과 마음, 시간과 물질은 물론 우리에게 주어진 모든 것들의 첫 소산을 우선적으로 하나님께 드려 예배를 드려야 합니다. 한마디로 우리의 모든 삶의 우선순위가 우리 하나님께 드려져야 합니다. 이러한 원칙은 그 어떤 이유로도 변개할 수 없습니다. 이유 여하를 막론하고 우선순위를 반드시 하나님께 두어야 합니다.

둘째, 신앙고백과 함께 드려야 합니다.

이스라엘 백성들이 가나안 땅에 들어가서 첫 소산물을 하나님께 드릴 때에는 다음과 같은 신앙고백과 함께 드렸습니다. 먼저 조상 야곱 때에 단지 70명의 가족이 애굽으로 이주하였으나 하나님께서 크게 번성케 하심에 대해 감사하는 마음입니다. 또한 그토록 비참하게 압제당하며 고통을 받던 처지에서 전능하신 하나님께서 출애굽시켜 주신 은혜에 대한 뜨거운 찬송입니다. 그리고 험악한 광야 길을 불기둥과 구름기둥으로 인도해 주시고, 넘실거리는 요단 강을 건너 젖과 꿀이 흐르는 가나안 땅으로 인도해 주셨으며, 이제까지 당했던 나라 없는 슬픔을 다 씻어 주시고 정착하게 하신 은혜에 대한 감사입니다. 더 나아가 이제 하나님께서 허락해 주신 땅에서 첫 소산을 거두게 하신 하나님께 처음 익은 열매로 드리는 감사입니다(신 26:1~11). 마찬가지로 우리도 이러한 자세로 반드시 첫 것을 떼어 감사의 예물을 드려야 합니다.

셋째, 처음 수확한 보리로 만든 것이었습니다.

모든 식물의 첫 소산을 여호와께 바치는 것이 율법에 이미 기록되었습니다(출 23:16; 레 23:9~14; 신 26:3~10). 여호와께 바쳐진 이 첫 소산물은 하나님의 몫으로서 하나님의 일을 하는 제사장들이나 레위인들의 것이었습니다(민 18:13; 신 18:4). 그러나 본 사건 당시 엘리사는 우상을 섬기는 북왕국 이스라엘에 살고 있었기 때문에 공식적인 제사장이 없는 상황이었습니다. 그래서 바알살리사에서 온 사람이 하나님의 사람인 엘리사에게 자신이 가지고 온 음식을 주어 하나님의 일에 사용하도록 한 것입니다. 이것은 그가 우상을 섬기는 북왕국 이스라엘 땅에서 사는 사람이었지만 자신이 처한 환경과 타협하지 않고 하나님을 섬기는 신앙을 철저하게 지킨 증거입니다. 참으로 감사한 일입니다.

사랑하는 성도 여러분!

우리 모두는 언제나 모든 일에서 우리 하나님을 우선시하는 철저한 신앙생활을 합시다. 또한 우리를 죄와 저주, 멸망의 처지에서 구원해 주시고 오늘 이 시간까지 인도해 주신 하나님, 광야 같은 세상에서 지금 이렇게 주장해 주시고 예배하도록 도와주신 하나님께 첫 것으로 예배드리며 감사하는 신앙인들이 됩시다. 우리 하나님께서 최고로 기뻐하실 것입니다.

2. 엘리사에게 줌

첫째, 자기의 음식을 바쳤습니다.

바알살리사에서 온 한 사람은 7년간의 흉년이 계속되는 처절한 상황 가운데서도(왕하 8:1) 보리떡 20개와 한 부대의 채소를 가지고 와서 엘리사에게 바쳤습니다. 자기 자신도 먹고 살기 힘든 상황에서 남을 위해 바친다고 하는 것은 여간한 정성이 아니었습니다. 때문에 하나님께서는 그의 지조 있는 믿음과 충성된 헌신을 기뻐 받으셨습니다. 이 보리떡 20개와 한 부대의 채소는 엘리사와 사환의 시장기를 간신히 면할 정도의 적은 양이었습니다. 그러나 엘리사는 자신의 배고픔을 생각하지 않고 굶주린 생도들을 먹이고 싶은 마음뿐이었습니다. 그는 참으로 귀한 하나님의 사람이었습니다. 그러나 오늘 이 시대는 모두가 다 자기의 이익만 추구하고 있기 때문에 이 사회가 이렇게 힘들고 어렵습니다.

둘째, 내게 있는 것을 드립시다.

하나님께서는 전지전능하시기 때문에 없는 것을 있게 하시고, 있는 것을 없게 하실 수도 있습니다. 그러나 우리 인간들이 심지 않은 데서는 절대로 거두지 않으십니다. 그러므로 우리 모두는 반드시 심어야 합니다. 심되 제때에, 열심히 최선을 다해 많이 심어야 합니다. 그래야 풍성하게 많이 거둘 수 있습니다. 이제 금년 한 해는 내게 없는 것을 보고 가슴 아파하며 괴로워하지 말고 내게 있는 것을 보고 감사하고 기뻐합시다. 그리고 그것을 하나님께 드려 기사와 이적이 일어나게 합시다. 모세도 자기 자신의 모든 것인 지팡이를 드려 이스라엘 민족을 출애굽시켰습니다. 사르밧의 여인도 한 줌의 밀가루와 기름 얼마를 엘리야를 위해 심고 가뭄이 끝날 때까지 밀가루와 기름이 떨어지지 않는 복을 받았습니다(왕상 17:8~16). 한 어린아이가 심은 오병이어로 5천 명을 먹이고도 열두 광주리가 남았습니다(마 14:19~20).

셋째, 주님께서도 자신을 주셨습니다.

우리 주님께서는 하늘 보좌를 버리고 이 세상에 오셔서 죄와 저주로 인하여 멸망할 수밖에 없는 우리 인간들을 위해 대속의 십자가를 지고 돌아가셨습니다. 때문에 우리 모두는 죄와 저주에서 구원받아 자유하게 되었고, 하나님의 자녀요 천국의 백성으로서 오늘 이렇게 예배하고 있는 것입니다. 그러므로 우리도 나 자신을 하나님께 드려 선한 일에 쓰임 받는 아름다운 일꾼들이 되어야겠습니다.

사랑하는 성도 여러분!

우리 모두 바알살리사에서 온 사람처럼 어렵고 힘든 처지에 있는 다른 사람들을 생각할 줄 아는 아름다운 사람들이 됩시다. 또한 지금 내게 있는 것이 비록 초라하고 보잘것없지만 그것을 하나님께 드려 가치 있게 사용되도록 합시다. 그리고 나 자신을 하나님께 드려 가장 아름다운 삶을 사는 성도들이 되시기 바랍니다.

3. 무리에게 주어 먹게 함

첫째, 믿음으로 명령했습니다.

엘리사는 바알살리사에서 온 한 사람이 보리떡 20개와 곡식 얼마를 가져와서 자기에게 바쳤을 때에 자기 사환에게 "무리에게 주어 먹게 하라"(왕하 4:42)고 했습니다. 그러자 사환이 "어찜 이니이까 이것을 일백 명에게 베풀겠나이까"(왕하 4:43)라고 의문을 제기했습니다. 이에 엘리사는 "무리에게 주어 먹게 하라 여호와의 말씀이 무리가 먹고 남으리라 하셨느니라"(왕하 4:43)고 재차 명령했습니다. 엘리사는 하나님과 깊은 영적 교제를 가진 자로서 믿음이 있었기 때문에 자신 있게 명령할 수 있었습니다. 그렇습니다. 우리도 예수 그리스도의 이름으로 얽힌 문제를 명령하여 풀 수 있습니다. 가난과 질병, 저주를 예수님의 이름으로 명령하여 물리칠 수 있습니다. 우리를 괴롭히는 사단을 물리치고 인간적인 불가능을 가능케 할 수 있습니다.

둘째, 순종해야 합니다.

엘리사의 재명령을 받은 사환이 그의 말에 순종하여 100명의 무리에게 음식을 나누어 주자 그들을 다 먹이고도 오히려 음식이 남았습니다. 그렇습니다. 순종해야 기사와 이적이 일어납니다. 노아가 순종하여 홍수의 심판을 면하고 인류를 계대했습니다(창 6:22~8:19). 아브라함이 순종하여 믿음의 조상이 되었습니다(창 12:1~4, 22:1~18). 여호수아와 갈렙이 순종하여 가나안 땅을 정복했습니다(민 32:12). 다윗이 순종하여 하나님의 사랑을 제일 많이 받는 성군 다윗이 되었습니다(왕상 15:5). 나아만이 순종하여 건강을 회복했습니다(왕하 5:1~14). 베드로가 순종하여 물질의 복을 받았습니다(눅 5:7). 가나 혼인잔치의 하인들이 순종하여 처음보다 나중이 더 나은 잔치가 되게 했습니다(요 2:1~11).

셋째, 100명이 먹고도 남았습니다.

하나님께서는 당신께서 세우신 엘리사에게 말씀하신 것과 같이 보리떡 20개와 한 자루의 채소를 가지고 100명을 먹이고도 남는 기적을 베풀어 주셨습니다(왕하 4:43~44). 그렇습니다. 누구든지 하나님의 말씀을 믿고 그대로 순종하기만 하면 이 세상 사람들이 상상할 수 없는 놀라운 일들이 우리를 통해서 이루어 집니다. 때문에 하나님께서는 오늘 우리의 교회에게도 "내가 이 성의 식료품에 풍족히 복을 주고 양식으로 그 빈민을 만족게 하리로다" (시 132:15)라고 하셨습니다. 다시 말하면, 하나님께서는 늘 우리와 함께 동행하시면서 우리에게 필요한 영육의 양식을 공급해 주시고 이 세상에서 필요한 모든 것들을 다 책임져 주신다는 것입니다(요 6:35). 그러므로 우리는 자기 자신만 생각하는 이기주의를 버리고 하나님과 이웃을 사랑하고 섬기는 아름다운 삶을 살아야겠습니다.

사랑하는 성도 여러분!

우리 모두 하나님의 말씀을 그대로 믿는 순수한 신앙생활을 합시다. 또한 하나님의 말씀에 철저하게 순종합시다. 그리하여 언제나 하나님의 은혜가 영육간에 넘치는 풍성한 삶을 이루시기 바랍니다.

나아만의 문둥병을 고침

[열왕기하 5장 1~14절]

아람 왕의 군대장관 나아만은 그 주인 앞에서 크고 존귀한 자니 이는 여호와께서 전에 저로 아람을 구원하게 하셨음이라 저는 큰 용사나 문둥병자더라 전에 아람 사람이 떼를 지어 나가서 이스라엘 땅에서 작은 계집아이 하나를 사로잡으매 저가 나아만의 아내에게 수종들더니 그 주모에게 이르되 우리 주인이 사마리아에 계신 선지자 앞에 계셨으면 좋겠나이다 저가 그 문둥병을 고치리이다 나아만이 들어가서 그 주인에게 고하여 가로되 이스라엘 땅에서 온 계집아이의 말이 이러이러하더이다 아람 왕이 가로되 갈지어다 이제 내가 이스라엘 왕에게 글을 보내리라 나아만이 곧 떠날새 은 십 달란트와 금 육천 개와 의복 열 벌을 가지고 가서 이스라엘 왕에게 그 글을 전하니 일렀으되 내가 내 신하 나아만을 당신에게 보내오니 이 글이 당신에게 이르거든 당신은 그 문둥병을 고쳐주소서 하였더라 이스라엘 왕이 그 글을 읽고 자기 옷을 찢으며 가로되 내가 어찌 하나님이관대 능히 사람을 죽이며 살릴 수 있으랴 저가 어찌하여 사람을 내게 보내어 그 문둥병을 고치라 하느냐 너희는 깊이 생각하고 저 왕이 틈을 타서 나로 더불어 시비하려 함인 줄 알라 하니라 하나님의 사람 엘리사가 이스라엘 왕이 자기 옷을 찢었다 함을 듣고 왕에게 보내어 가로되 왕이 어찌하여 옷을 찢었나이까 그 사람을 내게로 오게 하소서 저가 이스라엘 중에 선지자가 있는 줄을 알리이다 나아만이 이에 말들과 병거들을 거느리고 이르러 엘리사의 집 문에 서니 엘리사가 사자를 저에게 보내어 가로되 너는 가서 요단강에 몸을 일곱 번 씻으라 네 살이 여전하여 깨끗하리라 나아만이 노하여 물러가며 가로되 내 생각에는 저가 내게로 나아와 서서 그 하나님 여호와의 이름을 부르고 당처 위에 손을 흔들어 문둥병을 고칠까 하였도다 다메섹 강 아마나와 바르발은 이스라엘 모든 강물보다 낫지 아니하냐 내가 거기서 몸을 씻으면 깨끗하게 되지 아니하랴 하고 몸을 돌이켜 분한 모양으로 떠나니 그 종들이 나아와서 말하여 가로되 내 아버지여 선지자가 당신을 명하여 큰 일을 행하라 하였더면 행치 아니하였으리이까 하물며 당신에게 이르기를 씻어 깨끗하게 하라 함이리이까 나아만이 이에 내려가서 하나님의 사람의 말씀대로 요단강에 일곱 번 몸을 잠그니 그 살이 여전하여 어린 아이의 살 같아서 깨끗하게 되었더라

이 세상을 살아가는 인간들 중에서 자기 자신이 원하는 것을 다 가지고 완벽한 행복을 누리면서 사는 사람은 하나도 없습니다. 지위와 권세, 부가 있으나 만족함과 기쁨, 행복과 평안이 없습니다. 세상 것은 다 소유한 것 같은데 부부간의 사랑이 없습니다. 부모와 자식 간에 문제가 있습니다. 형제지간에 화목이 없습니다. 때로는 남편과 아내, 자식 때문에 속을 썩는 경우도 있습니다. 본문의 나아만도 이 세상 사람들이 좋아하는 것들을 다 가졌으나 불행하게도 문둥병이 들었습니다.

1. 군대장관으로서의 나아만

첫째, 아람 나라의 군대장관이었습니다.

아람은 셈족의 후예로서 '수리아'라고도 합니다. 나아만은 이 아람 군대를 총지휘하는 군대장관이었습니다. 지금 우리나라의 군대조직으로 보면 국방장관에 해당되는 사람입니다. 전설에 의하면 나아만이 북왕국 이스라엘의 아합 왕에게 활을 쏘았을 때에 그 화살이 명중하여 갑옷을 뚫음으로 아합이 말에서 떨어져

죽었다고 합니다. 이처럼 그는 전쟁에 능한 자였습니다. 때문에 그 당시에는 그 누구도 이 나아만 장군을 상대할 자가 없었습니다. 한마디로 아람 나라에서는 그 누구도 그 자리를 넘볼 수 없는 독보적인 존재로서 큰 영화를 누리고 있었습니다. 그런데 오늘 우리의 삶의 현장은 어떤지 생각해 봐야겠습니다.

둘째, 큰 용사로서 왕의 신임을 받았습니다.

나아만의 이름은 '기쁘다, 즐겁다, 아름답다' 라는 동사 '나암'에서 유래된 것으로서 '즐거움, 아름다움, 매력적' 이라는 의미를 가지고 있습니다. 그는 나라와 민족을 위해 최선을 다해 싸우는 용장으로서 자기 자신의 이름이 가진 의미처럼 아람 나라와 왕 그리고 백성들의 기쁨이 되는 사람이었습니다. 때문에 그는 벤하닷 왕의 신임을 받아 아람의 제2인자가 되었고, 왕의 총애와 백성들의 존경을 한 몸에 지니고 있는 사람이었습니다. 때문에 그는 남부럽지 않은 지위와 권세, 명예와 물질을 소유하고 있었습니다. 그러므로 우리도 단 한 번뿐인 우리 인생을 하나님의 사랑을 받고 뭇 성도들로부터 존경을 받는 가치 있는 삶으로 살아야겠습니다.

셋째, 하나님께서 도와주셨습니다.

하나님께서는 전에 나아만을 들어서 아람 나라를 구해 주셨습니다. 다시 말하면 하나님께서 이방 사람인 나아만을 도우셔서 전쟁에서 이기게 하심으로 아람 나라를 구해 주셨다는 것입니다. 이와 같은 사실은 이스라엘 민족의 배타적인 사상으로 볼 때에 참으로 놀라운 일이 아닐 수 없습니다. 그러나 이것은 세상 만물을 지으신 하나님께서 이 세상의 모든 역사를 친히 주관하신다는 사실을 나타낸 것입니다(창 1:24~25). 그러므로 구원받은 우리 성도들은 이와 같은 하나님의 크신 사랑과 은혜를 이 세상 모든 사람들에게 널리 전파해야겠습니다.

사랑하는 성도 여러분!

우리 모두 언제 어디서나 귀하게 쓰임 받는 사람들이 됩시다. 또한 이왕 사는 삶, 하나님께 인정받고 사람들에게 존경받는 가치 있는 삶을 삽시다. 그리고 이 세상 모든 이들을 차별 없이 사랑하는 은혜로운 성도들이 되시기 바랍니다.

2. 문둥병자로서의 나아만

첫째, 문둥병이란 어떤 병입니까?

이 문둥병이란 말의 '나가' 라는 본래의 의미는 '손을 대다, 처벌하다' 의 뜻을 가지고 있습니다. 다시 말하면 하나님의 저주로 인하여 발생하게 됩니다(삼하 3:29). 성경에서 문둥병이 발생하게 되는 것을 보면 대부분이 주의 종들과의 관계에서 문제가 있을 때에 이 문둥병이 발하였습니다. 미리암이 주의 종 모세를 비방하다가 하나님의 저주로 문둥병에 걸렸습니다(민 12:1~10). 게하시가 주의 종 엘리사를 속이다가 문둥병에 걸렸습니다(왕하 5:25~27). 웃시야가 주의 종들의 제사권을 무시하고 월권하다가 문둥병이 발하여 죽었습니다(대하 26:16~21). 때문에 하나님께서는 이 문둥병의 발생이나 치유에 대한 진찰과 판단을 일반 의사에게 맡기지 않으시고 제사장에게 맡기셨습니다(레 13:1~9). 또한 이 문둥병은 하나님의 저주로 온 부정한 병이기 때문에 진 밖에 내어 보내어 격리시켜야 했습니다(민 5:1~3). 그러므로 우리 모두는 교회와 성도들로부터 격리될 수밖에 없는 안타까운 자들이 되어서는 안 되겠습니다.

둘째, 나아만이 문둥병에 걸렸습니다.

아람 나라를 전쟁에서 구원했고 왕의 총애를 받고 있었으며 이 세상의 지위와 권세, 명예와 부요를 한 몸에 지니고 세상적 영화를 누리고 있는 그였지만 자신의 몸을 마비시키고 썩어 들어가게 하는 문둥병을 막을 수는 없었습니다. 이제 그는 사람들에게 혐오감을 주는 자로서 가족과 격리되어 살아야 했습니다. 때문에 그는 자신이 가진 그 어떤 지위나 권세, 명예나 부요보다도 훨씬 더 비참한 인간적인 비애와 고통을 당하고 있었습니다. 그렇습니다. 험악한 이 세상을 살아가는 모든 인간들 중에서 문제가 없이 완벽한 행복을 누리며 살아가는 사람은 하나도 없습니다. 남녀노소, 빈부귀천, 유무식, 지위고하를 막론하고 이 세상을 살아가는 모든 인간들은 다 자기 나름대로의 문제를 안고 몸부림치면서 살아가고 있습니다.

셋째, 원수에 대한 여종의 사랑이었습니다.

나아만은 그가 가진 지위와 권세, 명예와 부요를 가지고도 자신의 몸을 썩어 들어가게 하는 문둥병을 고칠 수 없었습니다. 때문에 그의 삶은 나날이 절망 가운데서 괴롭고 힘들었습니다. 그런데 나아만에게는 자신이 이스라엘과의 전투에서 포로로 잡아와 자기 아내를 수종들게 한 계집종이 있었습니다. 이 여종은 부모와 고국을 떠나 이방 나라에서 종 노릇 하고 있었습니다. 다시 말하면, 이 여종에게 있어서 나아만은 원수인 것입니다. 그러나

이 여종은 나아만이 자기 나라의 적국인 아람 나라의 장군으로서 원수와 같은 자였지만 미워하지 않고 사랑을 베풀었습니다. 때문에 나아만 장군의 부인에게 "우리 주인이 사마리아에 계신 선지자 앞에 계셨으면 좋겠나이다 저가 그 문둥병을 고치리이다"(왕하 5:3)라고 말한 것입니다. 그렇습니다. 우리 주님께서는 "너희 원수를 사랑하며 너희를 핍박하는 자를 위하여 기도하라"(마 5:44)고 말씀하셨습니다.

사랑하는 성도 여러분!

우리 모두 그 어떤 이유로도 하나님께서 손을 대실 수밖에 없는 어리석은 자가 되지 맙시다. 또한 가정과 교회, 사회로부터 격리될 수밖에 없는 부끄러운 자도 되지 맙시다. 그리고 나아만 장군의 여종처럼 원수까지도 사랑할 수 있는 멋진 성도들이 되시기 바랍니다.

3. 치유받은 자로서의 나아만

첫째, 나아만은 엘리사를 찾아갔습니다.

여종의 말을 들은 나아만의 아내는 즉시 남편인 나아만에게 여종의 말을 전달했고, 나아만은 왕에게 나아가 사실을 고했습니다. 그러자 아람 왕은 이스라엘 왕에게 "내가 내 신하 나아만을 당신에게 보내오니 이 글이 당신에게 이르거든 당신은 그 문둥병을 고쳐 주소서"(왕하 5:6)라고 친서를 보냈습니다. 그러나 이스라엘 왕은 아람 왕의 친서를 받고는 자기 옷을 찢으며 "내가 어찌 하나님이관대 능히 사람을 죽이며 살릴 수 있으랴 저가 어찌하여 사람을 내게 보내어 그 문둥병을 고치라 하느냐"(왕하 5:7)고 탄식했습니다. 그것은 아람 왕이 이 일로 인하여 트집을 잡아 시비하려는 줄로 오해한 것이었습니다. 이러한 소식을 들은 엘리사가 사람을 왕에게 보내어 "왕이 어찌하여 옷을 찢었나이까 그 사람을 내게로 오게 하소서 저가 이스라엘 중에 선지자가 있는 줄을 알리이다"(왕하 5:8)라고 했습니다. 그렇습니다. 인생 문제의 해결은 하나님께 있습니다. 그럼에도 불구하고 아람 왕이나 이스라엘 왕은 착각하고 있는 것입니다.

둘째, 요단 강에 일곱 번 씻으라고 했습니다.

엘리사의 요구로 나아만은 엘리사를 찾아갔습니다. 엘리사는 자기 집에 도착한 나아만에게 사자를 보내어 "너는 가서 요단 강에 몸을 일곱 번 씻으라 네 살이 여전하여 깨끗하리라"(왕하 5:10)고 했습니다. 그러자 나아만은 분을 내어 "내 생각에는 저가 내게로 나아와 서서 그 하나님 여호와의 이름을 부르고 당처 위에 손을 흔들어 문둥병을 고칠까 하였도다"(왕하 5:11)라며 이스라엘의 모든 강물보다 더 나은 다메섹 강에서 몸을 씻으면 깨끗하게 되지 않겠느냐고 불평하면서 떠나려고 했습니다. 엘리사의 명령은 순종을 요구한 것입니다. 그러나 나아만은 자신의 지위와 권세를 내세우며 존경받고 대접받기를 원했습니다. 이것은 바로 오늘의 병든 신앙인들의 모습을 그대로 보여 주고 있는 것입니다.

셋째, 순종하여 깨끗이 치유받았습니다.

나아만이 분노하여 불평하면서 떠나려 하자 종들이 만류하며 순종할 것을 권면했습니다. 나아만은 아직도 군대장관이라는 자신의 위치를 생각하고 있었지만 종들은 문둥병자인 나아만을 보았던 것입니다. 신앙이 병든 인간은 이렇게 자기 자신에 대한 주제 파악을 못합니다. 그러나 다행한 것은 나중에 나아만은 종들의 충성 어린 부탁을 받아들여 순종함으로 깨끗하게 치유받았습니다. 그렇습니다. 누구든지 자기를 포기하고 철저하게 순종하는 사람만이 하나님의 사랑과 은혜를 받습니다.

사랑하는 성도 여러분!

우리 모두 범사에서 하나님을 찾읍시다. 또한 그 어떤 이유로도 불평하거나 분노하는 일이 없도록 합시다. 나 자신을 철저히 포기하고 무조건 순종합시다. 놀라운 하나님의 사랑과 은혜를 체험하게 될 것입니다.

게하시가 문둥병이 들다

[열왕기하 5장 20~27절]

하나님의 사람 엘리사의 사환 게하시가 스스로 이르되 내 주인이 이 아람 사람 나아만에게 면하여 주고 그 가지고 온 것을 그 손에서 받지 아니하였도다 여호와의 사심을 가리켜 맹세하노니 내가 저를 쫓아가서 무엇이든지 그에게서 취하리라 하고 나아만의 뒤를 쫓아가니 나아만이 자기 뒤에 달려옴을 보고 수레에 내려서 맞아 가로되 평안이냐 저가 가로되 평안이니이다 우리 주인께서 나를 보내시며 말씀하시기를 지금 선지자의 생도 중에 두 소년이 에브라임 산지에서부터 내게 왔으니 청컨대 당신은 저희에게 은 한 달란트와 옷 두 벌을 주라 하시더이다 나아만이 가로되 바라건대 두 달란트를 받으라 하고 저를 억제하여 은 두 달란트를 두 전대에 넣어 매고 옷 두 벌을 아울러 두 사환에게 지우매 저희가 게하시 앞에서 지고 가니라 언덕에 이르러는 게하시가 그 물건을 두 사환의 손에서 취하여 집에 감추고 저희를 보내어 가게 한 후 들어가서 그 주인 앞에 서니 엘리사가 이르되 게하시야 네가 어디서 오느냐 대답하되 종이 아무데도 가지 아니하였나이다 엘리사가 이르되 그 사람이 수레에서 내려 너를 맞을 때에 내 심령이 감각되지 아니하였느냐 지금이 어찌 은을 받으며 옷을 받으며 감람원이나 포도원이나 양이나 소나 남종이나 여종을 받을 때냐 그러므로 나아만의 문둥병이 네게 들어 네 자손에게 미쳐 영원토록 이르리라 게하시가 그 앞에서 물러나오매 문둥병이 발하여 눈같이 되었더라 엘리사는 엘리야의 사환으로서 엘리야를 끝까지 좇아 갑절의 영감을 받아서 자기의 스승인 엘리야보다도 더 많은 기사와 이적을 행하는 훌륭한 선지자가 되었습니다. 그러나 게하시는 그렇게 훌륭한 선지자인 엘리사의 사환으로서 오랫동안 섬겼음에도 불구하고 물질에 대한 탐욕 때문에 결국은 하나님의 일을 훼방하고 스승의 이름을 팔아 속이고 재물을 취하는 무서운 죄를 저질렀습니다. 때문에 그는 저주를 받아 문둥병에 걸리는 비극의 주인공이 되었습니다.

1. 하나님의 사람 엘리사

첫째, 나아만의 예물을 거절했습니다.

엘리사의 말에 순종하여 문둥병이 완치된 나아만은 엘리사에게 "내가 이제 이스라엘 외에는 온 천하에 신이 없는 줄을 아나이다 청컨대 당신의 종에게서 예물을 받으소서"(왕하 5:15)라고 했습니다. 그러나 엘리사는 "나의 섬기는 여호와의 사심을 가리켜 맹세하노니 내가 받지 아니하리라"(왕하 5:16)며 예물에 대한 나아만의 강권에도 불구하고 끝까지 고사했습니다. 그것은 나아만을 낫게 해주신 분은 자신이 아니라 하나님이시기 때문에 영광을 받으실 분은 오직 하나님뿐이시라는 것입니다. 그렇습니다. 엘리사는 오직 하나님께서 사용하시는 도구에 불과합니다.

둘째, 구별된 모습을 보여 주었습니다.

당시의 우상을 섬기는 이방 제사장들이나 주술가들은 자신들을 찾아온 사람들로부터 많은 예물을 받았습니다. 때문에 엘리사는 이방 종교 관습에 익숙해 있는 나아만에게 하나님은 그 어떤 대가를 바라는 이방 우상과는 달리 거저 은혜를 베푸시는 분이라는 사실을 깨우쳐 주고자 하였습니다. 또한 엘리사는 하나님의 선지자인 자신도 이방 종교의 선지자들이나 주술가들과는 전혀 다르다는 사실을 보여 준 것입니다. 다시 말하면 하나님이나 그분의 선지자들은 어떤 대가를 받고 치료하지 않는다는 사실을 나아만으로 하여금 깨닫게 한 것입니다. 그렇습니다. 우리도 일반 사람들과는 전혀 다른 모습을 이 세상 사람들에게 나타내 보여야 합니다.

셋째, 하나님의 은혜는 돈으로 살 수 없음을 깨우쳤습니다.

만약에 엘리사가 나아만으로부터 예물을 받았다고 하면 나아만은 하나님의 능력이나 은혜를 물질로 매매될 수 있는 것으로 착각했을 것입니다. 또한 엘리사에게는 보다 더 깊은 뜻이 있었습니다. 그것은 나아만으로 하여금 하나님의 은혜에 대한 끝없는 감사로 빚지게 하는 것이었습니다. 만약에 나아만이 문둥병에서 치유됨에 대한 감사로 자신이 준비해 온 예물을 다 엘리사에게 건넸다고 하면 자신이 받은 은혜에 대한 보답을 이미 다 했다고 심적인 자유함이 있을 것입니다. 그러나 엘리사가 끝까지 고사하고 예물을 받지 않음으로 인해서 나아만의 마음속에는 하나님의 은혜로 문둥병이 나아 깨끗하게 되었다는 빚진 마음이 오랫동안 간직될 것이기 때문입니다.

사랑하는 성도 여러분!

우리 모두 우리의 삶을 통해 오직 하나님께만 영광을 돌리는 삶을 삽시다. 또한 이 세상 사람들과는 전혀 다르다는 구별된 삶의 모습도 보여 줍시다. 그리고 이 세상 모든 사람들이 하나님의 은혜에 감각할 수 있도록 모든 수단과 방법을 다 강구하는 충성된 일꾼들이 되시기 바랍니다.

2. 범죄하는 게하시

첫째, 탐욕에 사로잡혔습니다.

탐욕에 사로잡힌 게하시로서는 나아만이 주는 예물을 받지 않고 거절한 것을 이해할 수 없었습니다. 그는 엘리사의 믿음 있는 행위를 오히려 어리석게 생각하고 불만스러워했습니다. 때문에 게하시는 "내 주인은 나아만이 준 선물을 하나도 받지 않고 그냥 돌려보냈지만 나는 달려가서 그에게 무엇이든지 좀 얻어 와야겠다"(왕하 5:20, 현대인의 성경)라고 했습니다. 그는 오랫동안 엘리사를 섬긴 사환이었지만 그의 마음이 탐욕에 사로잡히게 되자 이렇게 무서운 사람으로 변한 것입니다. 우선 자기 선생의 행위에 불만을 품고 전혀 다른 생각을 가지고 불평을 하면서 거역하기 시작했습니다. 그렇습니다. 사람이 그 어떤 탐욕에 사로잡히게 되면 이렇게 변질될 수밖에 없습니다.

둘째, 엘리사의 이름을 팔았습니다.

탐욕에 사로잡힌 게하시는 자기 스승의 숭고한 뜻을 저버리고 엘리사와 작별 인사를 하고 자기 집으로 돌아가는 나아만을 쫓아갔습니다. 나아만은 게하시가 달려오는 것을 보고 수레에서 내려서 게하시에게 "무슨 일입니까?"(왕하 5:21, 현대인의 성경)라고 물었습니다. 게하시가 헐레벌떡 급하게 쫓아오는 것을 보고 엘리사에게 무슨 일이 발생한 것이 아닌지에 대한 걱정에서였습니다. 다시 말하면, 엘리사에 대한 안부를 물은 것입니다(왕하 5:21). 그렇습니다. 게하시처럼 탐욕에 사로잡힌 인간의 언행심사는 언제나 이렇게 불안정하게 마련입니다. 게하시는 "우리 주인께서 나를 보내시며 말씀하시기를 지금 선지자의 생도 중에 두 소년이 에브라임 산지에서부터 내게 왔으니 청컨대 당신은 저희에게 은 한 달란트와 옷 두 벌을 주라 하시더이다"(왕하 5:22)라고 거짓말로 엘리사의 이름을 팔았습니다. 이것이 바로 탐욕에 사로잡힌 인간의 실상입니다.

셋째, 부당하게 받은 물건을 감추었습니다.

나아만은 엘리사가 요구했다는 게하시의 거짓말에 속아 그 앞에서 은 두 달란트와 옷 두 벌을 자신의 두 사환들에게 지워서 게하시를 따라가도록 했습니다(왕하 5:22~23). 그런데 짐을 진 두 사환들이 언덕에 이르자 게하시는 두 사환의 손에서 예물을 넘겨받아 자신의 집에 감추고 나아만의 사환들을 돌려보냈습니다(왕하 5:24). 그것은 나아만에게서 받은 예물이 엘리사에게 알려지지 않도록 하기 위해 미리 조치를 취한 것입니다. 다시 말하면, 게하시는 물질에 대한 탐욕 때문에 자기의 스승을 속이고 하나님의 명예와 일을 훼손시켰으며 부정한 방법으로 물질을 취한 것입니다. 그러나 분명한 것은 그렇게 얻은 물질이나 삶 자체가 절대로 복이 될 수 없다는 것입니다.

사랑하는 성도 여러분!

우리 모두는 그 어떠한 경우에도 인간적인 탐욕에 사로잡히는 일이 없도록 합시다. 또한 게하시와 같이 자신의 탐욕을 채우기 위해 자신의 양심과 남을 속이는 일이 없도록 합시다. 그리고 이유 여하를 막론하고 부당한 방법으로 자신의 이익을 챙기는 안타까운 삶을 사는 일이 없어야겠습니다.

3. 문둥병에 걸린 게하시

첫째, 엘리사에게 거짓말을 했습니다.

게하시는 나아만의 종들에게서 예물을 취하여 자기 집에 숨기고 나서 엘리사에게 나아갔습니다. 그때에 엘리사가 "게하시야 네가 어디서 오느냐" 하니 대답하되 "종이 아무데도 가지 아니하였나이다"(왕하 5:25)라고 거짓말을 했습니다. 엘리사가 이미 게하시의 행위에 대하여 정확하게 다 알고 있는데도 불구하고 자신의 죄를 은폐하기 위해 태연스럽게 거짓말을 한 것입니다. 그렇습니다. 범죄는 이렇게 또 다른 죄를 짓게 합니다. 때문에 범죄한 아담도 자기 아내에게 책임을 전가하는 비겁한 죄를 지었습니다(창 3:12). 자기 동생을 살해한 가인도 "네 아우 아벨이 어디 있느냐"(창 4:9)고 물으시는 하나님께 "내가 알지 못하나이다 내가 내 아우를 지키는 자니이까"(창 4:9)라고 거짓말을 했습니다.

둘째, 엘리사에게 책망받았습니다.

"게하시야 네가 어디서 오느냐"는 엘리사의 질문에 게하시가 "종이 아무데도 가지 아니하였나이다"(왕하 5:25)라고 거짓말을 하자 엘리사는 "그 사람이 수레에서 내려 너를 맞을 때에 내 심령이 감각되지 아니하였느냐 지금이 어찌 은을 받으며 옷을 받으며 감람원이나 포도원이나 양이나 소나 남종이나 여종을 받을 때냐"(왕하 5:26)라고 강하게 책망했습니다. 여기에서 "내 심령이 감각되지 아니하였느냐"는 말은 '내가 영으로 그곳에 있었던 것을 너는 깨닫지 못했느냐'는 것입니다. 또한 "은을 받으며 옷을 받으며 감람원이나 포도원이나 양이나 소나 남종이나 여종을 받을 때냐"는 말은 게하시가 나아만으로부터 받은 은과 옷으로 여기에 열거된 것들을 사려고 하는 계획을 가지고 있었다는 것을 엘리사가 이미 다 알고 있었다는 것입니다. 그렇습니다. 우리 주님께서는 지금 이 시간에도 불꽃 같은 눈으로 우리를 감찰하고 계십니다(계 1:14). 그러므로 게하시가 엘리사를 속일 수 없는 것처럼 어느 누구도 우리 주님을 속일 수 없습니다.

셋째, 게하시에게 문둥병이 발했습니다.

엘리사는 하나님의 일을 훼방하고 자기의 이름을 팔아서 거짓말을 하여 부당한 방법으로 나아만으로부터 예물을 받아 숨긴 게하시에게 "나아만의 문둥병이 네게 들어 네 자손에게 미쳐 영원토록 이르리라"(왕하 5:27)고 했습니다. 그러자 그의 몸에 문둥병이 발하여 눈과 같이 되었습니다. 그는 이제 오랫동안 함께 동거했던 스승을 떠나야 했고, 자신의 몸은 물론 그의 후손까지도 문둥병의 저주하에 놓이게 되었습니다. 그는 이 세상에 대한 애착과 물질의 탐욕 때문에 비참한 신세로 전락하였습니다.

사랑하는 성도 여러분!

그 어떤 이유로도 거짓말하지 맙시다. 거짓의 아비는 사단입니다. 또한 불꽃 같은 눈으로 감찰하시는 주님 앞에서 솔직하게 삽시다. 그리고 언제 어디서나 복을 받을 수밖에 없는 아름다운 삶을 사시기 바랍니다.

물에 빠진 도끼를 건짐

[열왕기하 6장 1~7절]

선지자의 생도가 엘리사에게 이르되 보소서 우리가 당신과 함께 거한 곳이 우리에게는 좁으니 우리가 요단으로 가서 거기서 각각 한 재목을 취하여 그곳에 우리의 거할 처소를 세우사이다 엘리사가 가로되 가라 그 하나가 가로되 청컨대 당신도 종들과 함께하소서 엘리사가 가로되 내가 가리라 하고 드디어 저희와 함께 가니라 무리가 요단에 이르러 나무를 베더니 한 사람이 나무를 벨 때에 도끼가 자루에서 빠져 물에 떨어진지라 이에 외쳐 가로되 아아, 내 주여 이는 빌어온 것이니이다 하나님의 사람이 가로되 어디 빠졌느냐 하매 그곳을 보이는지라 엘리사가 나뭇가지를 베어 물에 던져서 도끼로 떠오르게 하고 가로되 너는 취하라 그 사람이 손을 내밀어 취하니라

우리는 건축자들입니다. 자기를 세워 가고 가정을 세워 가며, 교회를 세우고 사회를 세워 가는 자들입니다. 그래서 많은 사람들이 보다 더 나은 자신을 세우고 행복한 가정을 이루며 은혜로운 교회를 세우기 위해 열심히 일하고 있습니다. 오늘 본문에서 엘리사의 생도들이 선지학교를 확장하기 위해 나무를 베러 갔다가 도끼를 물에 빠뜨리고 안타까워하는 모습이 나타납니다. 이

에 하나님께서 당신의 종인 엘리사를 통해서 물에 빠진 도끼를 건져 주심으로 인하여 하나님께서는 언제나 당신의 백성들과 늘 함께하시고 인도해 주시는 분이라는 사실을 보여 주고 있습니다. 특별히 성도들이 위기에 처했을 때에 하나님을 의지하도록 하는 교훈을 담고 있습니다.

1. 선지학교 확장

첫째, 선지학교를 확장하려고 했습니다.

북왕국 이스라엘의 타락에도 불구하고 하나님의 일꾼들을 양성하는 엘리사의 선지학교에는 학생들이 계속 모여들었습니다. 때문에 당시의 비좁고 열악한 시설로는 학생들을 다 수용할 수 없었습니다. 그래서 학생들은 선지학교를 확장하려고 했습니다. 그렇습니다. 이 세상이 아무리 어렵고 힘들어도 하나님의 사람은 믿음과 삶이 늘 성숙해 가야 합니다. 이유 여하를 막론하고 헌신과 봉사, 충성이 나날이 더해 가야 합니다. 우리의 마음과 시야를 넓혀 보다 더 적극적으로 사명을 감당해야 합니다. 그래야 교회가 성장합니다. 그러므로 우리 모두는 항상 기도와 말씀, 성령으로 충만해야 합니다.

둘째, 한 재목씩 감당하자고 했습니다.

생도들은 엘리사의 허락을 받은 다음 비좁고 열악한 학교시설을 개선하고 확장하기 위해 각자가 한 재목씩 감당하기로 했습니다. 요즈음 사람들 같으면 학교시설이 열악하다고 엘리사에게 항의하고 데모했을 것입니다. 그러나 엘리사의 생도들은 그렇지 않았습니다. 그들은 엘리사를 존경하고 따랐으며, 구차한 가운데서도 자신들이 한 재목씩 감당하겠다는 헌신의 자세를 보였습니다. 참으로 그들은 희생적이고 근면했으며 협동심이 있었습니다. 오늘날에도 이러한 자세의 일꾼들이 필요합니다. 우리도 그 누구를 의지하고 덕을 보려는 연약한 삶의 자세를 버려야 합니다. 전능하신 하나님 안에서 자신이 무엇인가를 이루려고 노력하는 적극적인 삶을 살아야 합니다.

셋째, 도끼를 물에 빠뜨렸습니다.

선지생도들은 너무나도 가난했기 때문에 나무를 벨 도끼가 없어 남의 도끼를 빌려 가지고 요단 강가의 숲으로 가 나무를 베기 시작했습니다. 그러던 중 한 생도의 도끼가 물에 빠졌습니다. 왜 도끼를 빠뜨렸습니까? 여기에는 여러 가지 이유가 있겠습니다만 가장 중요한 것은 이 생도는 전문 벌목꾼이나 목수가 아니기 때문에 도끼에 대한 지식이나 사전 점검이 없었습니다. 또한 도끼가 자루에서 빠질 수 있다는 기본적인 상식도 없었습니다. 한마디로 전문가가 아니기 때문에 도끼를 강물에 빠뜨린 것입니다. 그렇습니다. 하나님께서는 모든 사람들에게 각자에게 맞는 재능을 주셨습니다. 그러므로 자기의 재능과 적성에 맞는 직업을 선택하고, 그 직업에 애정을 가지고 열심히 일하는 전문인이 되어야 합니다. 거기에서 보람된 삶을 살 수 있습니다. 이 세상의 병폐는 바로 자기의 천직을 버리고 모두가 다 최고의 지위와 명예의 자리를 탐내는 데 있습니다.

사랑하는 성도 여러분!

우리 모두 우리의 믿음과 순종, 헌신과 봉사, 충성을 계속 확

대해 갑시다. 세상적인 능력자에게 기대거나 신세를 지려는 비겁함을 버리고 주 안에서 목표한 것을 최선을 다해 이루려는 열심을 가집시다. 우리가 맡은 일이 어떤 일이든지 간에 그 분야에서 최고의 전문가가 됩시다. 그리하여 우리 하나님께 영광 돌리는 복된 성도들이 되시기 바랍니다.

2. 도끼에 대하여

첫째, 성령의 능력을 의미합니다.

어서 빨리 나무를 베어서 선지학교를 확장해야 되는데 도끼를 강물에 빠뜨렸으니 참으로 난감한 일입니다. 그렇다고 해서 도끼 자루만 가지고는 나무를 벨 수 없는 노릇입니다. 도끼 자루로 아무리 열심히 나무를 쳐도 소리만 요란하고 힘만 들지 나무는 베어지지 않습니다. 마찬가지로 우리가 이 세상을 살아갈 때에 인간적인 생각과 지혜, 세상적인 방법으로 제아무리 애쓰고 노력한다고 해도 성령님의 도우심이 없이는 도끼 빠진 자루와 같이 능력이 나타나지 않기 때문에 아무것도 할 수 없습니다.

둘째, 늘 성령으로 충만해야 합니다.

우리가 사는 이 세상은 너무나도 사악하고 어지럽습니다. 반면에 우리는 상대적으로 너무나도 연약하고 부족하기 때문에 성령으로 충만하지 않고는 이 세상에서 승리하며 살아갈 수 없습니다. 그래서 부활하신 우리 주님께서는 제자들에게 "예루살렘을 떠나지 말고 내게 들은 바 아버지의 약속하신 것을 기다리라" (행 1:4)고 하셨습니다. 그러므로 우리 모두는 항상 성령으로 충만해야 합니다.

그러면 어떻게 해야 성령으로 충만할 수 있습니까? 먼저 열심히 모여야 합니다. 또한 날마다 마음을 같이해야 합니다. 성령님은 거룩한 분이시기 때문에 내 안에 불평과 미움, 원망과 시비가 있으면 함께하지 않으십니다. 그리고 열심히 기도해야 합니다. 지은 죄를 회개하여 내 심령의 그릇을 깨끗하게 해야 합니다.

셋째, 빌려 온 것이었습니다.

선지학교의 생도는 원래 자기 도끼가 없었습니다. 때문에 남의 것을 빌려 왔습니다. 다시 말하면, 이 도끼를 다시 주인에게 돌려주어야 합니다. 마찬가지로 우리도 진정한 의미에서 내 것은 하나도 없습니다. 때문에 이 세상의 모든 인간은 다 자신들의 몸과 마음, 시간과 물질은 물론 행복과 불행, 성공과 실패, 생사의 문제 등 그 어떤 것도 자기 마음대로 할 수 없습니다. 모두가 다 하나님의 것입니다. 다만 우리가 이 세상에 사는 동안 잠깐 빌려 쓸 뿐입니다. 그러므로 우리의 몸과 마음, 시간과 물질 등 그 어떤 것도 함부로 사용해서는 안 됩니다. 이 모두는 반드시 돌려드릴 때가 있기 때문입니다. 그러므로 이 모든 것들은 오직 하나님의 영광만을 위해 항상 가치 있게 사용해야 합니다.

사랑하는 성도 여러분!

우리 모두 그 어떤 이유로도 성령의 능력을 잃지 맙시다. 이유 여하를 막론하고 열심히 모이고 하나 되어 뜨겁게 기도합시다. 그리하여 항상 성령으로 충만한 삶을 삽시다. 하나님께서 우리를 이 땅에 허락하시는 그날까지 최선을 다해 가장 가치 있는 삶을 삽시다. 그리하여 우리 하나님을 기쁘시게 하는 성도들이 되시기 바랍니다.

3. 도끼를 찾으려면

첫째, 부르짖었습니다.

도끼를 물에 빠뜨린 생도는 하던 일을 멈추고 즉시 "내 주여 이는 빌려 온 것이니이다"(왕하 6:5)라고 부르짖었습니다. 만약에 도끼를 잃어버린 생도가 자기 혼자 물에 빠진 도끼를 건지기 위해 깊은 물 속에 들어갔다고 하면 더 큰 사고가 발생했을지도 모릅니다. 그러나 그는 자기 자신의 연약함을 알고 있었기 때문에 그렇게 무모한 짓을 하지 않았습니다. 그렇습니다. 우리가 문제 많은 이 세상에서 사는 동안에 어떤 난관에 부딪히든지 곧바로 취해야 할 조치는 하던 일을 멈추고 전능하신 하나님께 부르짖어 기도하는 것입니다. 하나님께서는 친히 "환난 날에 나를 부르라 내가 너를 건지리니 네가 나를 영화롭게 하리로다"(시 50:15)라고 말씀하셨습니다. 그렇습니다. 우리가 문제를 해결받고 사는 길은 바로 문제의 해결자이신 하나님께 부르짖어 기도하는 것입니다.

둘째, 도끼가 물 위에 떠올랐습니다.

선지 생도의 부르짖음을 들은 엘리사는 "어디 빠졌느냐"(왕하 6:6)고 묻고 나뭇가지를 베어 물에 던져서 도끼를 물 위로 떠오르게 했습니다. 천지만물을 지으시고 친히 주장하시는 전능하신 하나님께서 엘리사로 하여금 초자연적인 능력으로 물에 빠진 도끼를 떠오르게 하신 것입니다. 이 사건은 우리에게 지극히 작은 일 하나라도 하나님의 도우심을 의지해야 한다는 사실을 일깨워 주고 있습니다. 여기에서 엘리사가 물에 던진 나뭇가지는 그 사건으로부터 800년 후에 주님께서 이 땅에 오셔서 죄와 저주로 인하여 멸망할 수밖에 없는 인류의 죄를 대속하시기 위해 못박혀 죽으신 나무 십자가를 의미합니다. 다시 말하면 예수 그리스도의 십자가만이 우리의 모든 문제를 해결하고 구원으로 인도합니다.

셋째, 우리의 잃은 것을 생각해야 합니다.

여러분의 현재의 삶은 어떻습니까? 혹시나 아무리 애쓰고 힘써도 되는 일이 없습니까? 그래서 힘들고 어렵습니까? 지금 여러분의 삶이 도끼를 물에 빠뜨린 생도처럼 도끼 자루만 가지고 있는 상태일지도 모릅니다. 만약에 그렇다면 어디서, 무엇 때문에 믿음을 잃어버렸습니까? 성령의 능력을 잃어버렸습니까? 신앙생활의 나태와 예배의 실패, 맡은 바 본분을 성실하게 감당하지 않을 때에 바로 이 도끼를 잃어버리게 됩니다. 삼손은 들릴라의 무릎에서 머리카락이 잘리고 능력을 잃어버리고 비참한 인생으로 전락했습니다.

사랑하는 성도 여러분!

우리 모두 범사에 우리 하나님께 부르짖어 기도합시다. 우리가 언제, 어디서, 무엇 때문에 능력을 잃어버렸는지를 깨닫고 예수 그리스도의 이름으로 기도하여 간구합시다. 예수 그리스도의 십자가가 우리를 자유케 하셨습니다. 그러므로 우리 하나님께서 반드시 응답하시고 승리케 하실 것입니다.

열린 눈과 닫힌 눈의 기적

[열왕기하 6장 8~23절]

때에 아람 왕이 이스라엘로 더불어 싸우며 그 신복들과 의논하여 이르기를 우리가 아무데 아무데 진을 치리라 하였더니 하나님의 사람이 이스라엘 왕에게 기별하여 가로되 왕은 삼가 아무 곳으로 지나가지 마소서 아람 사람이 그곳으로 나오나이다 이스라엘 왕이 하나님의 사람의 자기에게 고하여 경계한 곳으로 사람을 보내어 방비하기가 한두 번이 아닌지라 이러므로 아람 왕의 마음이 번뇌하여 그 신복들을 불러 이르되 우리 중에 누가 이스라엘 왕의 내응이 된 것을 내게 고하지 아니하느냐 그 신복 중에 하나가 가로되 우리 주 왕이여 아니로소이다 오직 이스라엘 선지자 엘리사가 왕이 침실에서 하신 말씀이라도 이스라엘 왕에게 고하나이다 왕이 가로되 너희는 가서 엘리사가 어디 있나 보라 내가 보내어 잡으리라 혹이 왕에게 고하여 가로되 엘리사가 도단에 있나이다 왕이 이에 말과 병거와 많은 군사를 보내매 저희가 밤에 가서 그 성을 에워쌌더라 하나님의 사람의 수종드는 자가 일찍이 일어나서 나가 보니 군사와 말과 병거가 성을 에워쌌는지라 그 사환이 엘리사에게 고하되 아아, 내 주여 우리가 어찌하리이까 대답하되 두려워하지 말라 우리와 함께한 자가 저와 함께한 자보다 많으니라 하고 기도하여 가로되 여호와여 원컨대 저의 눈을 열어서 보게 하옵소서 하니 여호와께서 그 사환의 눈을 여시매 저가 보니 불말과 불병거가 산에 가득하여 엘리사를 둘렀더라 아람 사람이 엘리사에게 내려오매 엘리사가 여호와께 기도하여 가로되 원컨대 저 무리의 눈을 어둡게 하옵소서 하매 엘리사의 말대로 그 눈을 어둡게 하신지라 엘리사가 저희에게 이르되 이는 그 길이 아니요 이는 그 성도 아니니 나를 따라오라 내가 너희를 인도하여 너희의 찾는 사람에게로 나아가리라 하고 저희를 인도하여 사마리아에 이르니라 사마리아에 들어갈 때에 엘리사가 가로되 여호와여 이 무리의 눈을 열어서 보게 하옵소서 하니 여호와께서 저희의 눈을 여시매 저희가 보니 자기가 사마리아 가운데 있더라 이스라엘 왕이 저희를 보고 엘리사에게 이르되 내 아버지여 내가 치리이까 내가 치리이까 대답하되 치지 마소서 칼과 활로 사로잡은 자인들 어찌 치리이까 떡과 물을 그 앞에 두어 먹고 마시게 하고 그 주인에게로 돌려 보내소서 왕이 위하여 식물을 많이 베풀고 저희가 먹고 마시매 놓아보내니 저희가 그 주인에게로 돌아가니라 이로부터 아람 군사의 부대가 다시는 이스라엘 땅에 들어오지 못하니라

지구촌에 있는 모든 생물들의 생태계를 보면 이 세상을 살아간다는 것 자체가 싸움이요 전쟁입니다. 모두가 다 서로 살아남기 위해 계속 쫓고 쫓기며 잡아먹고 먹히면서 살아갑니다. 때문에 생물들이 이 세상을 살아간다는 것은 바로 생사를 걸고 모험하는 것이요 전쟁입니다. 오늘의 본문도 이스라엘과 아람의 전쟁에서 발생한 기사와 이적의 내용입니다.

1. 전쟁의 승패를 주관하시는 하나님

첫째, 아람 왕이 이스라엘을 침공했습니다.

당시에 세계적인 강국이었던 아람 나라 왕이 이스라엘을 징벌하기 위해 필요한 요소 요소에 군대를 배치시키고 공격을 시도했습니다. 그럼에도 불구하고 아람 왕은 한 번도 자신의 뜻을 이루지 못하고 번번이 실패했습니다. 마찬가지로 우리의 삶의 현장에서도 나름대로의 계획을 세우고 그것을 이루기 위해 끊임없

이 노력해 보지만 그 뜻을 이루지 못하고 번번이 실패하는 경우들이 많습니다. 그렇습니다. 하나님의 섭리를 무시한 인간들의 꿈은 그 어떤 경우에도 이룰 수 없습니다. 더욱이 전쟁의 원인은 죄에서 비롯된 것으로서 하나님의 심판이요(삼하 12:10), 섭리입니다(출 17:16). 그러므로 전쟁의 승패는 여호와 하나님께 달려 있습니다. 때문에 하나님의 도우심 없이는 그 어떤 인생살이나 전쟁에서도 승리할 수 없습니다.

둘째, 엘리사는 아람의 전략을 이스라엘 왕에게 고했습니다.

당시에 최강국이었던 아람 왕이 이스라엘을 징벌하기 위해 필요한 요소 요소에 군대를 배치시킬 때마다 하나님의 선지자인 엘리사가 하나님의 은혜로 아람 왕의 모든 전략을 다 탐지하여 이스라엘 왕에게 구체적으로 고하고, 왕으로 하여금 아무 곳으로 지나가지 말도록 깨우쳤습니다(왕하 6:9). 이에 이스라엘 왕은 하나님의 선지자인 엘리사의 권고를 받아들여 아람 군대의 공격에 철저하게 대비함으로써 아람과의 전쟁에서 승리하고 나라를 지킬 수 있었습니다. 그렇습니다. 우리 인생들의 생사화복과 전쟁의 승패를 주관하시는 하나님의 말씀을 잘 듣고 순종하는 자는 이렇게 모든 일에서 반드시 승리하게 됩니다.

셋째, 아람 왕은 엘리사의 체포를 시도했습니다.

이스라엘 징벌 전략에 번번이 실패한 아람 왕은 심한 번민 중에 신복들을 불러 "우리 중에 누가 이스라엘 왕과 내통하는 것을 내게 말하지 아니하느냐" 고 따져 물었습니다(왕하 6:11). 그러자 왕의 한 신복이 "우리 주 왕이여 아니로소이다 오직 이스라엘 선지자 엘리사가 왕이 침실에서 하신 말씀이라도 이스라엘 왕에게 고하나이다"(왕하 6:12)라고 아람 왕에게 사실을 알렸습니다. 그러자 아람 왕은 신복들에게 엘리사의 소재를 파악하게 했고, 그가 도단에 있음을 알고는 체포 명령을 하달하고 군사를 출동시켰습니다(왕하 6:13~14). 그러나 하나님의 선지자인 엘리사를 체포하려는 아람 왕의 시도는 하나님과 대항하려는 참으로 어리석은 행위요, 무모한 짓이었습니다.

사랑하는 성도 여러분!

우리 모두는 그 어떠한 일이 있어도 우리의 죄 때문에 전쟁이 일어나는 일이 없어야겠습니다. 또한 언제나 하나님의 말씀에 귀를 기울이고 그 말씀에 순종하는 삶을 삽시다. 그리고 우리의 삶 속에서 하나님의 뜻을 거역하는 무모한 짓을 철저하게 배제해야겠습니다.

2. 사환의 눈과 엘리사의 눈

첫째, 사환은 아람 군사들을 보고 두려워했습니다.

아람 왕은 엘리사가 도단에 있다는 보고를 받고 즉시로 말과 병거와 많은 군사들을 보내어 그날 밤에 도단 성을 완전히 에워쌌습니다(왕하 6:14). 엘리사의 사환이 아침 일찍 일어나 밖에 나가서 이 사실을 확인하고 엘리사에게 "아아, 내 주여 우리가 어찌하리이까"(왕하 6:15) 하고 심히 두려워했습니다. 그는 하나님의 선지자를 돕는 사환이었으나 범사를 믿음으로 보지 않고 불신자와 똑같은 사고방식을 가진 아주 부정적인 사람이었습니다. 그렇습니다. 불신앙과 부정적인 사고방식의 사람은 언제나 이렇게 마음이 편할 날이 없습니다. 매사에 자신감이 없기 때문에 늘 불안한 삶을 삽니다. 지금 여러분의 눈은 무엇을 봅니까?

둘째, 엘리사는 하늘의 불말과 불병거를 보았습니다.

전능하신 하나님께서 자신과 늘 함께하심을 믿는 엘리사는 아람 군대가 무서워 떨고 있는 사환에게 "두려워하지 말라 우리와 함께한 자가 저와 함께한 자보다 많으니라"(왕하 6:16)고 말했습니다. 이것은 바로 살아 계신 하나님을 믿는 자가 갖는 당당함입니다. 전능하신 하나님의 은혜로 범사에 승리할 수 있다는 믿음을 가진 자의 믿음이요 자신감입니다. 우리에게도 이러한 믿음의 눈이 필요합니다. 똑같은 하나님을 믿는 사람으로서 똑같은 상황에 처했음에도 불구하고 두 사람이 보는 것과 상황에 대한 반응이 전혀 다릅니다. 사환의 시각과 상황, 그에 따른 판단과 반응은 이제 살아날 길이 없다는 것입니다. 바로 절망과 탄식의 외침이었습니다. 이것은 부정적인 삶을 사는 오늘의 현대인들이 내뿜는 한숨과 탄식 소리입니다.

셋째, 엘리사가 사환의 눈을 열어 달라고 기도했습니다.

아람 군대가 도단 성을 포위하고 공격해 오는 것을 보고 초주검이 되어 벌벌 떨고 있는 사환을 본 엘리사는 너무나도 답답하여 기도한 다음 "여호와여 원컨대 저의 눈을 열어서 보게 하옵소서"(왕하 6:17)라고 간구했습니다. 그러자 하나님께서 그 사환의 눈을 열어 주심으로 그는 아람 군대보다 더 많은 불말과 불병거가 산에 가득하여 엘리사를 호위하고 있는 것을 보았습니다(왕하 6:17). 그렇습니다. 그 사람의 믿음과 영안의 상태에 따라서 보여지는 것이 이렇게 다릅니다. 그 사람의 영적 상태에 따라서 일과 상황, 환경에 대한 시각과 판단이 다릅니다. 그러므로 항상 믿음을 견고히 하고 영안을 밝혀 저 하늘의 아름다운 세계와 전능하신 하나님께서 언제나 우리와 함께하심을 보아야 합니다. 그래야 자신 있는 삶을 살 수 있습니다.

사랑하는 성도 여러분!

우리 모두 아람 군대를 보고 두려워하는 어리석은 사환과 같은 자가 되지 맙시다. 인간적인 생각으로 볼 때에는 절망적일 수밖에 없는 상황에서도 전지전능하신 하나님의 능력을 바라보는 엘리사의 눈을 가집시다. 그리고 우리의 우둔한 영안을 활짝 열고 하늘의 비전을 보는 성도들이 되시기 바랍니다.

3. 아람 군대를 선대한 엘리사

첫째, 아람 군사들의 눈을 멀게 했습니다.

아람 군대가 엘리사에게로 가까이 오자 엘리사가 여호와께 "원컨대 저 무리의 눈을 어둡게 하옵소서"(왕하 6:18)라고 기도했습니다. 그러자 곧바로 하나님께서 아람 군사들의 눈을 어둡게 하셨습니다(왕하 6:18). 때문에 아람 군사들은 전쟁 수행은커녕 자신들의 처지는 물론 주변의 환경과 상황조차도 전혀 분별할 수 없었습니다. 이제 완전히 죽은 목숨과 다름없었습니다. 한번 생각해 봅시다. 전쟁터에서 눈이 안 보인다고 하면 어떻게 살아남겠습니까? 그러므로 그들은 할 수 없이 엘리사가 이끄는 대로 따라갈 수밖에 없었습니다. 엘리사는 눈이 멀어 버린 아람 군대를 이스라엘의 수도인 사마리아까지 유인했습니다. 그렇습니다. 하나님께서는 언제 어디서나, 항상 당신의 백성들을 사랑하시고 기도를 들어주시며 승리케 하십니다. 그러므로 우리 모두는 끊임없이 기도해야 합니다.

둘째, 아람 군사들의 눈을 뜨게 했습니다.

아람 군사들의 눈을 멀게 하여 이스라엘의 수도인 사마리아까지 유인해 온 엘리사는 다시 "여호와여 이 무리의 눈을 열어서 보게 하옵소서"(왕하 6:20)라고 기도했습니다. 이에 여호와께서 아람 군사들의 눈을 열어 자신들의 처지를 보게 해주셨습니다(왕하 6:20). 그런데 이것이 웬일입니까? 아람 병사들은 깜짝 놀랐습니다. 엘리사를 체포하기 위해 도단 성을 에워쌌던 자신들이 이제 눈먼 상태에서 이스라엘의 포로가 되어 사마리아까지 끌려와 완전히 갇혀 있었습니다. 이것은 바로 아람 왕과 그의 군사들로 하여금 하나님의 전능하심을 깨닫게 하여 다시는 이스라엘을 침략하지 못하도록 하기 위한 것이었습니다.

셋째, 아람 군대를 돌려보냈습니다.

엘리사가 아람 군대를 수도 사마리아까지 유인하여 온 것을 본 이스라엘 왕은 엘리사에게 "내 아버지여 내가 치리이까 내가 치리이까"(왕하 6:21)라고 물었습니다. 당시 이스라엘에서는 포로가 잡히면 무조건 죽였습니다(민 31:7; 삼상 15:2~8; 대상 20:3). 그럼에도 불구하고 이스라엘 왕은 엘리사에게 물었습니다. 참으로 예외적인 일이 아닐 수 없습니다. 이에 엘리사는 "치지 마소서 칼과 활로 사로잡은 자인들 어찌 치리이까 떡과 물을 그 앞에 두어 먹고 마시게 하고 그 주인에게로 돌려보내소서"(왕하 6:22)라고 했습니다. 그러자 이스라엘 왕은 엘리사의 말대로 그들에게 음식을 많이 베풀어 먹고 마시게 한 다음 그들의 왕에게로 돌아가게 했습니다. 그때부터 아람 군대는 다시는 이스라엘 땅에 들어오지 못했습니다. 우리도 남에게 큰 아량을 베풀 줄 아는 넉넉한 삶을 살아야겠습니다.

사랑하는 성도 여러분!

우리 모두 엘리사처럼 기도하는 삶을 삽시다. 놀라운 능력이 나타날 것입니다. 또한 그 어떤 이유로도 다른 사람의 영육에 상처를 주는 자가 되지 맙시다. 그리고 모든 이들에게 선을 행하고 사랑을 베푸는 신앙인들이 되시기 바랍니다.

엘리사의 뼈의 기적

[열왕기하 13장 14~21절]

엘리사가 죽을병이 들매 이스라엘 왕 요아스가 저에게로 내려가서 그 얼굴에 눈물을 흘리며 가로되 내 아버지여 내 아버지여 이스라엘의 병거와 마병이여 하매 엘리사가 저에게 이르되 활과 살들을 취하소서 활과 살들을 취하매 또 이스라엘 왕에게 이르되 왕의 손으로 활을 잡으소서 곧 손으로 잡으매 엘리사가 자기 손으로 왕의 손을 안찰하고 가로되 동편 창을 여소서 곧 열매 엘리사가 가로되 쏘소서 곧 쏘매 엘리사가 가로되 이는 여호와의 구원의 살 곧 아람에 대한 구원의 살이니 왕이 아람 사람을 진멸하도록 아벡에서 치리이다 또 가로되 살들을 취하소서 곧 취하매 엘리사가 또 이스라엘 왕에게 이르되 땅을 치소서 이에 세 번 치고 그친지라 하나님의 사람이 노하여 가로되 왕이 오륙 번을 칠 것이니이다 그리하였더면 왕이 아람을 진멸하도록 쳤으리이다 그런즉 이제는 왕이 아람을 세 번만 치리이다 하니라 엘리사가 죽으매 장사하였더니 해가 바뀌매 모압 적당이 지경을 범한지라 마침 사람을 장사하는 자들이 그 적당을 보고 그 시체를 엘리사의 묘실에 들이던지매 시체가 엘리사의 뼈에 닿자 곧 회생하여 일어섰더라

이 세상을 살아가는 인생들의 삶을 보면 사는 모습과 끼치는 영향이 아주 다양합니다. 어떤 사람은 아름답고 좋은 영향을 끼치고, 어떤 사람은 잘못된 삶으로 부정적이고 악한 영향을 끼칩

니다. 또한 어떤 사람은 살아 있으면서도 아무런 영향력을 끼치지 못하는데, 어떤 사람은 죽어서도 그의 믿음과 사상, 삶의 모습들을 통해 큰 영향을 끼치는 경우가 있습니다. 오늘 본문은 죽은 엘리사의 뼈가 죽은 자를 살린 기적입니다.

1. 임종의 때를 맞이한 엘리사

첫째, 그는 위대한 선지자였습니다.

엘리사는 엘리야를 끝까지 좇아 갑절의 영감을 받은 다음 엘리야의 후계자로서 선지 사역을 시작했습니다. 그는 여호람 왕 초기부터 선지활동을 시작하여 예후와 여호아하스 그리고 요아스 왕 때까지 약 반세기 동안 선지 사역을 감당했습니다. 그는 사역을 감당하는 동안에 수많은 기사와 이적을 행했습니다. 그리고 북왕국 이스라엘이라는 열악한 환경에서도 선지학교를 크게 발전시켰습니다. 또한 극도로 타락한 시대상황에서도 여호와 하나님에 대한 신앙을 굳게 지키고 이스라엘이 위기에 처할 때마다 살펴서 왕들을 도와 전쟁에서 승리케 했습니다. 한마디로 국가와 민족을 위해 아름다운 영향력을 끼치는 멋진 삶을 살았습니다. 그러므로 우리도 이웃과 교회, 민족과 인류에게 좋은 영향을 끼치는 삶을 살아야겠습니다.

둘째, 그가 죽을병에 걸렸습니다.

그렇게도 믿음이 좋고 신의가 있었으며 수많은 기사와 이적을 행하면서 아름답게 선지 사역을 감당했던 그였지만 죽을병을 앓고 있었습니다. 이 세상 인간들이 앓는 병의 종류는 약 10만여 가지가 있습니다. 그런데 그 병의 원인들을 성경에서 찾아 크게 대별해 보면 죄와 방탕으로 인한 병이 있고(민 12:9~10, 16:46; 잠 23:29~30), 하나님의 영광을 위한 병이 있으며(요 11:4), 사단에 의해 발생한 병(욥 2:7), 나이가 많아 죽게 되는 노환 등 여러 가지가 있습니다. 엘리사의 병은 바로 노환이었습니다. 때문에 그의 병을 죽을병이라고 표현한 것입니다. 그러므로 중요한 것은 죽음의 시기나 형태가 아니라 그가 얼마나 끝까지 주님을 믿고 의지하는 삶을 살았느냐입니다.

셋째, 모든 인간은 다 죽습니다.

인간의 수명을 보면 아담의 범죄 이전에는 하나님과 방불한 생을 살았습니다(창 1:26~2:25). 그러나 범죄 이후에는 약 1,000년 이내에 죽었고(창 3:1~5:32), 노아 홍수 심판 후에는 약 130년 이내로 더 줄었습니다(창 47:9). 그러다가 요즘에 인생은 70이요 강건하면 80이라고 합니다(시 90:10). 죽음은 아담의 원죄로 인해 하나님과의 분리를 가져오는 영적인 죽음이 있고, 영과 육이 분리되고 소멸되는 육적인 죽음이 있습니다. 이 육적인 죽음은 남녀노소, 빈부귀천, 유무식, 지위고하를 가리지 않고 모두에게 공평하게 임합니다. 성경은 누구든지 이 세상의 사명이 끝나면 하나님께서 부르신다고 하였습니다. 그러므로 우리 모두는 언제나 맡은 바 사명에 최선을 다해서 충성해야 합니다.

사랑하는 성도 여러분!

한 번밖에 살 수 없는 우리의 인생, 가정과 교회는 물론 이 세상 모든 사람들에게 보다 더 아름다운 영향력을 끼치는 삶을 삽시다. 또한 영육 간에 늘 강건한 삶으로 맡은 바 사명을 충성되

이 잘 감당하다가 하나님이 부르실 때에 찬송 부르며 천국 갈 수 있는 성도들이 되시기 바랍니다.

2. 엘리사의 마지막 사역

첫째, 요아스가 엘리사를 문병했습니다.

늙은 엘리사의 와병소식을 듣고 황급히 병상으로 달려간 요아스 왕은 그의 창백하고 야윈 얼굴을 보고 임종이 가까웠다는 것을 알았습니다. 그는 "내 아버지여 내 아버지여 이스라엘의 병거와 마병이여"(왕하 13:14)라고 울부짖었습니다. 이 말은 바로 그동안 엘리사가 이스라엘을 지켜 왔다는 것입니다. 그런데 이제 이렇게 떠나시면 자신이 왕으로 있는 이스라엘 나라는 어찌 되겠느냐는 것이었습니다. 실로 안타까운 것은 당시의 이스라엘 국력은 극도로 쇠퇴하여져서 병거는 10승이요 마병은 50밖에 남아 있지 않았습니다(왕하 13:7). 때문에 요아스는 이스라엘의 장래를 생각하고 더욱 안타깝게 절규한 것입니다. 다시 말하면 그의 눈물은 엘리사에 대한 깊은 존경의 표현이자 나라의 장래에 대한 걱정으로 인한 것이었습니다.

둘째, 요아스에게 활을 쏘게 했습니다.

엘리사는 병문안을 와서 슬퍼하는 요아스에게 활과 살을 취하게 하고 왕의 손에 자기 손을 얹어 힘을 북돋은 다음 그것으로 동편 창문을 열고 아람 나라를 향해서 활을 쏘라고 했습니다(왕하 13:15~17). 고대 국가에서는 상대방의 나라를 향해 화살을 쏘거나 창을 던지는 행위는 바로 선전포고를 뜻하는 것이었습니다. 다시 말하면 사람이나 국가가 상대방에게 화살을 쏘거나 창을 던져서 날아가 박힌 곳을 자기 영토라고 주장하는 것입니다. 그러한 도전에도 불구하고 상대방이 아무런 저항을 하지 않는다면 화살을 쏜 사람이 그 땅을 차지할 수 있다는 것을 의미합니다. 그러므로 엘리사가 요아스 왕의 손에 자기의 손을 얹어 힘을 북돋아 주고 아람을 향해 화살을 쏘게 한 것은 하나님께서 아람과의 전쟁에서 반드시 승리케 하신다는 것입니다.

셋째, 요아스에게 땅을 치라고 했습니다.

엘리사는 아람 나라를 향해 화살을 쏘게 한 다음 이제는 다시 화살을 취하게 하여 그 화살로 땅을 치라고 했습니다(왕하 13:18). 이것은 아람을 향해 화살을 이미 쏘았으니 이제는 완전한 승리를 이루라는 것입니다. 그러므로 요아스는 그에 대한 확신을 가지고 땅을 여러 번 쳤어야 했습니다. 그런데 요아스 왕이 세 번 치고 그치자 엘리사가 화를 내어 "왕이 오륙 번을 칠 것이니이다 그리하였더면 왕이 아람을 진멸하도록 쳤으리이다"(왕하 13:19)라고 했습니다. 여기에서 우리에게 주는 교훈은 요아스 왕이 승리에 대한 확신이 부족했다는 것입니다. 다시 말하면, 요아스 왕이 아람을 향해 화살을 쏠 때는 자신 있게 순종했으면서도 땅을 치라고 할 때는 그에 대한 확신을 갖지 못하고 소극적이었다는 것입니다. 화살을 쏠 때는 순수하게 순종하고 땅을 칠 때는 소극적이었습니다. 때문에 그는 아람 나라와의 전쟁에서 세 번은 승리했으나 완전한 승리는 이루지 못했습니다.

사랑하는 성도 여러분!

우리 모두 이 민족과 나라를 위해 눈물로 기도합시다. 또한 우리의 마음 문을 목표를 향해 활짝 엽시다. 그리고 그 목표가 우리의 발로 정복될 때까지 끊임없이 노력하고 계속 전진합시다. 그리하여 때마다 일마다 승리하시기 바랍니다.

3. 엘리사의 죽음과 기적

첫째, 죽은 자의 시체가 살아났습니다.

위대한 선지자인 엘리사도 마침내 죽어 장사되었습니다. 그리고 해가 바뀌었습니다. 이스라엘은 그동안 당시 강국이었던 아람 나라의 공격만 생각해 왔습니다. 그런데 이것이 웬일입니까? 미처 생각지도 못했던 모압 적당들이 이스라엘을 침략했습니다. 바로 그때에 엘리사의 묘실 옆에서 장사하던 자들이 적당들을 보고 그 시체를 엘리사의 묘실에 던지자 엘리사의 뼈에 닿은 시체가 곧바로 살아났습니다(왕하 13:20~21). 그렇습니다. 하나님의 사람이 끼치는 영향력은 영원합니다. 이것은 여호와께서 엘리사의 하나님이신 것을 보여 주신 것으로서, 비록 엘리사는 죽었지만 하나님께서는 지금 이 시간에도 당신의 백성들과 함께하신다는 사실을 보여 주신 것입니다. 우리가 이 세상을 살다 보면 미처 생각하지 못했던 일들로 인해 마음이 상하고 손해를 보며 고생하는 경우가 너무나도 많습니다. 그러므로 우리 모두는 언제나 경성하여 기도하고 사명에 충성해야 합니다.

둘째, 성도들의 죽음은 잠자는 것입니다.

당시의 묘실은 언덕이나 암벽에 굴을 파서 방과 같은 공간을 만들고 그 안에다 시체를 안치했습니다. 때문에 근동 지방에 가면 묘들이 다 조그마한 집들과 흡사합니다. 무덤의 입구를 돌로 막았기 때문에 돌문을 치우고 그 안에 다른 시체들도 던져 넣을 수 있었습니다. 때문에 무덤이 오래되어 시체가 다 썩어 없어진 곳에서는 사람들이 들어가 살기도 했습니다. 그래서 성도들이 핍박을 피해 숨어서 예배드린 카타콤 교회(무덤교회)가 생기게 된 것입니다. 실로 엘리사의 죽음은 성도들의 죽음과 같이 주 안에서 잠자는 것이었습니다(살전 4:14). 다시 말하면, 성도들은 육체적인 죽음으로 끝나는 것이 아닙니다. 이것은 성도들에게 있어서 육체적인 죽음은 아무것도 아니라는 사실입니다.

셋째, 전능하신 하나님의 능력입니다.

죽은 자의 시체가 엘리사의 뼈에 부딪치자 곧바로 살아나게 된 것은 전지전능하신 하나님만이 행하실 수 있는 기적입니다. 하나님께서는 엘리사가 비록 병들어 죽었지만 그가 섬기던 하나님은 영원히 살아 계셔서 당신의 백성들을 도우신다는 사실을 사람들에게 깨우쳐 주신 것입니다. 또한 훌륭한 지도자가 죽는다고 할지라도 하나님께서는 그것과는 상관없이 모든 일들을 책임져 주신다는 것입니다. 그러므로 우리는 그 어떤 경우에도 걱정하거나 두려워할 필요가 없습니다.

사랑하는 성도 여러분!

전지전능하신 하나님께서는 언제나 우리와 함께하십니다. 그러므로 그 어떤 것도 두려워하지 말고 자신 있게 나아갑시다. 전능하신 하나님을 믿고 맡은 바 사명을 충성되이 감당하는 성도들이 되시기 바랍니다.

십팔만 오천 명을 죽이심

[열왕기하 19장 20~37절]

아모스의 아들 이사야가 히스기야에게 기별하여 가로되 이스라엘 하나님 여호와의 말씀이 네가 앗수르 왕 산헤립 까닭에 내게 기도하는 것을 내가 들었노라 하셨나이다 여호와께서 앗수르 왕에게 대하여 이같이 말씀하시기를 처녀 딸 시온이 너를 멸시하며 너를 비웃었으며 딸 예루살렘이 너를 향하여 머리를 흔들었느니라 네가 누구를 꾸짖었으며 훼방하였느냐 누구를 향하여 소리를 높였으며 눈을 높이 떴느냐 이스라엘의 거룩한 자에게 그리하였도다 네가 사자로 주를 훼방하여 이르기를 내가 많은 병거를 거느리고 여러 산꼭대기에 올라가며 레바논 깊은 곳에 이르러 높은 백향목과 아름다운 잣나무를 베고 내가 그 지경 끝에 들어가며 그 동산의 무성한 수풀에 이르리라 내가 땅을 파서 이방의 물을 마셨고 나의 발바닥으로 애굽의 모든 하수를 말렸노라 하였도다 네가 듣지 못하였느냐 이 일은 내가 태초부터 행하였고 상고부터 정한 바라 이제 내가 이루어 너로 견고한 성들을 멸하여 돌무더기가 되게 함이니라 그러므로 그 거한 백성의 힘이 약하여 두려워하며 놀랐나니 저희는 마치 들의 풀 같고 나물 같고 지붕의 풀 같고 자라기 전에 마른 곡초 같으니라 네 거처와 네 출입과 네가 내게 향한 분노를 내가 다 아노니 네가 내게 향한 분노와 네 교만한 말이 내 귀에 들렸도다 그러므로 내가 갈고리로 네 코에 꿰고 자갈을 네 입에 먹여 너를 오던 길로 끌어 돌이키리라 하셨나이다 또 네게 보일 징조가 이러하니 너희가 금년에는 스스로 자라난 것을 먹고 명년에는 그것에서 난 것을 먹되 제삼년에는 심고 거두며 포도원을 심고 그 열매를 먹으리라 유다 족속의 피하고 남은 자는 다시 아래로 뿌리가 서리고 위로 열매를 맺을지라 남은 자는 예루살렘에서부터 나올 것이요 피하는 자는 시온산에서부터 나오리니 여호와의 열심이 이 일을 이루리라 하셨나이다 그러므로 여호와께서 앗수르 왕을 가리켜 이르시기를 저가 이 성에 이르지 못하며 이리로 살을 쏘지 못하며 방패를 성을 향하여 세우지 못하며 치려고 토성을 쌓지도 못하고 오던 길로 돌아가고 이 성에 이르지 못하리라 하셨으니 이는 여호와의 말씀이시라 내가 나와 나의 종 다윗을 위하여 이 성을 보호하여 구원하리라 하셨나이다 하였더라 이 밤에 여호와의 사자가 나와서 앗수르 진에서 군사 십팔만 오천을 친지라 아침에 일찍이 일어나 보니 다 송장이 되었더라 앗수르 왕 산헤립이 떠나 돌아가서 니느웨에 거하더니 그 신 니스록의 묘에 경배할 때에 아드람멜렉과 사레셀이 저를 칼로 쳐 죽이고 아라랏 땅으로 도망하매 그 아들 에살핫돈이 대신하여 왕이 되니라

우리가 육을 입고 험악한 이 세상을 살아가노라면 미처 생각하지 못했던 어려운 일들을 당하는 경우도 있습니다. 그런데 문제는 많은 사람들이 여기에서 실망과 좌절의 늪에 빠져 폐인처럼 살아간다는 것입니다. 그러나 오늘 본문의 히스기야는 풍전등화와 같은 국가적인 위기에서도 전능하신 하나님을 믿고 의지하여 원수를 무찌르고 대승을 거두는 현장을 보여 주고 있습니다.

1. 앗수르 왕의 유다 침략

첫째, 산헤립이 유다를 침략했습니다.

북왕국 이스라엘을 침략하여 정복한 앗수르는 그 여세를 몰아 산헤립 왕 때에 반앗수르 정책을 취하는 남왕국 유다를 침략했습니다. 남왕국 유다보다도 월등한 군사력을 가진 앗수르는 유

다의 변경 지역에 있는 견고한 성읍들을 차례로 정복했습니다(왕하 18:13). 이제 유다의 수도인 예루살렘을 제외한 모든 성읍들까지 다 정복된 것입니다. 종교개혁에 힘쓰던 히스기야에게 있어서 앗수르의 침략은 참으로 말할 수 없는 큰 재앙이었습니다. 마찬가지로 우리가 이 세상을 살아갈 때에 어떻게 하든지 아름답고 선하게 살아 보려고 노력함에도 불구하고 원치 않는 어려움과 고난, 환난이 닥치는 경우들이 많이 있습니다. 그러나 우리 성도들은 세상 사람들처럼 낙심하고 좌절해서는 안 됩니다. 오히려 그러한 어려운 조건과 환경을 통해서 하나님께서 우리에게 말씀하시는 세미한 음성을 듣고 성공의 기회로 삼아야 합니다.

둘째, 히스기야는 굴욕적으로 대처했습니다.

파죽지세로 공격해 오는 앗수르 왕 산헤립의 침략에 다급해진 히스기야는 산헤립에게 사람을 보내어 "내가 범죄하였나이다 나를 떠나 돌아가소서 왕이 내게 지우시는 것을 내가 당하리이다"(왕하 18:14)라고 빌었습니다. 그것은 히스기야 왕이 그동안 반앗수르 정책을 썼던 것에 대해 용서를 빈 것이었습니다. 그렇게도 단호하게 반앗수르 정책을 썼던 그였지만 막강한 앗수르의 힘에 밀려 항복한 것입니다. 그러자 산헤립은 "은 삼백 달란트와 금 삼십 달란트를 정하여"(왕하 18:14) 자신에게 바치도록 했습니다. 이에 히스기야 왕은 산헤립이 요구한 금액을 조달하기 위해 여호와의 전과 왕궁 곳간에 있는 은을 다 주었고, 심지어는 여호와의 전 문의 금과 모든 기둥에 입힌 금까지도 다 벗겨 주었습니다. 그렇습니다. 믿음으로 하지 않는 모든 것은 다 이렇게 비참한 실패를 가져옵니다.

셋째, 산헤립의 침략이 계속되었습니다.

산헤립 왕은 유다로부터 군대를 철수하고 침략하지 않는다는 조건으로 히스기야 왕으로부터 많은 공물을 받았음에도 불구하고 그의 침략은 계속되었습니다. 앗수르 왕은 이전보다 더 많은 군사를 보내어 예루살렘으로 진격하여 히스기야 왕을 나오도록 했습니다. 그리고 자신의 군대장군인 랍사게를 통해 상한 갈대 지팡이 같은 애굽이나 심히 허약한 유다의 군사력을 의지하지 말고 빨리 나와 항복하라고 했습니다(왕하 18:21~24) 더 나아가 자신들이 이렇게 예루살렘을 멸하러 온 것은 '여호와의 뜻' 에 의함이라고 여호와의 이름을 팔기까지 했습니다(왕하 18:25). 그렇습니다. 하나님을 신뢰하지 않고 산헤립을 믿었던 히스기야는 더 큰 고난에 직면하게 된 것입니다.

사랑하는 성도 여러분!

우리 모두 어떠한 고난도 두려워 맙시다. 이유 여하를 막론하고 범사에 전능하신 하나님만 믿고 항상 믿음의 방법으로만 대처합시다. 그리하여 때마다 일마다 완전한 승리를 이루시기 바랍니다.

2. 하나님을 의지하는 히스기야

첫째, 성전에 들어가 기도했습니다.

앗수르 왕이 자신의 군대장관인 랍사게를 통해 "사마리아를 내 손에서 건졌느냐"(왕하 18:34), "여호와가 예루살렘을 내 손에서 능히 건지겠느냐"(왕하 18:35)라고 했다는 말을 신하들을 통해 전해 들은 히스기야는 옷을 찢고 굵은 베를 입고 여호와의 전에 들어가 기도했습니다. 이것은 바로 환난 중에 우리가 취해야 할 믿음의 자세입니다. 여기에서 히스기야가 옷을 찢은 것은 극한 슬픔과 원통함을 나타낸 것이요, 베옷을 입은 것은 그가 애통한 마음으로 회개한 것을 의미합니다. 히스기야가 이토록 심하게 원통함을 느낀 것은 자신이나 유다가 모욕받은 것보다도 산헤립이 거룩하신 하나님을 모독했기 때문입니다. 그렇습니다. 진정한 성도는 그 무엇보다도 하나님의 이름에 누를 끼치게 될 때에 심한 마음의 고통을 느끼게 됩니다.

둘째, 신하들을 이사야에게 보냈습니다.

히스기야는 국가적인 위기를 당했을 때에 자기 자신만 성전에 들어가 기도한 것이 아니라 신하들을 이사야 선지자에게 보내어 기도하도록 부탁했습니다. 이것은 히스기야가 이제는 모든 것을 다 전능하신 하나님께 맡기고 그분이 원하시는 대로 따르기로 결심한 것입니다. 그래서 히스기야가 이사야에게 보낸 사자들은 "히스기야의 말씀이 오늘은 곤란과 책벌과 능욕의 날이라 아이가 임신하였으나 해산할 힘이 없도다 랍사게가 그 주 앗수르 왕의 보냄을 받고 와서 사신 하나님을 훼방하였으니 당신의 하나님 여호와께서 혹시 저의 말을 들으셨을지라……그 들으신 말을 인하여 꾸짖으실 듯하니 당신은 이 남아 있는 자를 위하여 기도하소서"(왕하 19:3~4)라고 했습니다. 이것은 히스기야가 주의 종인 이사야를 통해서 하나님께서 말씀하실 것을 믿은 것입니다.

셋째, 하나님께서 이사야를 통해 말씀하셨습니다.

하나님께서는 히스기야가 성전에 들어가 기도한 것을 들으시고 당신의 종인 이사야를 통해 세 가지로 응답해 주셨습니다. 먼저 열방을 정복한 앗수르 왕 산헤립은 하나님의 손에 붙잡혀 잠깐 사용된 도구에 불과한 것이요(왕하 19:20~28), 또한 이스라엘의 남은 자(남유다인들)는 비록 2년간 추수를 하지 못하게 되더라도 하나님께서 특별한 섭리로 살아가도록 해주신다는 것이었습니다(왕하 19:29~31). 마지막으로 예루살렘이 절대로 앗수르의 손에 망하지 않는다는 것이었습니다(왕하 19:32~34). 사랑의 하나님께서는 히스기야의 형편을 소상히 아시고 그가 미처 구하지 못한 것까지도 정확히 응답해 주신 것입니다.

사랑하는 성도 여러분!

우리 모두 힘들고 어려울 때에 하나님의 성전에서 기도합시다. 언제나 주의 종들을 신뢰하고 그를 통해 허락하시는 하나님의 말씀에 귀를 기울이고 순종합시다. 전능하신 하나님께서 우리 자신보다도 우리의 형편과 사정을 더 잘 아시고 가장 필요한 것으로 응답해 주십니다.

3. 승리하도록 도우시는 하나님

첫째, 산헤립은 하나님을 모독했습니다.

산헤립은 히스기야의 신앙을 공격했습니다. 왜냐하면 히스기야가 절대적인 군사력의 열세에도 불구하고 여호와 하나님을 의지하는 굳건한 신앙(왕하 18:5)으로 완강하게 버티면서 끝까지 항복하지 않았기 때문입니다. 그래서 산헤립은 히스기야가 여호와 하나님에 대한 신앙을 버리기만 하면 그냥 쉽게 예루살렘을 정복할 수 있다고 생각하고 히스기야의 신앙을 공격하고 하나님을 모독한 것입니다. 산헤립은 백성들에게는 '히스기야에게 속지 말라' 고 회유했으며, 히스기야에게는 '하나님에게 속지 말라' 고 조롱했습니다(왕하 19:10). 이것은 산헤립이 완강하게 버티고 있는 히스기야를 무력으로 정복하기보다는 그냥 쉽게 항복을 받아내기 위해서였습니다. 한마디로 이미 승리한 전쟁이라고 생각하고 있는 오만한 태도였습니다.

둘째, 편지를 펴 놓고 기도했습니다.

히스기야는 사자의 손을 통해 산헤립의 편지를 받은 즉시 여호와의 전에 올라가서 그 편지를 하나님 앞에 펴 놓고 기도했습니다. 그것은 히스기야가 범사를 하나님께 맡기고 의지한다는 것을 나타낸 것입니다. 그는 천지만물을 창조하시고 주관하시는 하나님을 부르면서 기도했습니다(왕하 19:15). 또한 산헤립이 하나님을 모독하고 훼방하는 말을 들으시고 그들을 벌하시사 유다 백성들을 패역한 앗수르 왕의 손에서 구원해 달라고 기도했습니다(왕하 19:16~19). 그렇습니다. 우리도 힘들고 어려울 때에 우리의 힘이 되시는 여호와께 부르짖어 기도해야 합니다.

셋째, 하나님께서 도우셨습니다.

하나님께서는 산헤립의 편지를 하나님 앞에 펴 놓고 기도한 히스기야의 기도를 들으셨습니다. 히스기야의 기도를 들으신 하나님께서는 산헤립에게 "네 거처와 네 출입과 네가 내게 향한 분노를 내가 다 아노니 네가 내게 향한 분노와 네 교만한 말이 내 귀에 들렸도다 그러므로 내가 갈고리로 네 코에 꿰고 자갈을 네 입에 먹여 너를 오던 길로 끌어 돌이키리라"(왕하 19:27~28)고

하셨습니다. 그리고 하나님께서 밤중에 사자를 보내어 앗수르 진에 있는 군사 18만 5천 명을 모조리 다 죽이셨습니다(왕하 19:35). 또한 하나님을 모독하고 이스라엘을 괴롭혔던 산헤립은 자신이 섬기는 우상에게 절하다가 피살되는 비참한 최후를 맞았습니다. 그렇습니다. 이 세상에서 자기 자신이 강하다고 큰소리 치는 자들도 전능하신 하나님 앞에서는 아무것도 아닙니다. 그러므로 우리 인간은 그 어떤 이유로도 교만할 수 없습니다.

사랑하는 성도 여러분!

우리 모두 그 어떤 이유로도 우리의 언행심사와 삶을 통해 하나님께 욕을 돌리는 일이 있어서는 안 됩니다. 또한 힘들고 어려울 때에 그 모든 것들을 하나님께 맡기고 기도합시다. 좋으신 하나님께서 우리의 기도를 들으시고 반드시 승리케 하실 것입니다.

히스기야의 병을 고치심

[열왕기하 20장 1~7절]

그때에 히스기야가 병들어 죽게 되매 아모스의 아들 선지자 이사야가 저에게 나아와서 이르되 여호와의 말씀이 너는 집을 처치하라 네가 죽고 살지 못하리라 하셨나이다 히스기야가 낯을 벽으로 향하고 여호와께 기도하여 가로되 여호와여 구하오니 내가 진실과 전심으로 주 앞에 행하며 주의 보시기에 선하게 행한 것을 기억하옵소서 하고 심히 통곡하더라 이사야가 성읍 가운데까지도 이르기 전에 여호와의 말씀이 저에게 임하여 가라사대 너는 돌아가서 내 백성의 주권자 히스기야에게 이르기를 왕의 조상 다윗의 하나님 여호와의 말씀이 내가 네 기도를 들었고 네 눈물을 보았노라 내가 너를 낫게 하리니 네가 삼 일 만에 여호와의 전에 올라가겠고 내가 네 날을 십오 년을 더할 것이며 내가 너와 이 성을 앗수르 왕의 손에서 구원하고 내가 나를 위하고 또 내 종 다윗을 위하므로 이 성을 보호하리라 하셨다 하라 하셨더라 이사야가 가로되 무화과 반죽을 가져오라 하매 무리가 가져다가 그 종처에 놓으니 나으니라

그 사람의 신앙이나 인간의 됨됨이는 평상시에는 알 수 없고 그 사람이 어떤 극한 어려움이나 고난에 직면했을 때에야 비로소 나타난다고 합니다. 오늘 본문의 히스기야 왕은 자기 자신이 죽을병에 걸리고 나라가 위기에 처했을 때에 이 세상의 그 어떤

것도 의지하지 않고 오직 전능하신 하나님만 의지하였습니다. 그리함으로 자신도 죽을병에서 고침 받아 15년간의 생명을 연장받고, 나라도 앗수르라는 강국의 손아귀에서 구원받는 대역사를 이루는 것을 보게 됩니다. 우리도 본문을 통해 히스기야와 같이 변함없는 견고한 믿음과 기도로 때마다 일마다 언제나 승리의 삶을 사는 자들이 되어야겠습니다.

1. 병들어 죽게 된 히스기야

첫째, 히스기야는 선정을 베푼 왕이었습니다.

히스기야의 아버지는 성전 기구들을 취하여 우상숭배하는 데 사용하는 심히 사악한 아하스 왕이었습니다. 그러나 그는 악한 아버지의 영향을 받지 않고 경건한 어머니의 신앙을 본받아 그의 조상 다윗과 같이 정직하게 행하는 믿음의 사람이었습니다. 그는 약관 25세에 유다 왕으로 등극하여 왕이 되자마자 성전을 정결케 하는 일부터 시작하여 부친이 사용하던 우상숭배의 제단을 훼파하고 새로이 유월절을 제정하는 등 개혁을 단행하면서 선정을 베풀었습니다. 뿐만 아니라 그는 개인적인 고난이나 민족적인 고난 앞에서도 좌절하지 않고 전심을 다해 하나님께 간구하는 기도의 사람이었습니다. 하지만 이사야 선지자의 경고를 무시하고 친애굽 정책을 펴고 반앗수르 정책을 펴다가 앗수르의 공격으로 유다 성읍들이 함락되기도 했습니다(왕하 18:7~16). 그리고 바벨론 왕의 문병 사신들 앞에서 자신의 부귀영화를 자랑하는 경솔함과 교만함도 있었습니다.

둘째, 갑자기 병이 들었습니다.

유다의 역대 왕들 중에서 가장 선한 왕으로서 신앙으로 개혁 정치를 펼친 히스기야였지만 갑자기 예기치 못한 병에 걸리게 되었습니다. 그는 지금 한 나라의 왕으로서 최고의 지위와 권세, 명예와 부를 한 몸에 지니고 있는 사람이었습니다. 그러나 그가 가진 지위나 권세, 명예와 부가 그에게 엄습한 질병과 죽음을 막을 수는 없었습니다. 질병과 죽음은 그 사람의 지위나 권세, 명예와 부에 상관없이 누구에게나 예고 없이 찾아옵니다. 그러므로 이 세상에서 자신의 장래를 미리 내다볼 수 있는 사람은 하나도 없습니다. 또한 히스기야가 병이 들었을 때는 산헤립이 유다를 공격하기 시작했을 때입니다. 때문에 국가적으로도 어려운 시점이었습니다. 참으로 설상가상의 아픔이 아닐 수 없었습니다. 여기서 우리가 한 가지 생각할 수 있는 것은 질병이나 죽음은 이렇게 한 인간이나 가정, 국가의 입장이나 처지와는 상관없이 찾아온다는 것입니다. 한마디로 아주 냉정하다는 것입니다.

셋째, 죽고 살지 못한다고 했습니다.

하나님께서는 이사야 선지자를 통해서 "너는 집을 처치하라 네가 죽고 살지 못하리라"(왕하 20:1)고 하셨습니다. 이 말씀은 바로 히스기야가 죽을병에 걸린 것이라고 말씀해 주신 것입니다. 히스기야가 왜 이렇게 죽을병에 걸리게 되었는지에 대해서는 분명한 기록이 없습니다. 그렇습니다. 인간들이 가장 무서워하는 이 질병과 죽음은 그 어떤 분명한 이유를 가지고 우리에게 다가오는 것이 아닙니다. 그러므로 이 모두가 다 비밀입니다. 그러나 한 가지 분명한 것은 이러한 모든 일들은 다 우리 인간들의 생사화복을 주관하시는 하나님께 속했다는 것입니다.

사랑하는 성도 여러분!

우리 모두 히스기야처럼 믿음으로 살면서 선한 일에 열심을 냅시다. 뿐만 아니라 까닭 없는 애매한 일을 당했을 때에도 흔들림 없이 믿음으로 대처합시다. 그리고 그 어떠한 절망적인 상황에 처했다고 할지라도 생명의 주인이신 하나님께 모든 것을 맡기고 자신 있게 살아가시기 바랍니다.

2. 간절히 기도한 히스기야

첫째, 낯을 벽으로 향하고 기도했습니다.

이사야 선지자로부터 자신의 죽음을 통고받은 히스기야는 "낯을 벽으로 향하고 여호와께 기도"(왕하 20:2)했습니다. 그는 한 나라의 왕이기 때문에 이 세상에서 가장 유명한 의사나 좋은 약을 구할 수 있었습니다. 그러나 히스기야는 그러한 것을 의지하지 않고 오직 살아 계신 하나님만 믿고 그분께 자신의 생명을 맡기겠다는 것입니다. 그렇습니다. 이 세상의 지위와 권세, 명예나 물질로는 죄와 질병, 죽음의 문제를 해결할 수 없습니다. 오직 인간의 생사화복을 주관하시는 하나님만이 해결하실 수 있습니다. 때문에 히스기야가 낯을 벽으로 향하고 기도한 것입니다.

둘째, 진솔하게 기도했습니다.

히스기야는 자신이 이 세상에 태어나서 살아온 것을 하나님께서 잘 아신다고 진솔하게 고백하며 기도했습니다. 그렇습니다. 간절한 기도는 솔직한 자기 표현에서 시작됩니다. 자기 자신의 부족이나 실수, 죄에 대해 변명하거나 미사여구로 포장해서는 진실한 기도가 될 수 없습니다. 자기 자신의 부족한 모습들을 있는 그대로 솔직하게 내어 놓고 진솔한 기도로 용서를 빌 때에 하나님의 응답을 받을 수 있습니다.

셋째, 통곡하며 기도했습니다.

히스기야는 한 나라의 왕으로서 고귀한 신분과 명예, 지위와 권세를 가지고 있었습니다. 그러나 그가 병에 걸려 사망선고를 받은 후에는 자신의 고귀한 신분이나 명예, 지위나 권세에 따른 체면 따위는 아예 생각지도 않았습니다. 자신의 생사화복을 친히 주장하시는 전능하신 하나님 앞에 이제 한창 일할 나이인 자신을 기억해 달라고 떼를 쓰면서 통곡하며 기도한 것입니다. 그가 죽은 후에 그의 뒤를 이어 왕위를 물려받을 만한 아들도 없었습니다. 때문에 자신에게 내려진 사형선고는 너무나도 충격적이었습니다. 그러므로 통곡하지 않을 수 없었습니다.

사랑하는 성도 여러분!

우리 인생들의 생사화복은 오직 전능하신 하나님께 달려 있습니다. 그러므로 이 세상 그 어떤 것도 의지하지 않고 하나님만 의지해야 합니다. 언제 어디서나, 어떤 상황에서든지 그분만 믿고 진솔하게 기도합시다. 그리하여 때마다 일마다 응답받는 승리의 삶을 사시기 바랍니다.

3. 속히 응답받은 히스기야

첫째, 히스기야의 기도를 들으셨습니다.

히스기야에게 죽음을 선고한 이사야가 미처 왕궁을 빠져나가기도 전에 하나님께서는 히스기야의 기도를 들으시고 이사야를 통해 히스기야에게 "왕의 조상 다윗의 하나님 여호와의 말씀이 내가 네 기도를 들었고 네 눈물을 보았노라 내가 너를 낫게 하리니 네가 삼 일 만에 여호와의 전에 올라가겠고"(왕하 20:5)라고 전하게 하셨습니다. 이 말씀은 바로 히스기야가 3일 만에 치료를 받아 성전에 올라가 하나님께 예배를 드릴 수 있으며, 왕권을 행사할 수 있게 될 것이라는 말씀입니다. 여호와 하나님으로부터 "너는 집을 처치하라 네가 죽고 살지 못하리라"(왕하 20:1)고 사망선고를 받은 히스기야가 낯을 벽으로 향하고 통곡하면서 드린 기도를 하나님께서 들으시고 즉시로 응답하신 것입니다. 그래서 히스기야에게 사망선고를 내리고 왕궁을 나오던 이사야는 다시 들어가서 그의 치유를 선언했습니다. 그렇습니다. 하나님께서는 언제나 이렇게 전능하신 하나님만 믿고 진실하게 그리고 간절히 간구하는 자의 기도를 들으시고 응답하십니다.

둘째, 히스기야의 생명을 연장시키시고 나라까지 구원해 주셨습니다.

하나님께서는 히스기야의 기도를 들으시고 당신의 종 이사야를 통해서 무화과 반죽을 히스기야의 종처에 놓아 낫게 하셨습니다. 여기서 한 가지 깨달아야 할 것은 하나님께서는 말씀만으로도 기사와 이적을 행하시는 능력 있는 분이시지만 약을 사용하셔서 병을 고치기도 하셨다는 것입니다. 더 나아가 히스기야의 생명을 15년이나 더 연장시켜 주셨습니다. 그러므로 우리가 이 세상에서 그 어떠한 절망적인 상황에 처하여도 절대 낙망할 필요가 없습니다. 히스기야처럼 살아 계신 하나님께 소망을 두고 간절히 기도한다면 나 자신은 물론 우리의 가정과 교회, 이 나라가 놀라운 사랑과 은혜, 복을 받게 되기 때문입니다.

셋째, 이 모든 일들이 하나님 자신과 다윗을 위함이라고 하셨습니다.

하나님께서 남유다를 앗수르의 손에서 구원하시는 것은 하나님 자신을 위한 것임을 밝히고 있습니다(왕하 19:34, 20:6). 남유다의 구원이 어떤 왕이나 백성들의 신앙적인 공로에 근거한 것이 아니라 하나님 자신의 영광을 드러내기 위함이라는 것입니다. 이것은 하나님이 이방의 우상들과는 전혀 다르시다는 것을 이 세상에 나타내고자 하신 것입니다. 또한 하나님께서는 '다윗을 위하여' 남유다를 구원하실 것이라고 하셨습니다. 이것은 다윗의 후손에게 견고한 왕권을 영원토록 주시겠다(삼하 7:13~16)고 한 언약 때문이라는 것입니다. 그렇습니다. 하나님께서는 이렇게 약속에 신실하십니다. 그러므로 우리도 하나님과의 약속은 물론 인간들과의 약속까지도 신실하게 지켜야 합니다.

사랑하는 성도 여러분!

믿음의 기도는 역사하는 힘이 커서 기사와 이적을 일으킵니다. 또한 하나님의 사랑과 은혜는 우리의 상상을 초월합니다. 그리고 하나님 자신의 영광을 위해서라도 우리의 삶과 현장 위에 넘치는 복을 주십니다. 그러므로 찬송과 감사가 넘치는 삶을 사시기 바랍니다.

해를 뒤로 물러가게 하심

[열왕기하 20장 8~11절]

히스기야가 이사야에게 이르되 여호와께서 나를 낫게 하시고 삼 일 만에 여호와의 전에 올라가게 하실 무슨 징조가 있나이까 이사야가 가로되 여호와의 하신 말씀을 응하게 하실 일에 대하여 여호와께로서 왕에게 한 징조가 임하리이다 해 그림자가 십도를 나아갈 것이니이까 혹 십도를 물러갈 것이니이까 히스기야가 대답하되 그림자가 십도를 나아가기는 쉬우니 그리할 것이 아니라 십도가 물러갈 것이니이다 선지자 이사야가 여호와께 간구하매 아하스의 일영표 위에 나아갔던 해 그림자로 십도를 물러가게 하셨더라

이 세상의 모든 인간들은 다 죽음을 싫어하고 두려워합니다. 때문에 사람들은 이 죽음에 대해 이야기하는 것조차 꺼려하고 거부감을 느낍니다. 그렇다고 해서 이 죽음이 그 사람에게서 아주 떠나가는 것도 아니고 연기되는 것도 아닙니다. 이 죽음은 어느 누구에게나 반드시 찾아옵니다. 그러므로 우리 인간들의 삶에 있어서 잘사는 것도 중요하지만 아름답게 잘 죽는 것은 보다 더 중요합니다. 오늘 본문의 말씀은 죽을병에 걸린 히스기야가 치유받아 3일 만에 성전에 올라가고 15년을 더 살게 되겠다고

하는 말씀을 듣고 이사야에게 그러한 징조가 있느냐고 묻는 데서 비롯된 것입니다.

1. 징조를 구한 히스기야

첫째, 히스기야가 기도 응답의 징조를 구했습니다.

히스기야는 이사야 선지자가 자신의 종처에 무화과 반죽을 놓음으로 이미 나았음에도(왕하 20:7) 불구하고, 자신의 기도가 완전히 응답되어 3일 만에 성전에 올라갈 수 있으며 생명이 15년이 더 연장될 수 있는지 확인할 수 있는 징조를 보여 달라고 했습니다(왕하 20:8). 여기에서 생각할 수 있는 것은 이사야가 당시에 민간요법으로 사용되던 무화과 반죽을 히스기야의 종처에 발랐을 때에 한 순간에 다 나은 것이 아니라 점진적으로 회복된 것임을 알 수 있습니다. 때문에 히스기야에게 있어서는 자신의 건강이 완전히 회복되어 하나님의 성전에 올라갈 수 있는 그 시간이 참으로 초조하고 긴 시간이었을 것입니다. 그렇습니다. 병상에 누워 있는 사람들이나 그 어떤 꿈과 소망이 있는 사람들의 한결같은 마음가짐은 다 히스기야의 심정과 똑같을 것입니다.

둘째, 하나님께서 징조를 보여 주셨습니다.

히스기야는 이사야를 통해 허락하신 하나님의 말씀을 그대로 믿고 감사하는 것이 아니라 징조를 구하는 연약한 인간적인 면을 보였습니다. 그러나 하나님께서는 히스기야를 사랑하시기 때문에 믿음이 연약한 자라고 책망하지 않으시고 그가 원하는 대로 징조를 보여 주셨습니다(출 3:12; 왕하 19:29; 사 7:11~14). 그렇습니다. 우리 하나님께서는 그 누구보다도 우리 인간들의 연약함을 잘 아시기 때문에 히스기야의 심정을 이해하시고 징조를 보여 주신 것처럼 우리에게도 오래 참으시고 여러 가지 이적으로 보여 주시고 있습니다. 그러나 분명한 것은 보지 않고 믿는 것이 보고 믿는 것보다 더 큰 믿음이요, 복된 믿음입니다(요 20:29). 그러므로 우리 모두는 하나님의 약속에 대한 징조를 구하는 신앙생활을 할 것이 아니라 하나님의 말씀을 그대로 믿고 무조건 순종하고 따르는 신앙생활을 해야 합니다.

셋째, 해시계의 그림자를 십도 물러가게 해 달라고 했습니다.

이사야 선지자는 히스기야에게 "여호와께로서 왕에게 한 징조가 임하리이다 해 그림자가 십도를 나아갈 것이니이까 혹 십도를 물러갈 것이니이까"(왕하 20:9)라고 두 가지 중에 어떤 방법이든지 하나를 선택하라고 했습니다. 이에 히스기야는 "그림자가 십도를 나아가기는 쉬우니 그리할 것이 아니라 십도가 물러갈 것이니이다"(왕하 20:10)라고 요구했습니다. 다시 말하면 히스기야는 해시계의 그림자를 뒤로 물러가게 하는 것이 훨씬 더 어렵다고 생각한 것입니다. 그러나 분명한 것은 전능하신 하나님께 있어서는 해시계의 그림자를 앞으로 십도를 더 가게 하든지 뒤로 십도를 물러가게 하든지 아무런 상관이 없습니다. 그럼에도 불구하고 히스기야의 요구는 인간적이고 연약한 믿음을 그대로 나타내 보이고 있습니다.

사랑하는 성도 여러분!

우리 모두 하나님께서 우리에게 허락해 주신 성경말씀을 그대로 믿고 순종하며 따르는 성도들이 됩시다. 패역한 시대처럼 기사와 이적을 구하는 신앙생활을 하지 말고 하나님의 말씀이 그대로 믿어지고 신뢰되는 멋진 성도들이 되시기 바랍니다.

2. 말씀대로 징조가 실현됨

첫째, 해시계의 그림자가 십도 물러났습니다.

이사야가 히스기야의 요청대로 여호와께 해시계의 그림자가 뒤로 십도 물러가기를 기도하자 해시계의 그림자가 뒤로 십도 물러갔습니다. 해시계의 그림자가 뒤로 십도 물러가는 것이 힘들 것이라고 생각하고 요구했던 히스기야의 생각과는 달리 해가 제대로 비치고 있는 상황에서 도저히 일어날 수 없는 불가능한 일이 현실로 나타난 것입니다. 이제 히스기야에게 있어서는 더 이상의 기적이 필요없었습니다. 이것은 하나님께서 히스기야의 요구에 아주 신실하게 응답해 주신 것입니다. 그렇습니다. 우리 하나님께서는 전지전능하시기 때문에 그 어떤 것도 불가능한 것이 없습니다. 그러므로 우리 모두는 그 어떤 것도 걱정할 필요가 없습니다.

둘째, 이 징조를 온 세상이 보았습니다.

해시계의 그림자가 뒤로 십도 물러간 이 징표는 히스기야의 왕궁 뜰에서만이 아니라 지구촌에 있는 다른 수많은 해시계에서도 똑같이 나타났습니다. 때문에 히스기야의 왕궁과는 멀리 떨어져 있는 바벨론의 방백들이 이와 같은 사실을 보고 히스기야에게 사람을 보내어 왜 이와 같은 사건이 발생했는지 자세하게 알아보도록 했습니다(대하 32:31). 이것은 바로 히스기야 왕궁에서 나타났던 해시계의 그림자가 뒤로 십도 물러간 이적이 이 세상 모든 곳에서 초자연적으로 나타났음을 증거한 것입니다. 그 전에도 하나님께서는 이스라엘이 아모리 사람들과 싸울 때에 여호수아가 하나님께 기도하고 "태양아 너는 기브온 위에 머무르라 달아 너도 아얄론 골짜기에 그리할지어다"(수 10:12)라고 하자 태양이 머물고 달이 그치게 하셨습니다(수 10:13). 이 모든 것은 이 세상 사람들에게 전능하신 하나님의 능력을 나타내 보이시기 위한 것이었습니다.

셋째, 전능하신 하나님의 사랑이었습니다.

하나님께서는 히스기야의 기도를 들으시고 죽을병을 고쳐 주시사 3일 만에 성전에 올라가게 하시고, 그의 생명을 15년이나 연장시켜 주겠다고 약속하셨습니다. 또한 사랑의 하나님께서는 약속에 대한 확증으로 히스기야가 요구한 대로 해시계의 그림자가 뒤로 십도 물러가도록 하셨습니다. 이것은 우리 인간들의 생사화복을 주관하시는 분은 오직 하나님 한 분뿐이라는 사실을 나타내 보이신 것입니다. 또한 하나님의 약속은 언제나 변함없이 신실하게 이루어 주신다는 것입니다. 그 하나님의 전능하심과 사랑, 약속은 독생자이신 예수 그리스도를 이 세상에 보내심으로 우리에게 확증되었습니다. 그러므로 우리 모두는 우리의 생명이신 예수 그리스도를 구주로 영접하고 그분이 원하시는 대로만 살아가야 합니다.

사랑하는 성도 여러분!

우리 모두 이 세상 만물들을 홀로 주관하시는 전능하신 하나님 앞에 모든 것을 다 맡기고 기도합시다. 반드시 응답하실 것입니다. 전능하신 하나님께서 우리와 함께하신다는 사실을 온 세상에 나타냅시다. 그리고 예수 그리스도를 구주로 믿는 변함없는 신앙으로 자신 있는 삶을 사시기 바랍니다.

3. 내 인생의 해시계

첫째, 해시계의 존재 의미는 해에 달려 있습니다.

해시계는 지구의 자전에 의하여 일어나는 태양의 그림자가 이동하는 것으로 시간의 경과를 읽는 장치입니다. 처음에는 수직으로 세운 막대기나 기둥이 지면에 나타내는 그림자의 이동으로 시각이나 계절을 읽고 쟀습니다. 그러나 그 후에는 보다 더 계량된 해시계들을 많이 만들었습니다. 그런데 이 해시계는 반드시 태양이 있어야만 그 기능을 나타냅니다. 마찬가지로 우리 인생도 의의 태양이 되시는 하나님이 없이는 생명의 존재 가치가 없습니다. 해시계라 해도 해가 없으면 제구실을 할 수 없는 것과 같이 우리 인생들도 마찬가지입니다. 그러므로 우리 모두는 언제나 내 인생의 주인이 되시는 하나님만 바라보고 살아야 합니다.

둘째, 해시계는 먹구름의 방해를 받기도 합니다.

해시계가 햇빛이 잘 드는 양지 바른 곳에 서 있다고 할지라도 먹구름이 하늘을 덮거나 비바람이 불고 눈보라가 몰아치면 제기능을 발휘할 수 없습니다. 마찬가지로 우리 인간들이 이 세상을 살아갈 때에도 때로는 근심과 걱정, 괴로움의 먹구름, 질병과 시련, 환난의 먹구름이 해를 가리움으로 우리의 인생길이 막히고 힘들 때가 많습니다. 그러므로 우리는 평상시에 열심 있는 예배와 기도, 겸손한 섬김과 봉사, 철저한 헌신과 충성을 통해 하나님과 깊은 관계의 체험을 가져야 합니다. 그래야 먹구름이 내 인생을 가릴 때에 헤쳐 나갈 수 있습니다.

셋째, 내 인생의 해시계 연수는 얼마일까요?

죽을병에 걸렸으나 하나님의 은혜로 15년을 연장받은 히스기야는 자신의 생명의 연한을 알 수 있었습니다. 그러나 이 세상의 그 어떤 인간도 자신이 이 세상에서 얼마나 살 것인가에 대한 연수를 아는 자는 아무도 없습니다. 또한 우리 인간이 자신의 연한을 안다고 하면 그것은 굉장한 불행일 것입니다. 그러므로 인간들의 생명의 연한은 모두가 다 비밀입니다. 우리 모두는 나 자신이 이 세상에서 사는 날이 얼마일지 모르기 때문에 그날그날을 최선을 다해 충성해야 합니다.

사랑하는 성도 여러분!

우리 모두 우리 인생의 생명이신 하나님만 바라보고 삽시다. 그 어떠한 시련과 역경, 환난이 엄습해 온다고 할지라도 두려워하지 맙시다. 그리고 우리의 생이 얼마일지는 모르지만 최선을 다해 열심히 충성합시다. 그리하여 우리 하나님을 영화롭게 하는 복된 자들이 되시기 바랍니다.

웃시야 왕의 이마에 문둥병이 발함

[역대하 26장 16~23절]

저가 강성하여지매 그 마음이 교만하여 악을 행하여 그 하나님 여호와께 범죄하되 곧 여호와의 전에 들어가서 향단에 분향하려 한지라 제사장 아사랴가 여호와의 제사장 용맹한 자 팔십 인을 데리고 그 뒤를 따라 들어가서 웃시야 왕을 막아 가로되 웃시야여 여호와께 분향하는 일이 왕의 할 바가 아니요 오직 분향하기 위하여 구별함을 받은 아론의 자손 제사장의 할 바니 성소에서 나가소서 왕이 범죄하였으니 하나님 여호와께 영광을 얻지 못하리이다 웃시야가 손으로 향로를 잡고 분향하려 하다가 노를 발하니 저가 제사장에게 노할 때에 여호와의 전 안 향단 곁 제사장 앞에서 그 이마에 문둥병이 발한지라 대제사장 아사랴와 모든 제사장이 왕의 이마에 문둥병이 발하였음을 보고 전에서 급히 쫓아내고 여호와께서 치시므로 왕도 속히 나가니라 웃시야 왕이 죽는 날까지 문둥이가 되었고 문둥이가 되매 여호와의 전에서 끊어졌고 별궁에 홀로 거하였으므로 그 아들 요담이 왕궁을 관리하며 국민을 치리하였더라 이 외에 웃시야의 시종 행적은 아모스의 아들 선지자 이사야가 기록하였더라 웃시야가 그 열조와 함께 자매 저는 문둥이라 하여 열왕의 묘실에 접한 땅 곧 그 열조의 곁에 장사하니라 그 아들 요담이 대신하여 왕이 되니라 이 세상에서 가장 믿음직하고 사랑할 만하며 존경스러운 사람은 바로 언제나 시종이 여일하게 사는 한결같은 사람입니다. 시간과 장소, 상황에 따라서나 아니면 자기 자신의 어떤 이익이나 편리를 위해 시시각각으로 변해 버린다고 하면 그 사람은 결코 신뢰받을 수 없습니다. 본문의 웃시야는 처음에는 하나님 앞에 정직히 행하고 하나님을 구하는 믿음의 삶으로 인하여 많은 복을 받았지만 그가 교만해서 변질됨으로 인하여 하나님의 저주를 받아 비참한 인간으로 전락해 버렸습니다. 그러므로 우리 모두는 믿음의 행위와 삶에 있어서 그 어떤 이유로도 부정적으로 변하는 인간이 되어서는 안 되겠습니다.

1. 변질되는 웃시야

첫째, 스가랴의 신앙 지도로 형통했습니다.

웃시야의 부친인 아마샤가 여호와를 배신했기 때문에 하나님께서 그를 심판하심으로 살해되었습니다(대하 25:27~28). 때문에 웃시야는 16세의 나이에 유다의 제10대 왕으로 즉위하여 장장 52년간을 치리했습니다. 그의 통치기간을 전반기와 후반기로 나눌 수 있는데, 전반기에는 스라갸 선지자의 신앙 지도를 받아 다윗과 같이 정직히 행하고 열심히 여호와를 구하였습니다. 여기에서 '여호와를 구한다' 는 것은 항상 여호와를 사모하고 계속 찾음을 의미합니다. 이에 하나님께서 그에게 복을 주심으로 나라의 영토가 확장되었습니다(대하 26:6~7). 국제적인 강국이 되었습니다(대하 26:8). 산업이 번영을 누렸습니다(대하 26:9~10).

군사적인 대국이 되었습니다(대하 26:11~15). 그렇습니다. 하나님께서는 주의 종의 신앙 지도를 잘 받아 하나님의 말씀에 순종하는 자에게는 언제나 이렇게 번영하는 복을 주십니다.

둘째, 스가랴 사망 후 그는 타락했습니다.

유다가 국내외적으로 점점 더 강해지고 물질적인 풍요를 누리게 되자 백성들은 사치와 연락에 빠졌고(사 3:18~23), 웃시야의 신앙은 돌이킬 수 없을 정도로 변질되었으며, 그의 교만 또한 극치를 이루었습니다. 그동안은 스가랴 선지자가 웃시야의 신앙을 지도해 왔으나 스가랴 선지자가 사망하자 그가 신앙 지도를 받지 못함으로 그의 신앙이 변질되었기 때문입니다. 그렇습니다. 신앙생활에 있어서 성도가 한 교회를 섬기며 주의 종의 신앙 지도를 받는다는 것은 대단히 큰 복입니다. 그러면 어떤 사람이 목회자의 신앙 지도를 받습니까? 신앙이 순수하고 건강한 사람이 받습니다. 신앙이 병든 사람은 절대로 신앙 지도를 받지 않습니다. 그러면 신앙 지도를 받지 않으면 어떻게 됩니까? 웃시야와 같이 순전한 신앙을 버리고 변질되어 결국은 타락할 수밖에 없습니다. 문제는 타락의 결국은 패망이라는 것입니다.

셋째, 교만하여 악을 행했습니다.

성경은 "저가 강성하여지매 그 마음이 교만하여 악을 행하여……"(대하 26:16)라고 하였습니다. 웃시야는 나라가 부강해지고 백성들이 잘살게 된 것은 스가랴 선지자의 신앙적인 영향이요 하나님의 사랑과 은혜라는 사실을 망각하고 자기가 잘나서 그렇게 된 것으로 착각했습니다. 이 교만은 타락에 앞선 것으로서, 문둥병과 같아서 자신이 잘못되었다는 것을 전혀 모릅니다.

또한 교만한 자는 고라의 일당이 그랬던 것처럼 그의 의식은 늘 부정적이고 입술에는 불만과 불평이 가득하고 작당하여 지도자를 거역하는 삶을 살다가 결국은 하나님께 버림받게 됩니다.

사랑하는 성도 여러분!

우리 모두 교회의 가르침에 "아멘" 하고 순종하는 참된 신앙인들이 됩시다. 다윗처럼 여호와 앞에서 정직히 행하고 늘 하나님을 구하는 신앙생활을 합시다. 그리고 언제나 지도자의 신앙지도를 겸손히 받는 신실한 신앙인들이 됩시다. 그리하여 변함없는 복을 누리시기 바랍니다.

2. 월권하는 웃시야

첫째, 웃시야가 분향하려고 했습니다.

웃시야는 나라가 부강해지고 태평성대를 누리게 되자 교만하여져서 이 세상에서 자기 외에는 아무것도 보이는 것이 없었습니다. 그는 유다에서 최고의 왕으로서 언제나 1인자인데 성전에만 가면 제사장이 분향합니다. 게다가 당시 근동 지방의 이방 나라 왕들은 모두가 다 왕이 제사장직을 겸하고 있었습니다. 그래서 웃시야도 자신이 정치와 종교를 다 한 손에 쥐기 위해서 제사장직을 탐했는지도 모릅니다. 그러나 분명한 것은 분향은 제사장만이 행할 수 있도록 이미 하나님의 법에 정해져 있었습니다. 그럼에도 불구하고 그는 제단에 나아가 분향하려고 한 것입니다. 그러므로 그 분향은 하나님께서 부여해 주신 고유한 제사장의 권위에 대한 도전으로서 무서운 죄였습니다. 하나님께서는 그 어떤 경우에도 당신이 세우신 제사장의 권위가 도전받는 것을 용납하지 않으십니다. 그것을 하나님에 대한 도전으로 보셨습니다. 때문에 인간적으로 어쩔 수 없는 딱한 형편에서 제사드린 사울 왕을 폐위시키셨습니다(삼상 13:8~14). 인간적인 선의의 생각으로 법궤를 만진 웃사를 현장에서 즉사케 하셨습니다.

둘째, 제사장들이 그의 분향을 말렸습니다.

대제사장 아사랴가 여호와의 제사장들 중에서 용맹한 자들, 다시 말하면 영향력 있는 대표자들 80명을 데리고 성소에 들어가 하나님의 법을 어기고 여호와께 분향하려는 웃시야에게 "웃시야여 여호와께 분향하는 일이 왕의 할 바가 아니요 오직 분향하기 위하여 구별함을 받은 아론의 자손 제사장의 할 바니 성소에서 나가소서 왕이 범죄하였으니 하나님 여호와께 영광을 얻지 못하리이다"(대하 26:18)라고 했습니다. 그들은 당시의 상황으로 봐서 그 누구도 감히 흉내낼 수 없는 담대함으로 웃시야의 범죄행위를 단호하게 책망했습니다. 참으로 용감한 제사장들이었습니다. 그것은 바로 웃시야 자신을 위한 것이었으므로 그는 겸손한 자세로 자신의 잘못을 뉘우치고 회개해야 했습니다.

셋째, 웃시야가 제사장에게 노를 발했습니다.

교만이 극에 달하여 분수를 모르는 웃시야는 아사랴를 비롯한 80명의 제사장들이 그토록 만류했음에도 불구하고 자신의 잘못을 돌이켜 회개하기는커녕 오히려 제사장들에게 화를 냈습니다(대하 26:19). 그가 손으로 향로를 잡고 분향하려다가 제사장들에게 노를 발할 때에 하나님께서 그에게 진노하심으로 그의 이마에 문둥병이 발했습니다. 그렇습니다. 문둥병은 하나님께서 내리시는 저주의 상징입니다. 때문에 지도자인 모세의 권위에 도전한 미리암도 문둥병에 걸렸고, 제사장에게 화를 내고 그 권위에 도전하는 웃시야도 문둥병으로 저주하신 것입니다.

사랑하는 성도 여러분!

우리 모두 하나님이 세우신 지도자의 권위에 도전하는 악을 행치 맙시다. 또한 지도자의 훈계를 아멘으로 달게 받는 겸손한 신앙인들이 됩시다. 그리고 그 어떤 이유로도 지도자들을 무시하는 망령된 행위를 하지 맙시다.

3. 쫓겨나는 웃시야

첫째, 성전에서 쫓겨났습니다.

유대의 10대 왕으로서 자신의 지위와 권세, 명예와 부요를 과시하고 그토록 의기양양하며 교만에 도취하여 자기 외에 보이는 것이 없었던 웃시야 왕이었지만 그 이마에 문둥병이 발하자 대제사장 아사랴와 모든 제사장들이 웃시야 왕을 성전에서 쫓아냈습니다(대하 26:20). 문둥병자는 부정한 자로 취급되기 때문에(레 13장; 민 5:2; 신 24:8) 거룩한 하나님의 성전과 성도들은 물론 성물에까지도 가까이할 수 없었습니다. 자신의 분수를 모르고 기고만장했던 그는 이제 하나님의 저주 아래서 철저히 낮아질 수밖에 없는 안타까운 자가 되었습니다. 여기서 얻을 수 있는 교훈은 순간적인 인간의 영화는 아무것도 아니라는 것이며, 교만한 자는 반드시 징계를 받아 무너지게 된다는 것입니다.

둘째, 왕궁에서 쫓겨났습니다.

대제사장 아사랴와 제사장들에 의해 성전에서 비참하게 쫓겨난 웃시야는 그동안 그토록 호화스럽게 영화를 누리며 살던 왕궁에도 들어갈 수 없었습니다. 뿐만 아니라 그가 평생토록 누릴 것으로 믿었던 왕권까지도 다 빼앗겼습니다. 그는 하나님께서 세우신 주의 종의 권위에 도전하여 성소에 들어가 분향하려고 한 죄와 제사장에게 노를 발한 것 때문에 천벌이라고 하는 문둥병이 들어 가족과 교회, 나라는 물론 하나님으로부터도 완전히 버림을 당했습니다. 그렇습니다. 교만은 이렇게 자기 인생을 파멸로 몰아넣습니다. 그러므로 우리는 그 어떤 이유로도 교만해져서는 안 됩니다. 그래서 신앙은 겸손입니다.

셋째, 별궁에서 홀로 있다가 죽었습니다.

웃시야가 문둥병에 걸려 성전과 왕궁에서 쫓겨나자 그의 아들 요담이 왕이 되어 왕궁에서 거했습니다. 웃시야는 제사장의 직분을 넘보다가 왕이 가진 지위와 권세, 부귀영화는 물론 자신의 건강과 가족, 왕궁까지 다 빼앗기고 초라한 별궁에서 죽었습니다. 더욱이 그는 유다를 52년간이나 치리한 왕이었지만 열조의 왕들이 묻힌 묘실에 장사되지도 못했습니다. 그렇습니다. 살았을 때에 인간대접 받지 못한 자는 죽어서도 멸시받습니다.

사랑하는 성도 여러분!

우리 모두 어디서나 환영받고 존귀하게 여김 받는 사람이 됩시다. 가정에서도 인정받고 교회에서도 쓰임 받으며 이 세상에서까지도 존경받고 사랑받는 성도가 되어 하나님께 큰 영광 돌리는 복된 성도들이 되시기 바랍니다.

제3부 예언서

다니엘의 승리

[다니엘 1장 8~21절]

다니엘은 뜻을 정하여 왕의 진미와 그의 마시는 포도주로 자기를 더럽히지 아니하리라 하고 자기를 더럽히지 않게 하기를 환관장에게 구하니 하나님이 다니엘로 환관장에게 은혜와 긍휼을 얻게 하신지라 환관장이 다니엘에게 이르되 내가 내 주 왕을 두려워하노라 그가 너희 먹을 것과 너희 마실 것을 지정하셨거늘 너희의 얼굴이 초췌하여 동무 소년들만 못한 것을 그로 보시게 할 것이 무엇이냐 그렇게 되면 너희 까닭에 내 머리가 왕 앞에서 위태하게 되리라 하니라 환관장이 세워 다니엘과 하나냐와 미사엘과 아사랴를 감독하게 한 자에게 다니엘이 말하되 청하오니 당신의 종들을 열흘 동안 시험하여 채식을 주어 먹게 하고 물을 주어 마시게 한 후에 당신 앞에서 우리의 얼굴과 왕의 진미를 먹는 소년들의 얼굴을 비교하여 보아서 보이는 대로 종들에게 처분하소서 하매 그가 그들의 말을 좇아 열흘을 시험하더니 열흘 후에 그들의 얼굴이 더욱 아름답고 살이 더욱 윤택하여 왕의 진미를 먹는 모든 소년보다 나아 보인지라 이러므로 감독하는 자가 그들에게 분정된 진미와 마실 포도주를 제하고 채식을 주니라 하나님이 이 네 소년에게 지식을 얻게 하시며 모든 학문과 재주에 명철하게 하신 외에 다니엘은 또 모든 이상과 몽조를 깨달아 알더라 왕의 명한 바 그들을 불러들일 기한이 찼으므로 환관장이 그들을 데리고 느부갓네살 앞으로 들어갔더니 왕이 그들과 말하여 보매 무리 중에 다니엘과 하나냐와 미사엘과 아사랴와 같은 자 없으므로 그들로 왕 앞에 모시게 하고 왕이 그들에게 모든 일을 묻는 중에 그 지혜와 총명이 온 나라 박수와 술객보다 십 배나 나은 줄을 아니라 다니엘은 고레스 왕 원년까지 있으니라 요즈음 안타까운 것은, 대부분의 사람들이 자기 자신의 출세와 영달을 위해서는 자신의 신앙적인 뿌리나 지조는 아예 생각지도 않고 이 세상과 적당히 타협하는 경향이 있습니다. 반면에 자신이 감당하기 힘든 어떤 고난에 직면하게 되면 너무나도 쉽게 의기소침해지거나 낙심하고 그 고난에서 벗어나기 위해 아주 비겁해지는 경우도 있습니다. 그러나 오늘 본문의 다니엘은 그 어떤 경우에도 나약해지거나 비겁해지지 않고 견고한 믿음으로 상상을 초월한 승리를 거두었습니다.

1. 느부갓네살 왕

첫째, 예루살렘을 침략하여 정복했습니다.

유다 왕 여호야김은 요시야 왕의 둘째 아들로서 왕이 된 후 하나님 앞에 갖은 악행을 저질렀습니다(왕하 23:37; 렘 52:2). 하나님의 선지자인 우리야를 죽이고(렘 26:20~23), 하나님의 말씀인 두루마리 성경을 칼로 베고 불태웠으며(렘 36:22~23), 위대한 선자자인 예레미야까지도 괴롭히고 붙잡으려고 했습니다. 뿐만 아니라 왕으로부터 백성들에 이르기까지 모두가 다 우상을 숭배했으며 불순종의 삶을 살았습니다. 때문에 하나님께서는 당대에 최고의 강국인 바벨론 왕 느부갓네살을 심판의 도구로 사용하셔서 예루살렘을 공격하게 하시고 굴복시킨 다음 유다 왕 여호야김을 쇠사슬에 묶여 끌려가게 하셨습니다. 그러나 하나님께서는 아브라함의 후손들에게 복을 주며 번성케 하겠다는 언약을 지키시기 위해 유다를 완전히 멸망시키지는 않으셨습니다. 그러므로 우리도 하나님과의 약속을 성실하게 지켜야겠습니다.

둘째, 유다의 인재들을 포로로 잡아갔습니다.

느부갓네살은 환관장 아스부나스에게 명하여 이스라엘 중에서 왕족과 귀족 중에 몸에 흠이 없고 용모가 잘생기고 모든 일을 지혜롭게 처리할 수 있으며 지식과 통찰력이 있어서 바벨론 왕궁에서 왕을 잘 모실 수 있는 소년들을 데려다가 자국의 학문을 가르쳐 왕궁에서 일하도록 하는 정책을 펴 나갔습니다. 그것은 유다의 왕족과 귀족의 자손들을 볼모로 잡아 둠으로써 유다의 반역을 방지하고자 한 것이었습니다. 다시 말하면, 유다 내에는 바벨론에 대항해서 유다 왕국을 다시 재건시킬 만한 인물들을 하나도 남겨 놓지 않겠다는 불순한 의도였습니다.

셋째, 유다의 민족정신을 말살하려 했습니다.

느부갓네살은 유다에서 잡아 온 인재들에게 바벨론의 역사와 학문, 문화를 교육시킴으로써 그들 모두를 바벨론 사람화하겠다는 것이었습니다. 다시 말하면 유다의 민족정신을 완전히 말살시키고 유다의 정치, 경제, 사회, 문화, 종교 자체를 다 바벨론화시켜서 완전히 흡수하기 위한 것이었습니다. 한마디로 유다 민족을 아주 없애 버리겠다는 것이었습니다. 마치 일제가 우리나라를 36년 동안 식민통치하면서 행했던 악과 같았습니다. 그렇습니다. 국력이 약하면 이렇게 당할 수밖에 없습니다. 그러므로 우리는 이유 여하를 막론하고 국력을 튼튼하게 해야 합니다.

사랑하는 성도 여러분!

우리 모두 하나님을 철저하게 경외하고 섬깁시다. 그분의 말씀에 무조건 순종하고 충성합시다. 이유 여하를 막론하고 그 어떠한 악도 행하지 맙시다. 그리하여 다시는 외국의 침략을 받아 짓밟히고 나라를 빼앗기는 불행한 일이 없도록 해야겠습니다.

2. 뜻을 정한 다니엘

첫째, 다니엘이란 이름을 끝까지 고수했습니다.

느부갓네살의 환관장은 유다에서 포로로 잡아 온 인재들 중에서 다니엘을 벨드사살이라고 하고 하나냐는 사드락, 미사엘은 메삭, 아사랴는 아벳느고라고 했습니다. 이런 개명은 고대 문헌을 통해 볼 때에 정복자들이 피정복민들에게 늘 행했던 일반적인 식민정책 중의 하나였습니다. 때문에 일제가 우리나라를 36년 동안 압제했을 때에도 우리 부모님들은 일제의 강압에 의해 한국식 이름을 포기하고 일본식 이름을 새로 지어 불러야 했습니다. 그러나 다니엘은 벨드사살이란 바벨론식 이름을 부여받기는 했지만 한 번도 그 이름을 자기 이름이라고 인정한 적이 없습니다. 때문에 그는 언제나 자신을 지칭할 때에 항상 '나 다니엘'이라고 했습니다. 이것은 여호와께 대한 신앙과 유다 민족에 대한 의지를 분명히 한 것입니다. 그렇습니다. 우리의 이름은 그리스도인입니다. 그러므로 우리도 다니엘과 같은 믿음으로 이름값을 잘 감당해야겠습니다.

둘째, 자신을 더럽히지 않기로 했습니다.

느부갓네살은 유다에서 잡아 온 소년들에게 바벨론의 역사와 학문, 문화를 3년 동안 교육시키면서 자신이 먹고 마시는 진미와 포도주를 공급해 주도록 했습니다. 그는 전쟁에서 승리하고 잡아 온 포로들에게 최고의 대접을 한 것입니다. 그러나 다니엘과 세 친구들은 왕의 진미와 포도주로 자신들을 더럽히지 않기 위해 거부했습니다. 왜냐하면 왕의 진미와 포도주가 이미 우상의 제물로 드려진 것이었기 때문이었습니다. 포로 신세인 그들이 왕의 진미와 포도주를 거부하는 행위는 왕의 명령을 거부한 것으로서, 죽음을 자초하는 것과 같았습니다. 그렇지만 그들은 죽음을 각오하고 신앙의 정절을 지킴으로 자신을 더럽히지 않기로 뜻을 정했습니다(단 1:8). 다시 말하면 유다 사람인 자기들이 비록 포로 된 입장이지만 여호와 하나님을 믿는 선택받은 사람으로 살겠다는 결단인 것입니다.

셋째, 지혜와 겸손으로 대처했습니다.

다니엘과 세 친구는 자신이 당면한 상황에 대해 아주 지혜롭고 겸손하게 잘 대처해 나갔습니다. 그들은 왕의 진미와 포도주를 먹지 않겠다는 의지를 표현함에 있어 어떤 물리적인 행위로 시위를 하거나 저항하지 않았습니다. 조용하고 겸손히 환관장에게 선처를 부탁했습니다. 그러나 환관장은 다니엘에게, "내가 내 주 왕을 두려워하노라 그가 너희 먹을 것과 너희 마실 것을 지정하셨거늘 너희의 얼굴이 초췌하여 동무 소년들만 못한 것을 그로 보시게 할 것이 무엇이냐 그렇게 되면 너희 까닭에 내 머리가 왕 앞에서 위태하게 되리라"(단 1:10)고 거부했습니다. 그렇지만 다니엘은 포기하지 않고 환관장이 자기들을 감독하도록 한 자에게 "당신의 종들을 열흘 동안 시험하여 채식을 주어 먹게 하고 물을 주어 마시게 한 후에 당신 앞에서 우리의 얼굴과 왕의 진미를 먹는 소년들의 얼굴을 비교하여 보아서 보이는 대로 종들에게 처분하소서" (단 1:12~13)라고 간절히 청하여 허락을 받아냈습니다. 참 지혜롭고 아름다운 삶의 자세입니다.

사랑하는 성도 여러분!

우리도 다니엘과 세 친구들처럼 믿는 자다운 의식구조를 가지로 심지가 견고한 삶을 삽시다. 또한 그 어떤 이유로도 신앙인의 자세를 저버리는 배은망덕한 자들이 되지 맙시다. 그리고 항상 하나님이 주시는 지혜와 겸손의 자세로 지혜롭고 아름다운 삶을 이루어 가는 멋진 성도들이 되시기 바랍니다.

3. 승리한 다니엘

첫째, 얼굴이 훨씬 더 아름다웠습니다.

열흘 동안 시험한 후에 비교해 보라는 다니엘의 말을 들은 감독자는 시간적으로 충분하다고 생각되자 다니엘의 말대로 열흘 동안 시험해 보았습니다. 그런데 이것이 웬일입니까? 그들의 얼굴이 왕의 진미와 포도주를 먹은 다른 소년들보다 훨씬 더 아름답고 얼굴빛이 윤택했습니다(단 1:14~15). 이것은 이방 왕이 제공하는 세상적인 진미나 포도주보다도 하나님의 은혜를 바라면서 믿음으로 먹는 음식이 훨씬 더 값진 것임을 증거해 주는 것입니다. 이는 다니엘과 세 친구들에게 있어 이방의 우상과 왕, 세상적인 유혹과 고난은 물론 자신에 대한 완전한 승리였습니다.

둘째, 지혜와 명철을 주셨습니다.

하나님께서는 다니엘과 세 친구들에게 지식을 얻게 하시고 모든 학문과 재주에 명철하게 하셨습니다(단 1:17). 그렇습니다. 모든 지식의 근본이 되시는 하나님께서는 당신을 사랑하는 모든 자들에게 언제나 넘치는 복을 주십니다. 이 세상 만물은 하나님께서 창조하셨기 때문에 창조주 하나님을 아는 것이 이 세상 모든 피조 세계에 대한 지식의 근본이 됩니다. 때문에 창조주 하나님께 대한 지식이 없는 자는 그 지식이 불완전하기 때문에 올바로 사용될 수 없습니다. 그러므로 우리 모두는 언제나 창조주 하나님을 구하고 그분의 뜻을 찾는 일에 최선을 다해야 합니다.

셋째, 왕 앞에 모셔지는 인물이 되었습니다.

다니엘과 세 친구는 3년 동안의 교육과 훈련이 끝나고 느부갓네살 왕 앞으로 나아가게 되었습니다. 그런데 왕이 그들과 대화를 나누어 보았을 때 그 누구보다도 다니엘과 세 친구들이 월등했습니다. 때문에 느부갓네살 왕은 이 네 사람을 자신의 정책 결정을 위한 최고 자문위원으로 선정했습니다. 그렇습니다. 전능하신 하나님께서 함께하시는 자는 이 세상의 그 어떤 사람들보다도 지혜와 명철, 총명이 뛰어나서 사람들로부터 인정받고 존경받아 세상에서 높임 받게 됩니다. 다니엘과 세 친구가 왕 앞에 모셔지게 된 것은 하나님에 대한 그들의 분명한 신앙 때문이요, 믿는 자로서 신앙의 정절을 지켰기 때문입니다.

사랑하는 성도 여러분!

우리 모두 주 안에서 믿음 있는 행함으로 범사에 승리하는 성도들이 됩시다. 또한 여호와를 아는 지식으로 이 세상을 완전히 다스리고 정복하는 삶을 삽시다. 그리고 하나님 앞에 인정받고 사람들의 존경을 받으며 크게 쓰임 받아 하나님께 영광 돌리는 성도들이 되시기 바랍니다.

세 친구들의 승리

[다니엘 3장 13~30절]

느부갓네살 왕이 노하고 분하여 사드락과 메삭과 아벳느고를 끌어오라 명하매 드디어 그 사람들을 왕의 앞으로 끌어온지라 느부갓네살이 그들에게 물어 가로되 사드락, 메삭, 아벳느고야 너희가 내 신을 섬기지 아니하며 내가 세운 금신상에게 절하지 아니하니 짐짓 그리하였느냐 이제라도 너희가 예비하였다가 언제든지 나팔과 피리와 수금과 삼현금과 양금과 생황과 및 모든 악기 소리를 듣거든 내가 만든 신상 앞에 엎드리어 절하면 좋거니와 너희가 만일 절하지 아니하면 즉시 너희를 극렬히 타는 풀무 가운데 던져 넣을 것이니 능히 너희를 내 손에서 건져 낼 신이 어떤 신이겠느냐 사드락과 메삭과 아벳느고가 왕에게 대답하여 가로되 느부갓네살이여 우리가 이 일에 대하여 왕에게 대답할 필요가 없나이다 만일 그럴 것이면 왕이여 우리가 섬기는 우리 하나님이 우리를 극렬히 타는 풀무 가운데서 능히 건져내시겠고 왕의 손에서도 건져내시리이다 그리 아니하실지라도 왕이여 우리가 왕의 신들을 섬기지도 아니하고 왕의 세우신 금 신상에게 절하지도 아니할 줄을 아옵소서 느부갓네살이 분이 가득하여 사드락과 메삭과 아벳느고를 향하여 낯빛을 변하고 명하여 이르되 그 풀무를 뜨겁게 하기를 평일보다 칠 배나 뜨겁게 하라 하고 군대 중 용사 몇 사람을 명하여 사드락과 메삭과 아벳느고를 결박하여 극렬히 타는 풀무 가운데 던지라 하니 이 사람들을 고의와 속옷과 겉옷과 별다른 옷을 입은 채 결박하여 극렬히 타는 풀무 가운데 던질 때에 왕의 명령이 엄하고 풀무가 심히 뜨거우므로 불꽃이 사드락과 메삭과 아벳느고를 붙든 사람을 태워 죽였고 이 세 사람 사드락과 메삭과 아벳느고는 결박된 채 극렬히 타는 풀무 가운데 떨어졌더라 때에 느부갓네살 왕이 놀라 급히 일어나서 모사들에게 물어 가로되 우리가 결박하여 불 가운데 던진 자는 세 사람이 아니었느냐 그들이 왕에게 대답하여 가로되 왕이여 옳소이다 왕이 또 말하여 가로되 내가 보니 결박되지 아니한 네 사람이 불 가운데로 다니는데 상하지도 아니하였고 그 넷째의 모양은 신들의 아들과 같도다 하고 느부갓네살이 극렬히 타는 풀무 아구 가까이 가서 불러 가로되 지극히 높으신 하나님의 종 사드락, 메삭, 아벳느고야 나와서 이리로 오라 하매 사드락과 메삭과 아벳느고가 불 가운데서 나온지라 방백과 수령과 도백과 왕의 모사들이 모여 이 사람들을 본즉 불이 능히 그 몸을 해하지 못하였고 머리털도 그슬리지 아니하였고 고의 빛도 변하지 아니하였고 불 탄 냄새도 없었더라 느부갓네살이 말하여 가로되 사드락과 메삭과 아벳느고의 하나님을 찬송할지로다 그가 그 사자를 보내사 자기를 의뢰하고 그 몸을 버려서 왕의 명을 거역하고 그 하나님 밖에는 다른 신을 섬기지 아니하며 그에게 절하지 아니한 종들을 구원하셨도다 그러므로 내가 이제 조서를 내리노니 각 백성과 각 나라와 각 방언하는 자가 무릇 사드락과 메삭과 아벳느고의 하나님께 설만히 말하거든 그 몸을 쪼개고 그 집으로 거름터를 삼을지니 이는 이같이 사람을 구원할 다른 신이 없음이니라 하고 왕이 드디어 사드락과 메삭과 아벳느고를 바벨론 도에서 더욱 높이니라

다니엘과 세 친구들은 바벨론에 포로로 잡혀갔지만 왕의 진미와 포도주의 유혹을 물리치고 믿음의 승리를 이루어 느부갓네살 왕의 국정 자문위원이 되었습니다. 더구나 다니엘은 느부갓네살 왕의 꿈을 해석함으로 인하여 왕의 인정을 받아 바벨론의 온 도를 다스리는, 왕 다음의 최고 지위에 올랐습니다. 그리고 왕에게 청하여 세 친구들을 바벨론 도의 일을 맡는 직위까지 얻게 했습니다. 그런데 또다시 뜻하지 않은 고난이 찾아왔습니다. 아마도 이것이 인생사의 현주소인지 모릅니다. 오늘의 말씀을 통해서 우리도 다니엘과 그의 세 친구들처럼 더욱 견고한 신앙인들이

되어야겠습니다.

1. 느부갓네살 왕의 금신상

첫째, 느부갓네살 왕이 금신상 숭배를 명령했습니다.

느부갓네살은 자신의 명성을 드높이기 위해서 바벨론 도의 두라 평지에 고가 60규빗이요 광이 여섯 규빗인 거대한 금신상을 건립하고, 전국에 있는 모든 관료들에게 자신이 세운 금신상의 낙성식에 참여토록 했습니다(단 3:1~2). 이에 전국에 있는 모든 관료들이 다 이 낙성식에 참여했습니다. 그 중에는 물론 바벨론 도를 다스리는 다니엘의 세 친구들도 포함되어 있었습니다(단 2:49). 느부갓네살은 이 금신상의 낙성식에 참여한 사람들을 금신상 앞에 세워 놓고 악사들이 각종 악기를 연주할 때에 악기 소리가 울리면 다 함께 금신상에게 절하도록 했습니다. 그리고 만약에 이 금신상에 절하지 않는 자가 있다면 그를 즉시 극렬히 타는 풀무 불에 던져 넣겠다고 했습니다(단 3:4~6). 이러한 그의 범죄행위는 하나님 앞에 크나큰 죄를 짓는 것으로서, 바벨론의 멸망을 자초하는 것이었습니다.

둘째, 모든 자들이 다 금신상에게 절했습니다.

느부갓네살의 명령대로 악사들에 의해 모든 악기 소리가 울려 퍼질 때에 모든 백성들, 즉 온 나라가 다 느부갓네살의 금신상에게 엎드리어 절했습니다. 만약에 금신상 앞에 절하지 않는 자는 극렬히 타는 풀무 불에 던져 넣겠다는 느부갓네살 왕의 엄한 명령을 거역할 수 있는 자는 하나도 없었습니다. 이것은 느부갓네살이 전 백성들이 우상을 숭배하도록 하기 위해 강압정책을 쓴 것이었습니다. 이 사건을 통해서 우리가 얻을 수 있는 교훈은 사단의 손에 붙잡혀 있는 죄인들의 비참한 실상을 상징적으로 볼 수 있습니다. 또한 앞으로 적그리스도의 위협으로 인해 수많은 사람들이 신앙을 버리고 사단에게 굴복하게 될 것이라는 사실입니다.

셋째, 세 친구들이 절하기를 거절했습니다.

느부갓네살 왕의 엄한 명령에 의해 온 나라가 다 금신상에게 절했으나 다니엘의 세 친구들은 금신상에게 절하지 아니한 자는 극렬히 타는 용광로에 던져 넣겠다는 왕의 엄한 명령에도 불구하고 느부갓네살의 금신상에게 절하지 않았습니다. 그러자 점성가(갈대아인)들이 느부갓네살 왕에게 "임금님께서는 유다 사람인 사드락과 메삭과 아벳느고를 임명하여, 바빌론 지방의 행정을 관리하도록 하셨습니다. 임금님, 그런데 그들은 임금님께 경의를 표하지 않으며, 임금님의 신들을 섬기지도 않고, 임금님이 세우신 그 신상에게 절을 하지도 않습니다"(단 3:12, 새번역성경)라고 송사했습니다.

사랑하는 성도 여러분!

이 세상에는 너무나도 많은 우상들이 있습니다. 어떤 사람은 지위와 권세, 명예와 부가 우상입니다. 어떤 사람은 세상적인 쾌락이 우상입니다. 어떤 사람은 자식이 우상입니다. 그러나 우리 모두는 이유 여하를 막론하고 오직 하나님만 섬기고 경외하는 참믿음의 소유자들이 되어야겠습니다.

2. 흔들리지 않은 세 친구들의 믿음

첫째, 느부갓네살은 분노했습니다.

사드락과 메삭, 아벳느고가 자신이 만든 금신상에게 절하지 않았다는 고발을 받은 느부갓네살은 심히 분노하여 사드락, 메삭, 아벳느고를 자기에게 끌고 오게 한 다음 "사드락, 메삭, 아벳느고야 너희가 내 신을 섬기지 아니하며 내가 세운 금신상에게 절하지 아니하니 짐짓 그리하였느냐"(단 3:14)고 사실 확인을 위해 심문했습니다. 느부갓네살 왕으로서는 사드락, 메삭, 아벳느고가 그토록 무서운 칙명을 내렸음에도 불구하고 금신상에게 절하지 않았다는 것을 이해할 수 없었기 때문입니다. 그렇습니다. 우리 성도들이 하나님을 믿는 것을 불신자들은 이해하지 못합니다. 우리가 왜 우상숭배하지 않는 줄도 모릅니다. 그러므로 우리는 때를 얻든지 못 얻든지 열심히 복음을 전파하여 이 세상 사람들로 하여금 우상숭배가 하나님 앞에 큰 죄악이라는 것을 깨닫게 해야겠습니다.

둘째, 세 친구들에게 절할 것을 요청했습니다.

사드락, 메삭, 아벳느고가 자신이 세운 금신상에게 절하지 않은 것을 친히 확인한 느부갓네살은 "이제라도 너희가 예비하였다가 언제든지 나팔과 피리와 수금과 삼현금과 양금과 생황과 및 모든 악기 소리를 듣거든 내가 만든 신상 앞에 엎드리어 절하면 좋거니와 너희가 만일 절하지 아니하면 즉시 너희를 극렬히 타는 풀무 가운데 던져 넣을 것이니 능히 너희를 내 손에서 건져낼 신이 어떤 신이겠느냐"(단 3:15)고 금신상에게 절할 것을 직접 강요했습니다.

셋째, 세 친구들은 죽음을 불사했습니다.

자신의 금신상에게 절하지 아니하면 가차없이 풀무 불에 던져 죽이겠다는 느부갓네살의 무서운 위협에도 불구하고 사드락, 메삭, 아벳느고의 신앙과 결단, 의지는 아주 확고부동했습니다. 그들은 "느부갓네살이여 우리가 이 일에 대하여 왕에게 대답할 필요가 없나이다 만일 그럴 것이면 왕이여 우리가 섬기는 우리 하나님이 우리를 극렬히 타는 풀무 가운데서 능히 건져내시겠고 왕의 손에서도 건져내시리이다 그리 아니하실지라도 왕이여 우리가 왕의 신들을 섬기지도 아니하고 왕의 세우신 금신상에게 절하지도 아니할 줄을 아옵소서"(단 3:16~18)라고 아주 단호하게 거절했습니다. 극렬히 타는 풀무 불에 던져 넣어 태워 죽이겠다는 느부갓네살의 죽음에 대한 위협도 확고부동한 그들의 신앙을 무너뜨릴 수 없었습니다.

사랑하는 성도 여러분!

우리 모두 사드락, 메삭, 아벳느고처럼 이 세상의 그 어떤 위협이나 협박도 두려워하지 않고 믿음을 지키는 견고한 신앙인들이 됩시다. 그리고 사나 죽으나 우리를 위해 피 흘리신 주님을 위해 삽시다. 전능하신 우리 하나님께서 때마다 일마다 지키시고 반드시 승리케 하실 것입니다.

3. 세 친구들을 구원하시는 하나님

첫째, 세 친구들은 풀무 불에 던져졌습니다.

자신이 직접 권고했음에도 불구하고 사드락, 메삭, 아벳느고가 죽음을 불사한 확고한 태도를 보임에 따라 느부갓네살은 분이 가득하여 풀무 불을 평상시보다 일곱 배나 더 뜨겁게 한 다음에 군사 중에서 용사 몇 사람을 선발하여 사드락, 메삭, 아벳느고를 결박해서 극렬히 타는 풀무 가운데 던지게 했습니다. 그런데 그 풀무 불이 너무나도 뜨거워서 다니엘의 세 친구들을 풀무불에 던져 넣으려던 병사들이 모두 다 불타 죽었습니다(단 3:19~23). 그런데 옷 입은 채로 결박되어 불 속에 던져진 사드락과 메삭, 아벳느고는 어떻게 되었겠습니까? 상상만 해도 끔찍하고 소름이 끼칩니다.

둘째, 전능하신 하나님께서 지켜 주셨습니다.

사드락, 메삭, 아벳느고를 결박하여 풀무 불 속에 던지게 한 느부갓네살이 그들이 불에 타 죽는 것을 보려고 가만히 풀무 불 속을 들여다보았습니다. 그런데 이것이 웬일입니까? 분명히 세 사람인 사드락, 메삭, 아벳느고를 결박하여 풀무 불에 던졌는데 네 사람이 타지도 않고 돌아다니고 있습니다. 특히 풀무 불 속에 있는 넷째의 모습은 신들의 아들과 같았습니다(단 3:24~25). 이것은 전능하신 우리 하나님께서 당신이 부리시는 천사를 풀무 불 속에 보내셔서 풀무 불의 위협에도 굴하지 않고 믿음을 지킨 당신의 백성인 사드락, 메삭, 아벳느고를 지켜 주신 것입니다. 그렇습니다. 우리 하나님께서는 언제나 이렇게 당신을 사랑하는 자녀들을 이 세상 사람들이 상상할 수 없는 놀라운 기사와 이적으로 지켜 주십니다.

셋째, 느부갓네살이 세 친구를 높였습니다.

하나님께서 풀무 불 속에서도 사드락, 메삭, 아벳느고를 지켜 주시는 것을 본 느부갓네살이 "지극히 높으신 하나님의 종 사드락, 메삭, 아벳느고야 나와서 이리로 오라"(단 3:26)고 하자 그들이 극렬히 타는 풀무 불에서 나왔습니다. 그런데 사드락, 메삭, 아벳느고의 옷이나 머리털 하나도 그슬리거나 타지 않았습니다. 이에 느부갓네살은 "사드락과 메삭과 아벳느고의 하나님을 찬송할지로다 그가 그 사자를 보내사 자기를 의뢰하고 그 몸을 버려서 왕의 명을 거역하고 그 하나님밖에는 다른 신을 섬기지 아니하며 그에게 절하지 아니한 종들을 구원하셨도다"(단 3:28)라고 말하고 전국에 조서를 내려 사드락, 메삭, 아벳느고가 섬기는 하나님을 설만히 말하는 자들은 그 몸을 쪼개고 그 집으로 거름터를 삼겠다고 했습니다. 그러면서 그는 자기를 믿는 사람을 구원할 수 있는 신은 하나님밖에 없음을 고백했습니다(단 3:29). 그리고 사드락, 메삭, 아벳느고를 바벨론 지방에서 번영을 누리면서 살게 했습니다.

사랑하는 성도 여러분!

우리 모두 이 세상에서의 그 어떠한 고난도 두려워 맙시다. 전능하신 우리 하나님께서 지키시고 구원해 주실 것입니다. 하나님은 구원받은 우리를 통해서 영광 받기를 원하십니다. 그리할 때 우리를 지금보다 훨씬 더 큰 복으로 함께하실 것입니다.

메네 메네 데겔 우바르신

[다니엘 5장 17~31절]

다니엘이 왕에게 대답하여 가로되 왕의 예물은 왕이 스스로 취하시며 왕의 상급은 다른 사람에게 주옵소서 그럴지라도 내가 왕을 위하여 이 글을 읽으며 그 해석을 아시게 하리이다 왕이여 지극히 높으신 하나님이 왕의 부친 느부갓네살에게 나라와 큰 권세와 영광과 위엄을 주셨고 그에게 큰 권세를 주셨으므로 백성들과 나라들과 각 방언하는 자들이 그의 앞에서 떨며 두려워하였으며 그는 임의로 죽이며 임의로 살리며 임의로 높이며 임의로 낮추었더니 그가 마음이 높아지며 뜻이 강퍅하여 교만을 행하므로 그 왕위가 폐한 바 되며 그 영광을 빼앗기고 인생 중에서 쫓겨나서 그 마음이 들짐승의 마음과 같았고 또 들나귀와 함께 거하며 또 소처럼 풀을 먹으며 그 몸이 하늘 이슬에 젖었으며 지극히 높으신 하나님이 인간 나라를 다스리시며 자기의 뜻대로 누구든지 그 위에 세우시는 줄을 알기까지 이르게 되었었나이다 벨사살이여 왕은 그의 아들이 되어서 이것을 다 알고도 오히려 마음을 낮추지 아니하고 도리어 스스로 높여서 하늘의 주재를 거역하고 그 전 기명을 왕의 앞으로 가져다가 왕과 귀인들과 왕후들과 빈궁들이 다 그것으로 술을 마시고 왕이 또 보지도 듣지도 알지도 못하는 금, 은, 동, 철과 목, 석으로 만든 신상들을 찬양하고 도리어 왕의 호흡을 주장하시고 왕의 모든 길을 작정하시는 하나님께는 영광을 돌리지 아니한지라 이러므로 그의 앞에서 이 손가락이 나와서 이 글을 기록하였나이다 기록한 글자는 이것이니 곧 메네 메네 데겔 우바르신이라 그 뜻을 해석하건대 메네는 하나님이 이미 왕의 나라의 시대를 세어서 그것을 끝나게 하셨다 함이요 데겔은 왕이 저울에 달려서 부족함이 뵈었다 함이요 베레스는 왕의 나라가 나뉘어서 메대와 바사 사람에게 준 바 되었다 함이니이다 이에 벨사살이 명하여 무리로 다니엘에게 자주옷을 입히게 하며 금 사슬로 그의 목에 드리우게 하고 그를 위하여 조서를 내려 나라의 셋째 치리자를 삼으니라 그날 밤에 갈대아 왕 벨사살이 죽임을 당하였고 메대 사람 다리오가 나라를 얻었는데 때에 다리오는 육십이 세였더라

한 사람의 잘못으로 인해 가정이 패가망신하고 회사가 문을 닫게 되며 사회가 어지러워지고 나라가 고통을 당하기도 합니다. 벨사살 왕은 느부갓네살 왕의 통치 시에 살아 계신 하나님께서 여러 차례 당신의 주권적인 역사를 확실하게 보여 주셨음에도 불구하고 그 모든 것들을 무시하였습니다. 또한 그는 교만하여 자기를 과시하기 위해 천 명이나 되는 귀빈들을 초청하여 큰 잔치를 열고 성전의 그릇들을 가져다가 술을 마시고 우상을 숭배하다가 하나님의 심판으로 죽임을 당하였습니다. 그리하여 그동안 번영을 누렸던 바벨론 제국이 지상에서 완전히 사라지게 하는 장본인이 되었습니다.

1. 벨사살 왕의 범죄

첫째, 자기과시를 위해 잔치를 열었습니다.

벨사살은 자신의 권세를 과시하기 위해 천 명의 귀빈들을 초청하여 대연회를 베풀고 연락을 즐겼습니다. 그 당시의 바벨론 성은 고레스가 이끄는 메대와 바사 연합군에게 이미 포위되어 있었습니다. 때문에 정치, 경제, 사회, 문화는 물론 군사적으로도 무척 힘들었고 나라의 존립 자체까지도 위험한 상황이었습니다. 그런데도 그는 나라 전체가 심각한 위기상황에 처해 있다는 것을 의식하지 못한 채 향락에 취해 있었습니다. 이것은 그가 얼마나 어리석고 타락한 자인가를 단적으로 보여 주는 것입니다. 그렇습니다. 어리석고 타락한 인간은 자기 자신의 존재나 자신이 처한 상황을 올바로 인식하지 못하고 엉뚱한 짓을 하게 됩니다.

둘째, 성전의 그릇을 술잔으로 사용했습니다.

바벨론의 느부갓네살 왕은 예루살렘을 공격하고 금과 은으로 만든 성전의 그릇들을 약 5,400개나 탈취해 간 다음 나라의 창고에 보관했습니다(스 1:9~11). 그런데 벨사살은 하나님 앞에 제사 드릴 때에 거룩하게 사용되던 성전의 그릇들을 가져다가 자신이 베푼 잔치에서 술잔으로 사용했습니다. 그것은 그가 교만하여 귀빈들 앞에서 자신의 권위를 높이고 힘을 과시하기 위함이었습니다. 나라는 이미 메대와 바사의 연합국에 의해 포위된 상태였는데도 불구하고 왕이 술잔치나 벌여 놓고 있으니 참으로 한심한 왕이었습니다. 뿐만 아니라 그는 하나님께서 구별하게 하신 성전의 그릇들을 범죄행위에 사용하는 무서운 죄를 저질렀습니다. 한마디로 그는 자신의 멸망을 자초한 것입니다.

셋째, 우상을 숭배했습니다.

벨사살과 잔치에 참여했던 자들은 모두가 다 성전 그릇들로 술을 마시고는 금, 은, 동, 철, 목, 석으로 만든 우상들을 섬기고 찬양했습니다(단 5:3~4). 그들은 한결같이 천지만물을 창조하시고 인생의 생사화복을 주장하시는 하나님을 모독하고 더러운 우상을 섬기는 무서운 죄를 지은 것입니다. 이것은 모두 다 그 배후에서 주장하는 악한 사단의 역사입니다. 여기에서 벨사살과 그의 추종자들이 거룩하신 하나님 앞에 얼마나 더러운 추태를 벌였는가를 가히 짐작할 수 있습니다. 그렇습니다. 악한 사단에게 붙잡혀서 의식구조가 병든 상태로 이 세상을 살아가는 인간들의 삶은 모두 다 이렇게 추하고 더럽고 악합니다.

사랑하는 성도 여러분!

우리 모두는 그 어떤 경우에도 교만하여 자기를 과시하려는 착각을 버려야겠습니다. 또한 이유 여하를 막론하고 하나님의 뜻을 실현하는 일에 최선을 다해야겠습니다. 그리고 오직 사나 죽으나 하나님만 섬기는 멋진 성도들이 되어야겠습니다.

2. 글자 쓰는 손가락

첫째, 손가락이 나타나 벽에 글을 썼습니다.

벨사살 왕과 천 명의 귀빈들이 성전의 그릇으로 술을 마시면서 우상을 섬기고 그것들을 찬양하고 있을 때에 갑자기 사람의 손가락이 왕궁 촛대 맞은편 분벽에 나타나 글자를 쓰는 것을 왕이 보았습니다(단 5:4~5). 이 글은 촛대 맞은편 분벽(아무런 장식이나 문양 없이 하얀 석회로만 바르는 벽)에 쓰여졌기 때문에 모든 사람들이 확실하게 다 볼 수 있었습니다. 사람의 모습이 없이 손만 나타났습니다. 그러니 사람들이 얼마나 놀랐겠습니까? 이 손은 하나님의 뜻을 벨사살 왕에게 알리는 신비한 손이었습니다. 바로 전능하신 하나님께서 하나님을 모독하면서 주홍에 빠져 우상숭배를 하고 있는 어리석은 인간들에게 신비하신 능력으로 경고의 메시지를 주신 것입니다.

둘째, 벨사살은 무서워 떨었습니다.

분벽에 사람의 손가락이 나타나 글을 쓰는 것을 본 벨사살 왕은 그의 즐기던 얼굴빛이 변하고 그 생각이 번민하여 넓적다리 마디가 녹는 듯하고 그 무릎이 서로 부딪히면서 떨었습니다(단 5:6). 이것은 하나님을 모독하고 범죄한 어리석은 인간의 참모습을 보여 준 것입니다. 그렇습니다. 제아무리 교만하고 악한 인간이라고 할지라도 하나님의 심판대 앞에서는 벌벌 떨 수밖에 없습니다. 사실 사람의 얼굴이나 몸이 없이 갑자기 손만 나타나 벽에 글자를 쓰는 모습을 보고 두려워하지 않을 사람은 이 세상에 하나도 없을 것입니다. 그렇습니다. 어리석은 우리 인간은 건강하고 일이 잘되며 형통할 때는 자기 기분과 감정에 따라 제멋대로 살다가 하나님의 심판을 당하고 나면 그때서야 두려움을 느끼고 자신의 잘못을 뉘우치게 됩니다.

셋째, 벽의 글자를 해석하는 자가 없었습니다.

분벽에 손이 나타나 글을 쓰는 것을 보고 두려워 벌벌 떨고 있던 벨사살 왕은 큰 소리로 "술객과 갈대아 술사와 점쟁이를 불러오게 하고 바벨론 박사들에게 일러 가로되 무론 누구든지 이 글자를 읽고 그 해석을 내게 보이면 자주 옷을 입히고 금사슬로 그 목에 드리우고 그로 나라의 셋째 치리자를 삼으리라"(단 5:7)고 했습니다. 그러나 그 누구도 이 글자를 해석하는 자가 없었습니다. 때문에 벨사살 왕은 큰 번민에 빠져 죽을상이 되었고, 잔치에 참석한 모든 자들도 다 놀랐습니다(단 5:8~9). 그렇습니다. 하나님의 신비한 역사는 이 세상의 불신자들이나 우상숭배자들은 결코 깨달을 수 없습니다.

사랑하는 성도 여러분!

우리 모두는 언제나 하나님의 뜻에 민감한 자들이 됩시다. 그리고 늘 하나님의 음성에 귀를 기울이는 자들이 됩시다. 더 나아가 평상시에 하나님이 원하시는 삶을 살기 위해 최선을 다합시다. 하나님께서 반드시 복 주시고 승리케 하실 것입니다.

3. 글자를 해석한 다니엘

첫째, 다니엘은 지혜자로 소문나 있었습니다.

벨사살 왕은 분벽에 쓰여진 글을 아무도 해석하지 못하자 심한 번민에 빠져있었습니다. 그때 벨사살 왕의 어머니가 일어난 일을 듣고 연회장에 들어가 "대왕이여, 오래오래 사시기 바랍니다. 왕은 그처럼 놀라거나 당황하지 마십시오. 왕의 나라에 거룩한 신들의 영이 있는 사람이 있습니다. 그는 왕의 아버지 때에 영리하고 총명하여 신들의 지혜와 같은 지혜를 가진 자로 알려졌습니다. 그래서 왕의 아버지 느부갓네살 왕은 그를 점쟁이와 마법사와 무당과 점성가를 다스리는 박사장으로 삼았습니다. 왕이 벨드사살이라고 부른 이 다니엘은 영민하고 특별한 지혜와 총명이 있어 꿈을 해몽하며 신비스러운 일을 밝히고 어려운 문제를 풀어냈습니다. 이제 다니엘이라는 사람을 부르십시오. 그가 그 글자의 뜻을 왕에게 말해 줄 것입니다"(단 5:10~12, 현대인의 성경)라고 했습니다. 그렇습니다. 우리도 다니엘과 같이 이렇게 좋은 소문이 나 있는 성도들이 되어야겠습니다.

둘째, 다니엘이 벽의 글자를 해석했습니다.

벨사살 왕은 자기 어머니의 말을 듣고 다니엘을 불러서 "내가 네게 대하여 들은즉 너는 해석을 잘하고 의문을 파한다 하도다 그런즉 이제 네가 이 글을 읽고 그 해석을 내게 알게 하면 네게 자주 옷을 입히고 금사슬을 네 목에 드리우고 너로 나라의 셋째 치리자를 삼으리라"(단 5:16)고 했습니다. 그러자 다니엘은 "왕의 예물은 왕이 스스로 취하시며 왕의 상급은 다른 사람에게 주옵소서 그럴지라도 내가 왕을 위하여 이 글을 읽으며 그 해석을 아시게 하리이다"(단 5:17)라고 했습니다. 그리고 그는 벨사살에게 느부갓네살 왕이 하나님께 권세를 받았음에도 불구하고 교만히 행하다가 하나님께 징벌을 받아 왕위에서 쫓겨나 들에서 유리하게 된 것을 보았음에도 불구하고 왕도 교만하여 성전의 그릇으로 술을 마시고 우상을 섬겼으므로 그 죄악에 대해 심판이 선포된 것이라고 했습니다. 그리고 분벽에 쓰여진 글자가 '메네 메네 데겔 우바르신' 이라고 말하고 "메네는 하나님이 이미 왕의 나라의 시대를 세어서 그것을 끝나게 하셨다 함이요 데겔은 왕이 저울에 달려서 부족함이 뵈었다 함이요 베레스(우바르신의 단수)는 왕의 나라가 나뉘어서 메대와 바사 사람에게 준 바 되었다 함이니이다"(단 5:26~28)라고 분명하게 해석해 주었습니다.

셋째, 다니엘의 예언이 성취되었습니다.

벨사살 왕은 약속대로 다니엘에게 사례하고 나라의 셋째 치리자로 삼았습니다. 그러나 벨사살은 다니엘이 예언한 대로 바벨론의 마지막 왕으로서 그날 밤에 죽임을 당하고 메대 사람 다리오가 나라를 차지했습니다. 그렇습니다. 이것은 하나님을 모독하고 우상숭배한 어리석은 자에게 내려진 심판으로서, 바벨론의 종말을 가져왔습니다.

사랑하는 성도 여러분!

우리 모두 하나님의 사람답게 성실하게 삽시다. 하나님의 지혜로 어지러운 오늘의 상황을 정확하게 판단할 줄 아는 믿음의 지혜를 가집시다. 그리고 언제나 말씀의 성취를 체험하는 멋진 성도들이 되시기 바랍니다.

사자굴의 기적

[다니엘 6장 3~28절]

다니엘은 마음이 민첩하여 총리들과 방백들 위에 뛰어나므로 왕이 그를 세워 전국을 다스리게 하고자 한지라 이에 총리들과 방백들이 국사에 대하여 다니엘을 고소할 틈을 얻고자 하였으나 능히 아무 틈, 아무 허물을 얻지 못하였으니 이는 그가 충성되어 아무 그릇함도 없고 아무 허물도 없음이었더라 그 사람들이 가로되 이 다니엘은 그 하나님의 율법에 대하여 그 틈을 얻지 못하면 그를 고소할 수 없으리라 하고 이에 총리들과 방백들이 모여 왕에게 나아가서 그에게 말하되 다리오 왕이여 만세수를 하옵소서 나라의 모든 총리와 수령과 방백과 모사와 관원이 의논하고 왕에게 한 율법을 세우며 한 금령을 정하실 것을 구하려 하였는데 왕이여 그것은 곧 이제부터 삼십 일 동안에 누구든지 왕 외에 어느 신에게나 사람에게 무엇을 구하면 사자굴에 던져 넣기로 한 것이니이다 그런즉 왕이여 원컨대 금령을 세우시고 그 조서에 어인을 찍어서 메대와 바사의 변개치 아니하는 규례를 따라 그것을 다시 고치지 못하게 하옵소서 하매 이에 다리오 왕이 조서에 어인을 찍어 금령을 내니라 다니엘이 이 조서에 어인이 찍힌 것을 알고도 자기 집에 돌아가서는 그 방의 예루살렘으로 향하여 열린 창에서 전에 행하던 대로 하루 세 번씩 무릎을 꿇고 기도하며 그 하나님께 감사하였더라 그 무리들이 모여서 다니엘이 자기 하나님 앞에 기도하며 간구하는 것을 발견하고 이에 그들이 나아가서 왕의 금령에 대하여 왕께 아뢰되 왕이여 왕이 이미 금령에 어인을 찍어서 이제부터 삼십 일 동안에 누구든지 왕 외에 어느 신에게나 사람에게 구하면 사자 굴에 던져 넣기로 하지 아니하였나이까 왕이 대답하여 가로되 이 일이 적실하니 메대와 바사의 변개치 아니하는 규례대로 된 것이니라 그들이 왕 앞에서 대답하여 가로되 왕이여 사로잡혀 온 유다 자손 중에 그 다니엘이 왕과 왕의 어인이 찍힌 금령을 돌아보지 아니하고 하루 세 번씩 기도하나이다 왕이 이 말을 듣고 그로 인하여 심히 근심하여 다니엘을 구원하려고 마음을 쓰며 그를 건져 내려고 힘을 다하여 해가 질 때까지 이르매 그 무리들이 또 모여 왕에게로 나아와서 왕께 말씀하되 왕이여 메대와 바사의 규례를 아시거니와 왕의 세우신 금령과 법도는 변개하지 못할 것이니이다 이에 왕이 명하매 다니엘을 끌어다가 사자 굴에 던져 넣는지라 왕이 다니엘에게 일러 가로되 너의 항상 섬기는 네 하나님이 너를 구원하시리라 하니라 이에 돌을 굴려다가 굴 아구를 막으매 왕이 어인과 귀인들의 인을 쳐서 봉하였으니 이는 다니엘 처치한 것을 변개함이 없게 하려 함이었더라 왕이 궁에 돌아가서는 밤이 맞도록 금식하고 그 앞에 기악을 그치고 침수를 폐하니라 이튿날에 왕이 새벽에 일어나 급히 사자굴로 가서 다니엘의 든 굴에 가까이 이르러는 슬피 소리질러 다니엘에게 물어 가로되 사시는 하나님의 종 다니엘아 너의 항상 섬기는 네 하나님이 사자에게서 너를 구원하시기에 능하셨느냐 다니엘이 왕에게 고하되 왕이여 원컨대 왕은 만세수를 하옵소서 나의 하나님이 이미 그 천사를 보내어 사자들의 입을 봉하셨으므로 사자들이 나를 상해치 아니하였사오니 이는 나의 무죄함이 그 앞에 명백함이오며 또 왕이여 나는 왕의 앞에도 해를 끼치지 아니하였나이다 왕이 심히 기뻐서 명하여 다니엘을 굴에서 올리라 하매 그들이 다니엘을 굴에서 올린즉 그 몸이 조금도 상하지 아니하였으니 이는 그가 자기 하나님을 의뢰함이었더라 왕이 명을 내려 다니엘을 참소한 사람들을 끌어오게 하고 그들을 그 처자들과 함께 사자 굴에 던져 넣게 하였더니 그들이 굴 밑에 닿기 전에 사자가 곧 그들을 움켜서 그 뼈까지도 부숴뜨렸더라 이에 다리오 왕이 온 땅에 있는 모든 백성과 나라들과 각 방언하는 자들에게 조서를 내려 가로되 원컨대 많은 평강이 너희에게 있을지어다 내가 이제 조서를 내리노라 내 나라 관할 아래 있는 사람들은 다 다니엘의 하나님 앞에서 떨며 두려워할지니 그는 사시는 하나님이시요 영원히 변치 않으실 자시며 그 나라는 망하지 아니할 것이요 그 권세는 무궁할 것이며 그는 구원도 하시며 건져내기도 하시며 하늘에서든지 땅에서든지 이적과 기사를 행하시는 자로서 다니엘을 구원하여 사자의 입에서 벗어나게 하셨음이니라 하였더라 이 다니엘이 다리오 왕의 시대와 바사 사람 고레스 왕의 시대에 형통하였더라 진실한 믿음은 형통할 때나 불통할 때나 상관없이 한결같이 아름답고 능력이 있으며 놀라운 역사를 일으킵니다. 오늘 본문의 다니엘이 바로 그러한 믿음의 소유자였습니다. 때문에 하나님께서는 사자굴에 던져진 다니엘을 기사와 이적으로 지켜 주시고 보호하심으로 다니엘에게 완전한 승리를 안겨 주시고, 다리오 왕으로 하여금 하나님을 찬양하며 영광 돌리도록 하셨습니다.

1. 다니엘의 시련

첫째, 다니엘이 총리가 되었습니다.

바벨론을 정복한 다리오 왕은 전국을 120도로 나누고 각 도마다 한 명의 방백을 두어 관리하게 했으며, 또 그 위에 세 명의 총리를 두고 120명의 방백들을 다스리게 하는 행정조직으로 전국을 통치했습니다. 다리오 왕은 바벨론의 벨사살 왕으로부터 높은 지위를 부여받은 다니엘을 그대로 다시 등용하여 세 명의 총리 중에 한 사람으로 세웠습니다. 그런데 그 세 총리 중에서도 다니엘의 마음이 가장 민첩하여 다른 어떤 총리들이나 방백들보다도 훨씬 더 뛰어났습니다. 그래서 다리오 왕은 그를 수석 총리로 세우고 전국을 다스리게 하려고 했습니다. 다니엘은 하나님께서 지혜를 주심으로 어느 누구보다도 민첩하고 총명했기 때문에 나라가 바뀌고 왕이 바뀌었음에도 불구하고 그의 지위와 권세, 명예는 계속해서 유지될 수 있었습니다.

둘째, 모함하는 자들이 있었습니다.

다리오 왕이 다니엘을 신임하여 전국에 있는 모든 관리들을 관할하는 중책을 맡기려 하자 다른 두 총리들과 방백들이 다니엘의 급성장을 시기한 나머지 그를 제거하기 위해 고소거리를 찾았으나 그 어디에서도 흠을 찾을 수가 없었습니다. 그러자 그들은 다니엘의 철저한 신앙심을 이용하여 사자굴에 넣어 그를 죽임으로 완전히 제거하려는 흉악한 음모를 세웠습니다. 그리고 그들은 다리오 왕에게 나아가 "이제부터 삼십 일 동안에 누구든지 왕 외에 어느 신에게나 사람에게 무엇을 구하면 사자굴에 던져 넣기로 한 것이니이다 그런즉 왕이여 원컨대 금령을 세우시고 그 조서에 어인을 찍어서 메대와 바사의 변개치 아니하는 규례를 따라 그것을 다시 고치지 못하게 하옵소서"(단 6:7~8)라고 요청했습니다. 참으로 불의한 자들의 악한 음모였습니다.

셋째, 다리오 왕이 금령을 내렸습니다.

다리오 왕은 총리들과 방백들의 음모를 그대로 받아들이고 조서에 어인을 찍어 금령을 내렸습니다. 다리오 왕은 전 국민들로 하여금 자신만을 숭배하게 한다는 그들의 요구가 다리오 자신을 위한 것이라고 생각했기 때문에 그들이 올린 조서에 대해 별다른 검토 없이 그대로 어인을 찍어 전국에 금령으로 선포한 것입니다. 그렇습니다. 언제나 유혹하는 자들은 이렇게 우리를 이해하고 생각해 주는 척합니다. 다리오 왕은 그것도 모르고 불의한 자들의 악한 음모의 꾐에 넘어가 불의한 조서에 어인을 찍어 전국에 금령을 내린 것입니다.

사랑하는 성도 여러분!

우리 모두 진실한 성도들로서 항상 귀하게 쓰임 받는 일꾼들이 됩시다. 불의한 이 세상의 그 어떠한 유혹과 시련, 모함에도 흔들림 없는 견고한 믿음의 사람들이 됩시다. 우리 하나님께서 기뻐하시고 때마다 일마다 항상 승리케 하실 것입니다.

2. 다니엘의 신앙

첫째, 어인이 찍힌 금령도 개의치 않았습니다.

다니엘은 "삼십 일 동안에 누구든지 왕 외에 어느 신에게나 사람에게 무엇을 구하면 사자굴에 던져 넣기로"(단 6:7) 한 금령에 어인이 찍혀 전국에 공포된 것을 알았음에도 불구하고 그에 전혀 개의치 않았습니다. 그러한 일들은 자기와는 전혀 상관이 없는 일로 간과해 버렸습니다. 때문에 관심도 없었습니다. 아직 닥치지도 않은 일에 대해서까지 미리 걱정하고 두려워하며 벌벌 떠는 연약한 우리와 비교해 볼 때 다니엘은 역시 훌륭한 믿음의 용장이었습니다. 때문에 인간적으로 볼 때에는 도저히 헤쳐나올 수 없는 무서운 시련 앞에서도 두려워하지 않고 오히려 담대해진 것입니다. 그렇습니다. 십자가를 진 성도는 그 어떤 고난이나 역경은 물론 죽음까지도 불사합니다. 때문에 진정한 믿음의 사람들은 이 세상에 무서운 것이 전혀 없습니다.

둘째, 전에 행하던 대로 기도했습니다.

왕의 어인이 찍혀 공포된 법령은 그 누구도 변개할 수 없습니다. 그러나 다니엘은 전혀 겁내지 않고 "자기 집에 돌아가서는 그 방의 예루살렘으로 향하여 열린 창에서 전에 행하던 대로 하루 세 번씩 무릎을 꿇고 기도"(단 6:10)했습니다. 이것은 결코 자기의 신앙심이나 삶의 자세를 변개하거나 포기할 수 없다는 것을 실제로 증거해 보여 준 것입니다. 때문에 그는 자기를 모함하여 죽이고자 혈안이 된 다른 총리들과 방백들이 자신의 신앙행위를 지켜보고 있을 줄을 알면서도, 하나님께서 이스라엘 백성들에게 포로로 잡혀간 땅에서 스스로 깨닫고 온 마음과 온 뜻으로 예루살렘 성전을 향하여 기도하면 죄악을 용서해 주시고 구하셔서 그들로 하여금 하나님의 산업을 삼으시겠다(왕상 8:47~53)고 하신 약속의 말씀을 믿고 그대로 기도한 것입니다.

셋째, 하나님께 진심으로 감사했습니다.

다니엘이 하나님께 감사드린 것은 무슨 일이 잘되거나 형통해서가 아니었습니다. 어느 누가 칭찬하고 알아줘서가 아니었습니다. 인간적으로는 감당하기 힘든 큰 시련과 고난, 죽음이 자신에게 엄습한 줄 알고도 범사를 주관하시는 하나님께 감사했습니다. 이 다니엘의 감사는 하나님께서 원하시는 절대적인 감사입니다. 때문에 나라 안에서 이루어지고 있는 모든 일들이 자기를 죽이기 위한 음모인 것을 알면서도 하나님께 감사기도를 드릴 수 있었던 것입니다. 그는 자신이 사자굴에 들어가 죽는 것을 영광으로 생각하고 감사했습니다. 이러한 감사 앞에는 그 어떠한 무서운 대적이 있을 수 없습니다. 기분 좋으면 감사하고 기분 나쁘면 불평하며, 잘되면 감사하고 안 되면 불평하는 상대적인 감사에 익숙해 있는 우리는 정말로 깨닫고 회개해야 합니다.

사랑하는 성도 여러분!

우리 모두 이 세상의 그 어떤 위협에도 굴하지 않는 견고한 믿음의 사람이 됩시다. 죽음도 불사하고 믿음을 지킨 다니엘처럼 신앙생활 하면서 언제나 절대적인 감사로 하나님께 영광 돌리는 멋진 성도들이 되시기 바랍니다.

3. 다니엘의 승리

첫째, 다니엘이 사자굴에 던져졌습니다.

다니엘을 송사하기 위해 기회를 엿보던 총리들과 방백들은 다니엘이 이스라엘을 향한 창문을 열어 놓고 하나님께 하루에 세 번씩 기도하는 모습을 보고 다리오 왕에게 "왕이여 사로잡혀 온 유다 자손 중에 그 다니엘이 왕과 왕의 어인이 찍힌 금령을 돌아보지 아니하고 하루 세 번씩 기도하나이다"(단 6:13)라고 했습니다. 다리오 왕은 어떻게 해서든지 다니엘을 구해 보려고 해 질 때까지 다니엘에 대한 법 집행을 미루었습니다. 그러자 참소자들은 다리오 왕에게 "왕이여 메대와 바사의 규례를 아시거니와 왕의 세우신 금령과 법도는 변개하지 못할 것이니이다"(단 6:15)라고 법 집행을 강력하게 요구했습니다. 이에 다리오 왕이 명을 내려 다니엘은 사자굴에 던져졌고, 사자굴의 입구는 돌로 막아 왕의 도장과 귀족들의 도장으로 봉합했습니다(단 6:16~17).

둘째, 하나님께서 다니엘을 지키셨습니다.

다리오 왕은 다니엘을 사자굴에 던져 넣고 밤새도록 침수를 폐하고 몸부림치고 있다가 새벽에 일어나 굴에 가서 슬퍼하며 다니엘에게 "사시는 하나님의 종 다니엘아 너의 항상 섬기는 네 하나님이 사자에게서 너를 구원하시기에 능하셨느냐"(단 6:20)고 물었습니다. 그러자 다니엘이 "왕이여 원컨대 왕은 만세수를 하옵소서 나의 하나님이 이미 그 천사를 보내어 사자들의 입을 봉하셨으므로 사자들이 나를 상해치 아니하였사오니 이는 나의 무죄함이 그 앞에 명백함이오며 또 왕이여 나는 왕의 앞에도 해를 끼치지 아니하였나이다" (단 6:21~22)라고 대답했습니다. 이에 다리오 왕이 심히 기뻐하며 다니엘을 건질 것을 명하여 사자굴에서 끌어올린즉 그의 몸이 하나도 상하지 않았습니다. 그것은 바로 다니엘이 하나님을 의뢰했기 때문이었습니다(단 6:23).

셋째, 다니엘의 원수들이 멸망당했습니다.

다니엘이 하나님의 은혜로 사자굴에서 보호받은 것을 목도한 다리오 왕은 명을 내려 다니엘을 참소한 사람들을 끌어오게 하여 그들과 그들의 처자들을 모두 다 사자굴에 던져 넣게 했는데, 그들이 굴 밑에 닿기도 전에 사자들이 그들을 움켜서 뼈까지도 다 부숴뜨렸습니다. 이에 다리오 왕은, "내가 이제 조서를 내리노라 내 나라 관할 아래 있는 사람들은 다 다니엘의 하나님 앞에서 떨며 두려워할지니 그는 사시는 하나님이시요 영원히 변치 않으실 자시며 그 나라는 망하지 아니할 것이요 그 권세는 무궁할 것이며 그는 구원도 하시며 건져내기도 하시며 하늘에서든지 땅에서든지 이적과 기사를 행하시는 자로서 다니엘을 구원하여 사자의 입에서 벗어나게 하셨음이니라" (단 6:26~27)고 했습니다.

사랑하는 성도 여러분!

우리 모두 그 어떠한 모함이나 위협도 두려워하지 말고 다니엘처럼 믿음으로 담대하게 삽시다. 전능하신 하나님께서 우리를 언제 어디서나 반드시 지켜 주시고 승리케 하실 것입니다. 그리하여 우리 하나님께 큰 영광 돌리는 성도들이 되시기 바랍니다.

메뚜기 떼의 재앙

[요엘 1장 1~7절]

여호와께서 브두엘의 아들 요엘에게 이르신 말씀이라 늙은 자들아 너희는 이것을 들을지어다 땅의 모든 거민아 너희는 귀를 기울일지어다 너희의 날에나 너희 열조의 날에 이런 일이 있었느냐 너희는 이 일을 너희 자녀에게 고하고 너희 자녀는 자기 자녀에게 고하고 그 자녀는 후시대에 고할 것이니라 팟종이가 남긴 것을 메뚜기가 먹고 메뚜기가 남긴 것을 늣이 먹고 늣이 남긴 것을 황충이 먹었도다 무릇 취하는 자들아 너희는 깨어 울지어다 포도주를 마시는 자들아 너희는 곡할지어다 이는 단 포도주가 너희 입에서 끊어졌음이니 한 이족이 내 땅에 올라왔음이로다 그들은 강하고 무수하며 그 이는 사자의 이 같고 그 어금니는 암사자의 어금니 같도다 그들이 내 포도나무를 멸하며 내 무화과나무를 긁어 말갛게 벗겨서 버리니 그 모든 가지가 하얗게 되었도다

이스라엘 백성들은 오랫동안 바벨론의 포로생활에서 고난에 지친 삶을 살다가 하나님의 은혜로 본국으로 귀환한 후에 가나안 땅에 정착해 살면서 여호와를 향한 신앙의 열정이 사라지고 나태해졌습니다. 때문에 하나님께서 메뚜기 떼로 심판하셨습니다. 이 메뚜기 떼의 재앙은 이스라엘 백성들이 귀환한 후에 당한

고난 중에서도 가장 큰 재앙이었습니다. 그러나 그들이 하나님의 명령을 듣고 회개하자 사랑의 하나님께서 모든 것을 다 회복시켜 주셨습니다. 본문을 통해서 우리가 얻을 수 있는 교훈은 범죄한 자들에게는 무서운 심판이 있지만 회개하는 자들에게는 용서가 있고 회복이 있다는 것입니다.

1. 메뚜기 떼의 침입

첫째, 이족과 사자 같은 공격이었습니다.

이족과 사자 같은 공격이었다는 말은(욜 1:6), 하나님의 심판에 의해 내려진 곤충 떼의 침입으로 헤아릴 수 없이 많은 이방 민족의 군대 같은 곤충 떼가 이스라엘 민족을 무섭게 공격하여 유린했다는 것을 비유적으로 표현한 말씀입니다. 당시의 곤충 떼의 침입이 얼마나 무서운 재앙이었는가를 가히 짐작할 수 있습니다. 요한계시록에서도 "황충이 연기 가운데로부터 땅 위에 나오매 저희가 땅에 있는 전갈의 권세와 같은 권세를 받았더라"(계 9:3)고 했습니다. 그렇습니다. 미약한 곤충 하나하나는 아무것도 아닙니다. 그러나 그것들도 하나님의 사명을 받고 쓰임을 받게 되면 무서운 군대와 같이 된다는 것을 기억해야 합니다.

둘째, 철저한 심판이었습니다.

본문을 보면 "팟종이가 남긴 것을 메뚜기가 먹고 메뚜기가 남긴 것을 늣이 먹고 늣이 남긴 것을 황충이 먹었도다"(욜 1:4)라고 했습니다. 여기에서 말한 팟종이, 메뚜기, 늣, 황충 등은 메뚜기를 가리키는 각기 다른 네 개의 히브리어 곧 가잠, 아르베, 얄레크, 하실을 각각 다른 어원으로 번역한 것으로서 '가잠' 은 '자르다' 는 의미이고, '아릅베' 는 '많은 떼' 를 가리키며, '얄레크' 는 '급하게 갉아먹는 모습' 을 가리키고, '하실' 은 '끝장을 낸다' 는 의미를 가지고 있습니다. 이와 같이 동일한 메뚜기를 다른 용어로 언급한 것은 메뚜기 재앙으로 인해 발생될 수 있는 모든 가능성들을 보여 주는 것입니다. 다시 말하면 앞으로 이스라엘에게 시행될 심판이 그만큼 철저하다는 것입니다. 때문에 열매를 내야 할 포도나무와 무화과나무, 석류나무, 대추나무, 사과나무, 밭의 모든 나무들이 다 말랐습니다(욜 1:7, 10~12).

셋째, 깨어 울라고 했습니다.

포도주를 마시고 취한 자들, 즉 타락한 자들에게 깨어 울라고 했습니다(욜 1:5). 어렸을 때에 약혼한 남편을 잃어버린 안타까운 여인처럼 울라고 했습니다(욜 1:8). 제사장들에게는 이스라엘 백성들이 메뚜기 재앙으로 인해 제물이 없어서 여호와의 전에 제사드릴 수 없게 됨을 인하여 슬퍼하라고 했습니다(욜 1:9). 농부들은 밭에 밀과 보리가 없음을 인하여 부끄러워하라고 했습니다(욜 1:11). 당시 이스라엘 백성들이 하나님의 징계로 인하여 생계에 위협을 받을 만큼 어려웠음에도 불구하고 자신들의 죄악을 깨닫지 못할 정도로 마음들이 강퍅했기 때문에 하나님께서 요엘 선지자를 통해 회개를 촉구하신 것이었습니다. 마찬가지로 오늘날에도 하나님의 징계를 받으면서도 자신의 죄악을 깨닫지 못하는 어리석은 자들이 있다는 말씀입니다.

사랑하는 성도 여러분!

우리 모두 하나님의 심판을 두려워할 줄 아는 성도들이 됩시다. 또한 언제나 하나님의 말씀만 믿고 따릅시다. 성령님의 조명에 민감하게 반응합시다. 그리고 언제나 하나님의 영광을 위해 최선을 다해 충성하는 멋진 성도들이 되시기 바랍니다.

2. 하나님의 명령

첫째, 성전에 나와 기도하라고 하셨습니다.

하나님께서는 메뚜기 재앙으로 인하여 생사의 기로에 서 있는 이스라엘에게 이스라엘 전 백성들을 성전에 모으고 여호와께 부르짖으라고 하셨습니다(욜 1:14). 이스라엘 온 백성들이 하나님 앞에 나아와 합심하여 회개하면서 기도하면 하나님께서 그들의 기도를 들으시고 어려운 문제들을 해결해 주시기 위해서였습니다. 그러므로 우리 성도들은 자신이 어떠한 어려움에 직면했든지 간에 곧바로 살아 계신 하나님 앞에 나아와 지은 죄를 회개하고 진실하게 기도해야 합니다. 그래서 요엘은 “너희는 이제라도 금식하며 울며 애통하고 마음을 다하여 내게로 돌아오라 하셨나니 너희는 옷을 찢지 말고 마음을 찢고 너희 하나님 여호와께로 돌아올지어다”(욜 2:12~13)라고 했습니다. 왜냐하면 그 길이 바로 고난당하는 자들이 사는 길이기 때문입니다.

둘째, 금식성회를 선포하라고 하셨습니다.

금식은 우리 육신의 기본적인 욕구까지도 완전히 제어하면서 하나님 앞에 지은 죄를 회개하고 하나님의 긍휼과 도우심을 전적으로 구하는 것입니다. 그래서 금식은 여호와께서 기뻐하시는 일이며, 우리를 고통스럽게 하는 흉악한 결박을 풀어 주며 멍에의 줄을 끌러 주고 압제당하는 자들을 자유케 합니다(사 58:6). 때문에 하나님께서 메뚜기 떼로 인하여 고통당하고 있는 이스라엘 백성들에게 금식성회를 명령하신 것입니다. 이 금식성회에는 이스라엘 민족 모두가 반드시 참석해야 했습니다. 그 누구도 예외가 없었습니다. 장로와 어린아이, 젖 먹는 자, 이제 막 결혼한 신랑과 신부, 모두가 다 금식성회에 참석해야 했습니다(욜 2:16). 이것은 바로 하나님 앞에서 명령하신 금식성회가 얼마나 중요한 것인가를 잘 나타냅니다.

셋째, 하나님께로 돌아오라고 하셨습니다.

하나님께서는 이스라엘 백성들을 성전으로 나오게 하시고 금식성회를 선포하여 기도하게 하셨습니다. 그것은 심판을 당하고 있는 이스라엘 백성들을 용서하시고 구원해 주시기 위해서였습니다. 다시 말하면, 죄로 인하여 하나님과 멀어졌던 이스라엘 백성들로 하여금 성전에 나아와 금식성회를 선포하고 기도하게 함으로써 단절되었던 하나님과의 관계를 올바로 회복하게 하시려는 것이었습니다. 그렇습니다. 우리 개인이나 가정, 교회와 국가가 사는 길은 오직 예수 그리스도의 구속의 십자가밖에 없습니다. 그러므로 죄 중에서 잉태되고 죄 중에서 태어나 죄를 지으면서 살 수밖에 없는 우리 인간들은 모두가 다 이유 여하를 막론하고 하나님 앞에 나아와야 합니다. 오늘 이 시간에 우리 모두는 지은 죄를 회개하고 하나님께로 돌아와야 합니다.

사랑하는 성도 여러분!

우리 모두 예수 그리스도의 몸이요 하나님의 집인 성전에 나아와 지은 죄를 회개하고 금식하며 기도합시다. 그래야 나와 내

가정이 구원받고 이 사회와 국가가 바로 될 수 있습니다. 그리하여 이 세상의 소금이요 빛이며 거룩한 향기로서의 사명을 다하시기 바랍니다.

3. 하나님의 사랑

첫째, 백성들을 긍휼히 여기셨습니다.

이스라엘 백성들이 요엘 선지자를 통해서 선포하신 하나님의 말씀에 순종하여 성전에 나와 금식성회를 베풀고 마음을 찢으며 기도할 때에 하나님께서 긍휼을 베푸셨습니다. 이스라엘 백성들이 하나님을 향한 열정이 식어지고 멀리 떠났을 때에는 세상이 감당할 수 없는 무서운 메뚜기 재앙으로 징계하셨지만 그들이 회개하고 돌아오자 하나님께서 자기 땅을 위하여 뜨거운 마음을 가지고 긍휼히 여기셨습니다(욜 2:18). 그렇습니다. 우리 하나님께서는 아무리 추하고 더러운 죄인이라고 할지라도 전심으로 회개하고 돌아오면 그 어떠한 책임도 묻지 않으시고 뜨거운 사랑으로 영접해 주시고 긍휼을 베풀어 주십니다.

둘째, 곡식과 새 포도주를 주셨습니다.

하나님께서는 회개하고 돌아온 이스라엘 백성들에게 "내가 너희에게 곡식과 새 포도주와 기름을 주리니 너희가 이로 인하여 흡족하리라"(욜 2:19)고 하셨습니다. 하나님께서 이른 비와 늦은 비를 적당히 내리셔서 풍년이 들었습니다(욜 2:23). 그래서 "마당에는 밀이 가득하고 독에는 새 포도주와 기름이 넘치리로다"(욜 2:24)라고 하셨습니다. 사랑의 하나님께서 이스라엘 백성들에게 넘치는 복으로 완전히 회복시켜 주셨습니다. 그렇습니다. 전능하신 하나님이 우리를 위하시면 이 세상의 모든 인간들과 환경은 물론 자연을 통해서도 복을 주십니다(욜 2:23~27). 그러므로 우리 성도들이 이 세상에서 잘되는 길은 늘 하나님과 함께하는 것입니다.

셋째, 모든 재난을 제거해 주셨습니다.

이스라엘을 완전하게 회복시키신 하나님께서는 "내가 북편 군대를 너희에게서 멀리 떠나게 하여 메마르고 적막한 땅으로 쫓아내리니 그 전군은 동해로, 그 후군은 서해로 들어갈 것이라 상한 냄새가 일어나고 악취가 오르리니 이는 큰 일을 행하였음이니라"(욜 2:20)고 하셨습니다. 하나님께서는 선민인 이스라엘 민족을 대적하고 침략하는 원수들을 제거해 주시고 이스라엘이 짊어지고 있던 멍에까지도 완전히 제거해 주셨습니다. 이 모든 것은 이스라엘 민족이 스스로 할 수 있는 일이 아니었습니다. 오직 이 세상 만물들을 창조하시고 주관하시는 하나님께서만 하실 수 있습니다. 그러므로 주 안에 거하는 자는 아무것도 걱정할 것이 없습니다.

사랑하는 성도 여러분!

우리 모두 항상 하나님의 사랑 안에 거하는 자들이 됩시다. 그리하여 하나님이 주시는 복으로 영육간에 언제나 풍성한 삶을 누리며 삽시다. 그리고 때마다 일마다 늘 승리하는 복된 자들이 되시기 바랍니다.

요나의 기적

[요나 1장 17절~2장 10절]

여호와께서 이미 큰 물고기를 예비하사 요나를 삼키게 하셨으므로 요나가 삼일 삼야를 물고기 배에 있으니라 요나가 물고기 뱃속에서 그 하나님 여호와께 기도하여 가로되 내가 받는 고난을 인하여 여호와께 불러 아뢰었삽더니 주께서 내게 대답하셨고 내가 스올의 뱃속에서 부르짖었삽더니 주께서 나의 음성을 들으셨나이다 주께서 나를 깊음 속 바다 가운데 던지셨으므로 큰 물이 나를 둘렀고 주의 파도와 큰 물결이 다 내 위에 넘쳤나이다 내가 말하기를 내가 주의 목전에서 쫓겨났을지라도 다시 주의 성전을 바라보겠다 하였나이다 물이 나를 둘렀으되 영혼까지 하였사오며 깊음이 나를 에웠고 바다 풀이 내 머리를 쌌나이다 내가 산의 뿌리까지 내려갔사오며 땅이 그 빗장으로 나를 오래도록 막았사오나 나의 하나님 여호와여 주께서 내 생명을 구덩이에서 건지셨나이다 내 영혼이 내 속에서 피곤할 때에 내가 여호와를 생각하였삽더니 내 기도가 주께 이르렀사오며 주의 성전에 미쳤나이다 무릇 거짓되고 헛된 것을 숭상하는 자는 자기에게 베푸신 은혜를 버렸사오나 나는 감사하는 목소리로 주께 제사를 드리며 나의 서원을 주께 갚겠나이다 구원은 여호와께로서 말미암나이다 하니라 여호와께서 그 물고기에게 명하시매 요나를 육지에 토하니라 아마도 이 세상에서 가장 어리석고 미련한 사람이 있다고 하면 그것은 살아 계신 하나님을 믿지 않는 사람이요, 하나님에 대한 소명감이 없는 사람이며, 하나님께서 맡겨 주신 사명을 거부하고 도피하는 자들일 것입니다. 또한 평안하고 형통할 때는 깨닫지 못하고 꼭 징계의 채찍으로 당하고 나서야 '아, 내가 잘못했구나' 라고 깨닫는 자도 안타까운 자입니다. 바로 오늘 본문의 요나도 그런 사람이었습니다. 우리 모두는 오늘의 말씀을 통하여 언제나 깨어 있는 사명자들이 되어야겠습니다.

1. 요나의 불순종

첫째, 니느웨를 깨우치라고 명령하셨습니다.

하나님께서는 요나에게 "너는 일어나 저 큰 성읍 니느웨로 가서 그것을 쳐서 외치라 그 악독이 내 앞에 상달하였음이니라" (욘 1:2)고 명령하셨습니다. 이 니느웨 성은 앗수르의 수도로서 정치, 경제, 사회, 문화가 발달되고 인구가 많이 사는 아주 큰 도시였습니다. 그러나 하나님의 뜻과는 전혀 상관없는 아주 타락한 도시였습니다. 그들의 범죄행위는 아주 극에 달했습니다. 때문에 하나님께서는 요나에게 이 니느웨 성에 가서 하나님의 말씀을 외치라고 하신 것입니다. 그들의 범죄행위가 극에 달했기 때문에 그대로 방치해 둔다면 그들은 곧바로 멸망할 수밖에 없었습니다. 사랑의 하나님께서는 니느웨 사람들의 죄를 지적하고 회개의 기회를 주고자 하신 것입니다.

둘째, 여호와의 낯을 피해 도망갔습니다.

하나님의 명령을 받은 요나는 하나님의 말씀에 불순종하고 니느웨 성과는 정반대인 다시스로 도망하려고 욥바로 내려갔습니다. 그런데 때마침 다시스로 가는 배를 만났습니다. 요나는 하나님의 성전이 있는 이스라엘만 벗어나면 하나님의 낯을 피할 줄로 착각했습니다. 그러면 왜 요나가 하필이면 다시스를 택했을까요? 다시스는 스페인의 서남쪽에 위치한 항구도시로서 아주 풍요롭고 화려했기 때문에 근동 지방 사람들이 동경하는 곳이었습니다. 그가 여호와의 낯을 피하여 도망간 것은 소명감 부족이요 영혼에 대한 사랑이 없었기 때문이며, 복음 전파에 대한 수고로움을 피하기 위해서였습니다. 이와 같은 잘못된 현상은 오늘의 우리에게도 만연되어 있습니다. 그러나 분명한 것은 창조주 하나님의 영역에서 벗어날 수 있는 사람은 하나도 없습니다.

셋째, 여호와께서 대풍을 내리셨습니다.

요나는 자신의 생각대로 선가를 주고 다시스행 배를 탔습니다. 그런데 이것이 웬일입니까? 요나가 탄 배가 바다 가운데쯤 이르렀을 때 잔잔하던 바다에 갑자기 폭풍이 대작했습니다. 그것은 하나님께서 요나를 깨우치시기 위해 바다에 대풍을 일으켜 그의 다시스행을 막으신 것이었습니다. 그런데 이 폭풍의 세력이 얼마나 큰지 배가 파산할 지경이었습니다(욘 1:4). 때문에 사공들이 두려워서 자기들의 신을 부르며 배를 가볍게 하려고 배에 있는 물건들을 모두 다 바다에 던졌습니다. 그러나 요나는 배 밑에서 깊이 잠들어 있었습니다(욘 1:5). 이것은 불순종한 요나 한 사람 때문에 수많은 사람들이 고난당하고 있음을 보여 주는 것입니다.

사랑하는 성도 여러분!

우리 모두 하나님의 명령에 철저하게 순종합시다. 그 어떤 이유로도 하나님께서 명령하신 사명을 기피하는 어리석은 자들이 되지 맙시다. 그리고 우리의 불순종으로 인하여 다른 사람들이 고통을 당하는 일이 절대로 없도록 합시다.

2. 요나의 기도

첫째, 물고기가 요나를 삼켰습니다.

선장은 잠자는 요나에게 "자는 자여 어찜이뇨 일어나서 네 하나님께 구하라"(욘 1:6)고 책망했습니다. 그리고 선원들이 이 재앙이 누구 때문인지 알아보기 위해 제비를 뽑았는데 요나가 뽑혔습니다. 하나님께서는 이 제비뽑기를 통해서 당신이 찾고 계시는 죄인이 바로 요나인 것을 밝히신 것입니다. 선원들은 요나로부터 '니느웨로 가서 말씀을 전하라는 여호와의 낯을 피하여 도망가는 길이었다' 는 소리를 듣고 더욱 놀랐습니다. 그런데 이것이 웬일입니까? 요나가 제비 뽑힌 다음 풍랑이 점점 더 거세졌습니다. 그러자 선원들은 "우리가 너를 어떻게 하여야 바다가 우리를 위하여 잔잔하겠느냐"(욘 1:11)고 물었습니다. 그러자 요나는 "나를 들어 바다에 던지라 그리하면 바다가 너희를 위하여 잔잔하리라 너희가 이 큰 폭풍을 만난 것이 나의 연고인 줄을 내가 아노라"(욘 1:12)고 했습니다. 이것은 요나가 자신의 죄를 솔직하게 인정한 것입니다. 그리하여 요나는 바다에 던져졌고 풍랑은 잔잔해졌습니다. 하나님께서는 이미 요나를 위해 큰 물고기를 준비하시고 바다에 던져진 요나를 삼키게 하셨습니다. 참으로 크신 하나님의 사랑이 아닐 수 없습니다.

둘째, 물고기 뱃속에서 기도했습니다.

하나님의 징계하심으로 바다에 던져졌으나 하나님의 사랑에 의해 물고기 뱃속에 갇히게 된 요나는 여호와를 부르며 참회의 기도를 드렸습니다. 그는 이제 고통 가운데서 자신의 죄를 인식하고 구원을 간구한 것입니다. 그는 다시 하나님의 성전을 바라보겠다고 기도했습니다(욘 2:4). 또한 "나의 하나님 여호와여 주께서 내 생명을 구덩이에서 건지셨나이다"(욘 2:6)라고 구원을 확신하고 기도했습니다. 감사의 제사를 드리고 하나님께 서원한 것을 갚겠다고 기도했습니다(욘 2:9). 그는 하나님께서 자신의 기도를 들어주실 것을 확신하고 기도했습니다. 이와 같은 기도는 아마도 그의 생애에서 가장 진실한 기도였을 것입니다.

셋째, 물고기가 요나를 육지로 토해냈습니다.

하나님의 명령을 저버리고 여호와의 낯을 피하여 다시스로 도망가다가 폭풍의 바다에 던져져 죽을 수밖에 없었던 처참한 환경에서 온전히 회개했을 때에 하나님께서는 물고기를 명하시사 요나를 해변가의 육지에 토하게 하셨습니다. 요나가 물고기 뱃속에서 3일 3야를 있었으나 어디 하나 상한 곳이 없이 건강한 모습으로 이 세상에 다시 서게 된 것은 전능하신 하나님의 초자연적인 능력이었습니다. 또한 이 사건은 예수 그리스도의 부활 사건을 예표한 것이기도 합니다. 그렇습니다. 전능하신 하나님 안에서는 불가능이 있을 수 없습니다. 그러므로 우리 모두는 생의 위기를 만났을 때에 요나처럼 부르짖어 기도해야 합니다.

사랑하는 성도 여러분!

우리 모두 힘들고 어려운 처지에 있다고 할지라도 전능하신 하나님의 사랑을 믿고 열심히 기도하며 충성합시다. 그리하여 이 세상 인간들의 상상을 초월한 은혜와 축복을 받고 승리하는 삶을 이루시기 바랍니다.

3. 요나의 순종

첫째, 여호와께서 다시 부르셨습니다.

하나님께서는 니느웨 성에 가서 말씀을 전하라고 하신 당신의 명령을 거역하고 다시스로 도망가다가 풍랑을 만나 바다에 던져졌던 요나, 하지만 스올이라는 물고기의 뱃속에 들어가는 혹독한 고통 속에서 자신의 잘못을 뉘우치고 회개한 요나를 사랑하시사 다시 부르시고 "일어나 저 큰 성읍 니느웨로 가서 내가 네게 명한 바를 그들에게 선포하라"(욘 3:2)고 명령하셨습니다. 그렇습니다. 우리 하나님께서 맡기신 사명은 그 어떤 이유로도 기피할 수 없습니다. 그러므로 우리 모두는 하나님께서 우리에게 사명을 주실 때에 부족한 나를 충성되이 여기시사 직분을 주신 것에 대해 진심으로 감사하고 기쁜 마음으로 잘 감당해야 합니다. 다시 말하면 징계를 당하고 나서야 정신차리는 어리석은 자가 되지 말고 건강할 때, 잘 나갈 때, 좋을 때 언제나 최선을 다해 맡은 바 사명을 잘 감당하는 자들이 되어야 합니다.

둘째, 받은 말씀대로 순종했습니다.

무서운 대풍과 물고기 뱃속에서 구출된 요나는 하나님으로부터 재소명을 받자 곧바로 그 명령을 따라 순종했습니다. 이제 인간적이고 계산적이던 자기를 포기하고 하나님의 명령에 무조건 순종했습니다. 그는 니느웨 성에 들어가서 "사십 일이 지나면 니느웨가 무너지리라"(욘 3:4)고 열심히 전했습니다. 한 번만 전한 것이 아니라 니느웨 사람들이 모두 듣고 회개할 때까지 성의 곳곳을 돌아다니면서 하나님의 말씀을 선포했습니다. 그렇습니다. 우리도 하나님의 일에 한두 번 충성하는 것이 아니라 우리가 이 세상을 떠나는 그 시간까지 최선을 다해 변함없이 충성해야 합니다.

셋째, 니느웨가 회개하고 구원받았습니다.

요나의 경고의 메시지를 들은 니느웨 백성들 모두가 다 자신들의 죄를 깨닫고 회개하는 역사가 일어났습니다. 그들은 모두 하나같이 금식하며 굵은 베옷을 입고 재에 앉아 통회하며 자복했습니다. 평소에 하나님을 알지 못하던 그들이었지만 진실하게 회개했습니다. 왕으로부터 백성 한 사람에 이르기까지 회개했습니다. 니느웨 성은 한마디로 회개의 도가니였습니다. 왕은 모든 사람들과 가축들에게까지도 금식을 선포했습니다. 모두가 다 힘써 부르짖어 하나님께 회개할 것을 촉구했습니다. 뿐만 아니라 악한 일과 모든 강포에서 떠나라고 했습니다. 그러자 우리 하나님께서는 뜻을 돌이키시고 니느웨 성에 재앙을 내리지 않으셨습니다. 참으로 좋으신 우리 하나님이십니다.

사랑하는 성도 여러분!

우리 모두 다시 일어납시다. 그리고 주님의 명령을 듣고 사명의 현장으로 나갑시다. 무조건 순종하고 충성합시다. 그리하여 하나님의 뜻을 이루어드리는 복된 사명자들이 되시기 바랍니다.

박넝쿨의 기적

[요나 4장 1~11절]

요나가 심히 싫어하고 노하여 여호와께 기도하여 가로되 여호와여 내가 고국에 있을 때에 이러하겠다고 말씀하지 아니하였나이까 그러므로 내가 빨리 다시스로 도망하였사오니 주께서는 은혜로우시며 자비로우시며 노하기를 더디하시며 인애가 크시사 뜻을 돌이켜 재앙을 내리지 아니하시는 하나님이신 줄을 내가 알았음이니이다 여호와여 원컨대 이제 내 생명을 취하소서 사는 것보다 죽는 것이 내게 나음이니이다 여호와께서 이르시되 너의 성냄이 어찌 합당하냐 하시니라 요나가 성에서 나가서 그 성 동편에 앉되 거기서 자기를 위하여 초막을 짓고 그 그늘 아래 앉아서 성읍이 어떻게 되는 것을 보려 하니라 하나님 여호와께서 박넝쿨을 준비하사 요나 위에 가리우게 하셨으니 이는 그 머리를 위하여 그늘이 지게 하며 그 괴로움을 면케 하려 하심이었더라 요나가 박넝쿨을 인하여 심히 기뻐하였더니 하나님이 벌레를 준비하사 이튿날 새벽에 그 박넝쿨을 씹게 하시매 곧 시드니라 해가 뜰 때에 하나님이 뜨거운 동풍을 준비하셨고 해는 요나의 머리에 쬐매 요나가 혼곤하여 스스로 죽기를 구하여 가로되 사는 것보다 죽는 것이 내게 나으니이다 하나님이 요나에게 이르시되 네가 이 박넝쿨로 인하여 성냄이 어찌 합당하냐 그가 대답하되 내가 성내어 죽기까지 할지라도 합당하니이다 여호와께서 가라사대 네가 수고도 아니하였고 배양도 아니하였고 하룻밤에 났다가 하룻밤에 망한 이 박넝쿨을 네가 아꼈거든 하물며 이 큰 성읍, 니느웨에는 좌우를 분변치 못하는 자가 십이만여 명이요 육축도 많이 있나니 내가 아끼는 것이 어찌 합당치 아니하냐 사단의 유혹을 받아 범죄하고 전적으로 타락한 우리 인간들의 심보는 참으로 이해할 수 없는 안타까운 부분들이 너무나도 많습니다. 때로는 남이 자기보다 잘되는 것을 싫어합니다. 때문에 남이 실패하는 것을 은근히 원하는 나쁜 속성을 가지고 있습니다. 또한 달면 삼키고 쓰면 뱉는 아주 이기적인 삶에 익숙해져 있습니다. 그리고 하나님의 사람들이 마땅히 가져야 할 아름답고 선한 언행심사가 늘 결핍되어 있습니다. 오늘 본문의 요나도 그가 선지자임에도 불구하고 너무나도 부족한 인간적인 모습을 적나라하게 보여 주고 있습니다.

1. 요나의 분노와 불평

첫째, 이기심에서 나온 분노였습니다.

요나가 재소명을 받고 니느웨 성에 들어가 하나님의 말씀으로 깨우쳤을 때에 니느웨 사람들은 요나가 전한 하나님의 말씀을 듣고 악한 길에서 돌이켜 회개했습니다. 때문에 하나님께서는 심판하려는 뜻을 돌이키시고 재앙을 내리지 않으셨습니다(욘 3:10). 그러자 요나는 하나님께서 심판의 뜻을 돌이키고 용서하신 데 대해 심히 분개했습니다. 그의 이와 같은 태도는 자기의 조국 이스라엘을 압제하던 원수의 성읍인 니느웨를 멸망시키지 않고 용서하셨기 때문입니다. 다시 말하면, 잘못된 편견과 좁은 세계관을 가진 부패한 인간의 이기심에서 나온 분노였습니다.

둘째, 주의 뜻을 알지 못한 불평이었습니다.

요나가 분노하며 불평한 것은 그 어떠한 악인이라고 할지라도 그가 회개하고 하나님께 돌아오면 기뻐하시고 용서하신다(겔 18:23)는 하나님의 뜻을 알지 못한 데서 기인한 불평이었습니다. 요나가 니느웨 성에 들어온 첫날부터 백성들에게 선포한 메시지는 40일 후면 니느웨가 무너질 것이라는 내용이었습니다. 하나님께서 요나 선지를 니느웨에 보내셔서 이와 같이 선포케 하신 것은 40일 후에 니느웨를 완전히 멸망시키기 위한 것이 아니라 니느웨가 당시와 같이 악한 상태로 계속 간다고 하면 멸망할 수밖에 없었기 때문에 백성들로 하여금 속히 회개케 하여 심판을 면하게 하시기 위해서였습니다. 이와 같은 하나님의 뜻을 모르고 요나는 니느웨가 자신이 선포한 대로 40일 후면 다 멸망할 줄로 착각하고 있었습니다. 그런데 자신의 생각과는 달리 하나님께서 뜻을 돌이켜 심판하지 않으시자 불평한 것입니다.

셋째, 요나의 분노와 불평을 봅시다.

요나는 여호와 하나님께 "여호와여 원컨대 이제 내 생명을 취하소서 사는 것보다 죽는 것이 내게 나음이니이다"(욘 4:3)라고 분노하며 불평했습니다. 하나님께서 명령하신 대로 40일 후면 니느웨가 멸망받을 것이라고 선포했음에도 불구하고 40일이 지났으나 니느웨 성읍이 멸망하지 않자, 이제 자신이 거짓 예언자라는 비난을 면할 수 없게 되었다고 생각했기 때문이었습니다. 그래서 그는 낙망 가운데 빠져 자기 생명을 죽여 달라고 분노하며 불평한 것입니다. 이와 같은 그의 분노와 불평은 하나님의 인자하심보다는 자기 자신의 인간적인 체면만 중요시한 잘못된 생각 때문이었습니다. 마찬가지로 오늘의 우리가 신앙생활 하면서 분노하고 불평함으로 인하여 하나님의 의를 세우지 못하는 것은 다 이와 같은 잘못된 생각 때문입니다. 우리는 다른 사람이 구원받고 복 받아 잘사는 것을 보면 기뻐하고 즐거워해야 합니다.

사랑하는 성도 여러분!

우리는 그 어떤 이유로도 인간적인 이기심에서 나오는 분노를 발해서는 안 됩니다. 또한 하나님의 선하신 뜻을 알지 못하고 내 인간적인 생각으로 남이 잘못되기를 원하는 악한 마음도 버려야 합니다. 그리고 그 어떤 이유로도 남을 원망하고 불평함으로 인하여 사람들에게 상처를 주지 말아야 합니다.

2. 요나의 착각과 하나님의 자비

첫째, 요나는 성읍의 심판을 보려고 했습니다.

요나는 40일이 지났으나 자신이 선포한 대로 니느웨 성이 멸망하지 않자 심히 분노하며 불평하면서도 공의의 하나님께서 그 어떠한 방법으로든지 반드시 심판하실 것이라고 착각했습니다. 그것은 원수를 미워하는 마음과 자기 자신의 생각이 옳다고 하는 교만함에서 비롯된 착각이었습니다. 때문에 니느웨 성이 지금은 비록 건재하여도 결국은 그들이 심판받는 모습을 보려고 한 것입니다. 그래서 요나는 니느웨 성읍을 빠져나와 그 성읍 동쪽으로 가서 머물렀습니다. 그는 거기에 초막을 짓고 그늘 아래 앉아서 성읍이 어떻게 되는지 보려고 했습니다(욘 4:5). 그렇게 되면 자신의 예언에 대하여 체면을 세울 수 있기 때문이었습니다. 그러나 이러한 요나의 잘못된 생각은 자신을 더 괴롭히고 고통스럽게 했습니다. 그렇습니다. 다른 사람에 대한 저주의 생각은 먼저 자신을 괴롭히고 고통스럽게 하며 불행하게 합니다.

둘째, 요나 위에 박넝쿨을 자라게 하셨습니다.

요나가 니느웨 성읍에서 나와 초막을 짓고 거기서 니느웨 성읍의 심판을 지켜보고 있는데, 시간이 가면서 초막이 말라 뜨거운 햇빛이 내리쪼인 것 같습니다. 때문에 하나님께서는 갑자기 박넝쿨(아주까리로 번역되기도 함)을 나게 하시고 빠르게 자라게 하셔서 뜨겁게 내리쬐는 태양열로 괴로워하는 요나 위에 그늘지게 하신 것입니다. 참으로 우리 하나님의 크신 사랑과 은혜의 배려입니다. 요나는 박넝쿨이 자라 자기에게 그늘을 제공해 주자 심히 기뻐했습니다. 그런데 안타까운 것은 요나가 자기에게 박넝쿨의 그늘을 제공해 주신 하나님께는 전혀 감사하지 않고 단지 자신의 어려움이 해결된 것에 대해서만 기뻐했다는 것입니다. 그렇습니다. 우리도 하나님께서 우리의 어려운 문제를 해결해 주실 때에 하나님의 사랑과 은혜에 대한 감사를 잊어버리고 어려움이 해결되었다는 그 사실만을 가지고 기뻐한다는 것입니다.

셋째, 박넝쿨을 제거하셨습니다.

하나님께서는 요나의 고난을 보시고 박넝쿨을 통해 요나에게 내리쪼이는 뜨거운 햇빛을 막아 주셨지만 그가 감사할 줄 모르고 그저 기뻐하는 것으로 끝나자 박넝쿨을 주신 다음 날 새벽에 벌레를 준비하셔서 박넝쿨을 씹게 하심으로 곧 시들게 하셨습니다. 그것은 요나에게 하나님에 대한 감사의 신앙을 가지게 하며, 교만을 버리고 하나님의 참뜻을 깨닫게 하시려는 것이었습니다. 그리고 하나님께서 창조하신 니느웨 백성들이 박넝쿨보다 더 귀하다는 것을 깨우쳐 주시려는 것이었습니다. 그러므로 우리는 언제나 하나님의 은혜에 대해 우선적으로 감사해야 합니다. 그리하여 그 어떠한 경우에도 하나님께서 허락하신 사랑과 은혜, 복을 도로 빼앗기는 불행한 일이 없어야 합니다.

사랑하는 성도 여러분!

우리 모두 심히 부족하고 연약한 나 자신을 포기하고 전능하신 하나님의 말씀에 무조건 순종합시다. 또한 우리의 이웃이 잘되는 것을 항상 기뻐하고 언제나 하나님의 사랑과 은혜에 감사하는 멋진 신앙인들이 되시기 바랍니다.

3. 박넝쿨과 책망받는 요나

첫째, 박넝쿨이 시들자 불평했습니다.

하나님께서는 감사를 모르는 요나를 깨우치시기 위해 새벽에 무성했던 박넝쿨을 벌레로 하여금 씹게 하여 시들게 하셨습니다(욘 4:7). 또한 해가 뜰 때에 하나님께서 더운 동풍(근동 지방에 부는 타는 듯한 열기를 동반한 바람)을 준비하셨고, 뜨거운 햇빛으로 요나의 머리 위에 내리쪼이도록 하셨습니다. 그러자 요나는 기력을 잃고 "이렇게 사느니 차라리 죽는 것이 더 낫겠습니다"(욘 4:8, 새번역성경)라고 했습니다. 아무것도 아닌 것을 가지고도 금방 웃었다 울었다 하는 참으로 간사하고 변덕 많은 우리 인간들의 모습을 그대로 보여 주고 있는 것입니다. 박넝쿨이 갑자기 나서 자라 무성한 숲을 이룬 것이나 새벽에 벌레가 무성한 박넝쿨을 씹어 시들게 한 것 그리고 뜨거운 동풍이 불어 덥게 된 것 모두가 다 우리 하나님께서 역사하신 기사와 이적이라는 사실을 모르는 데서 나온 불평이었습니다.

둘째, 하나님께서 요나에게 질문하셨습니다.

하나님께서 요나에게 "네가 이 박넝쿨로 인하고 성냄이 어찌 합당하냐"(욘 4:9)라고 질문하셨습니다. 요나가 이 박넝쿨로 인하여 성낸 것은 분명히 잘못된 것이었기 때문입니다. 그것은 요나가 이 세상 만물을 친히 지으시고 주관하시는 하나님의 주권을 인정하지 않은 것이요, 니느웨 백성들에 대한 사랑이 결여된 것이며, 부패한 자신의 마음을 다스리지 못했기 때문입니다.

셋째, 하나님께서 니느웨 성 사람들을 아끼셨습니다.

하나님께서는 아브라함의 후손도 아니요 이스라엘의 회중도 아니었지만 니느웨 성 사람들을 긍휼히 여기시고 아끼셨습니다. 때문에 요나에게 "네가 수고도 아니하였고 배양도 아니하였고 하룻밤에 났다가 하룻밤에 망한 이 박넝쿨을 네가 아꼈거든 하물며 이 큰 성읍 니느웨에는 좌우를 분변치 못하는 자가 십이만여 명이요 육축도 많이 있나니 내가 아끼는 것이 어찌 합당치 아니하냐"(욘 4:10~11)라고 말씀하셨습니다.

사랑하는 성도 여러분!

우리 모두 그 어떠한 이유로도 하나님을 향하여 불평하지 맙시다. 또한 범사에 전능하신 하나님의 주권을 인정하고 감사합시다. 그리고 이 세상의 모든 인간들을 차별 없이 널리 사랑하는 참된 성도들이 되시기 바랍니다.

판권
소유

구약에 나타난 기적들

2007년 9월 5일 인쇄
2007년 9월 10일 발행

지은이 | 김요셉
발행인 | 이형규
발행처 | 쿰란출판사

주소 | 서울 종로구 이화동 184-3
TEL | 02-745-1007, 745-1301, 747-1212, 743-1300
영업부 | 02-747-1004, FAX / 02-745-8490
본사평생전화번호 | 0502-756-1004
홈페이지 | http://www.qumran.co.kr
E-mail | qumran@hitel.net
qumran@paran.com
한글인터넷주소 | 쿰란, 쿰란출판사

등록 | 제1-670호(1988.2.27)

책임교열 | 박은아 · 송은주

값 15,000원

ISBN 978-89-5922-422-7 93230